# TRANSFORMATION INNENSTADT
## DER GROSSE WANDEL

*Wie und mit wem unsere lebendigen Marktplätze gerettet werden können*

# Ein Aufruf zur Rettung eines Kulturguts

Menschen brauchen Lebensmittel, Kleidung und weitere Dinge, Menschen wollen Menschen treffen, mit ihnen eine gute Zeit verbringen, lachen und lästern, quatschen und klönen, flirten und auf jeden Fall ganz viel Spaß haben. Sie wollen essen und trinken, wer Familie hat, bringt die mit, also muss es Angebote für alle geben. Angebote an Kleinkunst und Dienstleistungen runden das Angebot ab. Natürlich sprechen die Menschen auf dem Marktplatz auch über aktuelle politische Themen, diskutieren und debattieren, Ideen werden geboren und Initiativen entstehen. All das bot „schon immer" der Marktplatz. Nach Ray Oldenburg sind lebendige Marktplätze – „dritte Orte" – nicht nur wichtig für den Handel und das soziale Leben, sondern die Stadtgesellschaft und die Demokratie.

Marktplätze sind Teil der Städte, bilden sogar meist den Mittelpunkt der Stadt. Drumherum zogen im Laufe der Zeit immer mehr Läden und Gaststätten in die Häuser, es kamen Dienstleister hinzu, und so entstanden die Einkaufsstraßen rund um den Marktplatz, das, was wir heute eine Innenstadt nennen. Der Marktplatz blieb das Herz des Ganzen, aber nun wurde die ganze Innenstadt zum lebendigen Marktplatz. Ab Mitte des 19. Jahrhunderts kamen die Kaufhäuser dazu, das brachte zwar viele Einzelhändler um ihre Existenz. Die Kaufhäuser boten alles, Ware, Dienstleistungen, Restaurants, Cafés, im Grunde musste man sie gar nicht verlassen, konnte stundenlang durch sie hindurchschlendern. Dennoch wurde der Marktplatz Innenstadt durch sie noch attraktiver.

Seit Mitte des 20. Jahrhunderts entstand erst in den USA, später überall in der Welt, das moderne Einkaufszentrum. Victor Grün baute 1956 die erste überdachte Shopping Mall in Southdale mit dem Ziel, das Zentrum eines verdichteten urbanen Raums zu schaffen, eine Art verbesserte Downtown. Tatsächlich wurden seitdem die meisten Einkaufscenter als reine Konsumtempel gebaut und boten neben einem umfassenden Warenangebot ebenfalls Restaurants und Cafés sowie verschiedene Dienstleistungen. Viele Center entstanden außerhalb der Stadtkerne – Suburbanisierung – und schadeten so den Innenstädten, wurden dann aber selbst zum Marktplatz und erfüllten durchaus diese Aufgabe. Andere entstanden in den Städten mit unterschiedlichen Auswirkungen, manchmal belebten oder retteten sie gar die unattraktiv gewordene Innenstadt, mal richteten sie diese aber auch zugrunde.

Und jetzt? Von den vier deutschen Kaufhauskonzernen Karstadt, Kaufhof, Hertie und Horten ist einer übrig geblieben, dem wir seit Jahren beim Niedergang zusehen dürfen. Innenstädte haben teils erschütternde Leerstandsquoten, Einkaufscenter ebenso. „Dann müssen wir mal wieder in die Stadt!" – sagt heute niemand mehr. Warum auch? Man kann ja alles im Internet bestellen. Müssen wir uns von unseren Innenstädten und unseren lebendigen Marktplätzen verabschieden? Ist der Siegeszug von Online wirklich unausweichlich? Und werden die Hunderttausende in ihrem Homeoffice die Innenstädte endgültig beerdigen?

Immer mehr Menschen tragen gebrauchte Kleidung auf, Fahrräder haben schon den fünften Besitzer. Wie wirkt sich die Share Economy langfristig aus? Wie der Konsumverzicht (unter normalen Umständen) und wie, wenn es einen Fukushima-Moment gibt? „Rettet die Innenstadt" ist in aller Munde.

Aber wo sind die Taten? Der lebendige Marktplatz ist ein MUSS für den Menschen. Ohne werden wir sehr viel ärmer. Dieses Buch erklärt die Geschichte, analysiert die Probleme, lässt Experten und Verantwortliche sprechen, zeigt Lösungen und Fallbeispiele und benennt Unternehmen, die dem Handel und der Politik helfen können. Ein Aufruf zur Rettung eines Kulturguts, aber auch ein Kompendium praktischer Ideen mit allen relevanten Playern.

Viel Spaß beim Lesen!
Ihre

**Thorsten Müller**  **Dr. Kersten Rosenau**
*Chefredakteur*  *Herausgeber*

# INHALT

03 **EDITORIAL**

**STATUS QUO**

08 **VOM LEBEN UND STERBEN DER INNENSTADT**
von Christian Hunziker

26 **BEDEUTENDE STUDIEN ZUR CITY-TRANSFORMATION**
Eine Übersicht, die hilft, lokal relevantes Wissen zu identifizieren
von Rahel Willhardt

56 **KURZSTATEMENTS BEKANNTER PERSÖNLICHKEITEN**

**EXPERTENBEITRÄGE**

70 **Sven Gábor Jánszky:**
Die Zukunft des stationären Handels ... auf dem Weg zu Identitäts-Orten

82 **Theresa Schleicher:**
Innenstädte in der Ökonomie der Reife

86 **Jan Berger:**
Inseln der Glückseligkeit oder doch ein großer Wurf?

92 **Michael Reink:**
Die zukünftige Entwicklung der (Innen-)Städte

98 **Prof. Dr. Gerrit Heinemann:**
Die Innenstadt ist tot – es lebe die Innenstadt!

104 **Dr. Andreas Mattner:**
Totgesagte leben länger – manchmal auch besser

108 **Prof. Dr. Tobias Just:**
Mischung zum Erhalt der Innenstadt: ein wichtiger Teil der Lösung

112 **Prof. Dr. Rolf Monheim:**
Lebendige Innenstadt als Multitasking-Aufgabe

120 **Prof. Dr. Nico Paech:**
Die Zukunft der urbanen Ökonomie

124 **Dr. Arnold Voss:**
Urbanität in der Krise – oder wie die Stadtmitte zum Zentrum des Wandels wird

130 **Eckhard Brockhoff:**
Neues Denken in der Vermarktung von Innenstädten

134 **Dr. Marc Schumacher:**
Die Innenstädte werden sich rasant verändern – und das ist gut so

140 **Mark Aengevelt
Dr. Wulff Aengevelt:**
Von der Hauptpost zum Kulturhotspot

142 **Prof. Dr. Winfried Schwatlo:**
QUO VADIS Immobilienmarkt?

146 **Dieter Bullinger:**
Viel Luft nach oben – Wie ich den Ort des Handels derzeit erlebe

152 **Wolf Jochen Schulte-Hillen:**
The „German Angst" – Wie sollten deutsche Innenstädte reagieren?

154 **Roland Wölfel:**
Strategien für eine zukunftsfähige Innenstadtentwicklung

158 **Thorsten Kemp:**
Wenn kein Warenhaus, was dann? Herausforderung für Deutschlands Innenstädte!

164 **Dr. Christof Glatzel:**
Fünf Erfolgsfaktoren für eine erfolgreiche Innenstadt-Revitalisierung

170 **Michael Maas:**
Von der Monostruktur zur lebendigen Vielfalt

174 **Dr. Johannes Berentzen
Lars Jähnichen:**
Die Renaissance der Markthalle

176 **Dr. Eva Stüber:**
Prozessinnovation für Leerstands- und Ansiedlungsmanagement

180 **Jürgen Brunke:**
BID-Modelle: Erfolgreich für Shopping Center – in der Innenstadt keine Lösung?

182 **Janine Streu:**
„Niemand ist eine Insel" oder Zentrenentwicklung made in Kiel

184 **Dr. Andreas Martin:**
Wie eine problematische Immobilie zum gefragten Multi-Use-Asset wird

186 **Dr. Philipp Hoog:**
Wie der stationäre Einzelhandel Frequenz finden und binden kann

| | | |
|---|---|---|
| 188 **Dr. Katja Wolframm:** Kreative Interimsnutzung als Treiber der Transformation Innenstadt | **INTERVIEWS** | **BEST PRACTICE** |
| 190 **Wolfgang Richter:** Innenstadtretter Gastronomie? | 214 **Henrike Waldburg:** Die Wertschöpfungskette neu denken | QUARTIERSENTWICKLUNG 250 Pulsierender Treffpunkt für Einheimische und Touristen |
| 194 **Dr. Rainer Burbulla:** Green Lease: Wie nachhaltige Mietverträge die Zukunft gestalten | 218 **Barbara Possinke:** Zupacken mit Augenmaß! | QUARTIERSENTWICKLUNG 254 Warenhaustypologie als Katalysator zur Reaktivierung der Innenstadt |
| 196 **Markus Kratz:** Raus aus der Monokultur: Multi-Use-Konzepte als spannender Zukunftsraum | 220 **Joaquin Jimenez Zabala:** „Alle reden über Regulierung, doch viel zu wenig über konkrete Umsetzung" | QUARTIERSENTWICKLUNG 256 Tegel: Aus totem Flughafen entsteht lebendiger Stadtteil |
| 198 **Dr. Alexander Fils:** Belebte City durch den Kö-Bogen in Düsseldorf | 222 **Stephan Koof:** „Den Kunden immer neue Einkaufserlebnisse bieten" | UMNUTZUNG 258 Blau.Quartier Ulm: Vom Einkaufszentrum zum Stadtquartier |
| 200 **Nikolas Müller Dr. Kevin Meyer:** Die Renaissance und Neuerfindung der Urbanität | 226 **Markus Trojansky:** „Wir lieben Innenstädte!" | DIENSTLEISTUNG FÜR DEN HANDEL 262 EU-Taxonomie: Wo steht die Immobilienbranche? |
| ADVERTORIAL 204 *KölnBusiness Wirtschaftsförderung* Erlebnis- und Einkaufsmetropole Köln: Wandel aktiv gestalten | 228 **André Stromeyer:** Der Standort-Unterschied zwischen top und nur okay | KOMMUNIKATIONSAGENTUREN 266 Begeisterung für die Stadt entfachen mit der Power von KI |
| | 232 **Susanne Gehle:** Ein maßgeschneidertes Konzept für jede Standort-Herausforderung | |
| **DISKUSSION** 208 **Talkrunde: Zukunft des Handels in Innenstädten:** „Innenstädte werden ihre Chance nutzen" | 236 **Angela de Jager:** Vernetzt und vereint den Standort beleben | ENTERTAINMENT 268 Neuartiges Konzept: Fußballspaß im Center |
| | 240 **Chris Karmrodt:** „Sehen in urbaner Nachverdichtung noch großes Potenzial" | CITY-BELEBUNG 270 Lichtkonzepte als Schlüssel für einzigartige Stadtinszenierungs-Entwicklung |
| | 244 **Robert Sprajcar:** Behrens-Ufer Berlin: Damals Zukunftsstandort, heute Zukunftsstandort! | EINZELHANDEL 274 REWE: Viermal Innovation für deutsche Innenstädte |

## INHALT

**EINZELHANDEL IN A-LAGEN**
276 Neuauftritt von dm in Würzburg mit spektakulärer Einkaufskulisse

**RETAILENTWICKLUNG**
278 Je vielfältiger der Nutzen, desto wertvoller der Standort

**RETAILENTWICKLUNG**
280 RemsPark in Stuttgart ist One-Stop-Shopping-Erlebnis

### BEST-PRACTICE-BEISPIELE

282 Hanau: Frische Impulse für die Innenstadt der Zukunft

284 Dresden: Foodcourt-Einweihung wird zum Pop-Festival

286 Kunst im öffentlichen Raum: „Alltagsmenschen" in Innenstädten

288 Die Transformation des Heilbronner Wollhauses

**ADVERTORIAL**
290 Gemeinsam die Stadt neu denken: Innovative Wege der CIV zu lebendigen Erlebnisräumen

292 Menschen anlocken durch spektakuläre Lichtshows!

294 Zauberer treffen auf Street-Art: „Stachus-Passagen" in München

295 Neustart im Herzen Stuttgarts: Wie das „Gerber" zum Quartier wurde

**CENTERMANAGEMENT**
296 Die Verbindung zwischen Mensch und Center

297 „Foodtopia" in Frankfurt: Mit Genuss das Profil geschärft

298 Street-Art in Stuttgart: Banksy als Besuchermagnet im Shopping Center

299 Thier-Galerie in Dortmund: Rollerdisco im Shopping Center

300 Wandsbek: Vitaler Platz mit Nutzungsmischung

301 „Hamburger Originale" zeigen die Vielfalt der Stadt

302 Urbanes Grün in Düsseldorf: Relaxen auf dem Rasendach

303 Heilbronn ist auf dem Weg zur „Schwarmstadt"

304 Wie Duisburg von gutem Stadtmarketing profitiert

305 Würzburg: Schneller als der Online-Handel

306 E-Rikscha-Fahrten in Braunschweigs Innenstadt

307 München: Industriestandort wird zum Stadtviertel

308 Im „StadtLab Jena" wird Theorie zur Praxis

309 In Erfurt wurden die Schaufenster lebendig

310 Zehntausende Besucher bei „Recklinghausen leuchtet"

311 Hannover macht die Innenstadt zum Freizeitort

312 In Coburg die Gesichter der Innenstadt entdecken

313 „Pocket Parks" steigern Aufenthaltsqualität

314 Baden-Württemberg lädt zu Strandurlaub in der City ein

315 Shopping-Samstage sorgen in Magdeburg für Erlebnisse

316 Bremen: Schaufenster als digitale Kunstgalerie

317 Dessau: In der Innenstadt Gartenträume genießen

318 Einbeck: „Sch(l)aufenster" als Antwort auf Leerstände

319 **SCHLUSSBETRACHTUNG**
Der schwierige Innenstadt-Mix aus Attraktivität und Funktionalität

320 **IMPRESSUM**

# Vom Leben und Sterben der Innenstadt

Von Christian Hunziker

*Immer öfter wird die Innenstadt totgesagt. Doch stimmt das? Ein Blick auf Ladenmieten, Vermietungsumsätze, Besucherfrequenzen und Online-Handel zeigt: Trotz der Insolvenzen von Einzelhändlern, trotz grundlegender gesellschaftlicher Umbrüche und trotz Krisenstimmung erfindet sich die Innenstadt immer wieder neu.*

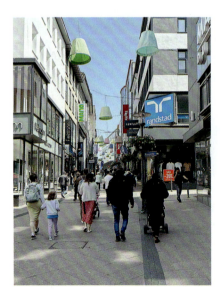

Da ist zum Beispiel Hannover, ein sonniger Spätsommertag im Jahr 2023. Die Innenstadt rund um die Goethestraße ist zwar belebt, aber Wohlfühlatmosphäre will trotzdem nicht aufkommen. Billigläden säumen die Straße, und grelle Leuchtreklamen weisen den Weg zu Rotlichtetablissements. In der Fußgängerzone der Georgstraße befinden sich die üblichen Filialisten, während das verlassene Karstadt-Kaufhaus an die fortdauernde Krise der Warenhäuser erinnert. Sich hier aufhalten, einen Kaffee trinken, die Sonne genießen? Lieber nicht.

Einige Wochen vorher, ein Samstag: ein Besuch in Templin, einem 16.000-Einwohner-Städtchen in der Uckermark im nördlichen Brandenburg. Was für eine Überraschung: Auf dem Marktplatz findet tatsächlich ein vielbesuchter Markt statt, es gibt ein überraschend großes Angebot an (geöffneten) Gaststätten und Cafés, und beim Bummel durch die hübsche Innenstadt entdeckt man das eine oder andere originelle Geschäft. Gern verlängert man da den Aufenthalt und lässt sich in einem ruhigen Innenhof den hausgebackenen Kuchen schmecken.

Ist die Innenstadt jetzt tot? Oder lebt sie, verändert sich, entwickelt vielleicht sogar neue Qualitäten? Die Beispiele von Hannover und Templin zeigen, dass es darauf keine eindeutige Antwort gibt. Klar ist aber: Die Zeit, als die Stadtzentren eine unge-

*In Templin, dem 16.000-Einwohner-Städtchen in der Uckermark, warten einige Überraschungen.*

brochene Anziehungskraft besaßen und die Menschen zum Einkaufen ganz selbstverständlich in die Innenstadt gingen, ist vorbei. „Der Innenstadthandel steckt noch immer in der Krise", sagt Thorsten Lange, Immobilienmarktexperte im Researchteam der DZ Hyp. „Innenstädte, Stadtkerne und Zentren stehen vor enormen Herausforderungen", hält der Beirat Innenstadt fest, der in der letzten Wahlperiode vom Bundesministerium des Innern, für Bau und Heimat mit der Erarbeitung einer Innenstadtstrategie beauftragt wurde. Und die „Süddeutsche Zeitung" schreibt: „In den USA stirbt die Shopping-Mall, in Europa ist es die Innenstadt."

Doch wie ist, gemessen an den verfügbaren Zahlen und Daten, die tatsächliche Situation der Innenstadt? Eines ist unübersehbar: Der Einzelhandel, die wichtigste Nutzungsart in den Innenstädten, macht grundlegende Veränderungsprozesse durch. Zahlreich sind die Insolvenzen von Einzelhandelsketten vor allem aus dem Modebereich, die in letzter Zeit für Schlagzeilen gesorgt haben: Galeria Karstadt Kaufhof, Görtz, Hallhuber, Peek & Cloppenburg Düsseldorf, Peter Hahn, um nur einige zu nennen. Damit einher gehen Geschäftsschließungen in großer Zahl – so gab zum Beispiel der Kosmetikfilialist Yves Rocher bekannt, alle seine 140 Filialen in den deutschsprachigen Ländern zu schließen.

### Steigender Leerstand, sinkende Mieten

Die Folgen für die Innenstädte sind nicht zu übersehen: Selbst in besten Einkaufslagen wie beispielsweise am Berliner Kurfürstendamm stehen Ladenlokale leer. Nach Angaben des Handelsverbands Deutschland (HDE) ging die Zahl der Geschäfte in den Coronajahren 2020 bis 2022 jedes Jahr um rund 11.000 zurück. Für 2023 erwartet der HDE einen bundesweiten Rückgang um weitere 9.000 Geschäfte. Besonders betroffen ist demnach der kleinbetriebliche Nonfood-Fachhandel.

Das wirkt sich auch auf die Einzelhandelsmieten aus, die jahrelang kontinuierlich stiegen. Damit ist es vorbei – vielerorts sind die Spitzenmieten rückläufig oder bestenfalls stabil. In der Berliner Tauentzienstraße beispielsweise gab die Spitzenmiete (die bekanntlich nur einen sehr kleinen Teil des Marktes abdeckt) im dritten Quartal 2023 nach Angaben der Immobilienberatungsgesellschaft JLL im Vergleich zum Vorjahresquartal um drei Prozent nach. In der Spitalerstraße in Hamburg und der Schildergasse in Köln betrug das Minus vier Prozent. Stabil blieb die Spitzenmiete unter anderem in München (Kaufingerstraße) und Leipzig (Petersstraße, Grimmaische Straße) – allerdings nur nominal: Berücksichtigt

Quelle: JLL

| Stadt (Straße) | Q3 2023 | Q3 2022 | Veränderung zu Q3 2022 | Prognose Q4 2023 |
| --- | --- | --- | --- | --- |
| München (Kaufingerstraße-Marienplatz) | 340 | 340 | 0% | 340 |
| Berlin (Tauentzienstraße) | 290 | 300 | -3% | 290 |
| Frankfurt/Main (Zeil) | 270 | 280 | -4% | 270 |
| Düsseldorf (Königsallee) | 270 | 275 | -2% | 270 |
| Hamburg (Spitalerstraße) | 255 | 265 | -4% | 255 |
| Stuttgart (Königstraße) | 250 | 250 | 0% | 250 |
| Köln (Schildergasse) | 225 | 235 | -4% | 225 |
| Hannover (Georgstraße, Bahnhofstraße) | 170 | 175 | -3% | 170 |
| Nürnberg (Ludwigsplatz-Hefnersplatz-Karolinenstraße) | 140 | 140 | 0% | 140 |
| Leipzig (Petersstraße, Grimmaische Straße) | 110 | 110 | 0% | 110 |

*Die Spitzenmieten im Einzelhandel*

man die Inflation, die im September 2023 bei 4,5 Prozent lag, resultiert auch dort ein deutlicher Mietrückgang.

Trotzdem bemüht sich Aniko Koros, Head of Retail Leasing bei JLL in Deutschland, um Zweckoptimismus, wenn sie davon ausgeht, „dass die Werte auch weiterhin stabil bleiben werden und in den Toplagen mittelfristig auch wieder zulegen werden". Vor allem dort, wo neu gebaut werde, seien steigende Mieten für die Rentabilität erforderlich, sagt Koros. Dass die Prognose schwierig ist, zeigt auch eine Formulierung des Research-Teams des Immobilienfinanzierers DZ Hyp: „Die Spitzenmieten scheinen eine Bodenbildung vollzogen zu haben, auch wenn weitere Rückgänge nicht ausgeschlossen sind", liest man darin – oder anders ausgedrückt: Nichts Genaues weiß man nicht.

Diese Unsicherheit gilt auch für andere Daten. Jedenfalls es ist gar nicht so einfach, an präzise Informationen über Leerstand, Miethöhe und Vermietungsumsatz zu kommen. Marktberichte, wie sie für andere Immobiliensegmente in engen zeitlichen Abständen herausgegeben werden, sind in letzter Zeit für den Einzelhandelsbereich Mangelware. Die Datenlage lasse vor dem Hintergrund der Auswirkungen der Coronakrise, des Kriegs in der Ukraine und der Zinswende „zuletzt deutlich zu wünschen übrig", heißt es deshalb bei dem auf 1a-Lagen spezialisierten Einzelhandelsmakler Comfort. Entsprechend verunsichert, so Comfort, agierten die Marktteilnehmer.

**Textilbranche fragt wieder mehr Flächen nach**

Für einen gewissen Optimismus sorgt indes, dass sich innerstädtische Ladenlokale durchaus noch vermieten lassen. Nach Einschätzung von Ronald Steinhagen, dem geschäftsführenden Gesellschafter der Comfort Berlin GmbH, expandieren wieder mehr Einzelhändler und Gastronomieformate. Das gelte auch für den Textilbereich. Zwar würden die Mieten, so Steinhagen, nicht mehr ohne Weiteres auf das Vor-Corona-Niveau zurückkehren; es sei aber eine klare Stabilisierung und in einzelnen Lagen sogar ein Aufwärtstrend festzustellen.

JLL registrierte im dritten Quartal 2023 in 66 untersuchten Städten einen Vermietungsumsatz von 123.300 Quadratmetern, was dem stärksten Quartalsergebnis seit zwei Jahren entsprach. Interessanterweise entfielen 46 Prozent des Flächenumsatzes, den die Researcher in den ersten drei Quartalen des Jahres 2023 registrierten, auf die Textilbranche, die gemeinhin als krisengeschüttelt gilt. Nur 20 Prozent verbuchte der Gastronomiebereich, der in den Jahren zuvor seinen Anteil deutlich gesteigert hatte.

Einen Anstieg vermelden auch die Einzelhandelsexperten der Beratungsgesellschaft BNP Paribas Real Estate, die zwischen Januar und September 2023 in Innenstadtlagen einen Flächenumsatz von bundesweit knapp 440.000 Quadratmeter ermittelt haben – mehr als im ganzen Jahr 2022 (rund 390.000 Quadratmeter).

Das vergleichsweise rege Anmietungsgeschäft ist allerdings nicht uneingeschränkt positiv zu bewerten. Denn bei den beeindruckenden Zahlen handelt es sich keineswegs um Nettoanmietungen. Vielmehr sind darin zahlreiche Umzüge von Mietern enthalten, welche die entspannte Marktsituation nutzen, um sich zu vergleichsweise günstigen Konditionen attraktivere Flächen zu sichern. BNP Paribas Real Estate macht außerdem darauf aufmerksam, dass die großflächige Nachvermietung ehemaliger (Textil-)Kaufhäuser maßgeblich zum hohen Umsatz beigetragen hat. Diese seien jedoch oftmals interimistischer Natur, weshalb abzuwarten sei, als wie nachhaltig und belebend sich diese Neuabschlüsse herausstellten.

**Renditen deutlich gestiegen**

Veränderungen zeigen sich nicht nur auf Seite der Nutzer, sondern auch auf Seite der Immobilieninvestoren. „Die Kaufpreise für Handelsimmobilien haben sich signifikant nach unten bewegt", stellt Björn Gottschling fest, geschäftsführender Gesellschafter der Comfort Berlin GmbH. Wenn überhaupt noch Transaktionen stattfänden, dann seien auf der Käuferseite vor allem opportunistische und eigenkapitalstarke Investoren sowie Eigennutzer zu finden. Nach Angaben von JLL wechselten in den ersten drei Quartalen des Jahres 2023 in den sieben größten deutschen Städten Einzelhandelsimmobilien für 4,54 Milliarden Euro den Eigentümer, was genau ein Fünftel des Transaktionsvolumens aller Nutzungsarten ausmachte. Im Vergleichszeitraum des Vorjahres waren es noch 7 Milliarden Euro gewesen, was damals lediglich 13 Prozent des Gesamtumsatzes entsprach.

In europäischer Perspektive zeigte sich ebenfalls ein deutlicher Rückgang. Nach Angaben von BNP Paribas Real Estate sank das Transaktionsvolumen von Einzelhandelsimmobilien im ersten Halbjahr 2023 im Vergleich zum Vorjahreszeitraum um 47 Prozent auf 12,1 Milliarden Euro. Der Rückgang fiel damit allerdings geringer aus als in anderen Assetklassen wie Büroimmobilien (minus 60 Prozent) und Logistikimmobilien (minus 65 Prozent).

Die Spitzenrendite für Highstreet-Immobilien ist in den europäischen Ländern laut BNP Paribas Real Estate gestiegen und lag Mitte 2023 zwischen drei Prozent (Vereinigtes Königreich) und vier Prozent (Frankreich). Damit sei der Damit sei der Preisrückgang (und damit Renditeanstieg) zuletzt weniger stark als in anderen Assetklassen gewesen, heißt es bei der Immobilienberatungsgesellschaft. Dies sei darauf zurückzuführen, dass die Preisanpassung bei Einzelhandelsim-

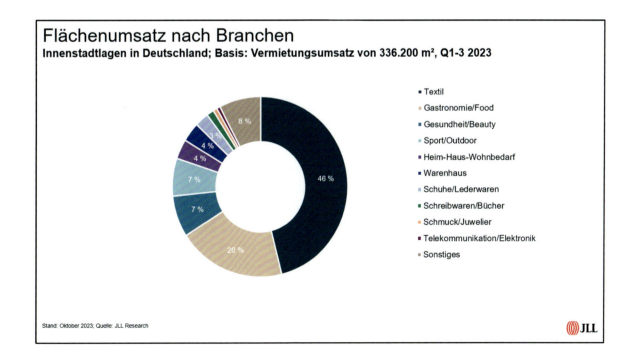

| | Spitzenrendite in 1A-Lagen (Aggregierte Nettoanfangsrendite in den Big 7 in %) | | | | |
|---|---|---|---|---|---|
| | Q3 2022 | Q4 2022 | Q1 2023 | Q2 2023 | Q3 2023 |
| Büro | 2,84 | 3,31 | 3,53 | 3,78 | 4,12 |
| Einzelhandel: Shopping Center | 4,85 | 5,00 | 5,00 | 5,00 | 5,25 |
| Einzelhandel: Fachmarktzentren | 3,65 | 3,90 | 4,15 | 4,40 | 4,60 |
| Einzelhandel: einzelne Fachmärkte | 4,70 | 4,90 | 5,10 | 5,50 | 5,85 |
| Einzelhandel: Geschäftshäuser | 2,91 | 3,21 | 3,39 | 3,49 | 3,49 |
| Wohnen: Mehrfamilienhäuser | 2,69 | 2,98 | 3,14 | 3,38 | 3,56 |
| Lager/Logistik | 3,43 | 3,93 | 3,93 | 4,03 | 4,15 |

Quelle: JLL

*Spitzenrendite in Ia-Lagen*

mobilien bereits während der Coronapandemie erfolgt sei, als der Einzelhandelssektor stärker als andere Segmente in Mitleidenschaft gezogen worden sei.

„Der Einzelhandel hat seine Anpassungen bereits zu Beginn der Pandemie erlebt, ist von den aktuellen Abschlägen deshalb weniger betroffen und steht relativ stabil da", bestätigt Jan Eckert, Head of Capital Markets für Deutschland, Österreich und die Schweiz bei JLL. Diese Stabilität zeigt sich vor allem bei innerstädtischen Geschäftshäusern, deren Spitzenrendite im dritten Quartal 2023 unverändert 3,49 Prozent betrug. Demgegenüber legte die Rendite für Shopping Center weiter auf 5,25 Prozent zu – die Kaufpreise bei den (wenigen) Transaktionen sind also gesunken, während sie bei innerstädtischen Geschäftshäusern stabil geblieben sind.

Ein anderes Bild zeichnet der Verband deutscher Pfandbriefbanken (vdp). Demnach waren Einzelhandelsimmobilien im dritten Quartal 2023 im bundesweiten Durchschnitt 9,3 Prozent günstiger als ein Jahr zuvor. Die Preise von Büroimmobilien verringerten sich hingegen um 10,6 Prozent. Betrachtet man lediglich das dritte Quartal des Jahres 2023, so betrug das Preisminus bei Einzelhandelsimmobilien 1,2 Prozent. Trotzdem erkennt vdp-Hauptgeschäftsführer Jens Tolckmitt positive Anzeichen. „Der Einzelhandelsimmobilienmarkt ist zwar noch nicht wieder richtig angesprungen", sagt er, „es sind nach wie vor vergleichsweise wenige Transaktionen zu sehen." Die Spitzenrenditen bei einzelnen Objektarten lägen aber inzwischen wieder oberhalb der Finanzierungskosten, sodass der Markt für Investoren wieder attraktiver werden dürfte.

**E-Commerce: Wachstum gebremst**

Nicht vergessen sollte man dabei, dass der innerstädtische Einzelhandel nicht erst seit kurzem vor Herausforderungen steht. Schon die riesigen Shopping Center, die insbesondere in den neunziger Jahren des letzten Jahrhunderts auf der grünen Wiese entstanden, stellten aus Sicht vieler Beobachter eine Bedrohung für die Innenstädte dar. Und das Beispiel der Factory Outlet Center (FOC) zeigt, dass sogar ein eigentlich winziges Marktsegment stets unter dem Aspekt der Auswirkungen auf die Innenstadt diskutiert wird. Gegen die geplante Erweiterung des Designer Outlet Soltau beispielsweise wendet sich die Hansestadt Lüneburg mit dem Argument, die Vergrößerung sei „unter Gesichtspunkten der Innenstadtbelebung" konsequent abzulehnen.

Die wohl größte Herausforderung stellt jedoch der Siegeszug des Online-Handels dar, der vor allem in den Coronajahren zu beobachten war. Allerdings scheint der Aufwärtstrend des E-Commerce sein (zumindest vorläufiges) Ende erreicht zu haben. Jedenfalls verbuchte der Internet- und Versandhandel von Januar bis Juni 2023 laut Statistischem Bundesamt einen Umsatzrückgang um real 7,3 Prozent – wobei zu berücksichtigen ist, dass der Umsatz in der Coronazeit besonders stark zugelegt hatte.

Noch drastischer ist das Minus gemäß den Zahlen, die der Bundesverband E-Commerce und Versandhandel Deutschland e.V. (bevh) vorlegt. Demnach brachen die Online-Umsätze mit Waren zwischen Januar und September 2023 gegenüber dem Vorjahreszeitraum um 13,7 Prozent ein. Im dritten Quartal lagen sie nominal sogar unter dem Niveau des dritten Quartals 2019. „Aus Verbrauchersicht hat sich in den vergangenen Monaten nichts fundamental verbessert", sagt Martin Groß-Albenhausen, stellvertretender Hauptgeschäftsführer des bevh. „Die Ausgabenbelastung der Privathaushalte bleibt hoch, die Gesamtwirtschaft steuert in eine Rezession. Davon kann sich der Online-Handel nicht abkoppeln."

Zu einer anderen Einschätzung gelangt der internationale Immobiliendienstleister CBRE. Seiner Ansicht nach ist der E-Commerce in den sechs wichtigsten europäischen Märkten (neben Deutschland sind dies Spanien, Italien, Frankreich, das Vereinigte Königreich und die Niederlande) auf den Vor-Corona-Wachstumspfad zurückgekehrt. Dabei beruft sich CBRE allerdings nicht auf Umsatzzahlen, sondern auf die Nachfrage von Online-Händlern nach Logistikflächen. Nach Darstellung von CBRE hat der stationäre Einzelhandel aber immer noch die Nase vorn: Umfragen zufolge bevorzugen demnach 65 Prozent der Verbraucher in Italien und Spanien den stationären Einzelhandel, während es im Vereinigten Königreich 52 Prozent und in Deutschland 55 Prozent sind.

„Der physische Einzelhandel hat eine enorme Bedeutung, die weit darüber hinausgeht, einfach nur ein Ort zum Einkaufen zu sein", kommentiert dies Chris Gardener, Head of European Retail bei CBRE. Nach seinen Worten ist eine enge Verschränkung von Online- und Offline-Kanälen entscheidend für den Erfolg – Einzelhändler müssen also ein attraktives Omnichannel-Angebot entwickeln.

### Kaufzurückhaltung hält an

Doch ob es gelingt, mit einer noch so ausgeklügelten Omnichannel-Strategie der allgemeinen Konsumzurückhaltung zu trotzen, wie sie seit Beginn des russischen Angriffskriegs auf die Ukraine und der stark gestiegenen Inflation zu beobachten ist? Nach Angaben des Statistischen Bundesamtes stieg der Einzelhandelsumsatz in Deutschland im ersten Halbjahr 2023 gegenüber dem Vorjahreszeitraum zwar nominal um 3,6 Prozent; real, also unter Berücksichtigung der Inflation, resultierte aber ein Minus von 4,5 Prozent. Dass sich das demnächst ändert, ist nicht zu erwarten: Laut dem GfK-Konsumklima stagniert die Anschaffungsneigung der Haushalte auf dem niedrigsten Niveau seit der Finanzmarktkrise im Jahr 2008. Dafür verantwortlich ist der GfK zufolge neben der hohen Inflation auch die zuletzt leicht gestiegene Arbeitslosigkeit. Die Hoffnung auf eine Erholung der Konsumstimmung noch im Jahr 2023 müsse endgültig begraben werden, sagt Rolf Bürkl, Konsumexperte beim Nürnberger Institut für Marktentscheidungen (NIM), welches das Konsumklima gemeinsam mit der GfK ermittelt.

Der private Konsum werde voraussichtlich erst im Jahr 2024 wieder für Wachstumsimpulse sorgen, heißt es auch beim Handelsverband Deutschland (HDE). Er beruft sich auf sein ei-

|  | August 2023 | Juli 2023 | August 2022 |
|---|---|---|---|
| **Konjunkturerwartung** | -6,2 | 3,7 | -17,6 |
| **Einkommenserwartung** | -11,5 | -5,1 | -45,3 |
| **Anschaffungsneigung** | -17,0 | -14,3 | -15,7 |
| **Konsumklima** | -24,6 | -25,2 | -30,9 |

Quelle: GFK

*Die Indikatoren für das Konsumklima zeigen keinen klaren Trend.*

genes Konsumbarometer, das auf einer monatlichen Umfrage unter 1.600 Personen basiert und sich in einem Punkt von der Erhebung der GfK unterscheidet: Im Oktober 2023 registrierte der HDE bei der Anschaffungsneigung einen positiven Trend – die Verbraucher verlagern also ihre Ausgaben allmählich wieder zum Konsum.

**Digitalisierung und Nachhaltigkeit**

Einfluss auf das Verbraucherverhalten haben jedoch nicht nur aktuelle wirtschaftliche und politische Verwerfungen, sondern auch langfristig wirksame Trends – insbesondere die Digitalisierung. Diese wirkt sich nicht nur auf den E-Commerce aus, sondern verändert das Konsumverhalten auch darüber hinaus. Lebensmittelbringdienste wie Getir, Flink und Bringmeister stehen ungeachtet ihres noch geringen Marktanteils für diesen Trend: Wer sich daran gewöhnt hat, jedes beliebige Produkt innerhalb einer Stunde nach Hause geliefert zu bekommen, besucht keinen klassischen Laden mehr, bloß um dort festzustellen, dass die gewünschte Hose in der richtigen Größe nicht vorrätig ist.

Parallel dazu gewinnt Nachhaltigkeit an Bedeutung. Glaubt man Befragungen, so wünschen sich immer mehr Verbraucher Produkte, die lokal produziert, biologisch hergestellt und fair gehandelt sind. So erklärten 58 Prozent der Konsumenten, die für den „HDE-Konsummonitor Nachhaltigkeit 2023" befragt wurden, dass Nachhaltigkeit ihre Konsumentscheidungen beeinflusse. 39 Prozent gaben zu Protokoll, sie kauften gezielt nachhaltig ein. Dadurch gewinne auch die Nutzung gebrauchter, reparierter oder geliehener Waren an Bedeutung, sagt HDE-Hauptgeschäftsführer Stefan Genth.

„Eine größer werdende Gruppe entscheidet sich bewusst dazu, bescheidener zu leben", halten auch die Forschungsinstitute Analyse & Konzepte sowie InWIS in ihrer Studie „Wohntrends 2040" fest, die sie im Auftrag des GdW Bundesverband deutscher Wohnungs- und Immobilienunternehmen verfasst haben. Zentrales Motiv sei dabei der Wunsch, sich nachhaltig zu verhalten. Dazu gehöre auch, dass diese Gruppe Gegenstände dann nutzen wolle, wenn sie diese brauche, sie aber nicht unbedingt besitzen müsse. „Mit dieser Ein-

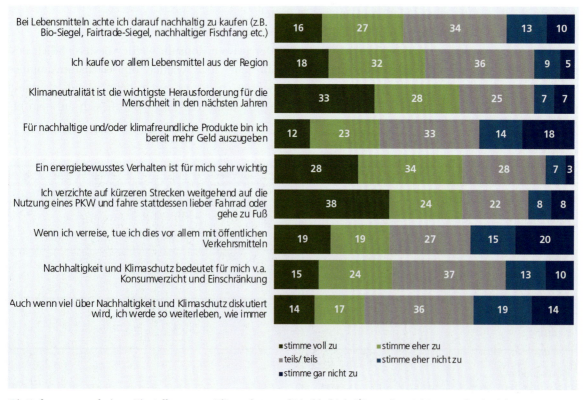

*Die Befragungsergebnisse „Einstellungen zu Klimaschutz und Nachhaltigkeit" aus dem GdW Branchenbericht 9/23*

stellung", so die Studie, „steigt auch das Interesse an Sharing-Angeboten".

In einem deutlichen Gegensatz zu diesen Selbsterklärungen stehen allerdings die Zahlen. Nach Angaben des Arbeitskreises Biomarkt gaben die Verbraucher im Inflationsjahr 2022 gut 3,5 Prozent weniger Geld für Biolebensmittel und -getränke aus als im Vorjahr. Der Umsatz mit Fairtrade-Produkten stieg zwar im Jahr 2022 nach Angaben von Fairtrade Deutschland e.V. um elf Prozent auf 2,36 Milliarden Euro; umgerechnet auf die Pro-Kopf-Ausgaben entspricht dies aber gerade mal 28 Euro. Und was den Anspruch an Nachhaltigkeit betrifft: Im Modebereich boomen derzeit ausgerechnet Ultra-Fast-Fashion-Anbieter wie Shein und Temu, die extrem schnell und äußerst billig liefern, aber gewiss nicht nachhaltig sind.

Eine weitere Entwicklung, die besonders junge Leute betrifft, ist der Umstand, dass Einkaufen verstärkt Erlebnischarakter hat. Dabei geht es längst nicht mehr nur darum, dass sich Jugendliche im Shopping Center treffen. Durch Social Media habe eine neue Entwicklung eingesetzt, beobachtet Sarah Hoffmann, Head of Retail Investment bei JLL: Die jungen Leute suchen demnach bestimmte Locations in der Innenstadt auf – aber nicht deshalb, weil es dort etwas Besonderes zu kaufen gibt, sondern weil die entsprechenden Orte durch Instagram populär geworden sind. Nicht ums schnöde Einkaufen geht es also, sondern um Community-orientierte Erlebnisse. Genau diesen Erlebnischarakter könnten aber viele Innenstädte nicht bieten, bemängelt der DZ-Hyp-Analyst Thorsten Lange. Durch die Konzentration auf Filialisten seien die Innenstädte langweilig geworden. „Es ist fast austauschbar, in welche Stadt man geht", stellt Lange fest.

Die attraktive Innenstadt der Zukunft müsse sich deshalb von einem „Place of Commerce" zu einem „Place of Experience" wandeln, fordert Thomas Scholdra, Inhaber der IFH-Stiftungsjuniorprofessur für Marketing und Handel an der Wirtschafts- und Sozialwissenschaftlichen Fakultät der Universität zu Köln. Sein Motto: „Von der Innenstadt als Einkaufsmeile zur Innenstadt als Wohnzimmer".

**Das Mobilitätsverhalten verändert sich**

Nur: Wie erreicht man dieses Wohnzimmer? Wer sich mit der Frage befasst, wie die Attraktivität der Innenstädte gesichert und gesteigert werden kann, muss sich auch mit den Veränderungen auf dem Gebiet der Mobilität befassen. Die herkömmliche Sicht des Einzelhandels auf dieses Thema ist klar: Der Kunde, der viel Geld ausgibt, kommt mit dem Auto – weshalb es erforderlich ist, dass in der Innenstadt zahlreiche möglichst kostenlose Parkplätze in unmittelbarer Nähe zu den Geschäften zur Verfügung stehen.

Doch auch der Einzelhandel muss zur Kenntnis nehmen, dass die aktuelle Diskussion in eine andere Richtung geht. „Viel zu lange haben wir Städte geplant, als wollten wir Autos glücklich machen", sagte der einflussreiche dänische Stadtplaner Jan Gehl 2021 in einem Interview mit dem „Stern". „Dabei sollen Städte doch Menschen glücklich machen." Paris und Barcelona sind zwei Beispiele für Metropolen, die den Autoverkehr einschränken. In der französischen Hauptstadt verfolgt Bürgermeisterin Anne Hidalgo eine Verkehrspolitik, die Fußgängern und Radfahrern den Vortritt lässt. Und in Barcelona haben sich die sogenannten Superilles durchgesetzt, verkehrsberuhigte Stadtteile, die im Wesentlichen Radfahrern und Fußgängern vorbehalten sind.

Dass ähnliche Ansätze auch in Deutschland angekommen sind, hat exemplarisch der Streit um die Berliner Friedrichstraße gezeigt, die im Rahmen eines Modellversuchs in einem Teilstück monatelang für den Autoverkehr gesperrt wurde – gegen den Protest vieler Einzelhändler in dieser zentralen Berliner Lage. Mittlerweile rollt der Autoverkehr auf der Friedrichstraße zwar wieder; Berlin und viele weitere Städte setzen aber an anderen Stellen auf das Konzept der Kiezblocks oder Superblocks, die den motorisierten Verkehr weitgehend aus innerstädtischen Bereichen verbannen.

Die wachsende Bedeutung der Nachhaltigkeit manifestiert sich darüber hinaus in der Forderung, mehr Grün in die Innenstädte zu bringen. „Innenstädte müssen sich zukünftig den veränderten klimatischen Rahmenbedingungen

*So stellen sich die Befürworter der autofreien Friedrichstraße in Berlin das Straßenleben der Zukunft vor.*

stellen", schreibt das Research-Team der Nord/LB. Dazu gehörten die Anpassung der Freiflächen, der Umgang mit Starkregenereignissen (zum Beispiel durch zusätzliche Entwässerungsmöglichkeiten) und die Vermeidung von Hitzeinseln (zum Beispiel durch zusätzliche Bäume). Auch Reiner Nagel, Vorstandsvorsitzender der Bundesstiftung Baukultur, weist darauf hin, dass der öffentliche Raum dazu prädestiniert ist, auf die Folgen des Klimawandels – Erhitzung, Starkregen und Unwetter – zu reagieren. Entscheidend ist es laut Nagel insbesondere, mehr Stadtbäume zu pflanzen. Das scheint dem Wunsch vieler Menschen zu entsprechen: Laut der „Quartiersstudie 2023" des Hamburger Projektentwicklers DC Developments wünschen sich 45 Prozent der Befragten, dass es in den Städten mehr Grünflächen und Parks gibt.

**Leer sind die Innenstädte nicht**

Bemerkenswert ist bei alledem, dass die Zufriedenheit der Innenstadtbesucher in den letzten Jahren nicht etwa abgenommen hat, sondern im Gegenteil gestiegen ist. Das zeigen Zahlen der alle zwei Jahre erscheinenden Untersuchung „Vitale Innenstädte" des IFH Köln: Während die Durchschnittsnote für die Gesamtattraktivität der 111 untersuchten deutschen Innenstädte 2016 noch bei 2,7 und 2018 bei 2,6 lag, erreichte die Bewertung im Jahr 2022 immerhin die Durchschnittsnote 2,5. Trotzdem empfehlen die befragten Verbraucher die von ihnen besuchte Innenstadt nicht uneingeschränkt weiter: In 53 Prozent der Städte überwiegt die Anzahl derer, welche die Innenstadt nicht weiterempfehlen. Nur 24 Prozent der Städte verzeichnen eine hohe Weiterempfehlungsrate.

Nikolas Müller, Leiter des Real Estate Management Institut (REMI) der EBS Universität, sieht dabei vor allem in einem Punkt Anlass zur Sorge. „Besonders eine Gruppe hat sich seit der Pandemie aus der Innenstadt weitgehend zurückgezogen", sagt er, „nämlich die Sophisticated Singles, also gut ausgebildete, junge Großstadtmenschen." Für Müller stellt diese Entwicklung eine ernst zu nehmende Gefahr dar. „Denn wenn nicht darauf reagiert wird", argumentiert er, „droht langfristig ein weiterer Kaufkraftverlust, da die nächste Generation das Einkaufen in der Innenstadt noch seltener kennenlernt."

Grundlage für Müllers Einschätzung ist ein Forschungsprojekt, das er im Auftrag des Immobilienunternehmens James Cloppenburg Real Estate KG durchgeführt und bei dem er GPS-Mobilfunkdaten in Kombination mit weiteren Datenquellen ausgewertet hat. Diese zeigen, dass die Passantenfrequenzen grundsätzlich wieder das Niveau von 2019 erreicht haben.

Auch der Datendienstleister hystreet.com spricht von einer „stabilen Entwicklung der Passantenfrequenzen": In den ersten sechs Monaten des Jahres 2023 waren demnach in den deutschen Innenstädten vier Prozent mehr Menschen unterwegs als im Vergleichszeitraum des Vorjahres.

**Die Bedeutung von Sicherheit und Sauberkeit**

Doch da könnte noch mehr gehen, ist Kevin Meyer überzeugt, der Geschäftsführer der James Cloppenburg Real Estate KG. „Um die Innenstädte attraktiv zu machen, sollten die Städte für Sicherheit, Sauberkeit und einen funktionierenden öffentlichen Nahverkehr sorgen", sagt Meyer. „Wenn man an das Frankfurter Bahnhofsviertel denkt, versteht man, dass viele Menschen einen großen Bogen um die Innenstadt machen. Und wenn Aufzüge in den U-Bahnhöfen nicht funktionieren, ist es für mobilitätseingeschränkte Menschen unmöglich, in die Innenstadt zu kommen."

Eine weiteren Aspekt betont Nikolas Müller von der EBS Universität für Wirtschaft und Recht: Synergieeffekte zwischen Einzelhändlern, Gastronomen und anderen Akteuren in der Innenstadt seien wichtig. „Dabei", so Müller, „würde eine Art Center-Management für die Innenstadt helfen."

Die existierenden Business Improvement Districts (BID) leisten dies nach Ansicht Müllers bisher nicht. „Eine Kombination unterschiedlicher Funktionen und Angebote", betont der Experte, „erhöht die Anziehungskraft der Innenstädte und kann die einzelhandelsrelevante Kaufkraft positiv stimulieren."

*Die DCD-Quartiersstudie zum Thema Vitale Innenstädte*

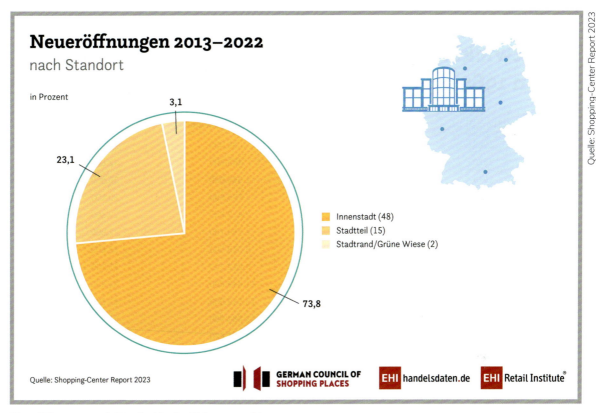

*Neueröffnungen nach Standort in den Jahren 2013 bis 2022*

**Gastronomie und Gesundheit im Kommen**

Tatsächlich wird das Einzelhandels- und Dienstleistungsangebot in den Innenstädten vielfältiger. Laut einer Untersuchung des Investmentmanagers Columbia Threadneedle Real Estate Partners haben die Flächen, die für Gastronomie und Gesundheit genutzt werden, zwischen 2020 und 2023 um 22,9 beziehungsweise 12,2 Prozent zugenommen. Untersucht wurden dabei die A-Lagen in 141 deutschen Städten sowie 145 innerstädtische Shopping Center. Auch der Lebensmitteleinzelhandel mietet vermehrt in sehr guten Lagen Flächen an. Hinzu kommen ganz neue Nutzer, wie die Researcher der DZ Hyp festhalten: „Neben dem klassischen Innenstadthandel präsentieren dort bislang praktisch nicht vertretene Anbieter wie Autohersteller ihre Produkte. Damit verbessert sich die Angebotsvielfalt zugunsten positiver Impulse für die Innenstädte."

Vorangetrieben werden solche neuen Nutzungen durch vielfältige Initiativen wie beispielsweise die Stadtlabore für Deutschland. Ziel dieses vom Bundeswirtschaftsministerium geförderten und vom Institut für Handelsforschung (IFH) Köln durchgeführten Projekts ist es, durch eine digitale Plattform den Leerstand systematisch zu erfassen und auf dieser Grundlage passende Mieter zu finden.

Solche Ansätze seien allerdings nicht unbedingt positiv, findet Kevin Meyer von der James Cloppenburg Real Estate KG. „Es ist keine langfristige Lösung, wenn man über diverse Initiativen Nutzer in die Innenstadt holt, die nichts zu einer nachhaltigen Attraktivitätssteigerung beitragen", sagt er. „Die Städte müssen sich überlegen, welche Nutzungen wirklich etwas bringen" – und das seien neben Einzelhandel vor allem Büros und Kultureinrichtungen. Damit sich diese Nutzungen ansiedeln könnten, müssten die Kommunen aber eine höhere Dichte und die Schaffung von mehr vermietbarer Fläche zulassen.

Diesen Punkt hebt auch Iris Schöberl hervor, Managing Director bei Columbia Threadneedle Real Estate Partners. Häufig stehe das Baurecht

## Entwicklung der Shopping Center von 1965 bis 2023 in Deutschland

| Jahr/Stand 01.01. | Zahl der Shopping-Center | Gesamtfläche in qm | durchschnittliche Fläche je Center in qm |
|---|---|---|---|
| 1965 | 2 | 68.000 | 34.000 |
| 1970 | 14 | 458.800 | 32.800 |
| 1975 | 50 | 1.545.000 | 30.900 |
| 1980 | 65 | 1.956.500 | 30.100 |
| 1985 | 81 | 2.413.800 | 29.800 |
| 1990 | 93 | 2.780.700 | 29.900 |
| 1995 | 179 | 6.019.500 | 33.600 |
| 2000 | 279 | 9.212.200 | 33.000 |
| 2005 | 363 | 11.449.600 | 31.500 |
| 2010 | 428 | 13.512.000 | 31.600 |
| 2012 | 444 | 13.883.900 | 31.300 |
| 2013 | 453 | 14.266.600 | 31.500 |
| 2014 | 460 | 14.434.630 | 31.400 |
| 2015 | 463 | 14.849.090 | 32.100 |
| 2016 | 476 | 15.363.070 | 32.300 |
| 2017 | 479 | 15.446.350 | 32.200 |
| 2018 | 479 | 15.449.250 | 32.300 |
| 2019 | 483 | 15.651.000 | 32.400 |
| 2020 | 489 | 15.793.000 | 32.300 |
| 2021 | 493 | 15.916.700 | 32.300 |
| 2022 | 493 | 15.972.170 | 32.400 |
| 2023 | 509 | 16.374.584 | 32.200 |

Quelle: EHI Shopping-Center-Report 2023

*Die Entwicklung der Shopping Center von 1965 bis 2023*

einer Belebung der Innenstadt im Weg, stellt sie fest. Dennoch gebe es erfolgreiche Projekte der Umnutzung zu Multi-Use-Immobilien. „Das macht Mut und lässt auch bei Investoren wieder Interesse an einem Investment in A-Lagen wachsen", sagt Schöberl. „Unser Fazit: Die Einzelhandelsimmobilien haben das Tal der Tränen hinter sich."

Thomas Beyerle, Managing Director der Catella Property Valuation GmbH, sieht dabei auch die Eigentümer in der Pflicht. Damit sich „eine andere, attraktive Einzelhandelslandschaft" formieren könne, müssten sich die Vermieter von der Vorstellung lösen, eine Miete von 400 Euro pro Quadratmeter erzielen zu können. Im Klartext, so der Immobilienmarktexperte: „Die Eigentümer müssen mit den Mieten runtergehen."

**Vom Wandel der Shopping Center**

Vor ganz besonderen Herausforderungen stehen Eigentümer von innerstädtischen Shopping Centern. Noch in den letzten Jahren, als der Strukturbruch des stationären Einzelhandels sich bereits abzeichnete, wurden neue Einkaufszentren eröffnet, sodass es nach Angaben des EHI Retail Institute jetzt bundesweit 509 Einkaufszentren mit einer Mindestgröße von 10.000 Quadratmeter Verkaufsfläche gibt, von denen sich knapp die Hälfte (47,5 Prozent) in Innenstädten befinden (Stand Anfang 2023). Allein 2022 kamen noch vier Center hinzu. Dass laut der Aufstellung des EHI die Gesamtzahl der Center zwischen 2022 und 2023 trotzdem um 16 (und nicht nur um 4) stieg, begründet das Institut mit einer methodischen Veränderung. Zwar sind Dead Malls – also komplett aufgegebene Center –, wie man sie aus den USA kennt, hierzulande noch die große Ausnahme. Bundesweit haben aber zahlreiche Einkaufszentren mit Vermietungsproblemen zu kämpfen. Nicht wenige werden deshalb grundlegend umgestaltet – oft sogar solche, die erst vor wenigen Jahren (wieder-)eröffnet wurden. In Sankt Augustin (bei Bonn) beispielsweise wandelt die Jost Hurler Gruppe derzeit das Obergeschoss der erst 2017 nach Umbau wiedereröffneten Huma Welt in ein Factory Outlet Center um und versucht so, eine in Deutschland bisher wenig erfolgreiche Kombination aus klassischem Einkaufszentrum, Nahversorgung und Outlet-Center zu realisieren.

„Um das Thema Umnutzung kommt man – insbesondere an zentralen Standorten und bei Mehrgeschossigkeit – nicht mehr herum", sagt Falk Herrmann, Geschäftsführer des 2023 gegründeten Beratungsunternehmens Retaylor. Dabei ist an zentralen Standorten der Großstädte ein Konzept besonders beliebt: die Umwandlung der oberen Einzelhandelsgeschosse in Büroflächen. Genau das passiert momentan beispielsweise beim Boulevard Berlin, einem erst 2012 eröffneten Einkaufszentrum in der Berliner Schlossstraße. Dort schaffen die neuen Eigentümer im ersten und zweiten Obergeschoss gut 25.000 Quadratmeter Bürofläche, während die verbleibenden Läden im Erd- und Untergeschoss zusammengezogen werden. Doch ob dieses Konzept erfolgreich sein wird, ist vor dem Hintergrund des Umbruchs der Bürowelt mit einem Fragezeichen zu versehen – jedenfalls meldeten die großen Beratungshäuser zuletzt einen deutlichen Rückgang bei der Vermietung von Büroflächen.

**Die Auswirkungen des Homeoffice**

Apropos Veränderungen der Arbeitswelt: Auch der Vormarsch des Homeoffice und des flexiblen Arbeitens bleibt nicht ohne Auswirkungen auf den innerstädtischen Einzelhandel. Denn wer zum Arbeiten nicht mehr in die Firmenzentrale in der Innenstadt fährt, kauft dort auch nicht mehr ein. Laut einer Untersuchung des ifo-Instituts lag der Einzelhandelsumsatz in den Stadtzentren im März 2023 deshalb um fünf Prozent unter dem von März 2019, während in den Wohngebieten

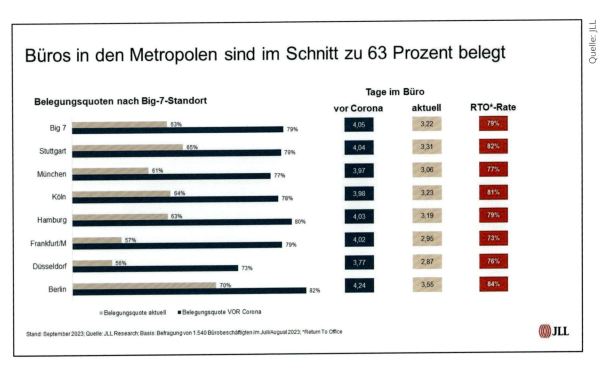

*In den Metropolen sind Büros im Schnitt zu 63 Prozent belegt.*

und Vororten deutlich mehr Geld ausgegeben wurde.

Wenig deutet darauf hin, dass sich dieser Trend grundlegend ändern wird. „Das Homeoffice hat als Arbeitsort für alle Generationen und über Branchen hinweg an Bedeutung gewonnen", stellt David Rouven Möcker, Partner Real Estate bei der Wirtschaftsprüfungsgesellschaft PwC Deutschland, fest. Laut einer von PwC in Auftrag gegebenen Befragung verbringen Arbeitnehmer im Durchschnitt etwas mehr als die Hälfte der Arbeitswoche an ihrem heimischen Arbeitsplatz.

Nicht ganz so hoch ist die Quote gemäß einer anderen Befragung, welche die Immobilienberatungsgesellschaft JLL durchgeführt hat: Demnach sind Bürobeschäftigte in den sieben größten deutschen Städten im Durchschnitt immerhin noch 3,2 Tage pro Woche im Unternehmensbüro tätig.

**Wohnen im ehemaligen Kaufhaus**

Wer nicht mehr in der Innenstadt arbeitet, frequentiert möglicherweise auch die innerstädtischen Kaufhäuser nicht mehr. Dabei sind diese bekanntlich bereits länger in der Krise – mit der Folge, dass für viele Kaufhäuser neue Nutzungen gesucht werden müssen.

Mittlerweile gibt es eine ganze Reihe von Beispielen, die zeigen, dass in bestehenden Gebäuden neue Nutzungen implementiert werden können. In Herne beispielsweise wandelte die Landmarken AG ein ehemaliges Hertie-Kaufhaus in die Neuen Höfe Herne um, die neben Einzelhandel und Gastronomie Büroflächen und ein Fitnessstudio umfassen. In Mannheim entschied sich das Unternehmen Diringer & Scheidel dafür, die oberen Geschosse des ehemaligen Kaufhofs in der Innenstadt abzureißen. Während der Einzelhandel sich auch hier im Erdgeschoss konzentriert, entstehen in den neuen, in Holzhybridbauweise errichteten Obergeschossen hauptsächlich Wohnungen.

Immer wieder hört man auch den Vorschlag, Teile von leerstehenden Kaufhäusern als Depots oder Umschlagplätze zu nutzen und damit einem logistischen Zweck zuzuführen. Umgesetzt worden ist dieser Ansatz bisher allerdings kaum. Hingegen nutzt der Parkhausbetreiber Apcoa Teilbereiche seiner innerstädtischen Parkhäuser als Umschlagplatz, bei denen Waren von großen Lastwagen auf Lastenräder oder Elektro-Minivans umgeladen werden. Verbreiteter ist das Modell, dass Online-Lieferdienste Ladenlokale anmieten, um dort ihre Lager unterzubringen – nicht unbedingt zur Freude von Kommunen und

*Der ehemalige Kaufhof Mannheim wird zu einer Mixed-Use-Immobilie.*

*Die Visualisierung zeigt die Kaufhof-Immobilie in Hanau, wie sie zukünftig aussehen könnte.*

Anwohnern, da der damit verbundene Verkehr und die auf den Gehwegen geparkten Lieferräder oft als Belästigung wahrgenommen werden.

### Wenn Kommunen aktiv werden

Anderswo bringen Kommunen kulturelle Nutzungen wie Volkshochschule und Bibliothek in ehemaligen Kaufhäusern unter. Auch in Hanau ist die Ansiedlung der Volkshochschule eine Option. Dort beschlossen die Stadtverordneten im Herbst 2023 einstimmig, den leerstehenden ehemaligen Kaufhof am Marktplatz in kommunales Eigentum zu überführen. Ohnehin ist Hanau das Paradebeispiel für Kommunen, die aktiv in die Entwicklung der Innenstadt eingreifen, indem sie problembehaftete Immobilien erwerben oder als (Zwischen-)Mieter leerstehender Ladenlokale auftreten. So förderte Hanau mit den Projekt „Hanau aufLaden" nicht nur die Vermietung verwaister Ladenflächen, sondern übernahm sogar selbst ein traditionsreiches Spielwarengeschäft, um dessen Existenz zu sichern.

Unumstritten sind solche Eingriffe in private Eigentümerstrukturen nicht. Nach Ansicht des Deutschen Verbands für Wohnungswesen, Städtebau und Raumordnung können sie allerdings durchaus sinnvoll sein. „Durch eine vorübergehende Anmietung von leerstehenden Räumlichkeiten (insbesondere Ladenlokalen)", halten die Experten des Deutschen Verbandes fest, „können neue Nutzungskonzepte umgesetzt und neue Nutzungen (z.B. Pop-up-Stores, Start-ups, Kultur- und Bildungsangebote) erprobt und in der Startphase unterstützt werden."

### Auf dem Weg zur neuen Innenstadt

Für den Architekten Caspar Schmitz-Morkramer steht jedenfalls eines fest: „Die monofunktionale Retailstruktur war einmal, voll im Trend sind Mixed-Use-Objekte mit Risikostreuung." Solche Objekte förderten die Resilienz der Innenstädte und kämen so letztlich auch dem Handel zugute, sagt der Gründer und Inhaber des Architekturbüros Caspar.

Dass die Innenstädte sich wandeln, vielfältiger werden und neuen Nutzungen Raum bieten müssen, ist mittlerweile weitgehend Konsens. „Insbesondere das Thema Nutzungsmischung gewinnt an Bedeutung und kann zu einer Belebung und Stabilisierung der Innenstädte beitragen", erklärt

Ingo Martin, Leiter Real Estate Finance Germany bei der Nord/LB. Einkaufsmöglichkeiten allein machten nicht mehr den Reiz der Innenstadt aus, sagt auch Gerd Landsberg, Hauptgeschäftsführer des Deutschen Städte- und Gemeindebundes: „Nur mit einem vielfältigen Nutzungsmix schaffen wir lebenswerte Innenstädte, die zum Besuch und zum Verweilen einladen." Auch Helmut Dedy, Hauptgeschäftsführer des Deutschen Städtetages, weist darauf hin, dass sich Innenstädte unablässig wandeln. Die Bürgerinnen und Bürger erwarten nach seinen Worten mehr Vielfalt, Plätze zum Verweilen und für Begegnung, mehr Grünflächen sowie Raum für Gastronomie, Spiel und Sport.

Vielleicht hilft dabei auch die Beschäftigung mit der Geschichte unserer Städte. Einen Blick in die Vergangenheit warf Tobias Just, der Inhaber des Lehrstuhls für Immobilienwirtschaft an der International Real Estate Business School (IREBS), auf dem Höhepunkt der Coronapandemie und der damit einhergehenden Krise der Innenstädte im Jahr 2021. Am Beispiel von Frankfurt am Main verdeutlichte er den Wandel der Innenstadt: Auf einem imaginären Spaziergang durch die Messestadt passiert man den Rossmarkt, auf dem längst keine Pferde mehr verkauft werden, die Münzgasse, wo keine Münzen mehr geprägt werden, und den Kornmarkt, wo kein Getreide mehr gehandelt wird.

„Offenbar", schlussfolgert Just, „gab es in der Vergangenheit immer wieder Entwicklungen, die bestehende Strukturen hinweggefegt haben." Die Innenstadt sterbe also nicht, sondern erfinde sich immer wieder neu. In dieser Neustrukturierung stelle auch der Einzelhandel einen Teil der Lösung dar, erklärt Just – aber nur dann, „wenn auch er sich neu erfindet, erlebnisorientierter, interaktiver, näher am Kunden und weniger auf die reine Versorgung ausgerichtet".

## ZUR PERSON

**Christian Hunziker** schreibt seit bald dreißig Jahren als freier Journalist über die vielfältigen Aspekte der Immobilienwirtschaft. Zu seinen Auftraggebern zählen die Frankfurter Allgemeine Zeitung, das Wirtschaftsmagazin Capital sowie diverse Fachzeitschriften (u.a. immobilienmanager, DW Die Wohnungswirtschaft). Außerdem moderiert der studierte Historiker und Germanist immobilienwirtschaftliche Fachveranstaltungen.

## Research

# Bedeutende Studien zur City-Transformation

Eine Übersicht, die hilft, lokal relevantes Wissen zu identifizieren

Von Rahel Willhardt

*Ganz gleich welches Institut, welcher Autor oder welches Land: Über die zu stellenden Transformationsweichen in den Innenstädten scheinen sich aktuelle Studien und Forschungsarbeiten weitgehend einig. So herrscht Konsens darüber, dass Städte an Multifunktionalität, Aufenthaltsqualität und Nutzerorientierung gewinnen müssen. Ergriffene Maßnahmen sollten ein breites Sozial- und Altersspektrum abdecken. Die wichtigen, aber schrumpfenden Stadtbausteine des Waren- und Gastronomieangebots gilt es zu managen und auszudifferenzieren. Digitalität und Smart City Applikationen sind Game Changer, an denen keine zukunftsorientierte Stadt vorbeikommt. Und Urbanität muss grüner, sauberer und klimaneutraler werden, was den systematischen Ausbau multimodaler Mobilitätsoptionen miteinschließt.*

Ob Groß- oder Kleinstadt – die analysierende Zunft der Stadtzukunft stimmt darin überein, dass nur eine multifaktorielle Herangehensweise, Kontinuität und Kooperation aller Stakeholder den Stadtkernen die ersehnte ökonomische und ökologische Resilienz sichern kann. Das setzt die Verständigung über übergreifende langfristige Ziele/Stadtbilder voraus und schließt die Förderung von bürgerschaftlichem Engagement mit ein. Konstitutive Voraussetzung für den gelungenen Wandel ist ein Umdenken in den Kommunen, das mit einschneidenden Flexibilisierungen von Prozessen und Rechtslagen einhergeht. Letzteres - Kommunen beim Überwinden lähmender Verwaltungsblasen zu unterstützen – scheint die treibende Kraft vieler Publikationen zu sein.

Worin sich die Werke hingegen unterscheiden, sind die Analysemethoden und Datenquellen ebenso wie die gewählten Perspektiven und Fokusthemen. Auch der Praxisnutzen für Entscheidungsverantwortliche dürfte variieren: Von Vor- und Nach-Corona-Analysen und Imperativbeschreibungen bis hin zur Bereitstellung von Leitplanken oder Methoden zur konkreten Erarbeitung von Visionen oder themenspezifischen Maßnahmen ist alles dabei.

*Auch für Gemeinden gehört Zuhören zum Gebot der Stunde, um Innenstädte nach den Vorstellungen ihrer Bürgerinnen und Bürger gestalten zu können.*

Nachfolgend eine Übersicht über bedeutende Publikationen aus den letzten Jahren oder absehbar verfügbare Forschungsergebnisse. Berücksichtigung fanden deutsch-, englisch- und französischsprachige Studien großer Institute und Unternehmen ebenso wie bemerkenswert innovative Ansätze von Einzelautoren oder weniger bekannten Firmen. Ziel ist es, Entscheidungsverantwortlichen die Identifizierung von (Praxis-)Wissen, das den Stadttransformation Gestaltenden im konkreten Bedarfsfall weiterbringt, zu erleichtern.

## DIE STADT VON MORGEN IN DEUTSCHLAND

### Zukunft der Innenstädte - nachhaltige Szenarien der Innenstadtentwicklung mit der Foresight-Methode (vrsl. 1/2025)

Ob Leerstand, weniger Besucher, Klimawandel und Verkehrswende - Faktoren, die Städte zum Wandel zwingen, gibt es derweilen viele. Das Festhalten an Althergebrachtem hilft nicht weiter, vielmehr gilt es, das Bild von der Innenstadt neu zu denken. Aber wie gelangen Planer und Stadtverantwortliche zu einer frischen und tragfähigen Vision? Und wie können möglichkeitsbeschränkende Vorurteile und Gewohnheitsfilter überwunden werden? Dazu braucht es Methode.

Die heißt im konkreten Fall „Foresight", entstammt der Zukunftsforschung und hilft, der strategischen Voraussicht auf die Sprünge. Mit ihr werden nicht nur Herausforderungen und Chancen antizipierbar, sondern auch verschiedene Szenarien und zukunftsweisende Handlungsoptionen denkbar.

Wie diese Methode für die Innenstadtentwicklung fruchtbar gemacht werden kann, erproben das Tandem aus **Difu** und **Fraunhofer ISI** gemeinsam in einem Werkstattverfahren mit fünf ausgewählten Kommunen. Die Resultate werden im Januar 2025 auf einem Ergebnisdialog vorgestellt.

### Cima Monitor Deutschlandstudie 2022 – Kennziffern, Trends und Erwartungen (7/2023)

Wie werden Konsumplätze zu attraktiven Lebensorten? Zu dieser Entwicklung will die Studie der Stadtentwicklungsberatung **Cima** wichtige

Impulse beisteuern. Der herrschende Wandlungsdruck wird hier als Chance und Städte als Produkte verstanden, die Sieger im Wettbewerb der Freizeit- und Konsumorte werden sollen.

Um im Konkurrenzkampf bestehen zu können, muss man die Beweggründe von City-Besuchern verstehen. Genau die will der Monitor mit einer breit angelegten Konsumentenbefragung erfassen. Dabei orientiert sich der Befragungskatalog an der Customer Journey. So werden die Entscheidungs- und Erlebniswege potenzieller Citygänger nachvollziehbar und der Handlungsbedarf systematisch herausgeschält. Die aus der Analyse abgeleiteten Entwicklungsempfehlungen stützen sich zudem auf Best Practice Erkenntnisse sowie Zahlen, Daten und Fakten zur Stadtentwicklung.

Die repräsentative Studie zu Verhalten und Vorlieben der Deutschen in Sachen Innenstadt gehört zweifellos zu den Standardwerken zum Thema. Sie entstand in Zusammenarbeit mit dem **Handelsverband Deutschland**, der **DIHK** (Deutsche Industrie- und Handelskammer) und diversen privatwirtschaftlichen Unternehmen.

Neben einer umfassenden Bestandsaufnahme bietet die Studie einige Erkenntnisse mit Seltenheitswert zu Themen wie Anfahrtswege zur Stadt, Digitalservices für Stadtbesucher, Ausdifferenzierung des Waren- und Kulturangebots, partizipative Planung sowie Insights zur Fokusgruppe U30, deren Stadtverdruss am höchsten ist.

## Kerngesund? Fokus Innenstadt (5/23)

In der Mai Ausgabe des **HDE-Handelsjournals** dreht sich alles um das Thema Innenstadt. Das Themenspektrum ist etwa so breit wie das Warenangebot im deutschen Handel, werben die Herausgeber. Geboten wird ein ausgewogener Mix aus Best Practice, Studien, Trendanalysen und Expertenmeinungen zu Themen wie Zukunftsstrategien, klimagerechter Stadtumbau, Partizipation, Handel als Freizeitkultur, die Ära Retailment, Interessenbündelung zum Wohl der Innenstadt sowie Smart-City-Erkenntnisse der TU München.

## Frischer Wind in die Innenstädte - Handlungsspielräume zur Transformation nutzen (3/2022)

„Frischer Wind in die Innenstädte" ist eine Sonderveröffentlichung des Deutschen Instituts für Urbanistik (**DiFu**). Ausgelotet werden die Herausforderungen und Chancen von Stadtzentren in Zeiten von Bedeutungs- und Funktionsverlust. Dem Anspruch der Autoren nach ist die Publikation ein Debattenbeitrag zur Neuausrichtung von Innenstädten, die zugleich Handlungsoptionen aufzeigt.

Das erfolgt in drei Bausteinen: Erstens die Definition von Innenstadt und ihrer Funktion, zweitens das Herausarbeiten von Transformationspfaden und Handlungsoptionen, drittens die Reflexion der Ergebnisse in einem kommunalen Workshop. Abschließend werden die Ergebnisse in einer Folie zusammengefasst, die zur Szenarienbildung und für Vertiefungsstudien genutzt werden kann. Eine wichtige Erkenntnis: Vielerorts bremsen Uneinigkeiten von Stadtverantwortlichen über Rolle und Ziele der Innenstadt das Transformationsbestreben aus. Genau hier liegt der Gewinn der Publikation. Die systematische Darstellung von Funktion und Wandel der Innenstädte dürfte einen wertvollen Beitrag für Kommunen leisten, sich über die notwendigen und gewünschten Funktionen in den eigenen Reihen auszutauschen und Klarheit zu verschaffen.

## Vitale Innenstädte 2022 - Weiterempfehlung steigern, Zukunft gestalten (2/2022)

„Vitale Innenstädte 2022" zählt mit 69.000 Passanten-Interviews in 111 Städten unterschiedlicher Größe zu den umfangreichen Studien seiner Art. Mit der dichten Datenlage wollen die Herausgeber vom Institut für Handelsforschung (**IFH**) Köln Lokalverantwortlichen eine hohe Entscheidungssicherheit bieten.

Zunächst eine gute Nachricht: Bisherige attraktivitätssteigernde Innenstadt-Maßnahmen scheinen zu greifen. Nutzerbewertungen legten über die Zeit ein wenig zu und kommen auf eine schlechte Zwei. Um Passanten-Frequenzen auf das Vor-Corona-Niveau zu bringen, werden Be-

*Auf zu neuen Nutzungen: Mit Fantasie und Kreativität gilt es, neue Konzepte für die Innenstadt zu ersinnen. Hier leistet die eine oder andere Studie methodischen Input, wie man zu Stadtvisionen gelangt.*

suchsmotive erfasst und dezidiert nach Zielgruppen aufgeschlüsselt. Dabei wird „Weiterempfehlung" als zentrales Mittel herausgearbeitet, mehr Menschen in den Stadtkern zu bewegen.

Die daraus abgeleiteten strategischen Ansatzpunkte sind keine Unbekannten. Zu ihnen zählen die Verbesserung von Aufenthalts-, Gestaltungs- und Treffpunktqualität sowie die Steigerung des Erlebniswerts durch Events oder Kleinkunst.

Was die Analyse besonders macht, ist der Fokus auf die Weiterempfehlungsbereitschaft. Der hilft Transformationsverantwortlichen, Maßnahmen im Sinne der Nutzerinnen und Nutzer zu priorisieren – ein Asset, das in Zeiten knapper Haushaltskassen an Wichtigkeit gewinnen dürfte.

### Zukunftsfeste Innenstädte: Zwischenbilanz und Strategien (11/2021)

Die Studie der **ImaKomm Akademie** gehört zu einer der ersten Analysen zur Situation der Stadtkerne nach Corona. Entsprechend stark stehen die Ausführungen noch unter den Kriseneindrücken. Erfasst werden die Einschätzungen von knapp 750 Vertreterinnen und Vertreter aus Kommunen und Wirtschaftsvereinigungen in ganz Deutschland. Die **IHK** unterstützte ebenfalls mit ihren Netzwerken.

Das gezeichnete Bild ist eher düster. Mit bis zu 14 % weniger Läden und bis zu 7 % weniger Gastronomieangeboten wird gerechnet. Wenig überraschend: Die Problematik der B- und C-Lagen wird als gravierender eingeschätzt als die der A-Lagen. Die abgeleiteten strategischen Empfehlungen zur Revitalisierung spiegeln den Marktkonsens wider.

Das systematisch erhobene Stimmungsbild dürfte vor allem für Interessenvertreter wie den Deutschen Städte- und Gemeindebund wichtig sein, um politischen Handlungsdruck in Berlin aufzubauen. Gemeindevertretenden kann der Abgleich von damaligen Einschätzungen und realen Entwicklungen dabei helfen, das eigene Gefühl für die Entwicklungsdynamik vor Ort zu schärfen.

### Zukunft des Handels – Zukunft der Städte (10/2021)

Nur durch die konsequente Ausrichtung an den Nutzerbedürfnissen können Städte den Herausforderungen des Wandels begegnen und ihre Anziehungskraft stärken oder gar neue entfalten. Zu dieser Erkenntnis kommt die vom IFH Köln durchgeführte umfangreiche Studie für Innenstädte in NRW. Dafür wurden rund 26.000 Ver-

*Das Positionspapier „Zukunft der Innenstädte" des Deutschen Städtetages sieht Innenstädte als Orte der Vernetzung.*

braucherinnen und Verbraucher im Auftrag des **Ministeriums für Wirtschaft & Digitales NRW** befragt.

Ausgangspunkt ist dabei der von Krisen und Internetkonkurrenz stark gebeutelte stationäre Handel. Er verliert von Jahr zu Jahr an Bedeutung, obwohl Einkaufen nach wie vor der stärkste Innenstadtattraktor ist. Wichtigste Abwanderungsgründe zur Digitalkonkurrenz sind fehlende lokale Angebote bzw. Produktverfügbarkeit. Die Studie rät Stadt wie Handel zur aktiven Gestaltung, um Angebots- und Produktlücken systematisch zu füllen. Doch das allein reicht nicht. Auch den sinkenden Verweildauern gilt es entgegenzuwirken. Darum muss sich die Stadt als Gesamtgefüge reformieren. Fünf Handlungsfelder führen laut Studienerkenntnis zum Ziel: (Wieder-)Belebung entlang der Customer Journey, Aufbau resilienter Stadtstrukturen, Nutzung von Digitalisierungschancen, aktive Leerstandsbekämpfung sowie Einschlagen von neuen Wegen in der Stadtgestaltung.

Das umfassende 168-Seiten-Grundlagenwerk bietet Kommunalverantwortlichen aber noch mehr: Die Nutzersicht wird auf Basis der umfangreichen Befragungsdaten detailliert analysiert und aufgeschlüsselt. Handlungsfelder werden identifiziert und nach Zielgruppen und Stadtgrößen sortiert.

Auf diesem Weg bekommen kommunale Entscheidungsträger ein solides Fundament an die Hand, das sie unterstützt, zentrale Handlungsfelder zu erkennen und sinnvolle Leitplanken für zukunftstragende Strategien ihrer Stadt einzuschlagen.

### Keep on going, Highstreet! Ein Blick auf deutsche Einkaufsstraßen (09/2023)

Zum vierten Mal in Folge identifiziert der Highstreet-Report von CT Real Estate Partners Germany und Bulwiengesa die Trends in den Einkaufsstraßen von 141 deutschen Städten und klassifiziert deren Performance nach fünf Scoring-Gruppen.

Die vielleicht wichtigste Erkenntnis im Rückblick auf den ersten Report 2020: Trotz Insolvenzen und Rückbau von Filialnetzen stabilisiert sich die Situation des Handels. Der Ladenbestand blieb im vergangenen Jahr nahezu unverändert (- 0,4%). Zwar nahm der Filialisierungsgrad bundesweit leicht ab (- 2,8), doch die Situation entwickelt sich lokal sehr uneinheitlich. In 28 Städten stieg der Filialisierungsanteil sogar wieder.

Außerdem mehren sich in den A-Lagen die Zeichen, dass Handelsorte dem neuen Leitbild lebendigerer Innenstädte angepasst werden: Das Gastronomieangebot wächst (+ 4%), die Durchmischung nimmt zu und gleicht so die weiterhin rückgängigen Anteile der stärksten Warengruppe Fashion aus. In Toplagen legten beispielsweise Sanitätshäuser, Hörakustiker und Optiker bis zu 50% zu – Gesundheitsangebote, die bis dato in den Lagen eher selten zu finden waren. Auch staatliche Förderungen und lokale Zusammenarbeiten scheinen in Form frischer Konzepte, etwa im Bereich Multi-Use-Immobilie und Zwischennutzung, erste Früchte zu tragen.

Was die Studie interessant macht, ist die Analyse der längerfristigen Entwicklung. Angereichert mit Best-Practice-Beispielen wird deutlich, welche konkreten Maßnahmen vor Ort griffen, um die Anziehungskraft von Konsumorten zu stärken.

## Innenstädte im Wandel. Transformation deutscher Innenstädte (1 HJ/2024)

Die von der TU Darmstadt zusammen mit JC Real Estate, CBRE, EBS-Universität, IFH Köln und P&C Düsseldorf durchgeführt Forschungsinitiative kündigte für 2024 ein Update an. Erklärtes Projektziel sind daten- und wissenschaftsbasierte Handlungsleitlinien für die zukunftsfähige Transformation von Innenstädten.

Die erste Untersuchung attestierte Städten eine Sinnkrise, die lokale Akteure nur mit vereinten Kräften bewältigen können. Wichtige Erfolgsfaktoren, die Existenzprobleme der Innenstädte zu lösen, sind neben langfristig orientierten Eigentümern und agileren Genehmigungsverfahren auch tragfähige Finanzierungskonzepte und überzeugende Nachnutzungen für Warenhausimmobilien. Aufsetzend auf diesen Erkenntnissen soll das für 2024 angekündigte Update Ursache, Wirkung und Erfolgsfaktoren darlegen.

Allein schon die Zusammenstellung der Projektpartner verspricht interessante Ergebnisse. Inhaltlich ließen sich die Projektverantwortlichen noch nicht zu konkreteren Aussagen hinreißen. Darum bleibt nichts, als die finalen Ergebnisse abzuwarten.

## Zukunft der Innenstadt (7/2021)

„Zukunft der Innenstadt" heißt das vom **Deutschen Städtetag** herausgegebene Positionspapier, das Durchhaltevermögen und konsequentes Handeln als die Eigenschaften identifiziert, aus denen zukunftsfähige Städte gemacht sind. Um den Dauerwandel zu bewältigen, dem Städte unterliegen, fordert die Stimmvertretung von 3.200 Kommunen staatliche Subventionen, Flexibilisierung des Planungsrechts und Erweiterung des kommunalen Experimentierraums.

Innenstädte sind hier allen voran Orte der Vernetzung, die es zu stärken gilt. Multifunktionalität, multimodale Mobilität und Digitalisierung werden zum Muss erhoben. Diversifizierung und Erweiterung lokaler Netzwerke bahnen ebenso den Weg zum Ziel wie die kluge und kreative Nutzung des öffentlichen Raums. Und natürlich ist die Stärkung von Stadtteilzentren nicht zu vergessen.

Weisheit ist ein aus der Mode gekommener Begriff. Aber der drängt sich beim Lesen des Positionspapiers auf. Neben der Analyse, was Städte funktionsfähiger macht, wird auf Praxiserprobung gepocht. Der übergreifende Appell: Macht Städte zu Reallaboren! Nur so finden wir heraus, was funktioniert!

## #elasticity – Experimentelle Innenstädte und öffentliche Räume der Zukunft (6/2021)

„#elasticity" zählt zweifellos zu den visionärsten deutschen Publikationen zu dem Thema. Das von der **Fraunhofer** Initiative Morgenstadt, den **Stadtrettern** und **Fichtner Consulting** herausgegebene Werk belässt es nicht bei der Damals-Heute-Analyse, sondern antizipiert die Zukunft in Form von empirischen Szenario-Studien. Diese wiederum sind erste Zwischenergebnisse aus der breit angelegten Innovationspartnerschaft „**Innenstadt 2030+ | Future Public Space**".

Vorgestellt werden belastbare und positive Szenarien, wohin sich Innenstädte in den nächsten fünf bis zehn Jahren entwickeln könnten. Anhand eines Leitszenarios werden zentrale Zukunfts-

# Alles, was das Leben braucht, vereint an einem Ort

Wohnen und Arbeiten, Einkauf und Freizeit – für uns sind diese Bereiche längst keine getrennten Welten mehr. Daher bündeln wir unser gesamtes Know-how ab sofort unter einem Dach.

Nach 25 Jahren wird aus der BCM Center Management GmbH die Bruhn Living Places Management GmbH.

Mehr über uns und was wir für Sie in Ihrem Auftrag leisten können, erfahren Sie unter: www.blp-management.de

**Bruhn Living Places Management GmbH**
Oderfelder Straße 23 | 20149 Hamburg

felder identifiziert und konkrete Handlungsempfehlungen vorgestellt. Dabei wird klar, dass Zukunftsgewandtheit aus ineinandergreifenden Konzepten besteht, die den gesamtsystemischen Bedarf erfassen.

Die Leitvision, der die 2030+-Studie folgt, ist ein demokratischer, spielerischer und experimenteller Transformationsansatz, der vor allem eins schafft: Raum, Neues auszuprobieren. Denn genau das lässt urbane Stadtgefüge zu nutzungsneutralen „elastischen Räumen" werden, die für heutige und künftige Ansprüche bestens gerüstet sind.

### Die Europäische Stadt nach Corona. Strategien für resiliente Städte und Immobilien (2021)

Der Wandel ist beständig und keiner weiß, wohin er führt. Corona wirkt dabei als ein Turbobeschleuniger für bereits laufende Veränderungsprozesse. Genau das gab den Anlass für das **Urban Land Institut**, den Wandel von Städten, Quartieren und Immobilien unter die Lupe zu nehmen. Der rote Faden des Buches sind die pandemieausgelösten Funktionsverschiebungen sowie die Anpassungsstrategien, mit denen unterschiedliche Akteure der Stadt ihnen begegnen können. Unterteilt in vier Kapitel werden die Implikationen für die Stadtentwicklung und für die unterschiedlichen Assetklassen (Wohnen/Hotel, Büro, Handel/Logistik) aufgefächert. Im letzten Kapitel werden zehn Kernbotschaften für die Stadtentwicklung der Zukunft formuliert, die sich aus den Einzelbeiträgen ableiten.

Das knapp 300-seitige Buch versteht sich als eine Reise durch vielschichtige Einzelbeiträge, die neue und ungewöhnliche Blicke auf den urbanen Wandel aufwirft. Die Quellen sind unterschiedlicher Natur: Geboten werden Erkenntnisse aus Befragungen, vertiefenden Interviews und Literaturrecherchen, aber auch Beiträge unterschiedlicher Experten. Thematisch werden auch exotischere Themen behandelt, wie beispielsweise gesundheitliche Chancengleichheit, verändertes Mobilitätsverhalten, Corona als Smart-City-Beschleuniger, zukünftige Arbeitsplätze, Stadtversorgung unter Veränderungsdruck oder die Zukunft urbaner Logistik

Das Buch richtet sich an kommunale Entscheidungsträger, aber auch an Investoren und Projektentwickler, die zukunftsfähige Gebäude entwickeln wollen. Dabei verleiht der Fokus auf Immobilien der Veröffentlichung sein Alleinstellungsmerkmal.

# DIE STADT VON MORGEN INTERNATIONAL

### The Future of Cities: Adapting to Changes in the Retail Landscape (5/2023)

In ihrem jüngsten Report analysiert der **NLC** (National League of Cities, also Amerikas „Deutscher Städtetag") die Situation des Einzelhandels in Städten, Gemeinden und Dörfern Nordamerikas. Es wird ein Ausblick auf die sich abzeichnenden Herausforderungen des Einzelhandels gegeben und aufgezeigt, mit welchen Maßnahmen sich Gemeinden wappnen können. Die Beobachtung: Einige Städte erholen sich markant schneller von den Coronabelastungen als andere. Tendenz: Je älter und dichter die Innenstädte und je größer der Ballungsraum, umso länger dauert die Erholung.

Neben Daten und Fakten werden unterschiedliche Best-Practice-Beispiele herangezogen, um zu destillieren, welche Maßnahmen und Verfahren helfen, Stabilität und Wachstum schneller in die Städte zurückzubringen. Das mündet in wichtigen Empfehlungen für lokale Entscheidungsträger, denen ein entscheidender Einfluss bei der Erholung der Innenstadt zugesprochen wird. Wichtig in diesem Zusammenhang ist die Investition in Programme, Ressourcen, Weiterbildung und in den öffentlichen Raum, um allen voran kleine Unternehmen zu unterstützen, die erwiesenermaßen krisenanfälliger sind.

Weitere wichtige Schlagwörter sind: Unterstützung beim Ausbau des phygitalen Handels (eine Wortschöpfung aus „physical" und „digital", um die Verschmelzung von online und offline zu beschreiben) und beim Abbau von Ar-

*Zu den Mega-Trends, die Städte zunehmend prägen, gehört die grüne Planung des öffentlichen Raums, die 15-Minuten-Stadt sowie intelligente und nachhaltige Mobilität.*

beitskräftemangel, Initiativen zur Förderung lebenswerter Nachbarschaften, Bereitstellung von Krediten oder auch Nutzung von hyperlokalen Organisationen als Konsensbeschleuniger.

Unterm Strich ist die Publikation ein Appell an Kommunen, ihr Wachstumsförderungsprogramm auf den Prüfstand zu stellen. Denn dem wird ein entscheidender Einfluss auf die Widerstandsfähigkeit der Stadt zugesprochen.

## Investition in die Zukunft (5/23)

Die Broschüre des **HDE** belegt, dass Wachstumsförderung im Klein- und Mittelstand auch in Deutschland ein großes Thema ist. Viele Einzelhändler, so die erschreckende Erkenntnis, sind aktuell nicht in der Lage, notwendige Zukunftsinvestitionen aus eigener Kraft zu stemmen. Zwar ist die Bereitschaft und Notwendigkeit zu handeln da, um im rauen Wettbewerb zu bestehen, allein es fehlen die Mittel. Investitionshilfen tun aus Händlersicht vor allen in folgenden Bereichen not: Verbesserung der städtischen Infrastruktur, Finanzzuschüsse zur Geschäftsausstattung, Digitalisierungshilfen, Maßnahmen zur Förderung von Klimaschutz und Investitionen in Beruf und Bildung.

Die HDE-Broschüre zeigt finanziellen Förderungsbedarf auf, unterbreitet aber auch eine breite Palette an Maßnahmen, wie sich die zeitgemäße Transformation des Handels über Wissensplattformen, Coaching, Veranstaltungen, KI-Piloten und dergleichen mehr unterstützen lässt.

## The global Live-Work-Shop Report (01/23)

Wie wollen Menschen künftig leben, arbeiten und einkaufen? Das will der globale Immobiliendienstleister CBRE in seinem gleichnamigen Report herausfinden. Fazit: vier übergreifende Themen beeinflussen zukünftige Immobilienentscheidungen: Wohlbefinden, Lage, ESG und hybrides Arbeiten. Befragt wurden über 20.000 Konsumenten weltweit, von den Babyboomern bis hin zur Gen Z.

Die Studie bietet Indikatoren dafür, dass Corona die Welt weniger verändert hat, als oftmals gedacht: So ziehen trotz starker Abwanderung in den Onlinehandel, die meisten Befragten den stationären Handel in sieben von zehn Einkaufskategorien vor. Hauptbesuchsgrund sind Einkaufs- und Produkterlebnisse. Dabei spielen Haptik und Qualität des Einkaufsambiente eine wachsende Rolle. Auch der Trend zur Abwanderung in Vororte relativiert sich. Ein Großteil der Umzugswilligen will in der Nähe von Stadtzentren leben, rund die Hälfte davon zur Miete (in Deutschland sind es sogar zwei Drittel). Knapp 40 % der befragten Arbeitnehmenden sind unterdessen wieder Vollzeit ins Büro zurückgekehrt. 90 % der Befragten planen zumindest teilweise wieder im Büro zu arbeiten. Kürzere Pendelzeiten und eine bessere Lage sind Schlüsselfaktoren für die Bereitschaft, ins Büro zu fahren. Außerdem hat die Pandemie das Bewusstsein für Umwelt- und Gesundheitsbelange von Konsumenten geschärft. Damit lässt sie Nachhaltigkeitsanforderungen an Büro- und Wohnimmobilien steigen und macht das Einkaufsverhalten nachhaltiger.

Die Studie liefert wichtige Erkenntnisse, um Immobilien zukunftsfest aufzustellen, was für alle Immobilienbesitzenden und -verantwortlichen interessant sein dürfte.

## Building a futureready city – A Roadmap for the next phase of urban transformation (11/2022)

Die Studie analysiert die Meinungen und Strategien von Entscheidungsträgern in 200 Metropolen und 48 Ländern. Um zu verstehen, welche politischen Maßnahmen und Ziele mit den Bedürfnissen der Einwohner übereinstimmen, wurden zudem 2.000 Bürgerinnen und Bürger befragt. Publizist der Studie ist der New Yorker Think Tank **Thought Lab**.

Wichtige Erkenntnis: Über die Ziele herrscht weitgehende Einigkeit, bei der Priorisierung klaffen die Vorstellungen von Kommunalvertretern und Bürgern auseinander. Gleichklang herrscht bei den Themen: Bekämpfung der Umweltverschmutzung, bezahlbarer Wohnraum, öffentliche Sicherheit, Datenschutz und ein funktionierender öffentlicher Verkehr. Deutlich wichtiger als ihren Bürgern ist den Kommunalen hingegen die städtische Staubeseitigung (Platz 4 versus 14) und die Attraktivität der Innenstadt (Platz 8 versus 13). Politisch unterschätzte Themen sind Inklusion und Gleichberechtigung (Platz 11 versus 3) oder vertrauensbildende Maßnahmen in die Verwaltung (15 versus 8). Und eine für die Zukunft des Handels wichtige Divergenz: Bürger, nach pandemiebedingten Veränderungen gefragt, sehen die Einkaufserleichterung durch digitale Zahlungsmöglichkeiten weit vorn, bei den Politikern ist es die vermehrte Nutzung des Online-Handels.

Aufsetzend auf die Befragungsergebnisse zeichnet die Studie ein klares Bild, was Zukunftsfähigkeit ausmacht und was die fortschrittlichsten Städte anderes machen. Unterschiedliche Best-practice-Beispiele veranschaulichen die abstrakte Materie. Als "Future-Ready" werden allen voran Städte gesehen, die bürgerorientiert handeln, Engagement bei öffentlichen Entscheidungen fördern, nachhaltige Wirtschaftspartnerschaften eingehen, in digitale Technologien investieren und Datenanalyse zur Politiksteuerung nutzen.

Auch wenn die hier analysierten Metropolen in einer höheren Liga spielen als die hiesigen Städte, ist der systematische Abgleich von politischen Programmen und Bürgererwartungen ein zeitgemäßes Steuerungsinstrument, das Kommunen auch hierzulande in Betracht ziehen können. Überdies gelten die hochverdichteten Lebensräume als Vorreiter in Sachen Urbanisierung, sodass die Lektüre auch kleineren Stadtagglomerationen Inspirationen bietet.

## Urban furture with purpose – 12 trends shaping human living (9/21 -GB)

Der Artikel aus dem Hause **Deloitte** skizziert zwölf weltweite Meta-Trends, die Städte und das Zusammenleben von Menschen zunehmend prägen. Der Beitrag dient zugleich als eine Übersicht über zukunftsweisendes Wissen und vertiefende Beispiele, die im „Smart City Solutions Center" des Beratungshauses vorhanden sind.

Stichwortartig zusammengefasst wird Urbanität geprägt von: grüner Planung des öffentlichen Raums, 15-Minuten-Städten, intelligenter und nachhaltiger Mobilität, Smart Health Communities, Inklusionsservices und -planungen, zirkulärer Wirtschaft und lokaler Produktion, nachhaltig intelligenten Gebäuden, kollaborativer Massenpartizipation, KI-gesteuertem Stadtbe-

*Die gesundheitlichen Belange des urbanen Lebens müssen stimmen. Dazu zählen gute Luftqualität, Lärmvermeidung und ausreichende Grün- und Freiflächen, sagt das DiFu.*

trieb, Cybersicherheit und Datenschutz sowie KI-basierter Überwachungs- und Prädiktionspolitik.

Zu allen aufgeführten Strömungen werden Best-practice-Beispiele aus verschiedenen Ländern aller Welt und vertiefende Analysen angeboten. Für deutsche Kommunen und Stadtplaner dürften hier allen voran die Veränderungen interessant sein, in denen andere Länder Deutschland bekanntermaßen voraus sind, wie etwa Inklusionsanliegen und der Einsatz künstlicher Intelligenz im urbanen Kontext.

### Future of Cities: Reenvisioning Retail for Recovery and Resilence (6/2021)

Mit der Studie zieht der **NLC** (National League of Cities) Corona-Bilanz für US-amerikanische Städte. Die Krise wird dabei als Trendbeschleuniger verstanden, der kommunalen Handlungsbedarf verdeutlicht. Viele US-amerikanische Städte reagierten bereits und richteten ihre Visionen und Politik neu aus.

Bemerkenswert an der Studie ist, dass sie herausarbeitet, was Gemeinden richtig gemacht haben: Krisenherausforderungen wurden mit erfrischender Pragmatik gelöst, Verwaltungsabläufe in beispielloser Geschwindigkeit ins Internet verlagert und Richtlinien verabschiedet, die autofreie Straßen und mehr Außengastronomie ermöglichten. Zudem wurden viele Probleme im Direktkontakt mit Betroffenen gelöst. Diesen Spirit, so betont der NLC, gilt es beizubehalten, um Stadt und Handel für die Zukunft fit zu machen.

Das Lob der Kommunen hebt die Studie von anderen Publikationen ab. Herausgearbeitet wird, was in der Krise gut lief – statt nur das Post-Ex-Corona der Innenstädte abzuwägen und sich in Problem- und Handlungsempfehlungen zu ergehen! Vollständigkeitshalber sei erwähnt: Die darüber hinaus identifizierten Handlungsfelder und Trends decken sich in großen Teilen mit denen im deutschen Diskurs. Dennoch lohnt sich die Übersee-Lektüre, beschreibt sie doch einiges erfrischend anders als das deutsche Publikationen tun.

### Futurpolis – Stadt, Land, Zukunft (2018)

Die Zukunftsstudie zeichnet ein klares Bild der urbanen Trends, Einflussfaktoren und Probleme, die unser Jahrhundert weltweit bewegen. Auch wenn die Studie schon einige Jahre alt ist, haben die hier beschriebenen Metatrends nichts von ihrer Aktualität verloren. Herausgeber des Werks ist das **Zukunftsinstitut** in Zusammenarbeit mit dem **Avantgarde-Architekturbüro Graft**.

Was die Studie für deutsche Stadtgestalter wertvoll macht: Graft-Architekten haben deutsche Wurzeln, sind aber global mit Bau- und Stadtentwicklungsaufgaben betraut. Zwischen diesen

Welten vermittelt die Studie: Einerseits ein im globalen Vergleich beschaulich urbanisiertes Deutschland, das die zeitgemäße Optimierung von Stadtstrukturen vorantreibt. Andererseits die von urbanen Krisen getriebenen globalen Megacities, die sich zu kraftvollen Problemlösern zukunftsweisender Stadtgestaltung aufschwingen. Denn sie stehen unter Hochdruck, bedrohliche Missstände wie kollabierenden Verkehr oder krank machende Luft abzuwenden.

Abgesehen von den globalen Urbanisierungstrends beschreibt die Studie, was Städte unabhängig von ihrer Größe zu Urbanisierungsgewinnern macht. „Metropolitan" wird hier wohlgemerkt als ein Mindset verstanden, das nicht auf Stadtgröße und Einwohnerdichte beschränkt ist. Im Gegenteil: Auch noch so große Städte können „dörflich" handeln, wenn sie ein rückwärtsgewandtes Mindset leitet. Unter dem Begriff der „progressiven Provinz" geht Graft explizit darauf ein, wie kleinteilige Stadtstrukturen zu urbanen Gewinnern werden können. Die wichtigen Stichworte sind hier: lokale Visionäre, transitorische Architektur, offenes Mindset, Selbstbewusstsein und lokales Storytelling.

Die Lektüre ist unverzichtbar für alle, die Abstand zu eingefahrenen Vorgehensweisen bekommen wollen, um mit frischem und geweitetem Blick lokale Probleme angehen zu können.

# URBANITÄT IM EINKLANG MIT DER NATUR

### Dreifache Innenentwicklung. Baustein für eine nachhaltige Stadtentwicklung (12/2022)

Nicht erst seitdem das Umweltbundesamt die Reduktion des Motorisierungsgrads von Großstädten vorschlug, ist klar, dass die Stadtplanung kompakter, grüner und mobiler werden muss. Aber wie koordiniert man viele unterschiedliche Ansprüche auf begrenztem Raum? Und zwar zugunsten von Umwelt- und Lebensqualität! Und welche Potenziale setzt eine umweltorientierte Transformation für urbane und grüne Flächen oder gar für die Mobilitätsinfrastruktur frei? Und wie profitieren Lärmschutz, Luftqualität, Ressourcenverbrauch und Klimaanpassung davon?

Das Fragenspektrum ist breit. Auf der Basis konzeptioneller Überlegungen in ausgesuchten Modellstädten und in Dialogforen werden Grundlagen erarbeitet. Dabei leistet das „dreifache Innenentwicklung" genannte planerische Leitbild Hilfestellung, das neue Perspektiven auf die räumliche Flächenauf- und -verteilung verspricht.

Das im Auftrag des **Bundesumweltamtes** und in Zusammenarbeit mit **Baader Konzept** umgesetzte Forschungsprojekt adressiert explizit Kommunen, Behörden und Wissenschaft gleichermaßen.

### Gemeinsam planen für eine gesunde Stadt – Empfehlungen für die Praxis (1/2023)

In der 64-seitigen Fachbroschüre greift das DiFu ein stark vernachlässigtes Planungsthema auf: die gesundheitlichen Belange des urbanen Lebens. Dazu zählen Lärmvermeidung oder gute Luftqualität durch ausreichende Grün- und Freiflächen.

Die Publikation greift dabei auf die Erkenntnisse des vom Bundesumweltamt geförderten Forschungsprojekts zurück „Kooperative Planungsprozesse zur Stärkung gesundheitlicher Belange". Als wichtigster Grund der Vernachlässigung wird die mangelhafte Zusammenarbeit mit dem Gesundheitssektor identifiziert. Abhilfe versprechen die beschriebenen projekterprobten Wege, auf denen es gelang, die Kräfte zuständiger Fach- und Gesundheitsämter zum Wohle gesünderer Lebensqualität erfolgreich bündeln.

### Stadtnatur erfassen, schützen, entwickeln - Orientierungswerte für das öffentliche Grün (vrsl. 2/2026)

Stadtnatur und Biovielfalt zu erhalten ist in Zeiten des Klimawandels eine wachsende Herausforderung. Der nimmt sich das Konsortialpro-

*Urbanen Seilbahnen im ÖPNV widmet die Unternehmensberatung PwC eine eigene Studie.*

jekt von **Difu**, **Hochschule Weihenstephan** und **Bundesamt Naturschutz** an.

Ziel der Initiative ist es, die Orientierungswerte der Gartenamtsleiterkonferenz von 1973 zu spezifizieren und Funktionen wie Erholung, Gesundheit, Klima und Biodiversität weiterzuentwickeln. Außerdem ist die Erarbeitung eines Strukturtypenschlüssels vorgesehen, der Kommunen die Anwendung erleichtern soll.

Die zunächst anhand von Sachlagen erarbeiteten Orientierungswerte werden anschließend in fünf Kommunen auf Praxis- und Monitoring-Tauglichkeit getestet und deren Kosten-Aufwand-Rahmen ermittelt.

## SPARCS - Sustainable energy Positive and zero cARbon communitieS (2019/10 - 9/24)

Seit dem Klimaabkommen von Paris hängt die Latte zur Emissionsreduktion hoch. Die EU hat sich zu einem Strategieplan für Energietechnologien (SET-Plan) und zur Smart-City-Initiative verpflichtet. Um Umsetzungslösungen zu entwickeln, hat der Völkerbund bei **VTT Technical Research Finnland** die Koordination europaweiter Testprojekte in Auftrag gegeben.

SPARCS ist eines davon. Hier demonstrieren sieben Städte in 100 Einzelvorhaben, wie einzelne Gebäude, Blöcke und Bezirke zu einem intelligenten Energiesystem verschmelzen können. Anschließend wird reflektiert, wie die Maßnahmen zur Verbesserung von Wirtschaft, Lebensqualität und Ökologie beitragen können.

In dem fünfjährigen Förderzeitraum übernehmen die zwei Leuchtturmstädte Leipzig und Espoo (Finnland) die Vorreiterrolle und setzen große Demonstrationsprojekte um. An die knüpfen die Replikatoren-Städte Reykjavik (Island), Maia (Portugal), Lviv (Ukraine), Kifissia (Griechenland) und Kladno (Tschechien) an und bereiten im Rahmen praxisnaher Machbarkeitsstudien den lokalen Einsatz von intelligenten Energiesystemen vor.

Man darf gespannt sein, welche Erkenntnis zum nachhaltigen Energieeinsatz und zur Vermeidung von Emissionen das praxisnahe Projekt hervorbringen wird.

### Energie-Atlas-Leipzig – Ein Navigationstool für die Energiewende (11/23)

Mit dem Projekt will die Stadt Leipzig ihre fundierte Grundlagenplanung für den nachhaltigen Ausbau erneuerbarer Energien voranbringen. Anspruch der Stadt ist es, den Ausbau erneuerbarer Energien zu beschleunigen, um den Klimazielen schneller näher zu kommen.

Der Energie-Atlas ist der zentrale Baustein der Planung. Er sammelt, plausibilisiert und visualisiert Daten aus verschiedenen Quellen und visualisiert sie in Form von „Was-wäre-wenn"-Szenarien. Um aus den aufgezeichneten Möglichkeiten die beste Lösung für Leipzig zu finden, fließen in die Entscheidungen sowohl Erkenntnisse aus dem praxisorientierten Energieforschungsprojekt SPARCS als auch dem Smart-City- Projekt Connected urban Twins (CUT) ein.

Auch wenn die erarbeitete Energie-Grundlagen-Planung auf Leipzig zugeschnitten ist, können andere Städte von den Erfahrungen der Modellstadt lernen, um die eigene Energiewende zu beschleunigen.

# MULTIMODALE MOBILITÄT: DIE VERKEHRSWENDE MEISTERN

Die Verkehrswende ist beschlossene Sache. Denn nur Angebotsvielfalt kann die veränderten Erwartungen von Bürgerinnen und Bürger erfüllen und Klimaziele in greifbarere Nähe rücken. Doch wie lässt sich die über Jahre auf Autooptimierung getrimmte Infrastruktur demokratisieren? Gewachsene Städte werden zu Reallaboren und diverse Institute fangen die Transformation mit dem Ziel ein, tragende Lösungen zu identifizieren.
Die Studien gliedern sich in zwei Sparten: Die einen fangen das große Bild ein: Der Status Quo wird erhoben, Handlungslücken seziert und der Wandel mit Strategieempfehlungen und Best-practice-Beispielen unterstützt. Die anderen stellen Lösungsvorschläge vor: Das fängt bei der Beleuchtung, alternativen Verkehrsmitteln und ÖPNV-Tarifmodellen an und hört bei der integrativen Planung von Verkehrspunkten oder Bewertungsschemen für die multimodale Planung auf.

### Evaluating Accessibility für Transport Planning (8/23 - GB)

Evaluating Accessibility für Transport Planning ist Plädoyer und Methode der „zugänglichkeitsbasierten Verkehrsplanung" zugleich. Ihr Urheber ist das von Todd Litman geleitete **Victoria Transport Policy Institute** (Kanada), das sich mit innovativen Mobilitätslösungen einen Namen gemacht hat.
Die Idee: „Zugänglichkeit" wird zum zentralen Gütekriterium der Verkehrsplanung. Alle Transportmittel werden danach bewertet, ob und wie gut sie dazu beitragen, dass Menschen die Orte und Aktivitäten erreichen, wegen derer sie sich auf den Weg gemacht haben. Bewertet wird dabei die individuelle Beweglichkeit, aber auch die Transitqualität und die Bezahlbarkeit.

Systematisch angewendet, soll die Methode dazu führen, die Verkehrsplanung zu demokratisieren, das Lösungsspektrum zu erweitern und effiziente Mobilitätsalternativen zu identifizieren. Die Vor- und Nachteile unterschiedlicher Transportmittel werden dabei aus Perspektive der Nutzer abgewogen. Das Institut selbst empfiehlt die Methode allen voran Kommunen, die kompakte Nachbarschaft fördern wollen, in denen Menschen mühelos auch ohne Auto auskommen können.

### Innovative Tarifmodelle im ÖPNV (3/23)

Die PwC-Studie stellt zunächst auf Basis einer entsprechenden Befragung Hemmnisse für die Nutzung des ÖPNV dar. Im zweiten Schritt wird anhand alternativer Tarifmodelle erörtert, inwieweit sie Kundenbedürfnisse zu bedienen vermögen. Im letzten Teil wird mit dem Easy-Flex-

Tarif-Modell eine ernst zu nehmende Alternative präsentiert.

Das wiederum ist auf die Bedürfnisse von Gelegenheitsfahrern zugeschnitten, deren Nutzungsbereitschaft hoch ist, sofern Tarifsysteme flexibler, verständlicher und günstiger werden. Darauf reagiert das Easy-Flex-Tarif-Modell. Die wichtigsten Neuerungen: Mit der Nutzungshäufigkeit sinkt der Preis. Der „Mengenrabatt" erfolgt automatisch und ex-post. Das wiederum entlastet Kunden von komplizierten Tarifmodellen. Kurzum: Hier wird die Flexibilität von Einzeltickets mit den Kostenvorteilen der Zeit- und Mehrfachtickets kombiniert. Niemand muss seine Nutzungsintensität im Vorfeld festlegen und wird mit Preisnachlass belohnt, je öfter er fährt. Zweifelsohne ein interessanter Lösungsvorschlag, dessen Einsatz insbesondere größere Städte prüfen sollten.

### E-Tretroller in den Städten: Nutzung, Konflikte und kommunale Handlungsmöglichkeiten (11/22)

Die 2019 in Großstädten eingeführten Leihtrolleys gelten als wichtiger Baustein multimodaler Mobilitätsnetze. Objektiv besitzen sie das Potenzial, PKW-Kurzfahrten zu substituieren. Doch wann und von wem werden die beliebten Kleinvehikel wirklich genutzt? Abgesehen von Transporterleichterung bringen die flinken Roller auch Unfallgefahren und anderes Ungemach in die Stadt. Das **DiFu** widmet dem Hoffnungsträger der Verkehrswende eine Sonderveröffentlichung, um praktikable Integrationswege aufzuzeigen.

### Urbane Seilbahnen im ÖPNV. Innovativ, nachhaltig – und ein sinnvoller Lösungsansatz? (8/22)

Die **Unternehmensberatung PwC** widmet dem innovativen Verkehrsmittel eine eigene Studie. Urban eingesetzt, ist das Verkehrsmittel ideal: Es ist wirtschaftlich, klimafreundlich und förderungsfähig. Außerdem braucht es wenig Platz, schwebt über angestauten Verkehr einfach hinweg und verunfallt statistisch betrachtet so gut

*Die Stadt von Morgen braucht das Einverständnis der Bürgerinnen und Bürger. Auch darin sind sich die Studien einig - auch wenn es nicht immer so plakativ wie hier in Tribsees sein muss ...*

Foto: MattonOffice für Slow Urban Planning

wie nie (alle 17 Millionen Betriebskilometer). Auch die Installation und Wartung sind vergleichsweise günstig. Die Studie wägt ab, wie und unter welchen Umständen Seilbahnen eine sinnvolle Ergänzung und Entlastung des ÖPNV sein können.

### Bitkom Smart City Index Mobilität

„Wie smart ist die Mobilität in deutschen Städten?", fragt die **Unternehmensberatung PwC** und zieht den jährlich durchgeführten **Bitkom-Smart-City-Index** zurate. Der ermittelt, welche deutschen Städte über 100.000 Einwohner bei der Digitalisierung die Nase vorn haben. PwC nutzt die Ergebnisse zur Mobilität als Seismograf für die Verkehrswende in den Kommunen.

Auf das große Bild geblickt gilt: Je weniger Einwohner, umso größer der Bedarf an Mobilitätsentwicklung. Erst 10 % der untersuchten Städte verfolgen eine Smart-Mobility-Strategie und weitere 30 % sind dabei, eine auszuarbeiten. Bundesweit betrachtet liegt der größte Handlungsbedarf in der Letzte-Meile-Logistik. Am weitesten in der Entwicklung fortgeschritten

# Schrumpfende Innenstädte – Neue Funktionalität und Frequenzbringer

Die Bedeutung des stationären Handels für die Innenstadt nimmt durch das Aufkommen des Onlinehandels und sich wandelnden Konsumverhaltens und -ansprüchen seit Jahren ab. In Folge von sich ändernden Absatzwegen verkleinern immer mehr Einzelhändler ihre Verkaufsfläche im stationären Einzelhandel, verschlanken ihr Filialnetz oder verlassen sogar die 1A-Lage. Der innenstädtische Handel bildet mit seinen unterschiedlichen Betriebsformen, beginnend beim Kauf- und Warenhaus über das Filialsystem bis hin zu neuen Konzepten wie Show-Rooms oder Pop-up Stores, meistens das funktionale Zentrum einer Stadt. Die 1A-Lage unterliegt jedoch aktuell einem dynamischen Wandel, der anhand des Branchenbesatzes dokumentiert werden kann.

Die Präsenz der klassischen innenstadtrelevanten Branchen wie Textil und Bekleidung, Schuhe und Lederwaren sowie Schmuck und Uhren nimmt seit mehreren Jahren ab. So liegt der Anteil dieser Branchen in einigen Städten sogar unter 40 %, während er vor rd. 7 Jahren noch weit über 50 % lag. Zudem nimmt die Leerstandsquote kontinuierlich zu und sorgt dafür, dass die Haupteinkaufslage einer Stadt zersplittert wirken kann. Lange Shoppingmeilen werden zur Seltenheit. Handel wird zunehmend punktuell über den Innenstadtbereich gestreut. Diese Trends lassen sich durch die zunehmende Discountisierung des stationären Handels in der 1A-Lage verstärken. Hierbei nimmt der Anteil von Niedrigpreissortimenten zuerst am Rand der 1A-Lage zu. In diesen Bereichen siedeln sich zudem vermehrt auch gastronomische Angebote (Systemgastronomie) und Nahversorger an.

In Bochum lag der Anteil der innenstadtrelevanten Branchen 2016 in der 1A-Lage noch bei rd. 46 %, während er 2023 nur noch bei 36 % liegt. In der Kortumstraße zeigt sich zudem, dass der nördliche und südliche Teil des Straßenzuges seit 2016 durch eine Vielzahl von Schließungen aus den drei Branchen (Textil, Schuhe, Schmuck) betroffen und die Neuansiedlungen von discountorientierten Händlern geprägt ist. Im zentralen Bereich der Kortumstraße ist dabei der Einzelhandelsbesatz stabil geblieben und es kam nur vereinzelt zu wechselnden Betreibern von Ladenlokalen. Nennenswert ist die Neuansiedlung von TK Maxx, welcher sich am von P&C im Jahr 2016 verlassenen Standort angesiedelt hat. In der Karte sind die Ladenlokale, bei denen es zwischen 2016 und 2023 zu Branchenwechsel gekommen ist, abgebildet.

Abbildung 1: Branchen- und Mieterwechsel von 2016 bis 2023 in Bochum

Dabei fällt auf, dass im südlichen und nördlichen Bereich die meisten Wechsel stattgefunden haben.

Die Kombination dieser drei Trends (Rückgang klassischer Branchen der 1A-Lage, Discountisierung, Zunahme von Gastronomie) führt zu schrumpfenden 1A-Lagen und zu neuen Funktionalitäten. Die Innenstadt ist heute und wird zukünftig diverser sein und auch lang verdrängte Nutzungen wie Wohnen und Kultur werden wieder integriert, um eine möglichst breite funktionale Aufstellung vorweisen zu können. Dabei benötigt die Innenstadt neue Frequenzbringer, die nicht mehr zwingend aus der Bekleidungs- oder Schuhbranche kommen, sondern auch Lebensmitteleinzelhändler oder Drogerien sein können. Daneben sind auch innovative Konzepte wie das „2b active Base" in Bremen in der Haupteinkaufslage notwendig. Dabei handelt es sich um kostenfreie Sportangebote in der 1A-Lage.

Die Funktionsdurchmischung in den 1A-Lagen kann aber auch zu Spannungen zwischen Immobilieneigentümern und potenziellen Mietern führen, insbesondere wenn Vermieter auf hohen Mieten für Einzelhandelsflächen beharren. Dieses Spannungsfeld führt häufig zu unvermieteten

Unsere Engagements und Kooperationen:

Ladenlokalen, da Nicht-Einzelhandelsmieter Schwierigkeiten haben, die geforderten Mieten zu zahlen.

Die Schaffung von interdisziplinären und ganzheitlichen Ansätzen, welche die diversen Akteure der Innenstadt zusammenbringen und unterschiedlichste Nutzungsmöglichkeiten berücksichtigen, sind für eine lebendige und zukunftsfähige Innenstadt von zentraler Bedeutung. Es bedarf neuer Allianzen zwischen den beteiligten Akteuren, um eine Sicherung und Stärkung der Innenstadt von morgen zu garantieren. ■

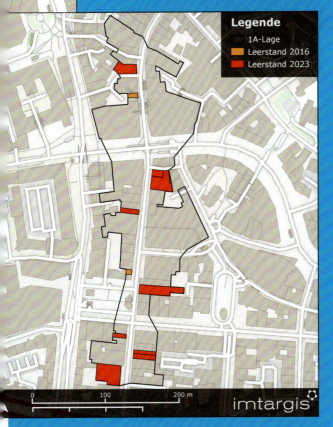

Abbildung 2: Leerstand 2016 und 2023 in Bochum

Autoren: Stina Burgard (Projektleiterin)
Jannick Weinz (Analyst)

  www.imtargis.de

# imtargis

Die imtargis GmbH ist ein unabhängiges Unternehmen mit umfassendem Know-how zu Handelsstandorten und Handelsimmobilien. Wir sehen unseren USP in der 360°Grad Betrachtung und somit der Verbindung unserer drei Geschäftsbereiche Analysen, Bewertung und Technische Due Diligence. Zu unseren Hauptkunden zählen Städte und Kommunen, Immobilieneigentümer und Institutionelle Investoren sowie Handelsunternehmen und Projektentwickler.

Unser interdisziplinäres Team, welches aus berufserfahrenen Geographen, Stadt- und Raumplanern, Bauingenieuren und Architekten besteht, bietet eine Bandbreite von Produkten an:

**Standort-, Markt- und Objektanalyse**    **Baurechtsanalyse und -potenziale**    **Flächenanalyse**

**GIS-Analysen**    **Befragungen**    **Nutzungs- und Mietermixkonzepte**

Aufgrund unserer langjährigen Erfahrung verfügen wir über eine besondere Beratungskompetenz für Handelsimmobilien jedweder Art. Die Bandbreite umfasst Highstreet-Immobilien wie z.B. Kauf- und Warenhäuser und Geschäftshäuser, innerstädtische Shopping-Center, LEH-Betriebstypen und viele Weitere. ■

**Stina Burgard**
Projektleiterin
stina.burgard@imtargis.de
+49 (0) 151. 72 220 630

*Verschiedene Studien zeigen Wege zu smarten Städten auf.*

sind Smart Parken und Verkehrsmanagement. Dabei gilt: Je größer Einwohnerdichte oder Stadt (500.000 Einwohner plus), umso ausgereifter sind Multimodalität und Sharing Angebote.

## Sustainable Innovation in Individual Mobility (2021)

Die **PwC-Studie** fängt die aktuellen Entwicklungen in der Verkehrsplanung und Infrastrukturnutzung hierzulande ein. Basierend auf der Bestandsaufnahme werden Handlungsbedarf und Chancenbereiche abgeleitet. Oben auf der kommunalen To-Do-Liste stehen der Ausbau von e-Ladeinfrastruktur, Wege-Netzen und Parkraum für Micromobilität. Zudem gilt es, Anreize zur ÖPNV-Nutzung zu schaffen und Städte aufs Zeitalter des autonomen Fahrens vorzubereiten. Covidbedingt sind Städte verstärkt gefordert, Freiflächen auszuweiten und ausreichende Versorgungshubs für die Home-Office-Workers sicherzustellen.

Entwicklungen, die die nachhaltige Mobilitätswende laut Report beschleunigen können, sind Fahrzeug-Innovationen, Wiederbelebung des städtischen Raums sowie Ausweitung der Shared-Mobility-Services samt Vertrauensaufbau in das Angebot.

## The city of the future (2018 / GB/NL)

The city of the future ist eine niederländische Designstudie, die pragmatische und neue Denkansätze zur Urbanisierung erörtert. Denn mehr denn je ist Stadtplanung gefordert, drängende Fragen der Verdichtung zu beantworten. Dazu zählen: Wie sind Systemübergänge für Energie, Mobilität, Digitalisierung oder auch Kreislaufwirtschaft in gewachsene Strukturen integrierbar? Oder wie sieht eine Stadtgestaltung aus, die Wohnraum, soziale Inklusion und Klimaanpassung optimiert? Das Besondere an dem 230-Seiten-Werk: Es liefert einen Überblick über die infrastrukturellen und sozialen Herausforderungen der modernen Stadttransformation, zeigt aber auch konkrete Lösungsideen auf. Und zwar in Form von zehn Zukunftsszenarien für reale Transformationsgebiete, die in Wort und Bild illustriert sind. Herausgeber der ambitionierten Studie ist das **Ministerium für Infrastruktur und Wasserwirtschaft** (Min.IenW) in Zusammenarbeit mit dem **BNA** (The Royal Institute of Dutch

Architects) und der Technischen **Universität Delft**/DIMI.

Entwickelt wurden die Szenarien von zehn interdisziplinären Designer-Teams, die ein Jahr lang an den pragmatischen, visionären oder auch spektakulären Entwürfen für konkrete Testorte arbeiteten. Diese liegen in Amsterdam, Rotterdam, Utrecht, Den Haag oder auch Eindhoven. Fast überflüssig zu erwähnen ist, dass nach den neuesten Regeln des multidisziplinären Arbeitens geplant wurde. Um ihre Praxistauglichkeit zu überprüfen, wurden alle Ergebnisse anschließend in Plenarsitzungen mit Interessenvertretern, Gemeinden und Wissenschaftlern auf Herz und Nieren geprüft.
Fazit: Allen voran für Raumgestalter, Verkehrs- und Stadtplaner dürfte dieses Buch ein Quell der Inspiration sein.

# DIGITALISIERUNG: WIE STÄDTE SMARTER WERDEN

Die Zukunft der Stadt ist zu großen Teilen auf Digitalisierung gebaut. Um so wichtiger ist es, dass Kommunen Handlungsbedarf verstehen und systematisch neue Techniken implementieren.

### Smart-City-Index (11/2023)

Der Smart-City-Index zeigt Kommunen auf, wie gut ihre Transformation im Vergleich zu 80 weiteren deutschen Großstädten vorankommt. Außerdem erhalten Erfolgsbeispiele eine Bühne: Nachahmung wird ausdrücklich empfohlen! Das Fazit: Der digitale Wandel nimmt Fahrt auf, Abstände zwischen Städten verkleinern sich. Wer jedoch nicht am Prozess dranbleibt, fällt ab.

Initiator des Indexes ist der Interessenverband deutscher IT- und Software-Unternehmen **bitkom**. Im Jahrestakt misst er den kommunalen Digitalisierungsgrad anhand der fünf Dimensionen Verwaltung, IT und Kommunikation, Energie und Umwelt, Mobilität sowie Gesellschaft und Bildung.

Aktuell haben München, Hamburg und Köln die Digitalisierungsnase vorn. Auch kleinere Universitätsstädte schafften es (wieder) in die Top-Ten: nämlich Aachen, Karlsruhe, Osnabrück und Ulm. Wohingegen Nachzügler wie Rostock, Erfurt und Göttingen bis zu 31 Plätzen wettmachten und noch unlängst befriedigende Performer wie Würzburg, Hagen oder Solingen bis zu 32 Plätze verloren. Die hohe Durchlässigkeit des Rankings gilt den bitkom-Analysten als Beweis, dass gutes Digitalisierungsmanagement und ein konstatiertes Vorgehen vor Ort mehr zählt als blanke Einwohnerzahlen.

### Smarte Städte und Regionen: Transformation gestalten

Die Studienreihe greift das gleiche Thema unter anderem Blickwinkel auf. Nicht harte Transformationsergebnisse stehen im Fokus des von **Deloitte** und **Fraunhofer** herausgegebenen Reports, sondern die Position der Kommunen bei der Smart City-Umsetzung: Wie ist die Ausgangslage? Welche Ressourcen kostet es? Welche Handlungsspielräume bestehen in der Planung und Umsetzung? Außerdem wird ermittelt, wie „leistungsfähig" und „veränderungsbereit" Kommunen sind. Auf den Status quo aufsetzend werden Erfolgsfaktoren herausgeschält und Handlungsempfehlungen unterbreitet.

Für die Analyse kommt das kommunale Typologie-Modell Smart City (KTMSC) zum Einsatz. Wie es funktioniert, wird in der ersten Folge der Studienreihe erklärt. Die weiteren Ausgaben der Studienreihe sind sechs Dimensionen der Smart City gewidmet: Umwelt & Energie, Verwaltung & Bildung, Wirtschaft, Mobilität, Wohnen & Gesundheit sowie Resilienz & Sicherheit.
Über die Studien hinweg puzzelt sich ein Gesamtbild der aktuellen Smart-City-Aktivitäten einer Kommune zusammen. Das wiederum bietet kommunalen Entscheidungsträgern eine solide Basis, um ihre Strategien zu adjustieren und weitere Maßnahmen zu bestimmen.

*„Städte werden letztlich durch das Engagement der Bürger erst richtig vital!" Das ist eine weitere zentrale Erkenntnis der forschenden Zunft: Doch wie kann man solche Initiativen fördern? Auf diese bedeutende Frage gibt es noch keine abschließende Antwort.*

### Smart Cities – Vernetze Lebens- und Wirtschaftsräume (11/22)

Die **KMPG**-Studie untersucht sechs Aspekte, die kluge Städte ausmachen. Ziel ist es, eine smarte Stadtvision zu entwickeln. Neue Technologien werden hier wohlgemerkt als verheißungsvolle Problemlöser verstanden, die Städten den Weg zu mehr sozialer, ökonomischer und ökologischer Nachhaltigkeit ebnen. Erfolgsentscheidende Voraussetzung dafür ist die Vernetzung verschiedener kommunaler Einrichtungen und Unternehmen. Wie die genau aussieht, ist in der Studie nachzulesen.

Um aufzuzeigen, was unterschiedliche Branchen zur smarten Stadt beitragen können, lässt die Unternehmensberatung Sachverständige aus den Bereichen Einzelhandel, Immobilienwirtschaft, Energieversorger, Transportunternehmen, Mobilitätsanbieter und Verwaltung zu Wort kommen. Die Experten beleuchten beispielsweise, was die Strahlkraft von Einzelhandel steigert, wie ein emissionsreduziertes Büroimmobilien-Design aussieht, oder auch, wie intelligente Mobilität Lebensqualität fördert und Verwaltungen sich erfolgreich digitalisieren.

Die Studie richtet sich explizit an Städte und Gemeinden, da ihnen eine Schlüsselrolle im Transformationsprozess zukommt. Die aufgezeigten Lösungsansätze sollen Kommunen darin unterstützen, sinnvolle Strategien zu entwickeln, Prioritäten zu setzen und sich zur treibenden Kraft des Wandels zu entwickeln.

### Data for the City of Tomorrow: Developing the Capabilities and Capacity to Guide Better Urban Futures (2023/GB)

Kommunen sitzen auf einem Datenschatz. Doch nur wenige verstehen, ihn zu heben. Es besteht kaum Konsens darüber, wie Daten gesammelt, analysiert und auf unmittelbare Probleme und strategische Herausforderungen angewendet werden sollten.

Der Insight Report des **World Economy Forums** gibt einen Überblick über die verfügbaren Daten und zeigt auf, wie Städte diese am besten einsetzen können. Neben Einblick in bereits existierende Datenökosysteme werden Möglichkeiten aufgezeigt, Datenpolitik und -kapazität zu entwickeln, die den Bedürfnissen verschiedener kommunaler Kontexte gerecht wird.

Kommunalverwaltungen und Behörden sind eingeladen, sich mit scheinbar unlösbaren Problemen der Stadtverwaltung auseinanderzusetzen und Zukunftsszenarien durchzuspielen. Im Bestfall helfen die Daten, bessere Lösungen für urbane, klimatische und digitale Veränderungen zu entwickeln.

### Connected Urban Twins (CUT) - Urbane digitale Zwillinge für die Stadtentwicklung der Zukunft (01/21-12/25)

Ziel des Projektes ist es, die Qualität der integrierten Stadtentwicklung mit digitalen Mitteln zu verbessern. Dazu werden von den Partnerstädten Hamburg, Leipzig und München digitale Zwillinge entwickelt, um sie in Planungsentscheide zu integrieren.

Fünf Schwerpunkte werden dabei verfolgt. Erstens: Wie müssen sich digitale Zwillinge weiterentwickeln, um kommunale Bedürfnisse optimal zu bedienen? Zweitens: Wie können digitale Konterfeis den amts- und städteübergreifenden Wissensaustausch fördern - und so auch gute und schnelle Problemlösungen? Drittens: Wie kann die Integration vielfältiger Daten die Planungsentscheidungen verbessern? Das wird anhand konkreter Anliegen aus dem Bereich sozialer Transformation, Energie und Klima erprobt. Viertens: Wie können Techniken und Tools die Städte bei der gemeinwohlorientierten Entwicklung unterstützen? Fünftens: Wie können all die gewonnenen Erkenntnisse so aufbereitet werden, dass andere Kommunen davon profitieren?

Das von der **CUT-Akademie** durchgeführte Smart Cities Modellprojekt ist eines von 73 ausgewählten, die von der **Bundesregierung** gefördert werden. Spannend wird es zu beobachten, ob der Einsatz der Urban Twins über die theoretischen Verheißungen hinaus Früchte trägt. So gesehen dürfte der Blick in den Abschlussbericht für alle Städte und Gemeinden im Wandel interessant sein.

### Innovationsnetzwerk Morgenstadt

Das **Innovationsnetzwerk Morgenstadt** bietet zahlreiche Lösungen und Tools, um Stadtentwicklung am Zahn der Zeit zu betreiben. Hintergrund: Noch nie war eine zukunftssichere Innenstadtentwicklung so komplex. Erschwerend kommt hinzu, dass technische Innovationen zwar helfen, Städte intelligenter zu machen, aber auch das Innovationstempo der Stadtentwicklung auf ungewohnte Art und Weise beschleunigen.

Weil sich smarte Städte keinesfalls im Silo entwickeln lassen, braucht es ein belastbares Zusammenspiel aus Städten, Unternehmen und Forschung, um eine zeitgemäße urbane Entwicklung voranzutreiben. Genau diese Unterstützung bietet die von **Fraunhofer** ins Leben gerufene Plattform, die zwischen **Angeboten für Städte** und **Unternehmen** differenziert. Die Netzwerkpartnerschaft richtet sich an Kommunen, die zu den Early Movern gehören wollen.

### Studie zur Transformation deutscher Innenstädte (9/2023)

Neben Wissensaustausch und Innovationslabs finden Transformationsverantwortliche hier die Studie zur Transformation deutscher Innenstädte. Die Studie untersucht 20 Innenstadtlagen in neun deutschen Großstädten. Herausgeber der Studie ist die **James Cloppenburg Real Estate Holding** in Zusammenarbeit mit der **EBS-Universität** für Wirtschaft und Recht. Neu an der Erhebung sind die Methoden. Sie greifen auf GPS-Mobilfunkdaten zurück. Das macht die Analyse deutlich präziser und kleinräumiger als in der Stadtforschung üblich. Erfasst werden nicht nur die Frequenzen, sondern präzise Daten zu Nutzergruppen, Zeitpunkt, Zeitraum und Mikrolage in der Stadt.

Die Erkenntniskraft der Methode wird am Beispiel von Leipzig vorexerziert. Zentrale Aussagen: Die Besucher kehren zurück, aber nicht zwangsläufig auch die Vor-Corona-Kaufkraft. Offensichtlich zieht es Einkommensschwächere ungleich lieber ins Cityleben zurück als z.B. gut ausgebildete, finanzstarke junge Menschen. Und nicht jede Lage profitiert gleichermaßen von den Wiederkehrern. GPS sei Dank wird messbar, dass spezifische Anziehungspunkte wie Gastronomie, Parkanlagen oder auch Mixed-Use-Objekte an Verweildauer gewinnen, während einst gut frequentierte Straßenabschnitte weiter mit Passanten-Einbußen zu kämpfen haben.

Kurzum: Die Methode ist ein Muss für alle Planungsverantwortlichen und Entwickler, die den Handlungsbedarf auf Platz und Gebäude genau kennen und steuern wollen.

# HANDELS- UND KONSUMTRENDS, DIE STÄDTE KENNEN SOLLTEN

### Ausgebummelt - Wege des Handels aus der Spaß- und Sinnkrise (11/23)

Nach Lieferkettenengpässen, steigenden Rohstoffpreisen und Fachkräftemangel steht der Handel nun vor einer neuen Herausforderung: Zeitmangel. Der hält Menschen zunehmend vom Konsumieren ab – wird aber von vielen Handels- und Innenstadtakteuren oft sträflich vernachlässigt. Das ändert die jüngste Publikation des führenden Schweizer Handels-Think-Tank Gottlieb Duttweiler Institut (**GDI**).

Für die repräsentative Studie wurden 1.500 Deutschschweizer befragt. Die erschreckende Erkenntnis: Nur eine Minderheit von 15% empfindet Shoppen noch als Freizeitvergnügen. Ganz gleich ob Mann oder Frau: Das Gros der Befragten erwartet vom Einkaufen zwei Dinge: Schnelligkeit und Effizienz. Dazu passt, dass die Einkaufszeit seit 1997 kontinuierlich abnimmt. Mit nur knapp zwei Stunden die Woche sind es heute 24 Minuten weniger als damals.

*Zahlreiche Stadtbesuche werden vorab zu Hause am PC oder Handy geplant. Deshalb sollten Kommunen City-Apps im Blick haben.*

Worin sich Effizienzkonsumenten unterscheiden, sind ihre Beweggründe. Die Studie unterscheidet zwischen drei Typen: Menschen, die Zeit lieber anders nutzen würden, Menschen, für die Einkaufen grundsätzliche Mühsal ist, oder solche, die am liebsten gar nicht einkaufen gehen würden. Als Gegenstrategie rät die Studie Handelsangeboten zu mehr Schnelligkeit (Promptness), Nähe (Proximity), Vergnügen (Pleasure) und Sinnhaftigkeit (Purpose).

Größtes Studienverdienst ist die kritische Hinterfragung des Verhältnisses von Shopping und Vergnügen. Zwar ist die vorrangig an Retailer gerichtete Studie keine kommunale Pflichtlektüre. Doch für die zukunftsgerichtete Stadtplanung ist es unverzichtbar, die Rolle von Effizienz- und Freizeitbedürfnissen kritisch zu hinterfragen, um konzeptuelle Konsequenzen für unterschiedliche Typen von Citygängern daraus zu ziehen.

### Studie Stationärer Einzelhandel Deutschland 2023 (9/23)

In der Studie identifiziert das **EHI-Handelsinstitut** die 1000 erfolgreichsten Händlerketten. Geclustert nach Umsatz in und nach der Pandemie, wird deutlich, welche Handelsmarken die Stärksten sind. Erfolgsindikator ist der Umsatzanteil am gesamtdeutschen Handelsumsatz. Mit 350 Mrd. Euro entfällt auf die Top 1.000-Vertriebslinien 64 % des Umsatzes. Nach Sparten ausgewertet liegt der Löwenanteil bei den Lebensmitteln (62%), gefolgt von Baumärkten (13,7%), Fashion (6,8%) und Drogerieketten.

Runtergebrochen auf Marken führen acht Lebensmittler die Top-Ten an, mit Rewe und Edeka an der Spitze. Platz neun und zehn belegen DM und Rossmann. Alle zehn zusammen erwirtschaften 185 Mrd. Euro, also über die Hälfte des Gesamtumsatzes.

## HDE-Zahlenspiegel

Der jährlich vom **Handelsverband Deutschland** herausgegebene HDE-Zahlenspiegel fokussiert seine Analyse auf den gesamtwirtschaftlichen Rahmen. Das statistisch umfangreiche Werk dokumentiert die Entwicklung bei Umsatz, Beschäftigung, Preisen, Verkaufsfläche, Betriebsformen, Anzahl der Geschäfte und weiteren relevanten Größen.

## City Apps – Bedeutung, Funktionen und Herausforderung (2023)

Immer mehr Stadtbesuche werden vorab zu Hause oder am Handy geplant. Grund genug für das **Difu**, dem Thema eine Sonderstudie zu widmen. Gut 1.000 potenzielle App-User, 381 kommunale Vertreterinnen und Vertreter und 22 kommunale App-Anbieter wurden zum Thema befragt. Die Ergebnisse setzen die Forscher zu einem klaren Bild über kommunale Apps in Deutschland zusammen: Welche Funktionen erfüllen sie? Welche Ressourcen benötigen sie? Wie ist ihr Erfolg messbar? Oder auch: welche Herausforderungen gilt es zu meistern?

Ziel der Veröffentlichung ist es, Kommunen zu dem nicht immer unstrittigen Thema fundierte Grundlagen, Informationen und Tipps für eine erfolgreiche Ein- und Fortführung von City-Apps an die Hand zu geben.

## City- und Handelsattraktivität digital fördern (09/2023- FR)

Corona hat die digitale Transformation des Handels beschleunigt, aber der stationäre City-Handel hinkt weiter hinterher. Zu Beginn des zweiten Lockdowns, Ende 2020, hatten gerade mal 30% der Geschäfte eine hinreichende Digitalpräsenz. Auch die Verzahnung von Lokalangeboten mit Onlineplattformen lässt große Potenziale ungenutzt. Wie sich Abhilfe schaffen lässt, analysiert das **Institut Sopra Steria** im Auftrag der französischen Staatsagentur **SCET**, einer Tochtergesellschaft der Caisse des Dépôts. Diese Studie entwickelt acht Ansatzpunkte zur Stärkung der digitalen Kompetenz von Innenstädten und Händlern, die lokale Attraktivitätsmaßnahmen flankieren sollen. Städte werden dabei in der Pflicht gesehen, die digitale Transformation des unabhängigen Einzelhandels mitzubegleiten.

Gemeinden sind zunächst gefordert, eine digitale Gesamtstrategie zu entwickeln. Das schließt den Aufbau einer virtuellen City-Community mit ein, die zur Sammlung und Analyse von Nutzungsdaten der Innenstadt genutzt werden kann. Ferner sollten lokale Marketing- und innerstädtische Werbestrategien konsequent mit Social Media Kanälen verzahnt werden. Eine weitere Flanke bietet die Innenstadtlogistik: Hier gilt es, wachsende Anforderungen mit den lokalen Regularien zu harmonisieren. Das schließt auch die schärfere Regulierung von einseitig auf Klick & Collect bzw. Delivery ausgelegten Läden mit ein („Dark Stores"/„Dark Kitchens"). Außerdem schlägt der Aktionsplan gezielte Schulung von Händlern und Handwerkern in Internet-Kompetenzen vor.

In Deutschland wurden bereits vor einigen Jahren viele Hilfspakete zur Digitalisierung des stationären Handels geschnürt. Allerdings verlieh Corona dem Thema erneut Relevanz. So gesehen ist es keinesfalls ein Fehler, die kommunale Digitalstrategie für Innenstädte auf Aktualität zu prüfen.

## KMPG Retail Sales Monitor (1/2023)

Der KMPG Retail Sales Monitor beleuchtet die Lage im stationären Einzelhandel. Aufbauend

*Vitale Erdgeschosse können belebende Impulsgeber im urbanen Raum sein.*

auf aktuellen Daten und Fakten wird analysiert, wie Corona und die angespannten ökonomischen Rahmenbedingungen den Ladenkonsum verändert haben. Ins Kalkül werden Expansionspläne von Händlern, Kaufkraftentwicklung und Verbrauchererwartungen gezogen. Zudem werden langfristige Chancen unterschiedlicher Standortlagen aufgezeigt und attraktivitätssteigernde Zukunftskonzepte vorgestellt.

Die Untersuchung ist eine wichtige Orientierungshilfe für Kommunen, um die Entwicklung konkreter Lagen besser einschätzen zu können.

### Die neue Rolle der Innenstädte (10/2022)

Die neue Rolle der Innenstädte ist der dritte Highstreet-Report, den **CT Real Estate Partners Germany** und das Marktforschungsinstitut **Bulwiengesa** herausgegeben haben. Der datenintensive Bericht nimmt den Ladenbesatz und die Mieterschaft von 141 deutschen Städten unter die Lupe und zeigt coronabedingte Veränderungen auf. Über 7.600 Mieter in Malls und Highstreets wurden befragt, knapp 20.000 Läden analysiert – denn, so die Herausgeber, bewegende Zeiten brauchen valide Daten zur Kursbestimmung.

Aktuelle Trends: inter-/nationale Marken schrumpfen ihre Ladennetzwerke zusammen, während regionale Händler und Filialisten wieder Marktanteile gewinnen. Fashion dominiert weiter die Highstreets, doch mit abnehmender Tendenz. Auftrieb haben Gastronomie, discountierende Multisortimentler, einzelhandelsnahe Dienstleistungen sowie die DIY-, Möbel- und Garten-Sparte.

### Aktuelle Entwicklungen des Handels aus Sicht der Städte und Gemeinden (3/2022)

Das Whitepaper des **EHI-Handelsinstituts** beschränkt sich nicht auf statistische Konsumdaten, sondern lässt Kommunen zu Wort kommen. Damit legt es die Basis für eine bessere Verständigung zwischen Handel und Gemeinden, die künftig enger zusammenarbeiten müssen, um Kaufkraft zurück in die Ladenstraßen zu bringen. Aus Sicht der Städte wird dargelegt, wie sich die Besucherströme in den Einkaufslagen entwickeln. Ergänzend wird über Maßnahmen berichtet, die gegen schwächelnde Frequenzen und wachsenden Leerstand ergriffen werden. Auch Mobilitätskonzepte samt ihrer Wirkung auf den Einzelhandel sind Bestandteil der Abfrage.

# AUSGEZEICHNETE BERATUNG FÜR IHR IMMOBILIENVORHABEN

**Größter lokaler Gewerbe-Makler in Deutschland:**
immobilienmanager Ranking 2019, 2020, 2022, 2023

**Immobilienmarktführer im Revier:**
Revier Manager Ranking 2019, 2020, 2021, 2022, 2023

**OFFICE**
Vermietung von Büroimmobilien im Ruhrgebiet.

**LOGISTICS**
Vermietung von Hallen- und Logistikobjekten im Ruhrgebiet.

**INVEST**
Verkauf von Gewerbe- und Immobilienpaketen in ganz Deutschland.

**RETAIL**
Vermittlung von Ladenlokalen und Fachmärkten in ganz Deutschland.

# BROCKHOFF
Office | Retail | Invest | Logistics

Brockhoff GmbH
Engelbertstr. 43
D-45139 Essen

Telefon: +49 (0)201 81092-0 | E-Mail: info@brockhoff.de | Web: www.brockhoff.de

 @brockhoff_immobilien     @Brockhoff GmbH

Nicht nur für Händler dürften die Insights interessant sein. Auch Stadtverantwortliche profitieren davon, mehr über das Vorgehen außerhalb der eigenen Stadtgrenzen zu erfahren.

### Next Normal – Consumer Behavior after the crisis (2020/GB)

Next Normal – Consumer Behavior after the crisis ist ein **GDI**-Trendreport, der zum Handeln und Gestalten ermutigen will. Es ist der Aufruf, die Krise als positive Schocktherapie zu nutzen. Denn praktisch über Nacht hat Corona unser Leben geändert. Da ein Zurück in die alte Realität unmöglich ist, blickt die Studie nach vorn und zeichnet den Weg zur neuen Ordnung nach. Das mündet in neun Corona-Trends, die Konsum und Einzelhandel nachhaltig verändern. Die daraus resultierenden Folgen werden anhand konkreter Beispiele aus unterschiedlichen Handels- und Lebensbereichen veranschaulicht.

Im Wechselspiel aus Trends und verändertem Verbraucherverhalten werden neue Chancen identifiziert, aber auch Wege erarbeitet, sie für den Konsum zu nutzen. Gewinner dieser Szenarien, so die Überzeugung der Autoren, werden diejenigen sein, die in der Lage sind, Unsicherheiten in sinnvolle Zukunftsideen zu verwandeln.

### Stadtlabore für Deutschland: Leerstand und Ansiedlung (LeAn®)

Stadtlabore für Deutschland: Leerstand und Ansiedlung (LeAn®) ist eine digitale Plattform für proaktives Leerstandsmanagement. Sie steht Kommunen seit 2023 zur Verfügung. Die vom **IFH Köln** organisierte und vom **Wirtschaftsministerium** geförderte Initiative folgt dem Credo: Ohne vorausschauendes Ansiedlungsmanagement keine vitalen Innenstädte. Welche Daten es dazu braucht und wie betroffene Stakeholder Leerstandsprobleme mit gebündelter Kraft besser lösen können, wurde zuvor in 14 Modellstädten erprobt: Bremen, Erfurt, Hanau, Karlsruhe, Köln, Langenfeld, Leipzig, Lübeck, Lüneburg, Mönchengladbach, Nürnberg, Rostock, Saarbrücken und Würzburg.

Ziel von Initiative und Tool ist es, drohende Leerstände durch spezielle Datenauswertung frühzeitig zu erkennen, interessierten Unternehmen die Immobiliensuche zu erleichtern und im gemeinsamen Dialog zeitgemäße Nachmieter zu finden. Um Innenstadtakteuren den Diskurs zu erleichtern, wird die digitale Plattform LeAN® zur zentralen Kommunikationsplattform. Neben Austauschforen hält sie zugleich alle wichtigen Daten für ein weitsichtiges Ansiedlungsmanagement parat. Moderiert wird der lösungsorientierte Prozess durch die jeweilige Kommune selbst.

### Handelsgastronomie in Deutschland 2023

In dem Whitepaper beschreiben das **EHI-Handelsinstitut** und die **GfK-Konsumforschung** die aktuellen Trends: Kulinarik zieht immer mehr Menschen in die City. Bereits 2022 erreichten die Umsätze Vor-Krisen-Niveau, wenngleich nicht unerheblich vom Preisanstieg getrieben. Für 2023 wird ein Umsatzplus von gut 9 % prognostiziert. Zudem wird aufgeschlüsselt, welche Zielgruppen was, wann und wo konsumieren. Und welche Besuchergruppen das Geld in den Börsen der Gastronomen am üppigsten klingeln lassen (Kartenzahlung ausgenommen).

# DETAILS, DIE DEN UNTERSCHIED MACHEN

### Fachexperten-Gespräche zur Modernisierung des Städtebaurechts (1. HJ/2023)

Ob bezahlbarer Wohnraum, notwendige Klimaanpassungen, nachhaltiger Flächenumgang oder attraktive öffentliche Räume – all diese Aufgaben sind zugleich städtebauliche Fragen. Doch ohne Aktualisierung und Verschlankung von Regelwerken wird die Transformation des Stadtraums schwierig. Wie können die rechtlichen Instrumente von Baugesetzbuch und Baunutzungsverordnung so geschärft werden, dass sie Kommunen gut für aktuelle Herausforderungen rüsten? Das von **Difu** und **Bundesbauministerium** organisierte Expertengespräch sucht gemeinsam nach Lösungen. Der ergebniszusammenfassende Band diente zugleich bei der Novellierung des Städtebaurechts (20. Legislaturperiode) als externe Fachgrundlage. Keine vergnügungssteuerpflichtige Lektüre, aber zweifellos ein unverzichtbarer Impuls zur Modernisierung der Regelwerke.

### Projekt Erdgeschoss 5.0 (10/23)

Vitale Erdgeschosse können belebende Impulsstifter im urbanen Raum sein. Darum gehen die Studien-Initiatoren, die drei Projektentwickler **ehret+klein**, **HAMBURG TEAM** und **INTERBODEN** sowie die **Bundesstiftung Baukultur** und die Marktforscher von **bulwiengesa** zum zweiten Mal der Frage nach, welche Faktoren mehr Vitalität in den Erdgeschossen begünstigen. Bedingt durch die herrschende Bau- und Stadtentwicklungskrise liegt dabei das besondere Augenmerk auf dem Gebäudebestand. Aktuell sind die ebenerdigen Nutzungen von Einzelhandel und Gastronomie beherrscht.

Um die Angebote und damit auch ganze Quartiere resilienter zu machen, bedarf es einer Aufweitung des Spektrums. Dabei sollten die jeweiligen Nutzungsentscheide auch von demografischen und sozialen Veränderungen im Viertel geleitet sein. Überdies hilft es, bestimmte architektonische Grundvoraussetzungen zu schaffen, die der Belebung zuträglich sind. Hier ist insbesondere auf Licht, Raumtiefen, breite Fensterfronten und einen zugänglichen Gebäudeantritt zu achten. Zu guter Letzt entscheiden Einzugsgebiet und Frequenz über die Überlebensfähigkeit konkreter Nutzungen. Multimodale Verkehrskonzepte können hier helfen, Passantenströme zu fördern.
Anders gesagt: Was für Quartiersangebote gilt, ist auch auf Innenstadtläden übertragbar. Insbesondere die Ausführungen zu den architektonischen Voraussetzungen sind beachtenswert und können der einen oder anderen Immobilie zum publikumswirksameren Gebrauch verhelfen.

### Innenstädte als neue Orte der Produktivität (11/2023)

Vitale Innenstadtkerne brauchen Multifunktionalität. Auch Produktionseinheiten zählen dazu. Die vom **Bundesinstitut für Stadt- und Raumforschung** finanzierte Studie will anhand 20 ausgewählter Praxis-Beispiele herausfinden, wie sich traditionelle und neue Formen der Produktion stadtverträglich integrieren lassen.

Auf dem Prüfstand steht auch, welcher funktionsanreichernde Beitrag dabei für Innenstadt- und Stadtteilzentren geleistet wird. Für die Analyse bündeln das **Difu**, die **Complan Kommunalberatung** und das **Umweltinstitut Wuppertal** ihre Kräfte. Die daraus abgeleiteten Handlungsempfehlungen sollen in das städtebauliche Instrumentarium des Bundes einfließen.

### Slow Urban Planning (11/23)

Das im de Gruyter Verlag erschienene Buch stimmt ein Lob auf Trägheit und einen Abgesang auf wilden Aktionismus an. Es ist ein Muss für Stadtverantwortliche, die verstanden haben, dass More-of-the-same nicht ans Ziel führt. In dem Buch nimmt sich der niederländische Stadtplanungs-Anarchist **Ton Matton** des verwaisten „Kaffs mit Potenzial" Tribsees in Ostdeutschland an.
Hand in Hand mit der Kommune und Design-Studenten, wird das Städtchen über mehrere Wochen lang reanimiert. Das Buch dokumentiert, wie soziales Nebeneinander zum Miteinander wird. Die Menschen blühen auf. Und so auch ihr Lebensort. Dazu braucht es nicht viel Geld. Wohl aber kreative Ideen und Menschen, die mit Begeisterung, Engagement und Lust am Gestalten bei der Sache sind.

Wichtige Fußnote: Lebendigkeit kann nur zurückkehren, wenn Planungsverfahren das zulassen. Hier seziert das Buch anhand konkreter Beispiele, wie überfrachtete Prozesse schlank und damit praktikabel werden. Nach vielen Dutzend Studien zur Transformation der City kann ich nur sagen: „Inspiration pur - kaufen"!

### Future Living: Forschungsprojekt zu innovativen Service-Living-Angeboten (22/5 -24/4)

Remote-Arbeiten, Sharing-Economy oder auch soziodemografische Veränderungen nehmen wachsenden Einfluss auf die Lebens- und Wohnräume von Menschen. Flexibilität ist mehr gefragt denn je. So verwundert es kaum, dass das Service-Angebot im Bereich Wohnen in den vergangenen Jahren gewachsen ist.

Die vom **Future of Hospitality Institut** in Zusammenarbeit mit **Fraunhofer** durchgeführte Forschung will Bilanz ziehen, um Schlüsseltrends und innovative Konzepte zu identifizieren. Der Fokus liegt dabei auf Co- und Micro-Living sowie Service-Apartments, Markenresidenzen und spezifischen Angeboten für Senioren oder auch Studenten. Untersucht werden Aspekte wie Benutzererfahrung, Digitalisierung und Technologie. Außerdem wird herausgeschält, wie Architektur und Planung zum nachhaltigen Betrieb beitragen können.

Flexibilisierung, „Versingelung" und Überalterung sind zweifelsfrei Trends, denen sich keine Großstadt entziehen kann. Insbesondere in Stadtkernen, wo Fläche Mangelware ist, bieten kleine Wohneinheiten einen gangbaren Weg, wieder mehr Menschen anzusiedeln. Wirklich interessant dürfte es sein zu erfahren, wo und wie sich Bezahl-Dienstleistungen bei den als Service-Muffeln verschrienen Deutschen durchgesetzt haben. Das spräche für ein verändertes Mindset, das die Transformation von Innenstädten umfassender prägen sollte.

### Temporäre Stadtplanung: Ein Handlungsinstrument, um Städte anders zu gestalten? (05/2021 - FR)

Die von der **Metropole Grand Lyon** herausgegebene Broschüre, widmet sich dem Potenzial der temporären Stadtplanung. Untersucht wird, welche Rolle zeitlich begrenzte Maßnahmen bei der Gestaltung leerstehender Gebäude und Flächen spielen können. Diese Maßnahmen können sich über wenige Wochen bis hin zu mehreren Jahren erstrecken.

Ziel des Stadtplanungsinstruments ist es, Leerstände zu füllen und mit neuen Nutzungen zu experimentieren, um so ein besseres Verständnis für die Stadt von morgen und die Bedürfnisse von Menschen im Stadtraum zu bekommen.

Abschließend wird festgestellt, dass die temporäre Stadtplanung ein wichtiges Eingriffsinstrument mit wirtschaftsstimulierender Kraft ist: Gemeinnützigen Projekten oder jungen Unternehmen wird bezahlbarer Raum zur Verfügung gestellt. Das wiederum fördert Bürgerinitiative, hilft, neue Dienstleistungen auszutesten, und festigt lokale Kooperationsstrukturen. Allerdings, so das Fazit: Obwohl Städte die Bedeutung der temporären Stadtplanung zu begreifen beginnen, wird das Potenzial längst noch nicht ausgeschöpft.

## ZUR PERSON

**Rahel Willhardt** war lange Jahre passionierte Handels- und Immobilien-Journalistin und hat sich mit fundierten Recherchen und dem Blick über den Tellerrand einen Namen gemacht. 2018 wechselte sie die Seiten und verantwortet seither die Marketing- und Öffentlichkeitsarbeit für Unternehmen, zunächst bei STRABAG Real Estate, mittlerweile bei dem ESG-Scoring ECORE. Sofern Zeit bleibt, schreibt sie als freie Autorin für ausgesuchte Projekte.

# Kurzstatements

*Nachstehend finden Sie Aussagen von Persönlichkeiten aus den Bereichen Bundespolitik Städtebau und Handelsimmobilienwirtschaft.*

## Vor Ort Angebote entwickeln

Olaf Scholz
*Bundeskanzler*

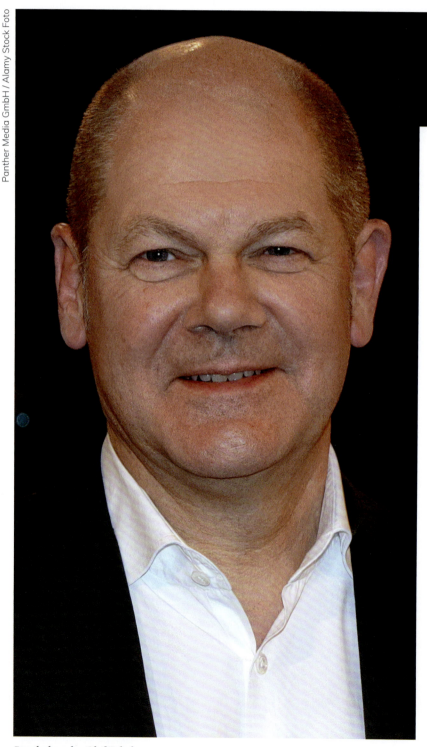

„ Mit ein paar Blumenkübeln ist es nicht getan. Man wird darüber nachdenken müssen, wie man in einer Zeit, in der ganz viele im Internet bestellen, es trotzdem hinkriegt, dass die Innenstädte, die inneren Orte, unsere Dörfer, attraktiv bleiben. Und das heißt auch, dass wir uns neue Dinge ausdenken müssen. Da muss was los sein, ob das nun Gaststätten sind oder kulturelle Veranstaltungen, man muss sich da gerne aufhalten wollen, sodass man, trotz der Möglichkeit, im Internet etwas zu bestellen, da gerne hingeht. Dann müssen wir, vielleicht auch zusammen, zwischen den Städten und dem Einzelhandel vor Ort Angebote entwickeln, die das so bequem oder ähnlich bequem machen wie das, was man im Internet bestellen kann.

*Bundeskanzler Olaf Scholz*

# Eine Frage nach der Zukunft Deutschlands

Dr. Angela Merkel
*Bundeskanzlerin a.D.*

Die Frage nach der Zukunft des Lebens in den Städten ist auch eine Frage nach der Zukunft der ganzen Bundesrepublik Deutschland insgesamt. Die Stärke von Städten zeigt sich insbesondere darin, dass sich Menschen mit dem Ort, an dem sie Leben und arbeiten, identifizieren können und dass sie sich in die Gestaltung des Lebensumfeldes einbringen können.

*Dr. Angela Merkel*

# Die Innenstadt als Treffpunkt

**Burkhard Jung**
*OB Leipzig und Vizepräsident des Deutschen Städtetages*

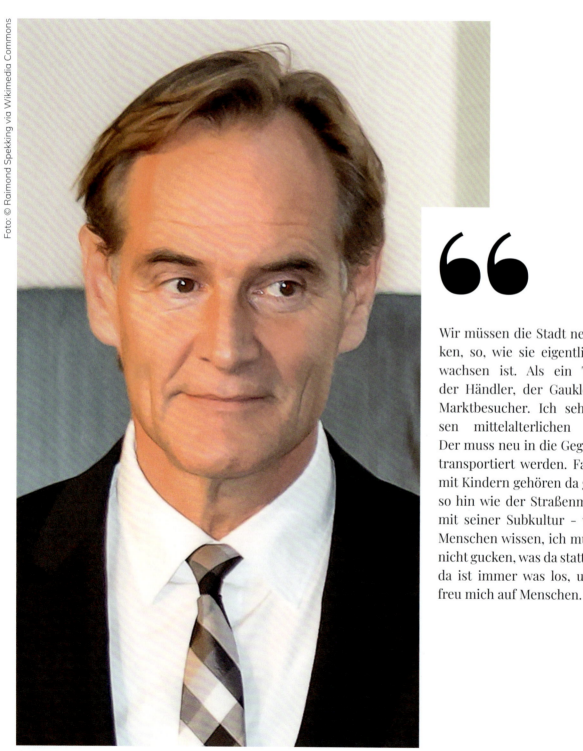

*Burkhard Jung*

„ Wir müssen die Stadt neu denken, so, wie sie eigentlich gewachsen ist. Als ein Treffen der Händler, der Gaukler, der Marktbesucher. Ich sehe diesen mittelalterlichen Markt. Der muss neu in die Gegenwart transportiert werden. Familien mit Kindern gehören da genauso hin wie der Straßenmusiker mit seiner Subkultur - wo die Menschen wissen, ich muss gar nicht gucken, was da stattfindet, da ist immer was los, und ich freu mich auf Menschen.

# Die Innenstadt braucht das „Wir"

## Klara Geywitz
*Bundesministerin für Wohnen, Stadtentwicklung und Bauwesen*

*Klara Geywitz*

„

Die Innenstadt braucht das „Wir", sonst funktioniert sie nicht. Innenstädte und Zentren zu gestalten ist eine gemeinschaftliche Aufgabe aller Akteure vor Ort. Es gibt dabei kein für jede Stadt oder Gemeinde passendes Patenrezept. Aber es gibt viele gute Beispiele.

# Rückkehr zur multifunktionalen Innenstadt

Stefan Genth
*Hauptgeschäftsführer des Handelsverbandes Deutschland (HDE)*

*Stefan Genth*

Konfrontiert mit der Digitalisierung, Leerständen und den wirtschaftlichen Folgen gleich mehrerer Krisen, stehen Stadtzentren vor ihrer Neugestaltung. Nötig ist hierfür die Rückkehr zur multifunktionalen Innenstadt, denn in der lebendigen Vielfalt liegt ihre Anziehungskraft. Es braucht einen ausgewogenen Branchenmix mit einem starken Einzelhandel und neuen Nachbarn. Zentren sollten für weitere, selbstverständliche Nutzungen wie das Wohnen und Arbeiten offen sein. Nur so kann die Innenstadt ein Zuhause, Versorger, Erlebnisort und Arbeitsplatz zugleich sein. Wenn sie Wohnen, Einkaufen, Kultur und Arbeiten zusammenbringt, spielt dort das Leben.

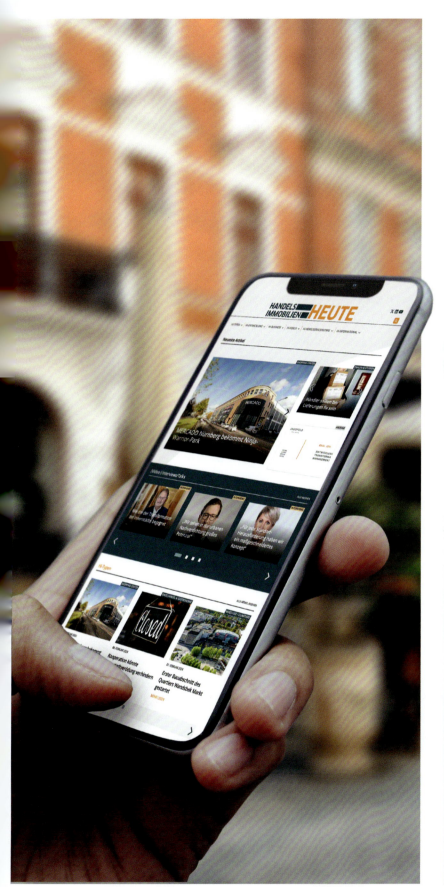

# HANDELS IMMOBILIEN HEUTE

### SIEBEN FAKTEN ÜBER HI-HEUTE

**1.** Der Newsletter erscheint fünfmal wöchentlich.

**2.** Die Aussendung geht an ca. 13.000 Entscheider, die beruflich mit Handelsimmobilien zu tun haben.

**3.** Seit Sommer 2017 verzeichnet die Website monatlich mehr als 50.000 Visits von Branchenakteuren.

**4.** Zusätzlich zum Newsletter erscheint seit Mai 2019 auch ein monatliches PDF-Magazin auf Englisch: TOM – **Tops Of the Month** – bündelt die essentiellen Neuigkeiten der Handelsimmobilienbranche im deutschsprachigen Raum für Akteure in anderen europäischen Ländern.

**5.** HI HEUTE hat einen hochkarätig besetzten Beirat mit erfahrenen Branchenprofis aus den Bereichen Einzelhandel, Finanzen, Marktforschung und Marketing.

**6.** Zu unseren Werbepartnern zählen inzwischen mehr als 50 Marktführer aus der Handelsimmobilienbranche.

**7.** Außerdem besitzt HI HEUTE renommierte Kompetenzpartner, die sich aus wichtigen Institutionen, Verbänden und Vereinen der Branche zusammensetzen.

Redaktion: redaktion@hi-heute.de
Werbung/Anzeigen: info@hi-heute.de
Anmeldung für den kostenlosen Newsletter in Footer unserer Website.

www.hi-heute.de

**DAS NACHRICHTEN- UND SERVICE-PORTAL FÜR DIE HANDELSIMMOBILIENBRANCHE**

# Bruch ist ein Chancengeber

Marco Atzberger
*Geschäftsleitung EHI Retail Institute GmbH*

*Marco Atzberger*

> Mehr als drei Jahrzehnte entwickelte sich eine Monokultur mit der Dominanz von Mode und Textil in der Innenstadt. Der Bruch, den wir derzeit erleben, bietet die Chance, dass mit fallenden Mieten ein bunterer Mix an Mietern anderer Branchen, des Lebensmittelhandels und des Handwerks Fuß fassen kann. In den Metropolen werden auch Marken sich in 1A-Lagen präsentieren. Wenngleich die Eigentümer nach Boomjahren – nun zumindest vorübergehend Wertverluste hinnehmen müssen, bedeutet dies für das Gemeinwohl insgesamt ein attraktiveres und nachhaltigeres Angebot.

# Starker Motor und Attraktivitätsgarant

Ingmar Behrens
*Generalsekretär German Council of Shopping Places*

Die Bedeutung von Shopping Centern und großen Handelsimmobilien für Städte hat sich in den vergangenen Jahren dahingehend verstärkt, dass sie ein starker Motor (als Frequenzbringer) und Attraktivitätsgarant (durch einen vielseitigen Mieterbesatz) sein können. Damit dies gelingt, ist ein professionelles Center Management – in enger Abstimmung mit den Städten und dem Stadtmarketing – nahezu zwingend. Hierbei können Städte oft sehr viel vom Center Management lernen und für das eigene Quartiersmanagement übernehmen.

*Ingmar Behrens*

# Stadtquartiere mit Charme und Charakter

Prof. Dr. Wolfgang Christ
*Architekt, Stadtplaner und Professor an der Bauhaus-Universität Weimar*

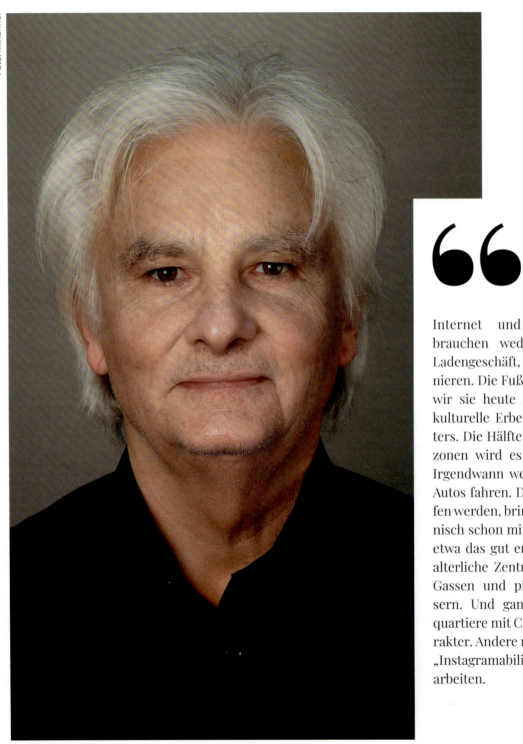

„Internet und Onlinehandel brauchen weder Stadt noch Ladengeschäft, um zu funktionieren. Die Fußgängerzone, wie wir sie heute kennen, ist das kulturelle Erbe des Autozeitalters. Die Hälfte der Fußgängerzonen wird es nicht schaffen. Irgendwann werden da wieder Autos fahren. Die, die es schaffen werden, bringen architektonisch schon mit, was ankommt, etwa das gut erhaltene, mittelalterliche Zentrum mit kleinen Gassen und pittoresken Häusern. Und ganz sicher Stadtquartiere mit Charme und Charakter. Andere müssen sich ihre „Instagramability" erst noch erarbeiten.

*Prof. Dr. Wolfgang Christ*

# Austausch und Staunen

## Prof. Christiane Thalgott
*Ehemalige Münchener Stadtbaurätin*

„ Einkaufen allein ist zu wenig; dafür gehen wir nicht in die Stadt. Wir wollen Begegnungen, gerne auch Überraschungen mit Spiel, Sport und Musik, mit Fremden und Bekannten; Austausch und Staunen.

*Prof. Christiane Thalgott*

# Nordische Hauptstädte liefern Anschauungsunterricht

**Prof. Dr. Karl-Werner Schulte**
*IREBS International Real Estate Business School Universität Regensburg*

*Prof. Dr. Karl-Werner Schulte*

> Ein florierender Einzelhandel braucht lebendige attraktive Innenstädte. Die nordischen Hauptstädte liefern hier einen sehr guten Anschauungsunterricht. Autofreie Innenstädte bei vorzüglichen öffentlichen Verkehrsmitteln, denkmalgeschützte Orte, neue Gebäude mit herausragender Architektur, Umnutzung von historischem Bestand (wie Hafenspeichern) und eine Kombination von hochwertigem und bezahlbarem Wohnraum. Das Ergebnis: volle Geschäfte, Restaurants und Gaststätten (auch im Winter).

## Der Faktor Nähe ist entscheidend

Jan Riemann
*ALDI SÜD*

„ Wir glauben an die Innenstadt. Damit sie ihre Attraktivität behält oder zurückgewinnt, müssen wir sie weiterentwickeln. Entscheidend für das Gelingen der Transformation sind die Faktoren Vielfalt und Nähe. Dabei geht es nicht allein um kurze Wege. Ebenso wichtig ist die Nähe zu Lebensgewohnheiten und den unterschiedlichen Ansprüchen der Menschen vor Ort: die Kompatibilität mit ihrem Alltag. Der Schlüssel sind passgenaue und vielfältige Mixed-Use-Entwicklungen. Sie schaffen lokalen Mehrwert, steigern die Lebensqualität und werten den Standort Innenstadt nachhaltig auf.

*Jan Riemann*

# Konsequentes Umdenken ist ein Muss

Harald Ortner
*Geschäftsführer HBB Holding*

*Harald Ortner*

> „ Die Transformation der Innenstädte ist in den nächsten Jahren eine der wesentlichen Aufgaben aller Innenstadtakteure, die nur im partnerschaftlichen Miteinander ins Ziel gebracht werden kann. Das Reset der vor einer halben Dekade noch gefühlt stabilen Rahmenbedingungen durch die Krisen der letzten Jahre verlangt ein konsequentes Umdenken der Beteiligten. Ein wünschenswertes Ergebnis ist nur zu schaffen, wenn die öffentliche Hand den privaten Entwicklern und Investoren, die den Großteil dieser Transformation stemmen müssen, mit Verständnis und geeigneten Instrumenten schnell unter die Arme greift.

# Expertenbeiträge

*Nachstehend finden Sie Beiträge namhafter Spezialisten, die sich mit der Zukunft der Innenstädte und des stationären Einzelhandels beschäftigt haben.*

Sven Gábor Jánszky

# Die Zukunft des stationären Handels ... auf dem Weg zu Identitäts-Orten

*Die klassische Supermarkt-Denke kommt aus einer Zeit, als es noch Kundenpyramiden gab. Unten ein breites Segment: die Discounter. Oben eine kleine Spitze: das Premium-Segment. Und dazwischen der riesige Standardbereich. Diese Pyramide gibt es nicht mehr!*

Schon seit Jahren verschwindet der Standardbereich, jenes Segment, in dem die meisten der Supermärkte und stationären Händler schon immer ihr Geschäft gemacht haben. Dies ist das, was die Branche seit Jahren spürt: Schrumpfende Umsätze, Verluste an den Onlinehandel. Neu ist das nicht, nur die verbreiteten Erklärungen und Lösungsansätze sind immer noch falsch.

Denn wer behauptet, die gesamte alte Pyramide folge nun dem Trend zu öko, bio, vegan und zu Erlebnis-Shopping, der hat den grundlegenden Wandel der Kundensegmente nicht beachtet: Es gibt keine Kundenpyramide mehr, die einem Trend folgen könnte. Noch sieht man Rudimente, demnächst ist sie weg!

Wir reden vom Verschwinden des Standardbereichs und mit ihm von allen klassischen Lehren und Strategien, die bei den stationären Händlern bislang bekannt waren. Übrig bleibt ein riesiger Economy- und ein größerer Premiumbereich. Im Economy-Bereich bestimmen künftig datengetriebene Geschäftsmodelle. Derjenige, der die Echtzeit-Daten-Ecosysteme des Kunden mit künstlicher Intelligenz auswerten darf, wird Bedürfnisse des Kunden erkennen, bevor sie auftreten und mit seinem Lieferdienst die Produkte liefern, bevor sie bestellt wurden. Die geringe Retourenquote ist eingepreist.

Der stationäre Handel wird in diesem Economy-Segment in seiner bisherigen Form keine Chance haben, es sei denn, er verwandelt den POS zu Showrooms, hinter denen ein Onlinesystem mit professionellem Lieferdienst das Geld verdient.
An alle heutigen stationären Händler: Falls Sie jetzt denken, dass Sie gegen die Logistik und Lieferdienste von Amazon sowieso nie eine Chance haben werden ... urteilen Sie nicht zu früh! Ein Tipp: Schauen Sie sich frühe Vorträge von Elon Musk zur Zukunft von selbstfahrenden Autos und Robotaxis auf „YouTube" an. Der prognostizierte damals die Gesamtkosten für einen gefahrenen Kilometer eines Robotaxis auf etwa 0,10 Euro. Und da war noch kein Preisdruck aufgrund von Konkurrenz einberechnet.

Kurz, gesagt: Die Wahrscheinlichkeit, dass jeder stationäre Händler seinen Kunden einen kosten-

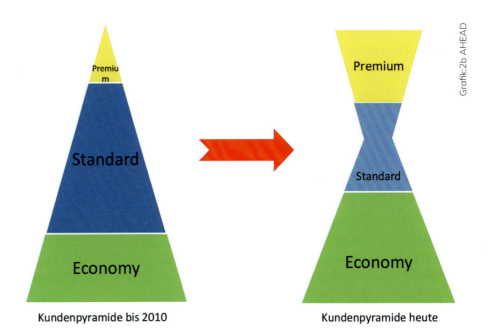

Kundenpyramide bis 2010 → Kundenpyramide heute

losen Lieferdienst mit Robotaxis anbieten kann, ist hoch. Sagen wir ab 2025. Die Kosten von einem Euro pro Kunde werden eingepreist. Schauen Sie bitte auf die obenstehende „Nicht-mehr-Pyramide". Dies ist Ihre Kundenstuktur in der Zukunft. Über dem Economy-Segment gibt es einen großen Premium-Bereich.

In diesen Premium-Bereich sind alle heute awardverdächtigen stationären Händler „geflüchtet". Die meisten aus Instinkt und Bauchgefühl. Und das ist gut, denn die Ergebnisse geben ihnen Recht. Allerdings sollten wir den Erklärungen misstrauen, es handele sich um Erfolg durch Erlebnis-Shopping.

Wer sich die award-gewinnenden Konzepte anschaut, stellt schnell fest, dass ungewöhnliche Kundenerlebnisse zwar ein Element darin sind, aber nicht die Grundlage. Die Grundlage ist Identität: Kunden gehen nicht zu diesen erfolgreichen stationären Händlern, um Erlebnisse zu haben. Die gehen da hin, um ihre Identität auszudrücken. Also um ihrem eigenen Ego und den anderen zu beweisen, dass sie besonders sind. Besonders: öko, heimatverbunden, sportlich, reich, kulturinteressiert, designorientiert, intellektuell, kinderlieb, familienbezogen, innovativ, kosmopolitisch, musikalisch ... usw.
Wer sich die Kundenstruktur etwa der Bio-Supermärkte ansieht, stellt fest, dass über 90% der Kunden nicht dort kaufen, weil sie überzeugt sind, bessere Produkte zu bekommen. Sie verbringen ihre Zeit im früheren POS, weil sie zur Bio-Community gehören wollen. Dies ist aktives Identitätsmanagement.

Das ist nichts Schlechtes! Im Gegenteil! Die Zugehörigkeit zu Gruppen (und Abgrenzung zu anderen Gruppen) ist wohl eines der tiefsten menschlichen Bedürfnisse. Man könnte auch sagen: Dies ist einer jener wenigen Bereiche, die durch die Digitalisierung mit höchster Wahrscheinlichkeit nicht verschwinden!

Strategisch gesehen: Seinen stationären Handel also zu einem Identitätsort umzubauen, in dem Menschen eine längere Zeit (3-4 Stunden) verbringen, mit anderen ihre Identität pflegen und dabei auch noch nebenbei etwas einkaufen ..., ist eine absolute Zukunftsstrategie. Man muss nur wissen, dass dies nichts mit Erlebnis-Shoppnig zu tun hat. Wer in seinem stationären Ort Erlebnisse wie etwa Konzerte organisiert, schafft nette Events. Aber er verbindet sich nicht mit einer Identität seiner Kunden. Sie werden nicht zu ihm zurückkommen, denn er ist nicht der Identitätsträger.

Erst wer das Erlebnis-Shopping hinter sich lässt und sich als echter Identitätsort präsentiert, mit Identitäts-Mitarbeitern, Identitäts-Produkten,

Identitäts-Community und Identitäts-Story/Mythos und Identitäts-Helden …, hat die Zukunftsstrategie für den stationären Handel gefunden.

Überall in der Welt wurden die stationären Einzelhändler in rasantem Tempo vom Siegeszug des digitalen Handels überrollt. Gerade als die wenigen verbliebenen Geschäfte aufatmen wollten, kam durch die selbstfahrenden Autos und selbstfliegenden Drohnen ihr endgültiger Todesstoß. Mit dieser kostenlosen Logistik auf der letzten Meile konnte keiner der kleinen Einzelhändler mehr konkurrieren. Es gab für die Menschen schlicht keinen Grund mehr, zu einem normalen Einzelhändler zu gehen. Die Lieferungen nach Hause waren billiger und zeitsparender, also schlicht besser.

Es gab Jahre, da wurde dieses Sterben des Einzelhandels auf Kongressen und in den Medien hoch und runter beklagt. Und die gleichen Funktionäre, die auf den Bühnen die Klagelieder sangen, gingen dann nach Hause und bestellten sich ihren nächsten Einkauf bei Amazon.

Zuerst Bücher, dann Klamotten und dann auch noch Nahrungsmittel. Irgendwann konnte man den Fakt einfach nicht mehr wegdiskutieren: Die Zukunft des Einkaufens im Mainstream-Segment würde ausschließlich eine Sache der Bots und digitalen Assistenten sein. Keine menschliche Entscheidung für oder gegen ein Produkt würden die intelligenten Assistenten noch dem Zufall oder gar dem Schicksal überlassen. Denn wenn jede falsche Auswahl als Grund hat, dass ein Mensch nicht auf den Ratschlag seines intelligenten Assistenten gehört hat, dann verschwinden menschliche Entscheidungen.

Es war bei Weitem nicht nur die Minderheit der Jungen und Technikverliebten, für die dies galt. Es war der Mainstream. Und in diesem Mainstream-Segment bewegte sich jeder Mensch zu mindestens 80 Prozent seines Alltags. Damit verschwanden dann auch große Teile des Zufälligen, des Spontanen und des Schicksals aus dem Leben der Menschen.

Was also tun? Ohne die Mainstream-Einkäufer blieb für die Innenstädte nur noch das Premiumsegment übrig. Doch auch das entpuppte sich als ganz anders, als es sich die meisten vorgestellt hatten: nicht als Luxus- oder Erlebnisshopping, sondern als Identitätsorte!

Wir wurden damals oftmals zu den Sitzungen der örtlichen Wirtschaftsverbände und Handelskammern eingeladen. Jedes Mal drehte sich alles um die Sorgen und Nöte der Händler. Sie sahen sich immer nur als Opfer, und ihre Forderungen an die Politik, den Onlinehandel einzuschränken, wurden immer sinnloser. Bei einer dieser Veranstaltungen platzte meinem Kollegen der Kragen. Er haute auf den Tisch und las danach der versammelten Stadtprominenz die Leviten. Dass diese Entwicklung schon seit Langem absehbar gewesen wäre, dass dies ausführlich in Büchern und Studien beschrieben steht, dass in anderen Ländern sogar die Gegenstrategien schon getestet wurden und dass jeder, der hier jammere, einfach nur zu feige sei, seine Zukunft in die Hand zu nehmen. Das hatte gesessen!

## Innenstädte sind Orte geworden, zu denen die Menschen gehen, um sich selbst und anderen ihre Identität zu zeigen.

Noch am gleichen Abend wurde die Arbeitsgruppe „Identitätsorte" eingerichtet und mit Planungen begonnen, um die Innenstadt als Ansammlung verschiedener Identitätsorte umzubauen: einen Häuserblock für Ökofreunde, einen für die Heimatverbundenen, einen für die Sportlichen, einen für die Innovativen, einen für die besonders Reichen, einen für die Intellektuellen, einen für die Kulturinteressierten, einen für Lesefreunde und Bücherwürmer, einen für Computerspieler, einen für Hobbymaler, einen für Designer und so weiter … und natürlich einen für Musikliebhaber. Mit Letzterem wurde die Umsetzung gestartet.

Diese Innenstädte sind keine Orte mehr für den Einzelhandel und Dienstleistungen, wie es ganz früher war. Sie sind auch keine Ansammlungen von Boutiquen und Luxusläden, wie es später versucht wurde. Innenstädte sind Identitätsorte geworden. Das heißt: Es sind Orte geworden, zu denen die Menschen gehen, um sich selbst und anderen ihre Identität zu zeigen. Und um mit Gleichgesinnten zusammen zu sein.

Eine der stärksten Veränderungen in unserem Privatleben ist mit dem Auftauchen von sogenannten „Bots" erfolgt. Das sind intelligente digitale Softwareprogramme, die auf allen unseren Geräten „leben" und mit ihren Besitzern in „normaler" menschlicher Sprache reden. Wir Zukunftsforscher sprechen von der kommenden Civilization of Bots. Dies ist nicht ganz so neu, wie es klingt. Die Entwicklung hat schon lange begonnen. Heute heißen die Vorläufer der Zukunfts-Bots schon Amazon Alexa, Apple Siri, Microsoft Cortana. Schon jetzt sprechen Nutzer mit ihnen, um Musik zu starten, den Wetterbericht oder die Uhrzeit und Verkehrsnachrichten zu hören sowie Produkte nachzubestellen. Immer mehr Menschen stellen fest, dass die Kommunikation mit Bots einfach, schnell und zielführend ist. Google hat schon im Jahr 2018 einen Bot präsentiert, der für seinen Besitzer eigenständig am Telefon Friseurtermine vereinbart und Tische im Restaurant bestellt, ohne dass der Gesprächspartner am anderen Ende der Leitung merkt, dass er nicht mit einem Menschen redet.

Im Jahr 2030 wird jeder Mensch viele dieser Bots haben. Vermutlich wird es noch nicht den einen einzigen Universal-Bot geben, der als Experte für alle Lebensbereiche gleichzeitig fungiert. So weit ist die Entwicklung der künstlichen Intelligenz bis 2030 vermutlich noch nicht. Doch es gibt dann Experten-Bots für Mobilität, Kommunikation, Gesundheit, Finanzen, Wissen, Einkauf, Freunde und so weiter. Diese digitalen Helfer sind deshalb intelligent, weil sie uns Menschen permanent begleiten. Sie erfassen unsere Gewohnheiten, Tagesabläufe, Bedürfnisse, Emotionen und Entscheidungskriterien. Mit diesem Wissen beschaffen sie gewünschte Informationen, machen intelligente Entscheidungsvorschläge und managen die Belange ihres Nutzers. Früher hätte man gesagt: Jeder von uns bekommt einen Privatsekretär. Und nicht irgendeinen – sondern den besten der Welt!

Doch es wird nicht dabei bleiben, dass uns unser digitaler Privatsekretär lediglich nette Empfehlungen gibt. Seine wirkliche Stärke spielt er erst dann aus, wenn wir ihn mit anderen Bots kommunizieren lassen. Wir werden ihn also in unserem Namen in die digitale Welt schicken und dort unsere Dinge erledigen lassen: einkaufen, Termine vereinbaren, Verträge aushandeln, den Newsstream zusammenstellen, die Kleinkinder beschäftigen, gesunde Essenspläne aufstellen und das Kochen überwachen, individuelle Fitnesspläne erstellen und die Intensität an jedem unserer Geräte steuern, das Konto überwachen, die Privatbuchhaltung führen und zu teure Anbieter durch billigere ersetzen, das Auto steuern ... und viele andere Dinge mehr. Es wird ein Konglomerat an Bots um uns herum sein. Weil wir Menschen aber bequem sind, werden wir wohl nicht mit jedem einzelnen von ihnen kommunizieren. Vermutlich wird es sich so anfühlen, als sprächen wir nur mit einem einzigen.

Selbstverständlich wird es auch im Jahr 2030 noch Situationen geben, in denen uns die klugen Ratschläge der Bots egal sind. Und natürlich hat jeder Mensch die Möglichkeit, seine Bots abzuschalten oder zu ignorieren, wenn er mit anderen Menschen sprechen will. Diese unterschiedlichen Bedürfnissegmente, zwischen denen jeder Mensch hin und her springt, werden wir auf den kommenden Seiten erklären.
Und nicht zuletzt wird es selbstverständlich auch im Jahr 2030 noch einige Menschen geben, die keine Bots benutzen wollen, weil sie die neueste Technologie ablehnen oder ihre Daten nicht freigeben wollen. Diese Menschen nehmen damit bewusst in Kauf, dass sie nicht jederzeit die passenden Informationen haben, dass sie schlechtere Produkte kaufen, die nicht individuell und situativ an ihre Bedürfnisse angepasst sind, und dass sie aus manchen Kommunikationssträngen ihrer Freundeskreise und der Gesellschaft mehr und mehr ausgeschlossen werden.

So bedrohlich uns der Gedanke heute auch erscheinen mag, nur noch vorgefilterte Informationen von digitalen Assistenten zu erhalten, so ist es doch im Grunde für uns Menschen nichts Ungewöhnliches. Denn auch früher haben wir uns auf Informationsfilter verlassen. Nur waren das Menschen, deren Tätigkeit auf der asymmetrischen Verteilung von Informationen basierte.

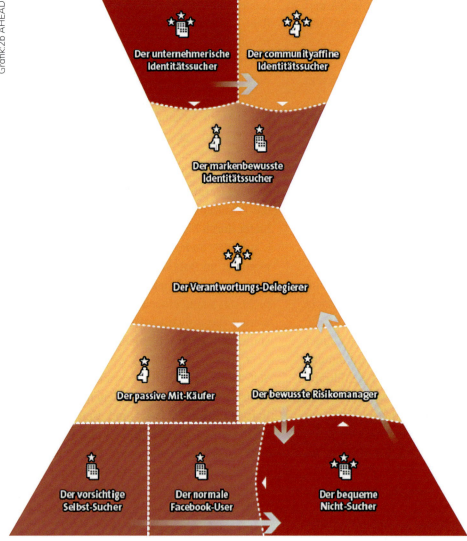

Das heißt, sie erhalten Informationen zeitiger oder in besserer Qualität und verdienen ihr Geld damit, dass sie anderen diese Informationen neu sortieren und individualisiert zur Verfügung stellen.

**Menschen vertrauen Technologie mehr als sich selbst**

Der wesentliche Wandel in unserem alltäglichen Leben wird sein, dass wir uns daran gewöhnen werden, dass die Ratschläge und Hinweise der technologischen Bots oftmals „klüger" sind als die der menschlichen Experten. Diese Bots werden uns in die Lage versetzen, zu jeder Zeit bessere Entscheidungen zu treffen, als menschliche Experten sie getroffen hätten. Oder noch besser: treffen zu lassen, um sich selbst um Wichtigeres kümmern zu können. Jeder Amateursportler trainiert dann mit Profimethoden, jeder Patient weiß mehr als sein Arzt, jeder Autofahrer nutzt die Fahrt für Erledigungen, denn sein Auto fährt besser, wenn der Bot es steuert. Und: Jeder Käufer bekommt eine bisher noch nie da gewesene Informationsqualität über alle Produkte, die qualitativ und preislich am besten in sein übliches Bedürfnisprofil passen. Egal, ob sie gerade vor ihm im Regal liegen oder, per Touch bestellt, in zwei Stunden bei ihm an der Wohnungstür sind.

Aus Kundensicht ist das Ersetzen dieser Experten zumeist großartig. Probleme haben damit vor allem jene Menschen, die bislang ihr Geld als Experten verdient haben. Bisher war deren Geschäftsmodell recht klar: Sie nahmen aus einer einst gelernten Fülle an Wissen jeweils den

# we brand PLACES TO LOVE

Places to discover, to inspire, to meet. Places to surprise, excite and enjoy. Places to feel good about life.

## 21M

Agentur für Branding,
Marketing & Kommunikation

richtigen Teil heraus und gaben diesen an ihre Kunden weiter. Gemeint sind damit Verkäufer im Handel genauso wie Ärzte, Steuerberater, Finanzbeamte, Makler, Berater, Reiseführer, Lehrer, Wissenschaftler. Aber gemeint sind auch jene, die handwerkliche Fähigkeiten verkaufen. Also: Taxifahrer, Journalisten, Piloten, Busfahrer und Bauarbeiter.

In all diesen Branchen werden durch die Digitalisierung in den kommenden zehn Jahren Technologien entstehen, welche die Leistung der durchschnittlichen menschlichen Arbeitskraft erreichen und wenig später entweder bessere Qualität bieten oder erheblich billiger sind. Doch was tun dann all diese Menschen?

**Experten werden zu Coaches**

Es gibt keinen Grund, den Kopf wegen dieser Prognose in den Sand zu stecken. Zweifellos werden anstelle der wegfallenden Jobs neue Berufe in anderen Bereichen entstehen; möglicherweise sogar noch mehr, als wir uns wünschen können. Die Zukunftsstudien für den deutschen Arbeitsmarkt der nächsten zehn Jahre beschreiben eine kommende Ära der Vollbeschäftigung. Das bedeutet: mehr Jobs als arbeitsfähige Menschen.

Und selbst die von der intelligenten Technologie attackierten Experten bekommen ihre zweite Chance. Sie werden nicht mehr ihr gelerntes Wissen verkaufen, sondern die Technologie als Wissensbasis nehmen. Darauf aufbauend, werden sie die menschliche Komponente hinzufügen: Sie werden ihre Kunden motivieren, ihnen in den Hintern treten und sie auf den nächsten zwei bis drei Schritten ihrer Entwicklung begleiten.

In der Bot-Economy werden menschliche Experten zu menschlichen Coaches. Und das in allen heutigen Expertenbranchen! Sie verkaufen nicht mehr ihr Wissen, sondern ihre Fähigkeit, andere Menschen zu motivieren, zu Veränderungen zu befähigen und ihnen Identität zu geben.

**Echtzeit reicht nicht!**
**Wir werden schneller sein als Echtzeit**

Wenn wir mit Experten des stationären Handels über deren Zukunftsstrategien diskutieren, fällt uns regelmäßig etwas auf: Sie haben ein eigenartiges Verständnis von Daten. Sie denken oft, dass Daten Wörter und Zahlen wären, die in Datenbanken stehen. Statische Daten also. Und dies ist ja auch nicht falsch! Es ist nur komisch. Denn diese Vorstellung ist schon sehr alt. Sie kommt aus der Entstehungszeit von Computern.

Die heutigen Experten für Onlinehandel hingegen wissen, dass diese statischen Daten nahezu keine Relevanz mehr haben. Außer natürlich dafür, dass ein Paket auch ankommt. Für die Frage, wofür und wogegen Kunden sich entscheiden, spielen heute jedoch die Echtzeitdaten eine Rolle. Wer erkennt, wo sich ein Kunde in diesem Augenblick befindet, was er sucht, woran er gerade denkt, worüber er gerade redet, der macht heute das große Geschäft im Onlinehandel. Denn dieser basiert auf Echtzeitdaten. Die waren vor 20 Minuten noch nicht da und sind in 20 Minuten wieder irrelevant. Aber jetzt, in diesem Augenblick sind sie entscheidend.

Doch auch diese Echtzeitdaten der heutigen Onlinehändler haben nichts mit der Zukunft des Jahres 2030 zu tun. Denn der Handel 2030 wird schneller sein müssen als Echtzeit. Die heutige Echtzeitkommunikation, über die wir bei Industrie 4.0 und Social Media reden, ist nur ein kleiner Zwischenschritt. Die meisten heutigen Digitalisierungsstudien greifen viel zu kurz. Sie beschreiben zumeist nur die Vernetzung, Automatisierung und Rationalisierung. Das ist auch nicht falsch, aber unvollständig. Denn die wirklichen Auswirkungen der Digitalisierung kommen erst danach, wenn die Computer mit ihrer Prognostikkompetenz die Steuerung und Kontrolle in Unternehmen übernehmen. Sie sind schneller als Echtzeit! Wir sprechen in der Strategieentwicklung bei unseren Kunden nur noch von „Predictive Enterprises".

Dies klingt zunächst nach Science-Fiction. Ist es aber nicht, denn es ist jetzt schon ein Bestandteil unserer Welt. Wer in die Kundenliste des heutigen deutschen Marktführers für Predictive-Enterprise-Software schaut, findet dort erstaunlich viele stationäre Händler.

Warum? Weil diese Software dem Betreiber einer Supermarktkette heute schon sagt, dass er am kommenden Samstag in genau diesem Supermarkt an der Ecke Müller-/Meier-Straße das Produkt A in der Anzahl X braucht. Dies errechnet die Software aus Kundendaten der Vergangenheit, Wetterdaten der Zukunft, Kalenderdaten der Zukunft und bald auch noch weiteren Datenarten. Jeder Händler, der heute bereits mit einer solchen Software zu arbeiten beginnt, wird sofort seine Lager-, Logistik und Beschaffungsprozesse umstellen.

Dieser Händler wird also zum Predictive Enterprise. Die Basis seines Geschäfts ist eine Software, welche die nahe Zukunft prognostiziert. Und alle Mitarbeiter, alle Prozesse werden auf Grundlage dieser Prognose gesteuert.

Auch dies gibt es bereits heute. Es ist nicht die Zukunft. Wie sieht also der Handel des Jahres 2030 aus? Versuchen wir uns dazu vorzustellen, dass ein Händler des Jahres 2030 die Prognosen seines Computersystems nicht nur für seine Warenhaltung verwendet, sondern dass er bei seinen Produzenten jeweils nur die Produkte in Auftrag gibt, die er zwei Tage später vermutlich auch verkaufen wird. Und stellen wir uns vor, dass die prognostizierende Software zudem genau ausrechnen kann, zu welcher Minute das Produkt im Regal welchen Preis haben muss, damit ein idealer Abverkauf erfolgt. Dann reicht das Predictive Enterprise bis zurück in die Produktion und bis nach vorn ins Preisschild.

Die erste Folge ist eine enorme Effizienzsteigerung. Wohlgemerkt: Es werden in diesem Supermarkt zunächst mal noch keine besseren Produkte angeboten. Aber weniger falsch! Die digitale Intelligenz vermeidet im ersten Schritt Streuverluste. Plötzlich verkauft der Supermarkt 95 % seiner Waren statt so wie zuvor viel weniger.

Kein Konkurrent wird sich dieser Entwicklung lange widersetzen können, wenn der Vorreiter seine Effizienzsteigerung in Form von niedrigeren Preisen an die Kunden weitergibt.

**Keine Einheitsprodukte für Einheitskunden zu Einheitspreisen**

In dieser beschriebenen ersten Phase, die bei innovativen Händlern bereits eingesetzt hat, geht es also darum, die richtigen Standardprodukte in der richtigen Anzahl zum richtigen Preis ins Regal zu nehmen. Damit werden Lager abgeschafft, Prozesse effektiver gestaltet und Kosten gespart. Doch dies ist nur ein erster kleiner Schritt auf einem langen Weg. Die eigentlichen Zukunftschancen in einer Schneller-als-Echtzeit-Welt liegen nämlich in der Anpassung der Produkte und Services an die sich verändernden Nutzungsbedürfnisse jedes einzelnen Kunden: individuell und situativ.

In der zweiten Phase wird dann der Kunde an das Predictive Enterprise „angeschlossen". Er wird natürlich nicht dazu gezwungen, aber es wird für ihn nützlich sein, per Ein-Klick auch seinen digitalen Payment-Bot im Smartphone, seinen Ernährungs-Bot im Kühlschrank, seinen Koch-Bot im Herd usw. mit dem digitalen Betriebssystem seines Lieblingssupermarktes zu verbinden. Auf Basis der so ermittelten individuellen Kundendaten wird der Händler 2030 prognostizieren, welche Bedürfnisse jeder einzelne Kunde in der nahen Zukunft hat. Damit wir uns richtig verstehen: Der Bot wird dies besser wissen als die bisherigen menschlichen Ver- und Einkäufer. Vermutlich wird er das sogar besser, oder zumindest eher, wissen als der Kunde selbst.

Dies führt zu nicht weniger als einem Paradigmenwechsel für die Geschäftsmodelle des Handels! Denn während es heute bei der Digitalisierung des Handels noch darum geht, Standardprodukte so gut wie möglich digital zu managen, wird in den kommenden fünf Jahren der Fokus darauf liegen, Standardprodukte generell abzuschaffen. Die dramatischste Konsequenz für unsere Unternehmen und Branchen lässt sich in einem Schlagwort zusammenfassen: „der Tod der „Masse"!

Das Phänomen der „Masse" wird allmählich aus unserer Gesellschaft verschwinden. Die Digitalisierung führt dazu, dass Produkte und Services ihre Gestalt verändern. Sie passen sich ihren Kunden an, individuell und situativ. Wenn dies geschieht, wird einer Grundannahme der meisten heutigen Geschäftsmodelle die Basis entzogen: dem Glauben, dass es Standard gibt. Die Vorstellung von Einheitsprodukten für Einheitskunden zu Einheitspreisen stammt aus einer analogen Zeit. Und dort wird sie auch bleiben.

*Immer mehr Menschen stellen fest, dass die Kommunikation mit Bots einfach, schnell und zielführend ist.*

In der digitalen Welt gibt es keine „lenkbare" Masse an Käufern mehr, wenn deren jeweiliger Einkaufszettel durch individuelle elektronische Assistenten zusammengestellt wird. Es gibt keine „lenkbare" Masse an Zuschauern für Werbebotschaften mehr, wenn Fernsehprogramme und Zeitungen individuell zusammengestellt werden. Und wenn nicht mehr der Einkäufer des Supermarktes unser Warenangebot zusammenstellt, sondern der elektronische Assistent in unserem Handy, dann drohen selbst emotional starke Marken an Wert zu verlieren.

Schauen wir nochmals in die Automobilbranche, um anhand eines Beispiels die wirkliche Bedeutung dieser Entwicklung zu erfassen: Der Verkaufsschlager der nun langsam zu Ende gehenden analogen Ära sind die Familienautos. Lange Zeit sind die Kunden der von den Automobilkonzernen vorgegebenen Vorstellung gefolgt, ein Auto sei dann ideal, wenn es möglichst viele verschiedene Nutzungssituationen abdecken kann. Es haben sich nur wenige Menschen gefragt, wieso jene von den Autokonzernen gepriesenen „Alleskönner" so toll sein sollen. In der Realität boten sie ja eher „alles und nichts": versprachen alles, aber hielten nichts. Solange es an Alternativen fehlte, mussten die Kunden diesen Mangel zähneknirschend akzeptieren.

Doch ein ideales Familienauto hätte schon immer anders ausgesehen: Am Abend, wenn Mama und Papa mal eine gemeinsame Ausfahrt genießen wollen, wäre es ein nettes Cabrio gewesen, in der Woche, wenn Papa zum Businesstermin fährt, ein sportlicher Flitzer, am Samstag für die Familieneinkäufe ein Kombi und für die Urlaubsfahrt zur Oma ein Van.

In Zeiten der Digitalisierung werden exakt diese Kundenwünsche erfüllbar. Möglicherweise allerdings nicht durch ein und dasselbe Auto. In allen Zukunftsstudien aller Automobilkonzern ist von der Vision des sogenannten „Mobility Service Providers" die Rede. Das bedeutet: Den Kunden werden irgendwann keine Autos mehr verkauft, sondern „Mobility Cards", die uns dazu berechtigen, ein Auto zu besitzen, aber auch, es zu tauschen!

**Das Mantra der Bot-Economy heißt Adaptivität**

Mit der gerade beschriebenen Funktionalität realisiert das vernetzte Auto die wesentliche Kundenanforderung der digitalen Gesellschaft: Es ist individuell und bleibt auf Dauer veränderbar, um sich jeweils situativ an unterschiedliche Nutzungssituationen anzupassen. Wenn wir Zukunftsforscher über individuelle und situative Produkte sprechen, verwenden wir das Wort „adaptiv"! Es wird der Schlüssel zum Kaufen und Verkaufen in der Zukunft sein.

Wir werden Adaptivität von den Anbietern erwarten. In jeder Branche. Denn wir Kunden geben in der digitalen Welt unsere Daten frei und erwarten, dass Unternehmen diese Daten nutzen, um ihre Produkte besser zu machen. Besser bedeutet: besser an uns Kunden angepasst. Individuell und situativ! Deshalb werden wir Kunden nach adaptiven Produkten fragen, und von den Unternehmen werden wir diese Angebote erhalten. Eine Dynamik, die sich wechselseitig verstärkt.
Schon heute gibt es die ersten adaptiven Smartphone-Tarife, adaptive Computerspiele, adaptive Versicherungspakete, adaptive Konten und Finanzierungen, adaptive Shops und Einkaufsprozesse, adaptive Häuser und adaptive Medizintechnik. Sogar an der Entwicklung von adaptivem Essen wird gearbeitet. Es wäre für uns Zukunftsforscher ein Wunder, wenn es eine Branche gäbe, die an dem generellen Trend zur Adaptivität vorbeikäme.
Die Konsequenzen dieser Welt der Adaptivität im Jahr 2030 sind möglicherweise größer, als es auf den ersten Blick ersichtlich wird. Denn es geht nicht nur um die Frage, ob wir Menschen unseren Bots vertrauen und diese uns das beste Produkt vorschlagen. Noch wesentlicher ist die Frage, wie sich unsere Produkte und Services verändern, wenn die Bots genau wissen, was ihr Besitzer will: individuell und situativ. Wird der Bot dem Besitzer dann ein Standardprodukt vorschlagen? Oder wird er mit dem Anbieter verhandeln, damit das Produkt individuell und situativ exakt an die Bedürfnisse des Käufers angepasst wird?

Nehmen wir als Beispiel die Hotelbranche, die sich neuer adaptiver Konkurrenz gegenübersehen wird: autonom fahrenden Autos, die Menschen über Nacht an ihren Zielort bringen, an dem sie dann ausgeschlafen ankommen. Das geht nicht mit einem umgebauten Golf, wohl aber mit optimierten Fahrzeugen, mit Hotelzimmern auf Rädern, die sich flexibel zu Kolonnen zusammenschließen und wieder separieren lassen. Auf der Fernstrecke wie ein Nachtzug, an Start und Ziel auf individuellem Kurs. Betreiber von Hotelketten werden prüfen, wie sie diese adaptiven Services in ihr stationäres Modell integrieren können, um die klassischen Hotels in Kombipaketen attraktiv zu halten. Andere heute stationäre Dienstleistungen werden in der Folge auch adaptiv werden: von Therapeuten, die die Fahrzeit ins Büro besetzen, über Versicherungsagenten, Banken und Beratungen aller Art bis hin zu Friseuren und dem mobilen Restaurant – aus „Drive in" und „Coffee to go" wird DWYD: „Dine while you drive."

Was wir damit verdeutlichen wollen: Wenn digitale Bots die Bedürfnisse ihrer Nutzer kennen und im Voraus prognostizieren können, werden alle Produkte adaptiv. Autos genauso wie Services, etwa Arztbesuche, langlebige, teure Produkte wie Versicherungen genauso wie kurzlebige, billige wie Joghurt. Die Bots des Jahres 2030 sorgen dafür, dass sich alle an die individuellen und situativen Bedürfnissen von uns Bot-Besitzern anpassen.
Commoditys werden kostenlos. Es gibt noch eine weitere Steigerung bei der Entwicklung von intelligenten Bots und adaptiven Produkten bis zum Jahr 2030: Wenn derjenige Anbieter das beste Geschäft machen wird, der sein Produkt am besten adaptiv an die Bedürfnisse des Kunden anpassen kann, dann bedeutet dies zugleich, dass derjenige Anbieter am erfolgreichsten ist, der auf die meisten Daten des potenziellen Kunden zugreifen kann.

Dabei geht es nicht um das strategielose Sammeln aller möglicher Daten, das heute noch in einigen Unternehmen vorherrscht, sondern vielmehr um den strukturierten Zugriff auf einige wenige, aber dafür idealerweise vollständige Daten-Ecosysteme.
Der Zugang zu diesen Daten-Ecosystemen wird für die Anbieter bis zum Jahr 2030 so wertvoll werden, dass sie dafür wesentliche Basisproduk-

te kostenlos anbieten. Google arbeitet von Anfang an auf diese Weise: Das Hauptprodukt, nämlich dem Kunden Wissen zu einer Frage zu geben, hat noch nie auch nur einen Cent gekostet. Aber in der Zeit, in welcher der Kunde Google nutzt, werden auf Basis der gesammelten Wissensdaten individuelle und situative Angebote gemacht, von Werbung über Reisebuchungen bis hin zu Schuhverkäufen. Nach diesem Modell, so prognostizieren wir Zukunftsforscher, werden Autokonzerne auch Mobilität kostenlos anbieten, Banken werden Kontoführung und Finanzprodukte kostenlos anbieten, und Food-Konzerne werden einen Echtzeit-Körpercheck kostenlos anbieten. Es spricht einiges dafür, dass nach dem kostenlosen Wissen bei Google, der kostenlosen Kommunikation bei Facebook, Twitter & Co. und der kostenlosen Mobilität auch andere Commoditys wie Energie, Wasser, Telefon und Internet für den Kunden kostenlos werden. Allerdings nicht alle schon bis 2030.

**Digitalisierung tötet den Standardbereich**

Doch nicht nur Produkte und Services werden sich in den Zeiten der Digitalisierung grundlegend verändern. Vielmehr werden wir in der Wirtschaft eine durchgreifende Veränderung unserer Branchen und Märkte erleben. Die ehemalige Marktpyramide mit den klar definierten Economy-, Standard- und Premiumsegmenten gibt es heute schon nicht mehr. Künftig wird sich das auf nur noch zwei ernst zu nehmende Segmente reduzieren: den Economy- und den Premiumbereich.
Das ursprünglich zwischen Economy und Premium liegende Standardsegment wird im Jahr 2030 verschwunden sein. Das geht nicht von heute auf morgen, aber Schritt für Schritt. Doch warum?
In der Vergangenheit funktionierten scheinbar alle Kundensegmente nach der gleichen rationalen Logik: dem Preis-Qualitäts-Vergleich. Entsprechend haben wir niedrige Preise und niedrige Qualität im Economy-Segment verortet, während wir höchste Preise und höchste Qualität im Premiumsegment vorfanden. Logischerweise gab es dazwischen einen großen Standardbereich mit mittleren Preisen und mittlerer Qualität. Doch dies gilt nicht mehr!

Mit der Digitalisierung und später der künstlichen Intelligenz ist die rationale Logik des Preis-Qualitäts-Vergleichs immer weiter optimiert worden. Alle Angebote sind vergleichbar. Deshalb sehen sich Anbieter gezwungen, ihre Preise niedriger als die Konkurrenz anzusetzen. Diese abwärtsgerichtete Preisspirale geht immer weiter und findet ihr Ende erst, wenn die Margen der Anbieter gegen null tendieren. Entsprechend zieht die Digitalisierung auch die bisherigen Standard- und Premiumanbieter in den Economy-Bereich.

Diesem Preisstrudel können sich nur jene Anbieter entziehen, die ihre Produkte nicht aufgrund des rationalen Preis-Qualitäts-Vergleichs verkaufen, sondern nach einer gänzlich anderen Logik. Es gibt nämlich noch eine zweite Logik, nach der wir unsere Kaufentscheidungen treffen: die Logik des Identitätsmanagements. Jeder von uns kauft manchmal Produkte nicht wegen der Qualität und des Preises, sondern um Freunden, Kollegen, Familie und sich selbst zu beweisen, dass wir zu einer bestimmten Identität gehören. Auf gut Deutsch: dass wir besonders ökologisch, besonders sportlich, besonders heimatverbunden, besonders reich, besonders clever, besonders intellektuell, besonders kulturinteressiert und so weiter sind.

Wir alle nutzen Produkte, um unsere Identität zu managen: die einen größere Premiumprodukte wie Autos, Uhren und Jachten, die anderen kleinere Premiumprodukte wie Biomöhren, CraftBier oder den Besuch im Edelrestaurant. Was wir damit sagen wollen: Das Vorurteil stimmt nicht, dass viele Menschen ihre Entscheidungen immer im Economy-Bereich treffen und andere Menschen immer im Premiumbereich. Richtig ist, dass wir alle in den meisten Situationen des Lebens unsere Entscheidungen im rationalen Economy-Bereich treffen und dabei 2030 die Hilfe der intelligenten Bots nutzen. Und richtig ist auch, dass wie alle in einigen wenigen Situationen unseres Alltags das Bedürfnis haben, nicht rational zu entscheiden, sondern uns treiben zu lassen, den Tag zu genießen und unverschämt teure Dinge zu kaufen. Wir tun das vor allem, um anderen Menschen zu zeigen, wer wir sind, wie wir denken und was wir fühlen. Wir managen unsere Identität!

Für jeden Anbieter oder Verkäufer ist die wesentliche Veränderung bis zum Jahr 2030, dass es den großen Standardbereich zwischen Economy und Premium nicht mehr gibt! Jeder, der bislang dort sein Geld verdient hat (und das waren die allermeisten), muss sich bewusst entscheiden, ob er künftig gemäß der digitalen Logik des großen Economy-Bereiches oder der Identitätslogik des kleinen Premiumbereiches verkaufen will.

Wir werden immer mal wieder eingeladen von Vorständen großer volksnaher Unternehmen, um mit ihnen die Strategie für ihr Business zu entwerfen und dabei unsere Expertise im Bereich der unterschiedlichen Kundensegmente und deren Wertevorstellungen einzubringen. Manchmal waren wir noch gar nicht zu Wort gekommen, da hatten bereits zwei Vorstände lautstark den Werteverfall der Jugend beklagt. Wir waren nicht überrascht, denn dies passiert in Vorstandskreisen derzeit nicht selten.

Aber damit macht man es sich zu einfach. Wir haben die Vorstände damals nach ihren zentralen Unternehmenswerten gefragt. Die Antwort kam sofort: „Nähe", „Vertrauen" und „Sicherheit"! Bravo! Zustimmendes Nicken in der großen Runde. „Und wie messen Sie die ‚Nähe'?" fragten wir. „Wir sind nah am Kunden, unsere Filialen sind überall", antwortete der gefragte Vorstand im Brustton der Überzeugung. Wir schauten in die Runde und fragten: „Dann messen Sie also Nähe in Metern?"

**Nähe wird nicht mehr in Metern gemessen**

Mit dieser Frage sind wir schon am Kern des weit verbreiteten Missverständnisses über Werte. Wer nämlich glaubt, die Nähe zum Kunden durch viele Filialen herstellen zu müssen, misst seine Kundennähe als Abstand von der Kundenwohnung zu seiner Filiale. Und misst damit an der Realität vorbei!

Die Wissenschaft kennt seit jeher verschiedene Definitionen von Nähe. Davon ist die physikalische Nähe, also die „Nähe in Metern", nur eine. Daneben gibt es die relationale Nähe. Sie beschreibt den Grad der Zuneigung zueinander, die gleiche „Wellenlänge". Gemessen wird sie in der Qualität und Quantität der Interaktionen.

Auch bei einem zweiten zentralen Unternehmenswert gibt es Veränderungen: dem Kundenvertrauen. Vertrauen ist kein starres Konstrukt mehr. Es wird nicht einmalig abgegeben von einem kleinen Kunden an eine große Marke. Vielmehr wird Vertrauen dynamisch. Es entsteht, wenn zwei Partner miteinander gemeinsam an etwas „Gutem" arbeiten. Und es muss bei jedem Kontakt erneut bewiesen werden. Dies ist das Geheimnis der boomenden Bio-, Öko- und aller anderen Social-Commerce-Modelle. Vertrauen ist in die Nische gewandert, weil die Masse schon immer nur ein Hilfskonstrukt für Zeiten war, in denen wir es nicht besser wussten.

Falls also „Vertrauen" zu Ihren zentralen Unternehmenswerten gehört, werden Sie Ihren Markenglauben ersetzen müssen. Wer Vertrauen will, muss permanent Anerkennung geben.

Weitere Informationen unter https://www.zukunft.business/foresight/trendanalysen/analyse/die-zukunft-des-stationaeren-handels/

## ZUR PERSON

**Sven Gabor Janszky** ist Deutschlands gefragtester Zukunftsmacher. Er ist Chairman des größten wissenschaftlichen Zukunftsforschungsinstituts Europas. Er ist der meistgebuchte Speaker auf Zukunftsevents und Strategietagungen in der deutschen Wirtschaft. Hunderte Unternehmen und Vorstände arbeiten mit seinen wissenschaftlichen Zukunftsstudien und Prognosen.

Theresa Schleicher

# Innenstädte in der Ökonomie der Reife

*Die Handelslandschaft war selten so im Umbruch wie heute. Retailer, Marken und Hersteller sind händeringend auf der Suche nach Konzepten und Impulsen gegen das langsame Aussterben der Innenstadt, nach neuen Antworten auf die vermeintlich veränderten Bedürfnisse der durch Krisen verunsicherten Menschen und auf die steigende Konkurrenz durch den E-Commerce. Und doch werden seit Jahren die immer gleichen Ideen als Lösungen präsentiert: Mischnutzung von Gastronomie, Wohnen und Einkaufen, die Schaffung von guter Infrastruktur zum stationären Handel und die Nutzung von Kundendaten in groß angelegten Hybrid-Visionen. Wie so oft bei zu angestrengter Fokussierung auf die Weiterentwicklung des Status quo und bestehender Branchen vergessen wir andere Strömungen in der Gesellschaft, die Möglichkeitsräume fernab der bekannten Zukunftsvisionen eröffnen.*

**Die Stadt im Zeitalter der Neo-Ökologie**

Nachhaltigkeit hat in den vergangenen Jahren immens an Bedeutung gewonnen. Neue nachhaltige Kollektionen, Kreislaufsysteme und alternative Energiequellen – der Handel hat in letzter Zeit viele grüne Initiativen an den Start gebracht. Mittlerweile sind 7.765 Unternehmen weltweit mit dem Zertifikat des Global Organic Textile Standard ausgezeichnet (vgl. Dormann 2020), circa ein Drittel der mittelständischen Unternehmen in Deutschland setzt auf alternative Energieressourcen (vgl. E.ON 2020). Einer aktuellen Erhebung zufolge haben bereits drei Viertel der befragten börsennotierten Unternehmen ihre strategische Ausrichtung geändert und für die Etablierung einer Nachhaltigkeitsstrategie gesorgt (vgl. Kewes 2022). Handelsunternehmen wie Aldi, Otto, Ceconomy, die Schwarz-Gruppe, Douglas und viele mehr haben mit den HDE-Handlungsprinzipien ein gemeinsames Leitbild für nachhaltiges Wirtschaften unterzeichnet, in dem sie sich zu den Klimazielen der Bundesregierung bis 2030 und auch zum europäischen Ziel einer EU-weiten Klimaneutralität bis 2050 bekennen (vgl. HDE 2021).

Angestoßen werden solche Entwicklungen auch von Konsumentinnen und Konsumenten, die sich mittlerweile immer häufiger für die nachhaltige Alternative entscheiden und durchaus auch Marken oder Händler wechseln, wenn diese nicht (mehr) den geforderten Nachhaltigkeitsstandards entsprechen. Laut einer Umfrage des Bundesministeriums für Ernährung und Landwirtschaft wird der bewusste Konsum von Produkten aus biologischer Erzeugung weiter wachsen. Bereits im Jahr 2021 gab fast jeder vierte der Befragten in Deutschland an, häufig oder sogar ausschließlich Bio-Lebensmittel zu kaufen, in Zukunft will sogar knapp die Hälfte zu Bio-Produkten greifen (vgl. BMEL 2022). Die Entwicklungen, die uns in den kommenden Jahren erwarten, sind größer und weitreichender als gedacht.

Richten wir den Blick weiter in die Zukunft: Stellen Sie sich vor, Sie leben im Jahr 2100 – in einer Welt, in der der Meeresspiegel im Vergleich zu heute um zwei Meter gestiegen ist und in der Milliarden Menschen keinen Zugang mehr zu Trinkwasser haben. In einer Welt, in der wir 16- mal häufiger als heute mit Flächenbränden zu kämpfen haben und jedes Grad Erderwärmung 10 Prozent weniger Ernte und in Folge weniger Lebensmittel für uns alle bedeutet. Bei etwa fünf Grad Erderwärmung sind 2100 außerdem die meisten Gebiete auf unserem Planeten nicht mehr mit den uns bekannten Möglichkeiten bewohnbar. All das beschreibt der US-amerikanische Journalist David Wallace-Wells in seinem Buch „Die unbewohnbare Erde" – und zeigt darin wissenschaftlich basierte Worst-Case-Szenarien auf. Stellen wir uns weiter vor, dass wir neue Städtekonzepte brauchen, um den Fluten zu entrinnen, um $CO_2$ nicht nur auszugleichen, sondern drastisch zu vermindern, um der Umwelt so wenig wie möglich zu schaden und dabei lebenswerten Wohnraum für alle zu schaffen (vgl. Wallace-Wells 2019).

## Die Konsequenzen im Zeitalter der Nachhaltigkeit sind weitreichender, als die aktuellen Konzepte begreifen wollen.

Angesichts dieser Zukunftsaussichten, die sich uns bieten können, scheinen die Zukunftskonzepte des Handels fast naiv: Es wird auf Bio-Produkte und nachhaltige Baumwoll-Qualität gesetzt, vereinzelt werden Gärten auf Dächern angelegt. Im Lebensmittelhandel etwa werden Plastik und Verpackungen mit 83 Prozentpunkten als relevantestes Objekt der Nachhaltigkeitsstrategien verhandelt (vgl. Lebensmittel Zeitung 2019) – und auch immer stärker gesetzlich unterstützt: Ein von der Bundesregierung auf den Weg gebrachtes Gesetzespaket schreibt ab 2022 unter anderem eine Pfandpflicht für alle Einwegflaschen aus Kunststoff vor und verpflichtet ab 2023 Gastronominnen mit Ausnahme kleinerer Betriebe dazu, Mehrwegbehälter für bestelltes Essen anzubieten (vgl. Bundesregierung 2021). Hinzu kommt das für 2022 von der EU geplante „Recht auf Reparatur", das „als zentrale Säule der Agenda für die Kreislaufwirtschaft im Rahmen des europäischen Grünen Deals" gilt und Hersteller verpflichten soll, Waren langlebiger und reparierbar zu gestalten (vgl. Europäisches Parlament 2022).

Trotz solcher Bemühungen, nachhaltiges Verhalten im Alltag der Verbraucher und Verbraucherinnen sowie im Handel zu etablieren und zu erleichtern, wirft die nahe Zukunft existenzielle Fragestellungen auf und fordert andere, ganzheitlichere Lösungen von Politik, Wirtschaft und Handel, als es bisher der Fall ist. Der Klimawandel lässt sich nicht dadurch verhindern, dass wir unseren Kaffee im wiederverwertbaren Coffee-to-go-Becher trinken. Ein systematisches Umdenken sowie eine größere Awareness für die Verantwortung von Unternehmen sind notwendig.

**Unser Mindset ändert sich nachhaltig**
Begeben wir uns zurück in die Zukunft ins Jahr 2040: Ein nachhaltiges Stadt- und Handelskonzept wird immer selbstverständlicher und beeinflusst auch unser persönliches Verhältnis zur Stadt, zu unseren Nachbarn und unserem Wohnumfeld. Wir leben mehr und mehr in sogenannten 15-Minuten-Städten und -Bezirken. Pioniere wie Paris, Stuttgart, Helsinki oder Hamburg haben es vorgemacht und sich über die vergangenen Jahrzehnte bereits zu emissionsarmen und nachhaltigen Städten entwickelt. In diesen 15-Minuten-Städten sind 2040 tatsächlich fast alle notwendigen Wege so kurz, dass sie innerhalb von 15 Minuten mit dem Fahrrad oder zu Fuß zurückgelegt werden: Supermärkte, Ärzte, Naherholungsflächen und öffentliche Verkehrsmittel. Eine notwendige Voraussetzung hierfür war eine konsequente Segmentierung und Dezentralisierung des urbanen Raums. Das Fahren mit Verbrennermotoren gehört einer anderen Zeit an und ist eine Seltenheit geworden, genauso wie die überdimensionierten und energieverbrauchenden Erlebniscenter und Showrooms. Im Jahr 2040 kommt es uns verschwenderisch und maßlos vor, wie viel Raum früher für einige wenige Produkt-Inszenierungen eingeplant wurde. Wir sind autonom unterwegs, das eigene Auto ist kein Statussymbol mehr. Unser Arbeitstag findet sowohl zu Hause als auch in gemeinsamen Working Hubs statt. An die Fridays-for-Future-Bewegung, die Druck auf die damaligen Entscheiderinnen in

der Wirtschaft und die politischen Machthaber ausgeübt hat, erinnern wir uns noch sehr gut.

Im Jahr 2040 ist ein globales Mindset normal geworden. Das Lokale und das Globale wird zusammengedacht. Technologie wird intelligent und im Sinne einer nachhaltigen Lebensqualität eingesetzt, an den Bedürfnissen der Menschen orientiert und nicht auf den Prinzipien der reinen Profitmaximierung ausgerichtet. Vorreiter gab es 2022 nicht nur in Form von Aktivistinnen, sondern auch in der Wirtschaft, wie das Young Global Leaders Forum und viele ähnliche Vereinigungen und Netzwerke. Sie waren der Anfang einer neuen Generation von Entrepreneurinnen und Entrepreneuren, die nicht auf die Lösungen großer Unternehmen und der Politik warteten, sondern selbst zu Erfinderinnen und Herstellern wurden und ihre Marken und Unternehmen verstärkt nutzen, um globale Lösungen zu generieren. Die Gesellschaft im Jahr 2040 denkt global und handelt lokal. Sie agiert in ihrem Umfeld und aus ihrem Umfeld.

**Die Innenstadt der Zukunft: Faktoren des Wandels**
Vier Faktoren spielen bei den Veränderungen des innerstädtischen Handels eine Rolle:

**1. Bewusste und intelligente Flächennutzung**
In der Innenstadt der Zukunft werden Technologien immer im Sinne der Nachhaltigkeit genutzt. Bei all den Möglichkeiten, die die Technologie bietet, ist es für die Bewohner und Bewohnerinnen der Stadt selbstverständlich, intelligent und nachhaltig zu konsumieren. Dabei entsteht eine gezielte Nutzung der stationären und real-digitalen Handelsformate – von der Grundversorgung auf Kleinstflächen über das Erlebnisshopping an zentralen Knotenpunkten bis hin zur schnellen Lieferung oder Abholung von Produkten. Damit einher geht die intelligente Aussteuerung von Angeboten und Produkten der Händler auf Basis lokaler Bedürfnisse, um schneller und nachhaltiger agieren zu können.

**2. Konsolidierte Logistik-und Servicestrukturen**
Die Menschen mussten schmerzvoll lernen, dass die schnelle individuelle Lieferung sowohl die Sicherheit auf den Straßen gefährdet als auch wenig nachhaltig ist. Logistik braucht nachhaltige Alternativen und progressive Strukturen: Gemeinsame lokale Logistik-Hubs, die mehreren Händlern und Produzierenden die Auslieferung ermöglichen, gebündelte Mobilitätsdienstleister, die Läden vor Ort zusammenbringen, um die On-

line-Bestellung der Konsumentinnen abzuholen, oder die Rückkehr smarter Click & Collect-Stationen, die Verfügbarkeit wesentlich nachhaltiger gestalten können. Auch Produktionsstätten am Stadtrand und eine generelle Dezentralisierung und Re-Regionalisierung der Produktion sorgen für eine neue Versorgung und kürzere Lieferwege.

### 3. Verdörflichung der Stadt

Im Zuge der starken, oft vertikalen Verdichtung des urbanen Raums entstehen auch Freiräume für Natur und Gemeinschaft in der Stadt. Besonders große Plätze in der Innenstadt werden zu zentralen Ausflugsorten „in die Natur" und zu gemeinschaftlichen Treffpunkten, die außerdem Konsum-Vielfalt an einem zentralen Ort ermöglichen. In neuen Gemeinschaftsquartieren, die eine Grundstruktur für Metropolen und Innenstädte liefern, werden lokale und regionale Anbieter für den jeweiligen Bezirk gefördert und digitalisiert.

### 4. Physische Orte werden zu lebendigen Plattformen

Transparent, serviceorientiert, breit im Angebot und flexibel auf den Kunden einstellbar – was man 2020 eher von großen Online-Plattformen kennt, überträgt sich bis 2040 auf große Plätze und physische Orte in den Innenstädten. In der Cloud wird die Location „kontaktierbar", Echtzeitinformationen werden abgerufen und Dienstleistungen, wie etwa Lieferdienste, schaffen einen neuen Bezugspunkt für die Einwohnerinnen und Einwohner. Gleichzeitig lässt sich der Raum vor Ort neu gestalten: Grünzonen, Logistik-Flächen, Kultur- und Erlebniszentren finden hier neben Wohnflächen wieder mehr Freiraum. Mithilfe datenbasierter Technologien wissen Händler und Dienstleister, wo sich die Menschen aufhalten und was sie konsumieren, während die Kunden selbst an der Ausgestaltung des Angebots in Bezug auf ihre Wünsche und Präferenzen teilhaben können.

### Zur aktuellen Studie:

Zur Zukunftsstudie 2024: Zum ersten Mal erscheint die Nachhaltigkeitszukunftsstudie der renommierten Handelszukunftsforscherin Theresa Schleicher. Der Themenschwerpunkt „Regenerative Growth" sowie die sechs Retail Trends werden mit zahlreichen Analysen, Statistiken und Cases in der Zukunftsstudie 2024 skizziert. Eingeflossen sind dabei neueste Forschungen u.a. von dem renommierten Thünen-Institut, dem Fraunhofer Institut, der Königlich Technischen Hochschule Schweden und dem DFKI. Sie ist hier erhältlich: www.zukunftstudiehandel.de

## ZUR PERSON

**Theresa Schleicher** gilt als führende Handelszukunftsexpertin in der DACH-Region. Sie ist Zukunftssparringspartnerin für Handelsunternehmen, für das renommierte Zukunftsinstitut und das Bundesministerium für Wirtschaft und Klimaschutz. Die Zukunftsforscherin, Data Scientist und Autorin mehrerer bekannter Trendstudien im Handel war zuvor Geschäftsführerin in der Hirschen Group, einem der größten Beratungs- und Kreativunternehmen im deutschsprachigen Raum, und entwickelt als Retail Advisor innovative Handelskonzepte und neue Strukturen mit den führenden Mobilitäts- und Handelskonzernen in Asien und Europa. Sie ist seit 2015 Jurymitglied zahlreicher Handelsinnovationspreise und treibt gemeinsam mit Politik, Verbänden und Stadtentwicklern neue Rahmenbedingungen für den Handel voran. Als Keynote Speakerin eröffnet Theresa Schleicher auf der Bühne und im Sparring mit Führungskräften die Zukunft im Handel und in einer datengetriebenen Welt. Als Investorin von Retail-Startups legt sie ihren Fokus auf wirtschaftliche Resilienz in schnelllebigen Märkten und auf technologischen Fortschritt für einen ökologisch und ökonomisch nachhaltigeren Handel.

## Jan Berger

# Inseln der Glückseligkeit oder doch ein großer Wurf?

*Gern werden Zukunftsforscher gebeten zu erzählen, wie „die Zukunft" aussehen wird. Sei es die Zukunft unserer Gesellschaft, unserer Umwelt, ganzer Industrien oder auch unserer Innenstadt. Einige in unserer Zunft sonnen sich dann im Ruhm des Augenblicks, befragen ihre Glaskugel und postulieren eine Zukunft, die je nach persönlichen Präferenzen rotweintrinkend im Gartenstuhl aussieht oder Wachstum, Wohlstand und Glückseligkeit in einer technologisierten Welt umgeben von KI, Drohnen und autonomen Fahrzeugen verspricht. Das produziert nette Schlagzeilen und liefert einfache Antworten für Leichtgläubige. Doch in der Regel tritt eine solche Zukunft nicht ein.*

Ernsthafte Zukunftsforscher können die Frage nach *der* Zukunft nicht beantworten. Zukunft lässt sich nicht vorhersagen. Wir können antizipieren, wie wirtschaftliche, gesellschaftliche, politische, ökologische und technologische Trends auf uns einwirken können, und unterschiedliche mögliche Zukünfte beschreiben. Diese Antworten sind dann meist komplex, in sich widersprüchlich – so wie das Leben an sich –, und nicht selten haben wir das Interesse an unseren Ausführungen nach fünf Minuten verloren.

Doch Zukunft ist nichts, was vom Himmel fällt. Sie verlangt danach, gestaltet zu werden. Sie entsteht gleichermaßen aus Visionen, der Fähigkeit, diese umzusetzen und Menschen bei ihrer Verwirklichung durch tiefe Täler und über hohe Berge zu führen.

Wer also die Innenstadt transformieren will, muss sich im Klaren sein, wie die Innenstadt der Zukunft aussehen soll, welche Trends auf die Erreichung dieser Zukunft einzahlen und welche Kräfte sich mit welchen Mitteln Entwicklungen in den Weg stellen werden und welche verbündet sind. Aus diesem Wissen lassen sich dann Strategien ableiten, Interessen formulieren und mit einigem taktischen Geschick durch Verhandlungen, Kooperationen und das Schaffen von Tatsachen auch umsetzen.

Welche großen Trends beeinflussen nun das Bild unserer Innenstädte in Zukunft? Schauen wir kurz auf drei Faktoren: Wirtschaft, Technologie und Gesellschaft.

**Wirtschaft:**

Wer die Zukunft der Innenstädte an lebendigen Handel mit vollen Marktplätzen knüpft, muss sich vergegenwärtigen, dass auf lange Sicht die Kaufkraft in Deutschland und Europa eher stagnieren und im Vergleich mit dem Wachstum in anderen Weltregionen nicht mithalten wird. Akzeptieren wir die Prognosen der OECD, dann wächst zwischen 2022 und 2045 die Kaufkraft in der Eurozone um müde 28% im Vergleich zu den USA mit 40%, China mit 90%, dem afrikanischen Kontinent mit beeindruckenden 153 %, und in Indien soll sie sich bis 2045 fast verdreifachen. Doch startet Europa auf einem hohen Niveau, während afrikanische und asiatische Länder danach dürsten, den Lebensstandard ihrer Bevölkerung auf westliche Niveaus zu heben.

Betrachten wir die Bevölkerungsentwicklung bis 2050, dann ist der europäische Kontinent der einzige, der bis 2050 schrumpfen wird – um 5% –, während Nord- und Südamerika und Asien um 10-11% wachsen werden und Afrika um sagenhafte 63%. Im Verhältnis zur Weltbevölkerung steigt das Gewicht Afrikas um 37% an. Asien und die Amerikas verlieren 6-7% und Europa sogar ganze 20%.

Die Gestaltungspielräume werden gesamtwirtschaftlich betrachtet also enger. Doch sagt die Gesamtwirtschaft wenig darüber aus, wie das Leben in Hamburg, Düsseldorf, Aalen, Rostock oder Rothenburg ob der Tauber gestaltet werden kann. Viel hängt davon ab, ob diese Städte ihr Kulturgut in der Welt vermarkten können oder kaum welches besitzen. Ob ihre Einwohner weltoffen, einladend und gastfreundlich sind oder eben nicht. Aber vor allem, ob Unternehmen in diesen Städten Menschen in Lohn und Brot halten, indem sie am Wirtschaftswachstum der Welt partizipieren oder ihre Zukunft im schrumpfenden europäischen Binnenmarkt suchen. Oder anders formuliert: Akzeptieren wir und fügen uns in die Prognosen der OECD, oder haben wir den Mut, weit über die Messlatte von 28% Wachstum hinauszuspringen?

Diese Frage haben wir in einer großen Studie zu Zukünften der europäischen Wirtschaft in einer neuen Weltordnung untersucht und kamen zum Schluss, dass eine Wirtschaftspolitik, die anerkennt, dass Europa nur eine von mehreren Mittelmächten ist und mit einer pragmatischen Außenpolitik nach Wegen sucht, Handel mit Entwicklungsregionen der Welt zu treiben, gute Karten hat, ein nachhaltiges und stabiles Wirtschaftswachstum zu gewährleisten. Insbesondere die vielgepriesenen Hidden Champions mit ihrer hohen Innovationskraft und Entwicklungsgeschwindigkeit werden ein wichtiger Stabilitätsfaktor der deutschen Gesellschaft sein, wenn man sie lässt. Mittelgroße Städte in Regionen wie Westfalen, Württemberg, aber auch Thüringen und Sachsen haben dann das Potenzial, zu gedeihen und aufzublühen.

**Technologie:**

Wird der technologische Wandel den Handel in den Innenstädten weiter verdrängen? Das wird in den kommenden fünf bis sieben Jahren nicht so stark der Fall sein wie in den vergangenen zehn. Zwar wird der Onlinehandel nicht verschwin-

den, und Menschen werden Standardgüter wie Haushaltselektronik oder Alltagskleidung weiter online bestellen und sich liefern lassen. Doch wird der stationäre Lebensmitteleinzelhandel weiterleben. Die teure letzte Meile wird auch bis zur Mitte des nächsten Jahrzehnts bei allen Fortschritten im autonomen Fahren nicht dramatisch billiger werden. Die gestiegene Preissensitivität der Bevölkerung wird Discountern zugutekommen. Aber auch Händlern, die in gehobeneren Preissegmenten ihre Waren an kaufkräftigere Bevölkerungsgruppen anbieten. Deutschland ist nicht arm. Und Geiz ist nur so lange geil, wie dieses Verhalten vom Handel so suggeriert wird.

Glauben wir den Erhebungen der letzten Jahre, dann ist der Wunsch nach Geselligkeit, sozialer Wärme und Entschleunigung in der deutschen Bevölkerung enorm gestiegen. Diese Bedürfnisse werden befeuert durch ein Umfeld von Unsicherheit in einer Welt, in der Komplexitäten gestiegen sind. Und die Vereinsamung geselliger Menschen in Homeoffices tut ihr Übriges. Gastronomen oder Co-Working Spaces, die mit intelligenten Konzepten auf diese Bedürfnisse eingehen können, wird es auch in der nächsten Dekade gelingen, ihre Angebote erfolgreich an diese weiterhin kaufkräftige Zielgruppe zu vermitteln. Der Wettbewerb um Geselligkeit findet statt zwischen den eigenen vier Wänden oder Angeboten in der Stadt (wenn auch nicht notwendigerweise in der Innenstadt).

Technologien können aber auch eine andere Rolle bei der Gestaltung von Innenstädten spielen. Sie können das Aussehen der Gebäude maßgeblich prägen und so selbst zur Attraktion werden! Fassaden, die Sonnenlicht und Wind einfangen, um sie in Strom und Wärme zu verwandeln, können ihren Beitrag zur Bekämpfung des Klimawandels genauso leisten wie geschlossene Wasserkreisläufe, die dem heutigen sinnbefreiten Pumpen von Grundwasser in Gebäude und dem Ableiten von Abwasser in die Nordsee oder das Schwarze Meer ein Ende bereiten. Unsere Häuser bestünden aus recyceltem Beton, Ziegeln aus Pilzkulturen oder Karbonfasern, die aus der Umwandlung von Kohlendioxid in Kohlen- und Wasserstoff gewonnen werden. Stadtviertel wären miteinander verbunden durch autonom fahrende, leise Züge aus klimaneutralen Werkstoffen mit neuen Antriebstechniken. All das und mehr würden der Vision Ausdruck verleihen, unsere Produkte und unser Leben wieder in den Einklang mit natürlichen Kreisläufen zu bringen. Viele dieser Technologien gibt es schon. Viele müssen noch entwickelt werden. Hier kann sich die Ingenieurskunst der deutschen Industrie voll entfalten. Und die Erfindungen, die auf die Verbesserung unseres eigenen Lebens einzahlen, werden sich auch anderswo in der Welt anwenden lassen. Die Frage ist, ob wir den Mut aufbringen, das Risiko solcher Investitionen auf uns zu nehmen oder ob wir uns von Technologieskepsis und einem pessimistischen Zeitgeist anstecken lassen?

**Gesellschaft:**

Der Soziologe Andreas Reckwitz legte mit seinem 2017 erschienenen Buch „Die Gesellschaft der Singularitäten" eine gleichzeitig faszinierende und ernüchternde Gesellschaftsstudie hin. Er beschreibt den gesellschaftlichen Strukturwandel, der in den 1980-er Jahren einsetzte, weg von einer Logik des „Allgemeinen" hin zu einer des „Besonderen", und diskutiert, wie sich dieses Streben nach Besonderheiten oder „Singularitäten" wirtschaftlich in Produkten ausdrückt, in der Arbeitswelt in Qualifikationen, in der Kulturwelt in einem Überangebot von Kulturformaten und im gesellschaftlichen Miteinander in einem Klassenkonflikt zwischen einer neuen Mittelklasse, die mit ihrem kulturellen Kapital die öffentlichen Debatten prägt, dominiert und sich zur Schau stellt, und einer alten Mittelklasse, die sich entwertet fühlt. Das Leitmotiv der sozialen Marktwirtschaft, das extreme Ungleichheiten zwischen den Bevölkerungsschichten ausgleichen sollte (Reckwitz nennt das die „nivellierende Mittelstandsgesellschaft"), wurde ausgehöhlt durch öffentlich zur Schau gestellte individuelle Selbstverwirklichung und eine „Kulturalisierung der Ungleichheit".

Die Grundstruktur unserer Innenstädte (Verkehrsinfrastruktur, Gewerbe- und Wohnimmobilien, Bewegungsmuster …) wurde jedoch zuletzt maßgeblich in den drei Nachkriegsdekaden geschaffen und folgte Visionen, Ideen und gesellschaftlichen Normen, die im Grundgedanken

soziale Mobilität, also ein Aufweichen der Trennlinien zwischen gesellschaftlichen Schichten, befördern sollten. Das scheint heute nicht mehr „in" zu sein und erklärt, warum viele heutige Innenstadtkonzepte nicht aufgehen. Sie sind nicht zeitgemäß, oder anders formuliert: An vielen Orten folgen sie dem Zeitgeist singulärer Rückzugsorte nicht.

Der heutige Zeitgeist produziert Konzepte wie die 15-Minuten-Stadt, in der sich alle Bedürfnisse – von der Bildung über die Gesundheitsversorgung und Kinderbetreuung bis zum Essen – in 15 Minuten zu Fuß, mit dem Fahrrad oder öffentlichen Verkehrsmitteln erreichen lassen. Auf dem Blatt sehen diese Konzepte hervorragend aus. Eine wahre idyllische Dorfgemeinschaft inmitten einer Großstadt, in der sich die Nachbarn kennen, einander grüßen, in der Herzlichkeit und Wärme herrschen und alle sich selbst verwirklichen können. Solche 15-Minuten-Städte gibt es in deutschen Großstädten schon in einiger Anzahl. Man denke an den Berliner Kollwitzkiez oder das Hamburger Schanzenviertel. Es ist auch kein Wunder, dass Leipzig im letzten EU-Rating der lebenswertesten Städte als bestplatzierte deutsche Stadt auf Platz 5 abschloss. Seine fragmentierte Geografie, seine großen Parks und gute Altbausubstanz befördern geradezu den Singularisierungstrend in unserer Gesellschaft. In solchen Inseln florieren auch Handel und Gastronomie, die Straßen sind belebt, auch ohne kreierte Anlässe wie Wochenmärkte und Volksfeste. Und die Wege in die historischen Innenstädte mit ihren Kulturdenkmälern und Landmarks sind kurz. Die 15-Minuten-Städte produzieren wahre Instagram-Kieze für Instagram-Individuen! Doch wehe dem Klempner vom Stadtrand oder der Tram-Fahrerin aus der Plattenbausiedlung, denen die Idylle dieser Kieze mit Bedürfnissen nach gleichwertiger Kinderbetreuung, schnellen Verkehrsverbindungen oder gleichwertigen Bildungschancen in die Quere kommen. Sie werden den analogisierten Shitstorm in Form abfälliger Bemerkungen und schräger Blicke schnell zu spüren bekommen.

Bevor wir also zu der Schlussfolgerung springen, die Städte müssten mit massiven Investitionen dem „neuen Zeitgeist" von Selbstverwirklichung und 15-Minuten-Städten Rechnung tragen, um sich wieder mit Leben zu füllen, sollten wir Risiken und Nebenwirkungen betrachten. Keine 15 Fahrradminuten vom Berliner Kollwitzkiez entfernt befindet sich die Friedrichstraße. Sie war in den letzten Jahren Schauplatz einer mit Inbrunst, ideologischer Kleingeistigkeit und emotionaler Absurdität von rot-grüner und schwarz-gelber Politik ausgetragenen Debatte, ob sie als Fahrrad- oder Autostraße herhalten soll. Doch beide Konzepte funktionieren nicht, sind kleinkariert gedacht und verlocken weder die Berliner noch die vielen Besucher Berlins, in der Friedrichstraße einzukaufen, zu essen oder zu feiern. Kriegsgebiete laden nicht zum Geldausgeben ein.

**Alternativen zur Insta-City müssen noch erarbeitet werden**

Doch war die Friedrichstadt einst selbst das Ergebnis einer großen Vision Ende des 17. Jahrhunderts und folgte dem Leitmotiv „Menschen sind der größte Reichtum". Sie sollte Platz für Einwanderer aus Frankreich und der Schweiz bieten, denen bei der Ansiedlung umfassende Privilegien gewährt wurden wie Gewerbe- und langjährige Steuerfreiheit, kostenloses Baumaterial, Zuschüsse zu den Baukosten und Befreiung von Einquartierungen. Die einzige Bedingung war die schnelle Fertigstellung der Häuser, deren Pläne die königlichen Architekten anfertigten. Dieser Ansatz mag heute aus der Zeit gefallen scheinen oder gar als autokratisch kritisiert werden. Und sicher berücksichtigten sie keine Schuldenbremse. Doch muss man Friedrichs Stadtplanern lassen, dass sie die Bedürfnisse des jungen Preußens, die Wünsche und Hoffnungen seiner Menschen und das Verständnis, dass eine florierende Wirtschaft die Lebensader einer Gesellschaft ist, gut miteinander verbanden.

Die Frage stellt sich also, ob dem heutigen postmodernen Zeitgeist ein neuer Zeitgeist folgen wird. Einer, der das Wir und die gesamtgesellschaftliche Teilhabe an Wohlstand, Bildung, Kultur und Gesundheit wieder mehr in den Vordergrund stellt. Einer, in dem Stadtplanung nicht von – in Reckwitz' Worten – „doing singularity", sondern von „doing universality" geleitet wird.

Einen Ansatz für ein solches Vorgehen könnte Singapur liefern. Der Planungsrahmen dieses Stadtstaats bewegt sich auf drei Ebenen: der Langfristplan, der die Entwicklungsrichtung über fünf Jahrzehnte festlegt und alle zehn Jahre überprüft wird, der mittelfristig angelegte Masterplan, der alle fünf Jahre überprüft wird, und weitere spezifischere Entwicklungspläne, die bestimmte Aspekte der Stadtentwicklung berücksichtigen. In diesem Planungsrahmen werden gleichermaßen wirtschaftliche, gesellschaftliche und ökologische Ziele in einem Dialog miteinander verhandelt und die Interessen unterschiedlicher Akteure eingebunden und harmonisiert.

Dieses Vorgehen schafft Planungs- und Investitionssicherheit und gewährleistet, dass Wünsche, Hoffnungen und Ambitionen aller Bevölkerungsschichten in die Stadtplanung einfließen.

Doch Singapurs Planungsrahmen ist nur ein Werkzeug. Er beantwortet die Frage nicht, wie die Innenstadt der Zukunft aussehen wird. Er gibt nur ihrer Planung hilfreiche Rahmenbedingungen. Die große Vision für Europa und Deutschland, die die große Mehrheit der Menschen beflügelt und eint, gilt es noch zu entwickeln. Im Rahmen einer solchen Vision entstehen dann auch neue Stadtkonzepte, die mit Menschen belebt werden, die sich dann für ihren Tatendrang feiern und dabei den Handel in der Stadt wieder aufblühen lassen.

## ZUR PERSON

Jan Berger ist Gründer und Geschäftsführer der Berliner Denkfabrik Themis Foresight, die Unternehmen bei der Entwicklung ihrer Langfriststrategien begleitet. Der Historiker und Slawist startete seine Karriere in den 90er-Jahren in der Verlagswirtschaft und verantwortete jahrelang das Russlandgeschäft eines dänischen Immobilienentwicklers. Anfang der 10er-Jahre leitete er die Produktentwicklung eines Startups, das sich auf robotische Prozessautomatisierung von Immobiliardarlehen spezialisierte. Seit 2014 widmete er sich ausschließlich der Zukunftsforschung für Unternehmen und arbeitete für Kunden in der Finanz-, Mobilitäts-, Transport-, Energie- und Lebensmittelwirtschaft. Er lebte und arbeitete auf vier Kontinenten, ist Autor und Co-Autor zahlreicher Zukunftsstudien und Co-Autor zweier Bücher zur Zukunft von Arbeit.

AENGEVELT IMMOBILIEN

AENGEVELT KERNKOPETENZ.
# STADTENTWICKLUNG AT ITS BEST.
Von der Hauptpost zum Kultur- und Verwaltungszentrum „KAP1".

PERSÖNLICH • PROFESSIONELL • PARTNERSCHAFTLICH

aengevelt.com

Michael Reink

# Die zukünftige Entwicklung der (Innen-)Städte

*Die zukünftige Entwicklung der Innenstädte als Handelsstandorte Nummer eins kann unter mehreren Gesichtspunkten betrachtet werden. Hierbei können die Städtegrößenklasse, die Lage im Raum, die soziodemografischen Kennziffern sowie auch die Wertigkeit des Handels (z.B. Branchenmix) oder auch die Möglichkeiten der Aktivitätenkopplung eine große Rolle bei der Beurteilung der Zukunftsfähigkeit einzelner Innenstädte spielen.*

Grundsätzlich ist festzuhalten, dass die Bedeutung des Handels für die Innenstädte im Zuge der Umsatzverschiebungen in den Online-Handel nachgelassen hat. Deutliche Implikatoren für diese These sind die veränderten Konsumgewohnheiten in Verbindung mit den nachlassenden Frequenzen sowie den daraus folgenden sinkenden Umsätzen des stationären Einzelhandels.

Die Ursache liegt unter anderem in der Stärke des Online-Handels (starke Kundenfokussierung, Bequemlichkeit, Warenverfügbarkeit, Preis) sowie in der Tatsache begründet, dass der stationäre Handel seine Jahrhunderte währende „Alleinstellung der Warenverfügbarkeit" verloren hat. Klingt trivial, ist jedoch der eigentliche „Gamechanger", da dies auch eine neue Rolle für die Innenstädte bedeutet.

Der Handel war bisher die dominierende Funktion der Innenstädte. Viele Städte wurden nur aufgrund der strategisch günstigen Lage an einem Handelsweg gegründet – das Baurecht wurde in entscheidenden Passagen nur für die Steuerung der Handelsansiedlung geschaffen. Diese Bedeutung des Handels ist auch stark mit der hierarchischen Zuordnung der Städte verbunden, da die Raumplanung versucht, die Einzugsgebiete der unterschiedlichen städtischen Funktionen zu harmonisieren. Daher dürfen in Oberzentren beispielsweise Händler mit einem großen Einzugsgebiet genauso ansiedln wie bedeutende Gerichte mit einem flächenmäßig weiten Zuständigkeitsraum.

Bei aller Funktionsvielfalt in den Innenstädten ist festzuhalten, dass der Handel immer die größte Sogwirkung für die Innenstädte auslöst – und dies tagtäglich. Diese „täglichen" Effekte unterscheiden den Handel signifikant von allen weiteren Innenstadtfunktionen. Selbstverständlich führen die unterschiedlichen Bedarfsgruppen des Handels ebenfalls zu unterschiedlichen (täglichen, periodischen, aperiodischen) Nachfragen. In der Summe schafft diese hohe Nachfrage aber nur der Handel. In diesem Zusammenhang sei erwähnt, dass die Versorgung der Bevölkerung mit Waren aller Art nur durch den Einzelhandel sichergestellt wird. Es gibt keine staatliche kognitive Struktur, sodass eigentlich ein einseitiges Abhängigkeitsverhältnis besteht. Für viele der weiteren Funktionen in den Innenstädten (z.B. Gastronomie, Dienstleistungen) bedeutet dies, dass diese zur Erlangung der eigenen Stärke auf den Handel angewiesen sind. Daher: Stirbt der Handel – stirbt die Stadt. Somit ist die nachlassende Sogwirkung des Handels kein handelsendogenes Problem, sondern strahlt deutlich auf das Gesamtgefüge „Innenstadt" aus.

**Leerstände als zunehmendes funktionales und städtebauliches Problem**

Im Konkreten hat dies in kurzer Zeit zu einem deutlichen Anstieg von Leerständen führen. Diese Entwicklung hat der Handelsverband Deutschland in Zusammenarbeit mit dem Bundesbauministerium infolge der Studie „Online-Handel – Mögliche räumliche Auswirkungen auf Innenstädte, Stadtteil- und Ortszentren" (DIFU/BBE) bereits 2016 herausgearbeitet. Leider ist durch den katalytischen Effekt der Corona-Krise diese negative Entwicklung rascher vorangeschritten, sodass es zu einem sprunghaften Anstieg in einzelnen Kommunen gekommen ist. Zudem ist zu befürchten, dass die Häufung von Leerständen zu sogenannten „leerstandsinduzierten Leerständen" führt, was meint, dass der Handelsstandort schon derart degradiert und aus Handelssicht funktionsschwach ist, dass die Kraft des einzelnen (guten) Händlers nicht mehr die existenzerhaltende Sogwirkung auslösen kann, sodass eine Negativspirale in Gang gesetzt wird, die auch z.B. durch Städtebaufördermittel nicht weiter aufzuhalten ist. Diese Situation ist leider nicht fiktiv – in Frankreich ist sie bereits real (Exkurs: Frankreich hat ein anderes Städtesystem, welches weniger resilient ist als das „System der Zentralen Orte", auf das das deutsche Planungs- und Raumordnungsrecht aufgebaut ist).

Diese Sachzusammenhänge sind insbesondere bei den kommunalen Spitzenverbänden sowie den jeweils führenden Personen der Kommunalverwaltung bekannt. Letztere erkennen die Wechselwirkungen auch in den Gewerbesteuereinnahmen. Daher ist die Sensibilität für die Probleme und Notwendigkeiten in den letzten Jahren gestiegen. Dies ist jedoch leider keine generell verbindliche Aussage, da in den Stadtverwaltungen zum Teil immer noch Planer arbeiten, für die die Steuerung des Einzelhandels eine unangenehme Aufgabe mit erheblichem Arbeitsaufwand und Stresspotenzial bedeutet. Dass der bisher hohen Flächenduck auslösende Handel nun städtebauliche Unterstützung benötigt, ist ein Paradigmenwechsel. Der Handelsverband Deutschland führt u.a. deshalb Vor-Ort-Gespräche im Rahmen der „Allianz für Innenstädte" mit dem Deutschen Städte- und Gemeindebund durch.

**Exkurs:** In diesem Zusammenhang sei darauf verwiesen, welche Bedeutung jede einzelne Kommune für die weitere Handelsentwicklung hat. Während der Bund und die Länder planungs- und raumordnungsrechtlich nur einen Rahmen vorgeben können, gilt in Deutschland die „kommunale Planungshoheit":
Artikel 28 Grundgesetz besagt, dass den Gemeinden das Recht gewährleistet sein muss, alle Angelegenheiten der örtlichen Gemeinschaft im Rahmen der Gesetze in eigener Verantwortung zu regeln. Daher werden nach § 1 Abs. 3 Baugesetzbuch (BauGB) die Bauleitpläne von der Gemeinde in eigener Verantwortung aufgestellt, „sobald und soweit es für die städtebauliche Entwicklung und Ordnung erforderlich ist".

Die besondere Rolle der Innenstadtentwicklung wird durch § 1 Abs. 5 Satz 3 BauGB unterstrichen: „Hierzu soll die städtebauliche Entwicklung vorrangig durch Maßnahmen der Innenentwicklung erfolgen."
Sprich: Geplant und entschieden wird immer vor Ort, auch wenn die Planungen der unterschiedlichen Ebenen (Bund, Länder, (Regionen,) Kommunen) durch das sogenannte „Gegenstromprinzip" aufeinander abgestimmt sein müssen: „die Entwicklung, Ordnung und Sicherung des Gesamtraums soll die Gegebenheiten und Erfordernisse seiner Teilräume berücksichtigen" (§ 1. Abs. 3 Raumordnungsgesetz (ROG)).

**Digitalisierung der „Nachbarn des Handels"**

Gleichzeitig wächst die Abhängigkeit des Handels von seinen „Nachbarn". Die Konsumenten müssen im Zuge der Digitalisierung im Handel nicht mehr zwingend zur reinen Befriedigung der Warenbedürfnisse den stationären Handel respektive die Innenstädte besuchen. Daher muss der Handel und müssen die Innenstädte ihre Rolle neu definieren. Die Erweiterung der Vertriebswege der stationären Händler auf den Online-Handel ist dabei einer der erfolgversprechenden Wege, Investitionen in das „Look and Feel" (Ladenbau) ebenso. Voraussichtlich lassen sich jedoch die größten Potenziale bei der Digitalisierung am Point of Sale heben. In diesem Bereich ist mit den interessantesten Innovationen zu rechnen.

Letztere zahlen auch auf ein zukünftiges Schlüsselelement der Innenstadtentwicklung ein: Innenstädte als Orte der Kommunikation. Die Vernetzung aller laufenden täglichen Prozesse wird weiter zunehmen. Hierzu hat sich der Begriff Phygital durchgesetzt, welcher auch gern bei Smart-City-Projekten verwendet wird. Leider existiert bisher keine Realdefinition des Begriffs Smart-City, sodass sich ein loses Sammelsurium unterschiedlicher Ideen und Projekte darin verbirgt. Allen ist jedoch ein Zukunftsglaube an die Problemlösung durch Digitalisierung zu eigen. Dies können Projekte des E-Gouvernements, öffentliches W-LAN, Online-Reservierungen von öffentlichen Parkplätzen etc. sein. Maßnahmen und Projekte der „Smart City" werden aber definitiv ein Teil der Lösung sein. Als Schlüsselbegriff einer Strategie ist er jedoch zu diffus.

Auch wenn der Handel an Sogwirkung verliert, darf nicht vergessen werden, dass der Handel in Städten mit stark nachlassender Handelsfunktion in der Regel auch in Zukunft die dominante Funktion sein wird. Dies stellt heraus, dass diese Städte tiefergehende Funktionsstörungen aufweisen. Das mindert auch die Zukunftsaussichten für den Handel in diesen Städten.
Bisher sind diese Funktionsstörungen in kleinen Landgemeinden bzw. Grundzentren (je nach Bevölkerungsdichte im jeweiligen Bundesland bis zu 20.000 Einwohner) zu beobachten. Jedoch sind diese Prozesse nahezu abgeschlossen, sodass die Handelsausstattung sich stark auf die Nahversorgung konzentriert. Ausnahmen bestätigen auch hier die Regel - die Grundzentren werden jedoch voraussichtlich stabil bleiben (auf sehr niedrigem Niveau). Dies hängt auch mit der Unattraktivität für den Online-Handel durch geringe Bevölkerungsdichten und langen Versorgungswegen zusammen.

Anders ist die Situation in den Mittelzentren (je nach Bevölkerungsdichte im jeweiligen Bundesland 20.000 bis 100.000 Einwohner), insbesondere in der Nähe von Großstädten bzw. Oberzentren (> 100.000 Einwohner).

Diese fungierten bisher als zentraler Ort für mehrere Grundzentren, um dort die Bedürfnisse neben der reinen Nahversorgung zu befriedigen. Aufgrund der mittelgroßen Einzugsgebiete haben die Mittelzentren jedoch spezielle Angebote nie vorhalten können. So macht es z.B. betriebswirtschaftlich keinen Sinn, mehrere Sportanbieter vorzuhalten bzw. in einer Branche ein sehr tiefes Angebot anzubieten. Das schließt jedoch automatisch einzelne Produktgruppen oder Marken in einer Branche aus. Dieses mittelmäßig diversifizierte Angebot wurde aber aufgrund der (zu) langen Distanzen in die Oberzentren (mit einem vollständigen Warenangebot – tief und breit) akzeptiert.

## Der Online-Handel bewirkt, dass sich der Kunde beim Beziehen seines Wunschproduktes nicht mehr auf Kompromisse einlassen muss

Das Verbraucherverhalten hat sich jedoch diesbezüglich sehr verändert. Der Online-Handel bewirkt, dass sich der einzelne Kunde beim Beziehen seines Wunschproduktes nicht mehr auf Kompromisse einlassen muss. „Jede Berghütte bietet das Angebot von New York – wir tragen es in Form von Smartphones immer bei uns". Daher schwindet die Akzeptanz eines mittelmäßigen Branchenmixes sowie mittelmäßiger Angebotsbreite und -tiefe. Die stattdessen stärker zu beobachtende Orientierung in die Oberzentren steigt mit der räumlichen Nähe eines Mittelzentrums zu einem der Oberzentren. Daher ist mit den stärksten Verwerfungen in Mittelzentren mit bereits schwacher Handelsausstattung, städtebaulichen Mängeln sowie räumlichen Nähe zu einem Oberzentrum zu rechnen.

Thema „städtebauliche Mängel": Die Innenstädte werden sich immer stärker zu Orten der Freizeitbeschäftigung entwickeln müssen (ausgenommen Kleinstädte – reine Versorgungspunkte). Man spricht auch gern vom „Third Place" (1. Arbeit, 2. Wohnen, 3. Freizeit). Daher steigt

*Das Thema „Baukultur" tritt immer weiter in den Mittelpunkt der Stadtplanung.*

der Wert der Attraktivität einer Innenstadt. Über Studien wie „Vitale Innenstädte" oder „Deutschlandstudie Innenstadt 2022" wissen wir, dass sich diese Attraktivität für die Bürger/Kunden vornehmlich durch „bauliche Gestaltung" sowie „öffentliche Räume" ausdrückt. Beides Bereiche, bei denen der Handel oft nur eine mittelbare Rolle spielt. Daher ist der Handel stark auf gute Partnerschaften u.a. mit den Kommunen angewiesen. Das Thema „Baukultur" tritt dabei immer weiter in den Mittelpunkt der Stadtplanung. Die Bundesstiftung Baukultur, der Deutsche Verband für Wohnungswesen, Städtebau und Raumordnung sowie urbanicom führen daher seit einigen Jahren den „Handelsdialog Baukultur" durch, um beste baukulturelle Beispiele aus dem europäischen Ausland zu studieren. In diesem Zusammenhang wurden 2018, 2016 und 2022 Delegationsreisen durchgeführt. Zudem ist die „Baukultur" auch ständiges Thema auf dem Handelsimmobilienkongress des Handelsverbands Deutschland, da die Eigentümer bzw. Investoren wichtige Partner bei der baulichen Gestaltung der Innenstädte sind.

Die Abhängigkeit von und die Zusammenarbeit mit Partnern wird für den Handel immer wichtiger. Durch die Planungshoheit der Gemeinden sind die Kommunen nach wie vor Partner Nummer eins. Daher haben der Handelsverband Deutschland (HDE), der Deutscher Städtetag (DST) und der Deutsche Städte- und Gemeindebund (DStGB) unterschiedliche Austauschformate entwickelt (Allianz für Innenstädte, urbanicom, generelle Einbindung der kommunalen Spitzenverbände in den HDE-Handelsimmobilienkongress, Absprachen bei städtebaulichen Stellungnahmen, gemeinsame Studien, turnusmäßige gegenseitige Einladungen in die Fachausschüsse etc.). Die nachlassende Sogwirkung des Handels für lebendige Innenstädte muss jedoch immer stärker von anderen Innenstadtfunktionen aufgefangen werden, da die eigentliche Stäke der Innenstädte die Aktivitätenkopplung der Besucher ist (z.B. Arztbesuch + Cafébesuch + Einkauf). Schwierig erweist sich dabei, dass viele der weiteren Funktionen ebenfalls die Versorgungsnetze durch die zunehmende Digitalisierung konsolidieren. Banken, Versicherungen oder die Post werden kaum positive Impulse für weitere Entwicklung der Innenstädte auslösen können.

Eine bisher bewusst aus den Innenstädten gedrängte Funktion ist die Produktion. Diese kehrt bereits heute sukzessive in die Innenstädte zurück. Dies hängt zum einen mit smarten Produktionsweisen und verbessertem aktiven und passiven Schallschutz zusammen. Auf der anderen Seite mit den in vielen Innenstädten und Stadtteilzentren sinkenden Mietpreisen. Das Handwerk hat schlicht wieder die Möglichkeit, in die Innenstädte zurückzukehren. Aufgrund der geringen Flächengrößen sowie hohen Margen konnten sich einige der vormals typischen Handwerksberufe immer in den Innenstadtlagen halten (z.B. Optiker, Juweliere). Diese werden sogar als Handelsunternehmen bewertet. Nun kehren weitere handelsnahe Manufakturbetriebe in die Innenstädte zurück, die über eine sinnstiftende Schaufenstergestaltung sogar in ehemalige Handelsgeschäfte einziehen könnten, um somit einen Teil der Leerstände zu kompensieren. Über die Größenordnungen sowie die Wirkungen liegen bisher kaum Studien vor. Jedoch hat sich urbanicom im Rahmen der 42. Studientagung 2019 diesem Thema intensiv gewidmet und das große Interesse an Innenstadtstandorten bei den Handwerkern herausgearbeitet (Zusammenarbeit mit dem Zentralverband des deutschen Handwerks (ZDH)). Trotzdem muss festgehalten werden, dass dadurch zwar die Funktionsvielfalt der Innenstädte steigen wird, jedoch die Effekte auf die Innenstadt als „Zentrum der Kommunikation" sowie „Third Place" nur partiell positiv beeinflusst werden (denkbar z.B. Nutzungsmischung: Fahrradmanufaktur + Café).

Daher müssen andere Funktionen stärker in den Vordergrund treten: Gastronomie, Kultur, Kreativwirtschaft. Diese zahlen wiederum auf die Innenstadt als „Zentrum der Kommunikation" sowie den Gedanken des „Third Place" ein. Doch auch die Gastronomie befindet sich in einer Metamorphose, und die Kreativwirtschaft sowie insbesondere Kultur erwirtschaften wesentlich weniger Gewerbesteuereinnahmen für die Kommunen als der Handel bzw. belasten sogar die kommunalen Haushalte.

**Erreichbarkeit und Stadtumbau**

Daher wird die Kompensation von Verlusten in Stadtwerken immer kritischer gesehen. Zudem werden freiwillige Aufgaben in den kommunalen Haushalten gestrichen bzw. notwendige Infrastrukturmaßnahmen z.B. zur Verbesserung der Erreichbarkeit der Innenstädte verschoben. Die geringeren Gewerbesteuereinnahmen infolge der Corona-Krise verschärften diese Situation. Der Unterschied zwischen reichen Kommunen und solchen, die ihren „Nothaushalt" erst durch das jeweilige Bundesland bestätigen müssen (die oberste Kommunalaufsicht liegt bei den Innenministerien der Länder), wird steigen. Da der Nahverkehr immer und seit Jahren (übrigens unter strengem Blick der EU) von den anderen Stadtwerken quersubventioniert wird, werden schon heute die Nahverkehrsnetze ausgedünnt. Diese Subventionierung des Nahverkehrs sorgt dafür, dass bezüglich der Gewinne der Stadtwerke, die den kommunalen Haushalten zufließen, vermehrt Diskussionen über die Tragfähigkeit des kommunalen Nahverkehrs geführt werden. Motto: Weniger öffentlicher Nahverkehr, mehr finanzieller Spielraum im kommunalen Haushalt. Es ist daher zu befürchten, dass die gute Erreichbarkeit der Innenstädte nach wie vor ein strittiger Punkt sein wird. In diesem Zusammenhang müssen auch altbewährte Muster hinterfragt werden. Durch die derzeitigen gesellschaftlichen Prozesse sowie das Mobilitätsverhalten der jüngeren Bevölkerungsgruppen erscheint das Festhalten wenig zukunftsfähig. Daher sind Maßnahmen im Bereich des Radverkehrs sowie im damit verbundenen städtebaulichen Umbau positiv zu begleiten. Der Handelsverband Deutschland hat daher die Erarbeitung des Bundesradverkehrsplans des BMVI (BMDV) aktiv begleitet und z.B. Maßnahmen in Bezug auf den Fahrradlastenverkehr eingebracht und umgesetzt (neues Verkehrsschild „Lastenrad" in der StVO). Gleichzeitig zahlt der damit einhergehende städtebauliche Umbau wieder auf die Strategie des „Third Place" ein. Fakt ist: Wir werden eine in der Dynamik steigende Veränderung des Modal Split erleben.

Diese betrifft auch den Lieferverkehr, der bestenfalls emissions- und geräuschlos – am besten unsichtbar – die Handelsgeschäfte beliefern und

*Gastronomie, Kultur, Kreativwirtschaft sollen in den Vordergrund treten und die Innenstadt zum Zentrum der Kommunikation werden lassen.*

Ware über die Multichannelstrategie wieder heraus zum Kunden bringen muss. Daher arbeitet der Handelsverband Deutschland im BMDV in der Arbeitsgruppe „urbane schienengebundene Logistik" mit und forciert das Thema Nachlogistik, welches zudem positive Auswirkung auf die zunehmende Verkehrsdichte haben wird.

Nicht die Dekarbonisierung ist das Ziel der Verkehrspolitik für den Handel, sondern die Vermeidung des Verkehrsinfarkts. Auch ein sauberes Auto verstopft die Straßen und mindert die Erreichbarkeit der Innenstädte. Zudem nimmt es innerstädtische Flächen in Anspruch, die nicht auf die gestalterische Attraktivität der Innenstädte einzahlt (Third Place).

Ein weiterer Punkt muss deutlich herausgestellt werden: Der Verlust an alteingesessenen Geschäften ist der deutlichste Indikator für die Bevölkerung in Hinblick auf den Verlust an Heimat. Daher sind die durch die Corona-Krise noch einmal deutlich verschärften Geschäftsaufgaben mit den daraus folgenden Leerständen sowie der implizierten negativen Versorgungsqualität ein gesamtgesellschaftliches Problem. Leider können aufgrund der bereits bestehenden Wahlergebnisse Landkarten mit sowohl schlechter Versorgungsqualität und gleichzeitig Ergebnissen an den politischen Rändern gezeichnet werden. Die Kommission gleichwertige Lebensverhältnisse des Bundes hat leider keine Ergebnisse gebracht. Alle anders lautenden Äußerungen sind aufgrund der Dringlichkeit und der schwere des gesellschaftlichen Problems Schönfärberei.

## ZUR PERSON

**Michael Reink** ist seit 2011 Bereichsleiter für Standort- und Verkehrspolitik des Handelsverbandes Deutschland (HDE). Nach seiner Ausbildung zum Diplom-Geographen an der Westfälischen Wilhelms Universität in Münster war er von 1997 bis 2007 geschäftsführendes Vorstandsmitglied des Altstadtmanagements Stralsund e.V., bevor er als Prokurist und Ressortleiter Stadtmarketing der Wolfsburg Marketing GmbH arbeitete. Seit 2002 ist er Präsident des City-Management-Verbands Ost e.V., seit 2009 geschäftsführendes Vorstandsmitglied im urbanicom e.V. und seit 2015 Präsidiumsmitglied des Wissensnetzwerks Stadt und Handel e.V.

## Prof. Dr. Gerrit Heinemann

# Die Innenstadt ist tot – es lebe die Innenstadt!

*Die Headlines „Tote Hose in den Cities" oder gar „Pleiteland Deutschland – der innerstädtische Einzelhandel krepiert" titulieren eine unaufhaltsame Entwicklung, die nahezu alle Städte und Gemeinden erfasst.*

**These 1: Deutsche Innenstädte befinden sich fast ausnahmslos im „Widerspruchs-Dilemma"**

Kaum eine Stadt leidet nicht an einem Mangel an bezahlbarem Wohnraum. Die Flüchtlingskrise verstärkt das akute Problem, ohne dass es auf absehbare Zeit Abhilfe gibt. Zugleich nimmt die Anzahl an Sozialwohnungen rapide ab, gleichzeitig steigen die Mieten ins Unermessliche. Während die Wohnungsnot zunimmt, steigt fast zeitgleich der Leerstand an Einzelhandelsflächen. Bei insgesamt real schrumpfenden Einzelhandelsumsätzen könnten mittel- bis langfristig noch einmal erhebliche Teile des stationären Non-Food-Umsatzes in das Internet abwandern, bis die voraussichtlichen Sättigungsgrenzen in allen Non-Food-Warengruppen von wahrscheinlich rund 50 % Online-Anteil erreicht sind.

An diese magische Grenze haben sich bereits Bücher, Elektronikprodukte, Spielwaren und annähernd Fashion-Produkte angenähert. Alle anderen Nicht-Lebensmittel-Warengruppen sind auf dem Weg dorthin, allerdings z.T. noch weit davon entfernt. Deswegen ist davon auszugehen, dass noch einmal rund ein Drittel aller Non-Food-Umsätze auf den Flächen verloren geht und damit der Leerstand dementsprechend weiter zunimmt. Nutzungsverordnungen und Baubürokratie begünstigen diese Entwicklung, da sowohl Flächenumbauten als auch Nutzungsänderungen nahezu unmöglich erscheinen.

Darüber hinaus sieht kaum eine Kommune nicht ihr Heil in autofreien Innenstädten. Als Vorbilder werden Städte wie Paris, Barcelona oder Ljubljana genannt. Autofreie Städte erfordern allerdings einen exzellenten ÖPNV (Öffentlichen Personen- und Nahverkehr), so wie es diesen in Deutschland wohl nur in Berlin gibt. Sämtliche Mobilitätskonzepte der Städte und Gemeinden sind in Deutschland bisher überwiegend mangelhaft oder scheitern an Geldmangel – so wie auch die dringen benötigten Radwegenetze.

Logische Folge ist eine stetige Abnahme der Innenstadtbesucher. In keiner Stadt werden nach der Pandemie die Frequenzen von 2019 erreicht. Reiselust, Cocooning und Homeoffice halten die Bürger aus den Innenstädten fern. Ihre Freizeitaktivitäten entfernen sich immer weiter weg vom Shopping in der City. Insgesamt werden zweifelsohne die Anforderungen an Städte immer größer, allerdings auch ihr Geldmangel.

Unterstützung durch Bundesländer und Bundesregierung ist nicht zu erwarten, wie die aktuelle Flüchtlingskrise zeigt. Durch die ausufernde Bürokratie, die von immer neuen Vorschriften und Gesetzen getrieben wird, werden die Aufgaben für Kommunen permanent komplexer, während der Personalmangel stetig größer wird. Immer mehr Stellen in der öffentlichen Hand sind nicht besetzt. Überdurchschnittliche Krankenstände in einigen Stadtverwaltungen vergrößern das Dilemma. Der Renteneintritt und die erleichterte

Frühpensionierung der Boomer-Jahre-Generation dürfte das Problem in Zukunft noch erheblich verschärfen und zu nie dagewesenen Wartezeiten für Bürgerdienste führen. Fazit: Die Beibehaltung Status quo führt mittel- bis langfristig wahrscheinlich zu unlösbaren Problemen in den deutschen Städten und Gemeinden.

**These 2: Der stationäre Einzelhandel hat seine Magnetfunktion für Innenstädte unwiederbringlich verloren**

Die meisten Städte gelten als hässlich und maximal versiegelt. Betonbauten aus den 70er und 80er Jahren prägen überwiegend das Bild, das aus der „Deichmannisierung" oder „Starbuckisierung" der Innenstädte mit immer wieder denselben Filialisten entstanden ist. Das Mietniveau der besten Einzelhandelslagen erreichte in Spitzenzeiten und Spitzenlagen deutlich über 300 EUR pro Quadratmeter pro Monat.

Der Wert von innerstädtischen Einzelhandelsimmobilien erreichte dabei das bis zu Vierzigfache der Mieteinnahmen, sodass selbst unspektakuläre und relativ kleine Häuser zweistellige Millionenbeträge wert waren. Dementsprechend diente eine Maximierung der Mieteinnahmen dem Vermögenszuwachs, sodass Innenstädte über Generationen hinweg regelrecht mietpreisgetriebene Anlageobjektversammlungen waren. Die eigene Immobilie galt für lokale Händler zudem als exzellente Altersversorgung. Reine Renditeobjekte prägen die Innenstädte, die selten grün und atmosphärisch waren. Aufenthaltsqualität zählte nicht, sondern die maximale Flächennutzung eines jeden Quadratmeters.

Aufgrund des zu hohen Mietpreisniveaus fehlten in den Innenstädten bisher vielfach Lebensmittel- sowie Nahversorgergeschäfte, die überwiegend in der Peripherie und/oder auf der grünen Wiese zu finden sind. Großflächige Formate wie u.a. Möbelhändler und Baumärkte waren ebenfalls bisher nicht in den Haupteinkaufsstraßen anzutreffen. Große Einkaufszentren, die häufig mit derartigen Fachmärkten kombiniert werden, kommen mittlerweile auf annähernd denselben Einzelhandels-Marktanteil wie die Cities, genauso wie die Online-Händler.

Nicht einmal mehr ein Fünftel aller Einzelhandelsumsätze entfällt noch auf die Innenstädte. Dementsprechend darf nicht verwundern, dass Shopping und Einkauf als Besuchsgrund einer City weit hinter Gastronomie, Veranstaltungen/Events, Kultur oder sonstigen Gründen (u.a. Verweilanlässe oder Bankbesuche) liegen, wie aktuelle IfH-Studien zeigen. Die bisherigen Ankermieter und Frequenzzieher wie z.B. die Warenhäuser von Galeria Karstadt Kaufhof kamen in 2022 nur noch auf einen Warenumsatz von 1,85 Mrd. EUR, was bei 131 Häusern einem Durchschnittsumsatz von gerade einmal 14 Mio. EUR entspricht.

Nach der letzten Insolvenz dürften die verbleibenden Umsätze noch niedriger ausfallen. Mit 32,1 Mrd. EUR Gesamtumsatz und rund 4.000 Filialen zieht eine durchschnittliche ALDI-Filiale demnach mit rund 8 Mio. EUR Durchschnittsumsatz mittlerweile mehr Frequenz als ein durchschnittliches großes Warenhaus, da deren Kassenbons mehr als doppelt so hoch wie im LEH sind. Fazit: Shopping stirbt in der Innenstadt – Bedarfsversorgung findet außerhalb von Städten statt.

**These 3: Innenstädte können nur unabhängig vom Einzelhandel der Abwärtsspirale entgehen**

Etliche Haupteinkaufsstraßen sind nicht mehr von einer deutschen Kultur geprägt, sondern weisen mehrheitlich eine Bevölkerung mit Migrationshintergrund auf, so wie u.a. in Mönchengladbach-Rheydt oder Oberhausen mit bis zu 70 Prozent Bevölkerungsanteil. Die Anzahl an Dönerläden ist folgerichtig und sollte nicht infrage gestellt werden. Allerdings prägen immer mehr Schundläden, Spielbuden oder „fremdartige Studios" viele ehemalige Haupteinkaufsstraßen.

Die Johannesstraße in Osnabrück ist bestes Beispiel für den aktuellen Zustand einer ehemaligen Top-Einkaufsmeile, die mittlerweile von Tattoo-, Nagel- und Haarverlängerungsstudios sowie Schmuckankauf-, Bares-für-Wahres- und Gemischtwaren-Shops geprägt werden. Auch Tedi & Co., Pepco, KiK, Takko, NKD sowie Wettbüros und immer mehr Secondhand-Läden zeigen den Abwärtstrend einer typischen Fußgängerzone – nicht selten abgerundet durch Beerdigungsinstitute und Waffengeschäfte. Für eine Shopping-Stadt haben wahrscheinlich nur noch die 82 größten der insgesamt rund 12.000 Städte und Gemeinden das Potenzial, also die mit mehr als hunderttausend Einwohnern.

Zugeständnisse der Vermieter und Änderungen der Baunutzung sind zur Lösung der innerstädtischen Probleme zwingend notwendig. Damit könnte eine Versorgungsfunktion geschaffen sowie Service- und Bürgerangebote in zentraler Lage angeboten werden. Bürgerbüros, Kitas, Supermärkte usw. scheitern bisher allerdings am immer noch zu hohen Mietpreisniveau. Dabei gehören zentrale Services in die Innenstädte und nicht auf die grüne Wiese so wie vielfach auch Kranken-/Ärztehäuser, Pflege- und Seniorenheime. Darüber hinaus macht die grundsätzliche Trennung zwischen Gewerbegebieten und Innenstädten keinen Sinn mehr, da das Gewerbe heute sauber ist. Zudem kann das Handwerk die Innenstädte beleben und mit eigenen Showrooms und Geschäften Leerstand füllen. Dass viele Mieter allerdings anonym oder nicht identifizierbar seien, ist Ausrede von Stadtverwaltungen oder zumindest ein Versäumnis, dass es zu beseitigen gilt. Fazit: Leerstehende Einzelhandelsflächen lassen sich nicht wieder mit Händlern füllen. Neue Lösungsansätze erfordern ein Absenken des Mietpreisniveaus.

**These 4: Obwohl es nur einer Grundsatzentscheidung bedarf, sind Best Practices bisher die Ausnahme**

Historische und touristische Städte sind in den IfH-Studien „Vitale Innenstädte" immer wieder Sieger: Leipzig, Münster, Quedlinburg oder Goslar. Städte mit Universitäten und Hochschulen in der Innenstadt haben in der Regel weniger Probleme und bleiben lebhaft so wie u.a. Regensburg, Münster oder Tübingen. Städte im europäischen Ausland, so wie zum Beispiel Maastricht oder Roermond in den Niederlanden, tun sich mitunter leichter mit pragmatischen Lösungen.

Sie nutzen auch mehr die Ihnen gegebenen Durchgriffsrechte wie u.a. Mietpreisvorgaben oder sogar Enteignungen, was deutsche Städte auch könnten, aber vielfach unterlassen. Kooperative Lösungen in Gemeinschaftsinitiative sind erfolgreicher als bloße Verordnungen. Die ISI (Initiative starke Innenstadt) in Münster zeigt, wie es geht. Zweifelsohne begünstigen große Einzugsgebiete Städte und Gemeinden mit hohen Zentralitäten wie u.a. Fehmarn, Zweibrücken, Passau, Straubing oder Kaiserslautern, Würzburg oder Trier. Dabei macht es wenig Sinn, dass Städte gegeneinander arbeiten.

Sachdienlich ist eine Arbeits- und Rollenverteilung zwischen nahen Groß-, Klein-, Mittelstädten – so wie in München mit den vielen kleinen Wohnstädten à la Aying, Erding oder Eching ringsum. Lieber eine schöne Wohnstadt als eine hässliche Einkaufsstadt. Aufenthaltsqualität ist das neue Zauberwort, das nur mit Grünflächen und Kultur umsetzbar ist.

## Die Rolle der Kunst im öffentlichen Raum wird vielfach unterschätzt oder aufgrund mangelnder Visionskraft nicht genutzt

Dabei kann Kunst eine Schlüsselrolle spielen. Die Rolle der Kunst im öffentlichen Raum wird vielfach unterschätzt oder aufgrund mangelnder Visionskraft nicht genutzt. Bilbao ist Best Practice und nutzte die Chance, sich mit der Kunst neu zu erfinden. Auch wenn die Lizenzgebühren zur Nutzung der Guggenheim-Namensrechte geschätzt über 300 Mio. EUR sowie das neue Museum noch einmal rund 150 Mio. EUR gekostet haben dürften, haben sich diese Investitionen zweifelsohne gelohnt. Der „Bilbao-Effekt" ist in Fachkreisen eine gerne zitierte Formel. Fazit: Jede Stadt sollte seine Nische finden, statt der sinnlosen Vision als Einkaufsstadt nachzulaufen.

**These 5: Für die Neuerfindung der Innenstadt reichen bereits gemachte Erfindungen und Erfahrungen**

Es könnte sich lohnen, einmal in die Geschichtsbücher zu schauen. Städte im Mittelalter hatten keine Geschäfte, sondern funktionierende Marktplätze und Wohnraum. Städte der Vorzeit

*Betonbauten prägen überwiegend das Bild der Innenstadt.*

hatten innerstädtisches Gewerbe. In Zünften oder Gilden organisierte Handwerksmeister, nicht nur Fleischer, Bäcker oder Schuster, sondern auch Schmiede- oder Baumeister waren in der Innenstadt angesiedelt. Sogar Großstädte hatten Grünflächen. Erhaltene Parks in New York, Dublin, London, Paris und Berlin stammen nicht aus der Neuzeit. Daran können Städte sich orientieren. Zudem gibt es viele Beispiele für zukunftsfähige Einzellösungen. Immer mehr Städte erkennen, dass komplette Handelsnachnutzungen für leerstehende Warenhäuser mit bis zu 20.000 Quadratmetern auf bis zu fünf Etagen völlig unrealistisch geworden sind und auch innerstädtische Shopping-Center-Lösungen das Problem eher vergrößern, da sie die noch bestehenden Einzelhandelsflächen zusätzlich erodieren. Recklinghausen zeigt, wie ein ehemaliges Warenhaus als Hotel, KITA und Pflegestation in einem „Mixed-Use-Konzept" attraktiv ausgestaltet werden kann, statt jahrelang als leerstehender Hohlkörper die Innenstadt zu verschandeln.

Einzelhandel dürfte dabei allenfalls noch für das Basement und das Erdgeschoss in Betracht kommen. So wie in Düsseldorf im ehemaligen Kaufhof an der Berliner Allee umgesetzt mit einem EDEKA-Markt. Ab dem 1. Obergeschoss sind dort nur noch Parkflächen, Büros sowie Wohnungen zu finden. Auch in Hamm, Osnabrück oder Oldenburg gibt es gute Beispiele. Dort gibt es in den oberen Etagen u.a. eine Bücherei, die städtische Volkshochschule, eine Dependence der Universität sowie ein Hotel, Co-Working-Spaces oder eine Kita. Auch Mittelstädte wie u.a. Goslar oder Quedlinburg scheinen viele Dinge richtig zu machen.

So weist Goslar nach letzter IfH-Studie die höchste Weiterempfehlungsquote an Freunde und Bekannte auf – eine der wichtigsten Kenngrößen für die Attraktivität von Städten. Sie haben offensichtlich erkannt, dass die Bürger nicht nur Intensiv-Shopper sind, sondern als Menschen auch Grundbedürfnisse haben und einfach nur Erwartungen an Sauberkeit, Sicherheit, Fußgängerfreundlichkeit, Sitzmöglichkeiten sowie bezahlbare Toiletten stellen. Angebote für Freizeit, Kultur, Gastronomie, Dienstleistungen und Parkmöglichkeiten sind wichtig für sie. London, Münster und Paris zeigen, dass attraktive Städte Einkaufsmöglichkeiten und Verweilatmosphäre kombinieren können. Grün gehört auch dazu – statt immer nur Beton und Versiegelung. Fazit: Flächen lassen sich vielfältiger nutzen als mit Einzelhandel. Neuartige Mixed-Use-Konzepte geben Anlass zur Hoffnung.

Zweifelsohne kommt Städten und Gemeinden, wo eben auch die meisten Menschen leben und arbeiten, eine Schlüsselrolle für die Gesellschaft zu. Die Verödung von Innenstädten bedeutet deswegen auch immer eine unmittelbare Verschlechterung der Lebensbedingungen und ist unmenschlich. Dass dieses als Erkenntnis in den meisten Stadtverwaltungen angekommen ist, sollte angenommen werden. Dennoch scheitert es immer wieder an der Umsetzung, die ohne ausreichende finanzielle Mittel nicht möglich ist. Daran ist keineswegs das föderalistische Prinzip Schuld, sondern die stetige Unterwanderung eben dieses dezentralen Ansatzes.

Denn zunehmend bekommen die Kommunen von Bund und Ländern Probleme und Aufgaben zugeschoben, die sie weder verursacht noch mit ihren Budgets lösen können. Die aktuelle Diskussion über die Bewältigung der Flüchtlingszahlen zeigt das Dilemma, das in erster Linie durch den Verstoß des Konnexitätsprinzips entstanden ist. Demnach wird sowohl auf Landes- als auch auf Bundesebene permanent gegen den Grundsatz im Staatsrecht verstoßen, wonach Aufgaben- und Finanzverantwortung jeweils zusammengehören. Die Instanz, die über eine Aufgabe entscheidet, sollte eigentlich auch für die Finanzierung dieser Aufgabe zuständig sein. Und sie sollte haftbar gemacht werden können für die Nichterfüllung ihrer Aufgaben, die vor allem auch in der Erfüllung menschlicher Grundbedürfnisse wie Lebensqualität, Sicherheit und bezahlbarer Wohnraum liegt.

## ZUR PERSON

**Prof. Dr. Gerrit Heinemann** studierte an der Westfälischen Wilhelms-Universität in Münster Betriebswirtschaftslehre und promovierte bei Prof. Dr. Heribert Meffert über die Betriebstypenprofilierung textiler Fachgeschäfte (summa cum laude). Nach seiner Promotion arbeitete Herr Prof. Dr. Heinemann für unterschiedliche stationäre Einzelhändler wie u.a. die Kaufhof Warenhaus AG, die Douglas Holding GmbH und war Leiter „Competence Center Handel und Konsumgüter" bei der Unternehmensberatung Droege & Comp GmbH. 2004 begann er seine wissenschaftliche Laufbahn und erhielt 2005 einen Ruf zum Professor für Betriebswirtschaftslehre, Management und Handel an die Hochschule Niederrhein, wo er 2010 das eWeb Research Center mitgründete. Prof. Dr. Gerrit Heinemann gilt als einer der führenden E-Commerce-Forscher sowie einer der profiliertesten Handelsexperten im deutschsprachigen Raum. Neben mehr als 300 Fachbeiträgen hat er 22 Fachbücher zu den Themen Digitalisierung, E-Commerce, Online- und Multi-Channel-Handel verfasst.

# Wir machen Ihre Immobilie fit für die Zukunft!

Dr. Andreas Mattner

# Totgesagte leben länger – manchmal auch besser

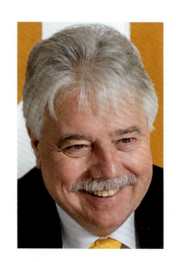

*An Analysen der finstersten Art besteht kein Mangel. Wo auch immer von Innenstädten die Rede ist – Wörter wie „Niedergang", „Untergang", „Aussterben" oder schlicht „Sterben" sind schnell zur Hand. Und wenn die Weisheit, dass Totgesagte länger leben, tatsächlich etwas taugt, dann müssten einige Innenstädte auf eine rekordverdächtig quirlige Zukunft zusteuern. Keine Frage: In jedem Fall ist viel zu tun, um genau diese Zukunft nicht irgendeiner Weisheit des Aberglaubens oder dem Zufall zu überlassen. Was viele Pessimisten allerdings übersehen: Dieser Prozess ist längst gestartet und nimmt zunehmend Fahrt auf.*

„Städte haben den großen Vorteil, dass sie uns lehren, dass unsere Utopien Wirklichkeit werden können, wenn wir mutig genug sind, an sie zu glauben und für sie zu arbeiten", hat die Stadtforscherin Jane Jacobs einmal festgehalten. Sie nannte also schon vor vielen Jahren ein Schlüsselwort, das anno 2024 mehr denn je gelten sollte – „mutig". Denn aktuell bietet ein Blick auf das Alltagsleben bisweilen auch Stoff für Frustration: Verwaiste Läden, leerstehende Büroräume, hier und da dann ein vereinzelter Mensch prägen mancherorts das Bild.

Wenn unsere Innenstädte tatsächlich Seismografen für gesellschaftlichen und ökonomischen Wandel sind, dann erlebt Deutschland gerade ein ordentliches Beben. Es braucht viel Mut und eine Extra-Portion Kreativität, um wirksam gegenzusteuern. Ein neuer Mix aus Handel, Wohnen, Büro, Handwerk, Gastro-Vielfalt, Dienstleistungen, medizinischen Angeboten und bunter Kultur will entwickelt und umgesetzt werden. So könnten Innenstädte 2024ff. Treffpunkte neuer Qualität werden.

Dieser Prozess ist längst im vollen Gange. Tatkräftige Akteurinnen und Akteure haben sich aufgemacht, um den Weg für Neues zu ebnen. In vielen Städten von Augsburg bis Hamburg, von Münster bis Erfurt sind die Erträge zu sehen. In Süd oder Nord, Ost oder West.

Die Lage ist mancherorts angespannt. Schließlich mussten schon in den vergangenen Jahren zahlreiche Einzelhandelsgroßimmobilien geschlossen werden – mit spürbaren Auswirkungen auf Attraktivität und Frequenz der Innenstädte. Weitere Schließungen könnten negative Effekte verstärken. Im Fokus kurzfristiger Maßnahmen stehen Zentren („Konzentrationsbereich Innenstadt"), in denen vor allem innenstadttypische Nutzungen angesiedelt sind, auch wenn Stadtteilzentren und Gewerbelagen immer wichtiger werden.

Die großen Handelsimmobilien erfordern besondere Aufmerksamkeit. Der ZIA unterstützt Nachnutzungen mit Multi-Use-Projektentwicklungen in Zusammenarbeit mit Kommunen und einem Netzwerk an Partnern, die schnelle Umnutzungen realisieren. Wer den neuen Mix will, braucht schon bei dessen Konzeption einen Mix: Entscheiderinnen und Entscheider, die sich aus unterschiedlicher Warte dem Thema City nähern. Die Weiterentwicklung zu multifunktionalen resilienten Zentren kann nur als Gemeinschaftsaufgabe von Kommunen, Wirtschaft und ziviler Stadtgesellschaft gelingen – mit Unterstützung des Bundes und der Länder.

Eine Hürde steht der neuen Freiheit im Denken bedauerlicherweise im Wege: alte Regulierungsreflexe. Der Alltag verläuft noch zu oft nach der Devise „Mut trifft Unbeweglichkeit". Es bedarf hier eines sofortigen Regulierungsstopps. Abgestimmte, sinnvolle Nachnutzungskonzepte dürfen nicht an starren Regeln scheitern, die vielleicht in den 80er oder 90er Jahren passend waren, aber der heutigen Dynamik und der notwendigen Veränderung nicht gerecht werden: neue Zeit, neues Baurecht.

Gerade in den Zentren zeigen sich die Folgen von zu langen Genehmigungs- und Planungsverfahren beim Umbau oft besonders schmerzhaft.

Die Immobilienwirtschaft sieht sich genau hier in der Partner-Rolle.

Der ZIA erkennt eine Reihe von Handlungsfeldern und Maßnahmen, die Lösungsansätze versprechen. So braucht es neue Betreiberkonzepte, die soziokulturelle Nutzungen beinhalten; dieses Denken sollte auch in den ESG-Kriterien Niederschlag finden. Weiter: schnelle Bewilligungen von Zwischennutzungen, Pop-Up-Stores als Instrument, um Leerstand zu minimieren, tragen dem veränderten Tempo Rechnung. Das rechtliche Instrumentarium für Zwischennutzung muss überprüft werden; der Gesetzgeber im Bund kann zum Beispiel Haftungsfragen neu klären. Und: Die Konzentration auf das Thema Lärm verhindert Nutzungsmix zum Beispiel mit Wohnangeboten. Dies nur als ein (weiteres) Beispiel, das belegt, dass die TA Lärm dringend überarbeitet werden muss.

Fest steht: Es muss schnell gehen. Das geltende Baurecht stellt auf strikte Trennung ab – sowohl bei der Stadtplanung als auch bei den Funktionen der Gebäude. Das passt in dieser rigorosen Form nicht mehr in die Zeit. Und: eine Verschärfung des Gewerbemietrechts muss natürlich tabu bleiben.

Immer mehr Behörden machen sich auf. Die Bewegungsbereitschaft ist nicht zu übersehen. Neue Kommunikationskanäle wurden erschlossen. Denn wenn Innenstadt-Belebung nicht mehr allein durch ein „Ersetze Shop X durch Shop Y" zu erreichen ist, müssen Verwaltungen

*Cafés, Gasthäuser und Restaurants bringen Frequenz in die City und sind oft das soziale Herz der Innenstädte.*

integriert planen. Antworten auf Leerstand sind oft nicht nur einzelne, ausgewählte neue Ladenlokale, sondern es geht immer häufiger um einen möglichst großen Belebungseffekt, der am Ende einen City-Mehrwert in der Breite bringt. Selbstverständlich auch für den Handel. Denn die Städte brauchen neben dem einladenden Wohlfühlgefühl für ihre Bewohnerinnen und Bwohner, ihre Besucherinnen und Besucher eben auch verlässliche Einnahmen.

Eine Binsenweisheit? Offenbar nicht für alle. Die Debatte um die Rückkehr zur vollen Mehrwertsteuer im Gastro-Bereich führte dies zuletzt schmerzhaft vor Augen. Cafés, Gasthäuser und Restaurants bringen Frequenz in die Cities und sind oft das soziale Herz der Innenstädte. Nur muss dieses Herz eben auch schlagen können. Die Diskussion um die Mehrwertsteuer zeigte zuletzt, dass „Punkt zwei" nicht hinreichend im Bewusstsein ist.

Auch der Debatten-Dauerbrenner „Öffnungszeiten" schreit nach einer pragmatischen Lösung. Konkret: alle Händlerinnen und Händler sollten an bis zu zwölf frei wählbaren Sonntagen im Jahr öffnen dürfen. Das würde Frequenz in die Zentren bringen und ein Mindestmaß an Wettbewerbsgleichheit mit dem Online-Handel herstellen.

**Lebendige Innenstädte sind ein Knochenjob – und ein Dauerjob**

So braucht es auch ein Netzwerk intelligenter nachhaltiger Verkehrssysteme. Konsequenter Klimaschutz inklusive. Vielerorts hat sich ein „Beirat Innenstadt" bewährt. Um pulsierende Zentren voranzutreiben, entwickelt ein überschaubarer Kreis aus Verwaltung, Politik, Wirtschaft und Stadtgesellschaft passgenaue Leitbilder für die Kommune.

Ein „Innenstadt-Verbund" als Weiterentwicklung von Business Improvement Districts (BID) kann im Fall der Fälle bei der Finanzierung neuer Nutzungen helfen. Städtisches Marketing erweist sich oft dann als weitsichtig, wenn es mit einer ganzheitlichen, überregionalen oder gar internationalen Strategie startet, Alleinstellungsmerkmale betont und digital hervorhebt, etwa mit interaktiven Angeboten, Plattformen oder Wayfinder-Apps. Beim neuen Zusammenleben kann künstliche Intelligenz Raum für mehr Interaktion eröffnen: mehr Menschlichkeit durch mehr Technik. In Innenstädten der Zukunft können dann Grenzen zwischen Gebautem und Natürlichem, zwischen Grau und Grün verschwimmen.

Es läuft also gerade ein riesiger Kraftakt für die Innenstädte. Gelingt er, dann wird die Weisheit von den Totgesagten um eine entscheidende Erkenntnis ergänzt werden: Totgesagte leben länger – und besser.

## ZUR PERSON

**Andreas Mattner** ist seit 2009 Präsident des Zentralen Immobilien Ausschusses (ZIA) und ist Präsidiumsmitglied des Bundesverbandes der Deutschen Industrie (BDI). Er war von 1993 bis 2023 Geschäftsführer diverser Gesellschaften der ECE Group, Hamburg, heute ist er Vorsitzender des ESG-Boards der ECE. Seit 2000 ist Andreas Mattner Vorstandsvorsitzender der Stiftung „Lebendige Stadt", seit 2006 Kuratoriumsmitglied der Alexander Otto Stiftung, seit 2013 stellvertretender Aufsichtsratsvorsitzender der EUREF AG, Berlin. Seit 2017 gehört er dem Aufsichtsrat der börsennotierten Hamborner ReitAG, Duisburg, an – mittlerweile ist er Aufsichtsratsvorsitzender. Mattner war wissenschaftlicher Mitarbeiter sowie Geschäftsführer im Institut für Wirtschaftsverwaltungsrecht, Münster, absolvierte 1985 sein erstes und 1989 sein zweites juristisches Staatsexamen. 1987 promovierte er zum Doktor der Rechte und war Referent des Staatssekretärs im Bundesbauministerium sowie von 1990 bis 2008 Mitglied der Hamburgischen Bürgerschaft.

Andreas Mattner ist Autor und Herausgeber diverser Abhandlungen und Bücher.

# The best marketing strategy ever: Taking care of people.

Die Transformation der Innenstädte eröffnet dem Handel die Möglichkeit, sich neu zu erfinden und innovative Marketingstrategien zu entwickeln, die den Bedürfnissen der modernen Verbraucher gerecht werden.

Es ist dabei entscheidend, den Fokus auf die Kunden zu legen und flexibel auf Veränderungen in der Einzelhandelslandschaft zu reagieren, um langfristigen Erfolg zu gewährleisten.

Mit personalisierten Angeboten, erlebnisorientiertem Einkaufen, sozialen Medien und lokaler Einbindung bilden wir starke Marken. Kunden wünschen dabei eine nahtlose Einkaufserfahrung über alle Kanäle hinweg, einschließlich Online-Shops, Apps und physischer Geschäfte. Die smarte Integration von Online- und Offline-Einkaufserlebnissen wird entscheidend, auch für Ihren Erfolg.

Sprechen Sie mit uns, wir freuen uns darauf!

SERIOUS GMBH · FULL SERVICE MARKETING AGENTUR · JUNGFERNSTIEG 38 · 20354 HAMBURG · WWW.SERIOUS.DE

## Prof. Dr. Tobias Just

# Mischung zum Erhalt der Innenstadt: ein wichtiger Teil der Lösung

*„Die Innenstädte sterben". Die Google-Suche nach diesem Satz ergibt 1.600 Treffer. Läden stehen leer. Büros auch, wenngleich dies in Europa bisher noch ein deutlich kleineres Problem zu sein scheint als in den Vereinigten Staaten. Dies wirft Fragen auf: Ist dies ein unvermeidbarer Prozess? Wenn nein, wie ließe sich der Prozess aufhalten? Was lässt sich aus der Vergangenheit lernen? Diese letzte Frage ist wichtig, denn Städte werden für Jahrhunderte gebaut, die Strukturen, die wir heute verändern, werden noch unsere Urenkel betreffen.*

Insofern ließe sich zumindest schon einmal mit einem Blick zurück sagen, dass Städte zwar seit Jahrtausenden einen Triumphzug feiern, sodass Glaeser (2011) sie sogar als eine der größten Errungenschaften der Menschheit bezeichnet. Städte haben unzählige Naturkatastrophen, Kriege, Epidemien und Wirtschaftskrisen überstanden. Die Sorge vor einem Sterben der Städte ist wahrscheinlich so alt wie die Städte selbst; doch erst im Medienzeitalter wird darüber öffentlich und wiederkehrend diskutiert: Glaeser verwarf 1998 in seinem Essay die Frage: „Are Cities dying?" Nein, schrieb er, sie bleiben trotz Digitalisierung wichtige Zentren für Innovationen. Ähnlich fragte Coleman (1980) nach den Gründen für den Tod der Innenstadt, und Boulding (1962) betitelte bereits vor über 60 Jahren einen Essay: „The Death of the City". Weil die Städte also offensichtlich alle paar Jahrzehnte vor Existenzsorgen zu stehen scheinen, diese aber ebenso offensichtlich haben meistern können, lohnt der Blick zurück.

In diesem Beitrag geht es um zwei Fragen: Was machte Städte seit Jahrhunderten erfolgreich, bzw. welchen Mix sollten sie als Dienstleistungen an die Städter bieten, um auch in Zukunft attraktiv zu bleiben? Und kann mehr Mischung in den Gebäudenutzungen dazu beitragen, die Innenstädte fit für die Zukunft zu machen?

### Funktionen von Städten

Letztlich lassen sich die Vorteile von Städten drei ökonomischen Argumentationssträngen zuordnen: Erstens ermöglichen Städte Größenvorteile. Wichtige öffentliche Güter wie Sicherheit, einige Verwaltungsleistungen, leitungsgebundene Infrastruktur, Kulturgüter oder Ausbildung und Forschung lassen sich einfacher und kostengünstiger in dichteren Räumen anbieten als in zersiedelten Strukturen. Auch private Güter können in Städten dann günstiger hergestellt werden, wenn Arbeitskräfte besser zusammenkommen können. Zweitens ermöglichen Städte niedrige Transaktionskosten. Märkte und Messen waren für Jahrhunderte zentrale, physische Treffpunkte für Menschen, um Güter, Dienstleistungen und Informationen auszutauschen. Je mehr Menschen zusammenkamen, umso intensiver wurde dieser Austausch und der Wettbewerb zwischen den Anbietern.

Den dritten und langfristig wichtigsten Faktor für den Erfolg von Städten stellen externe Effekte dar, also hier Vorteile, die nicht über Preismechanismen abgegolten werden. Eine in einem Vorlesungsraum geborene Idee bekommt häufig mehr als nur ein Paar Flügel, ein Konzert begeistert oft viele tausend Menschen gleichzeitig, und diese Begeisterung kann Früchte tragen. Es sind die vielen Inspirationen, Begegnungen und Perspektiven in einer Stadt, die das Innovationspotenzial jenseits der rein im Unternehmen steuerbaren Größe ermöglicht. Urbane Annehmlichkeiten ziehen Menschen an, und diese Menschen treten in Wechselbeziehungen. Bei hoch automatisierten Fertigungsprozessen werden Arbeitskräfte seltener für das Abarbeiten von einfachen Aufgaben benötigt, sondern für das Lösen komplizierter Probleme. Hierfür ist die Innovationsstärke wichtig, und dies erfordert Kommunikation, Koordination und Kreativität.

Diese drei Wirkungsstränge lassen sich in folgender Abbildung zu vier wesentlichen Versorgungsvorteilen mit öffentlichen und privaten Gütern in Städten zusammenführen. Eine zunehmende Automatisierung und Digitalisierung schwächt sowohl in der Fertigung als auch in der Güterversorgung eine der Grundfunktionen der Stadt. Das Internet kroch in den letzten Jahren wie eine zweite Stadt unter die Städte, und die Automatisierung lässt Fertigungsprozesse von wenigen Fachkräften erledigen (Just und Plößl, 2021). Die Stadt verlagert ihre Funktion von der Schutz- und Güterversorgungsfunktion auf die Konsumtionsfunktion und Freiheitsfunktion, wobei mit Konsum hier nicht allein der Verbrauch von privaten Konsumgütern gemeint ist, sondern auch das Nutzen öffentlicher und privater Annehmlichkeiten. Die Stadt wird von der Produktions- zur Konsumstadt (Glaeser et al., 2001).

**Mehr Mischung und Mehrfachnutzung von Orten**

Wenn dies richtig ist, dass die Städte von Produktions- zu Konsum- und Erlebnisstädten werden müssen, um den Bedürfnissen der Menschen heute gerecht zu werden, dann müssen sich verschiedene Dinge sowohl in den Stadtstrukturen als auch in den Gebäudestrukturen verändern. Erstens beruht die Produktionsstadt auf einer räumlichen Aufgabenteilung. Es gibt Produktionsstandorte, Wohnstandorte und Versorgungsstandorte. Die Industrialisierung hat die konzentrierten und eng interagierenden Nutzungen stärker getrennt. Dies war in US-amerikanischen Städten stärker möglich als in europäischen

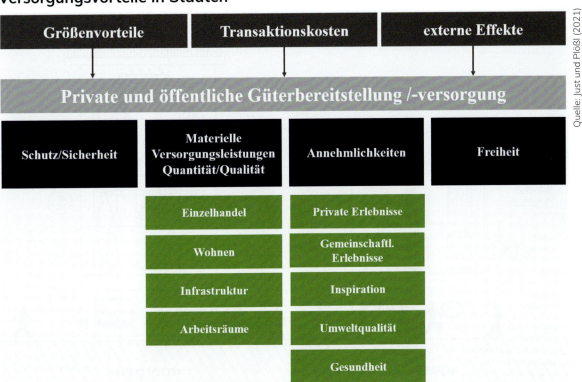

Versorgungsvorteile in Städten

Quelle: Just und Plößl (2021)

Städten. Doch auch hier entstanden Wohn- und Arbeitsorte, die zu umfangreichem Pendelverkehr führten. Größenvorteile wurden auch im Handel genutzt, so entstanden Warenhäuser, Einkaufsstraßen, Shopping Center.

Doch das Internet tritt als Wettbewerber um Größen- und Transaktionsvorteile neben die Städte. Digitale Orte können nahezu unendliche Angebotsvielfalt bieten, physische Räume nicht. Daher müssen sich Einzelhändler auf andere Vorteile konzentrieren: Service, Erlebnis, Interaktion, Inspiration, kurze Wege. Kostenführerschaft tritt neben Innovationsführerschaft zurück, wobei die Innovationsführung hier nicht in der Produktpalette, sondern eher in der Präsentation zu suchen ist. Mischung ist dann wertvoll, weil kürzere Wege ermöglicht werden, weil Synergien zwischen Nutzungen entstehen und weil dies mehr Überraschungen ermöglicht. Monostrukturen können effizient sein, doch für menschliche Tätigkeiten tritt zunehmend der Effizienzgedanke hinter dem Effektivitätsgedanken zurück. Wenn in Zukunft stärker die Funktion der externen Effekte für Städte wichtig wird und weniger jene der Größenvorteile – weil hier häufig das Internet die Nase vorne hat –, dann müssen dies die Stadtstrukturen auch unterstützen. Dann ist sowohl die räumliche Trennung von Nutzungen als auch die standardisierte Stadtplanung und Architektur ein Nachteil.

Neben den gemischten Quartieren muss es dann auch mehr Mischung in Gebäuden geben, aber nicht nur aus den eben genannten Gründen der Entdeckung und kurzen Wege, sondern auch weil dies Gebäude resilienter gegenüber strukturellen Veränderungen macht. Ein Single-Use-Gebäude hat letztlich ein verwandtes Problem wie ein Single-Tenant-Gebäude: Es birgt ein Klumpenrisiko, wenn der Strukturwandel genau diese Nutzungsart oder diesen Mieter schwächt. Auch hier gilt, dass der Effizienzgedanke – geringerer Managementaufwand – hinter den Resilienzgedanken zurücktreten kann. Investoren erkennen dies zunehmend. Bis kurz vor der Pandemie bevorzugten viele Investoren „reine" Strategien, also entweder ein Bürogebäude oder ein Einzelhandelsgebäude oder ein Wohngebäude, aber eben nicht eine Mischform. Die gewünschte Di-

## Mehr Mischung und Aufstockung in einzelnen Gebäuden

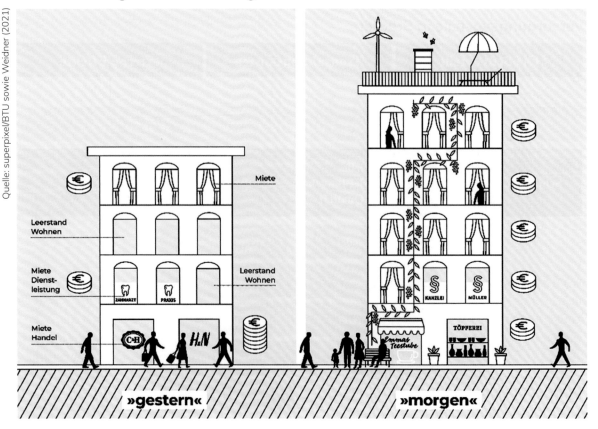

Quelle: superpixel/BTU sowie Weidner (2021)

*Es sind die vielen Begegnungen in einer Stadt, die das Innovationspotenzial jenseits der rein im Unternehmen steuerbaren Größe ermöglicht.*

versifizierung sollte erst im Portfolio entstehen. Diese Strategie wurde im Zuge der Pandemie und der Zinserhöhungen in Frage gestellt, und Städte verstärken dies durch Planungsvorgaben, da mehr Mischung eben Innenstädte stabilisieren soll.

Damit die Veränderungen auch von Investoren finanziell begleitet werden können, bedarf es einer intensiveren Flächennutzung der Städte, denn einige der produktivsten Flächen könnten obsolet werden, z.B. Einzelhandelsflächen, ggf. auch Büroflächen. Diese könnten – vielleicht auch nur vorübergehend – durch weniger produktive Flächen belegt werden. Dies könnte ohne intensivere Flächennutzung zu stark sinkenden Objekt- und Bodenpreisen führen. Die Lösung könnte in einer Aufstockung der Gebäude sowie in einer Multicodierung von Räumen liegen. Multicodierung meint hier, dass Flächen zu unterschiedlichen Zeiten von verschiedenen Nutzern belegt werden. Dies wird in Städten bereits auf Plätzen und vereinzelt zu Festzeiten getan. Der Gedanke kann auch auf Objekte übertragen werden, wenn es z.B. gelingt, ungenutzte Flächen abends/nachts zu aktivieren, Dächer und Parkflächen intensiver zu nutzen, aber auch die Räume zwischen privaten und öffentlichen Orten zu bespielen. Dann ließe dies für Investoren und Städte eine Win-win-Situation entstehen: Die Investoren hätten zusätzliche Einnahmemöglichkeiten und die Städte könnten dichter und damit sowohl umweltschonender als auch attraktiver werden.

**Schlussbemerkungen**

Städte haben sich an politische, gesellschaftliche und wirtschaftliche Strukturveränderungen immer wieder anpassen müssen und häufig auch können. In modernen Städten gibt es Befestigungsanlagen nur noch als kulturelles Erbe, Kirchen und Klöster häufig nur noch als touristische Attraktion, Marktplätze nur noch für vereinzelte Wochenmärkte, industrielle Fertigungsstätten als Quartiere. Gerade weil Städte sehr unterschiedliche Funktionen haben, sind Städte dann anpassungsfähig, wenn sie sich an die veränderten Bedürfnisse anpassen können, wenn sich das Gewicht der drei Funktionsbündel in der Zeit verschieben lässt. Dies erfordert flexiblere planungsrechtliche Vorgaben, mutige Investoren, entscheidungsfreudige Politiker und vor allem eine Kooperation der Akteure in den Städten.

Für die nächsten Jahrzehnte dürften Städte vermehrt eine gedankliche Rückkehr zu vorindustriellen Strukturen vornehmen müssen, mehr Mischung von Wohnen, Arbeit und Versorgung zulassen, damit sich Wege verkürzen, Erlebnisse ergeben und damit den Vorteilen, die das Internet bietet, etwas entgegengehalten werden kann, v.a. aber weil es Menschen so suchen.

Und schließlich bedeutet dies auch, dass mehr Experimente und hin und wieder ein Wow-Moment entstehen darf, denn auch davon haben Städte über Jahrtausende profitiert. Hiermit sind keineswegs nur die großen Landmarks gemeint; mitunter reicht das Zulassen von Abwechslung in Einzelgebäuden, damit für Überraschung gesorgt ist.

## ZUR PERSON

**Prof. Dr. Tobias Just** ist der Inhaber des Lehrstuhls für Immobilienwirtschaft an der IREBS International Real Estate Business School der Universität Regensburg sowie Wissenschaftlicher Leiter und Geschäftsführer der IREBS Immobilienakademie.

## Prof. Dr. Rolf Monheim

# Lebendige Innenstadt als Multitasking-Aufgabe

*Die Innenstädte befinden sich in einem steten Wandel und stehen dennoch zugleich vor der Aufgabe, ihre Identität zu wahren: Diese ist ihr wichtigstes Alleinstellungsmerkmal im Wettbewerb mit konkurrierenden Standorten sowie mit dem standortungebundenen Internet. Dabei ist auszuhandeln, was die Innenstadt ausmacht und wer dafür Verantwortung übernimmt.*

Im Zeitalter der funktionalistischen Stadtgestaltung dominierten das Einkaufen und die Erreichbarkeit mit Pkw und öffentlichen Verkehrsmitteln. Typisch waren kompakte Fußgängerbereiche, die sich am Modell von Shopping-Malls orientierten. Mit dem Aufkommen der Postmoderne weitete sich die Wahrnehmung: man entdeckte die Bedeutung weicher Standortpotenziale wie Ambiente und Unverwechselbarkeit und sah in der Vergangenheit eine Ressource für die Zukunft. Dieser Wandel stößt immer wieder auf Widerstände durch eingefahrene Sichtweisen und Partikularinteressen, die teilweise ideologisch verfestigt sind (z.B. hat am 9.12.2023 in Freising nach achtjähriger Auseinandersetzung zumindest ein Teilstück der längst beschlossenen Fußgängerzone eröffnet). Auch der lokalpolitische Wettstreit kann blockierend wirken.

Der große Wandel erfordert das Zusammenwirken eines breiten Spektrums von Akteuren unterschiedlicher Aufgabenfelder sowohl lokal als auch bei den übergeordneten rechtlichen und finanziellen Rahmenbedingungen. Der folgende Beitrag möchte einige Gesichtspunkte exemplarisch ansprechen.

**Äußere und innere Erreichbarkeit**

Ein emotionaler Dauerbrenner ist die Erreichbarkeit der Innenstadt. Hier muss zwischen den Wegen zur Innenstadt und den Wegen innerhalb des Zielbereichs unterschieden werden. Bei ersteren führt die Autoerreichbarkeit immer wieder zu Kontroversen, selbst wo mit dem Auto Kommende in der Minderheit sind. Vielen fehlt das Verständnis dafür, dass der öffentliche Raum in der Innenstadt für das Abstellen von Autos zu wertvoll ist und in der Regel Parkhäuser die vernünftigere Alternative bieten. Allerdings ist es wichtig, deren Angebot besuchergerecht zu organisieren (hier bestehen vielfach noch Defizite). Nicht zuletzt wäre eine positive Kommunikation hilfreich, da die Autoerreichbarkeit notorisch schlecht geredet wird und viele Autofahrer nur unzureichend über das vorhandene Angebot informiert sind .

Für eine erfolgreiche Innenstadt wichtiger ist eine gute innere Erreichbarkeit durch angenehme Bedingungen für das Gehen. Dies umso mehr, als viele Besucher den Weg zu Fuß nicht als lästigen Aufwand empfinden, sondern als einen angenehmen Ertrag ihres Aufenthaltes. Für Einzelhändler und übrige Dienstleister hat das die positive Folge, dass mehr Standorte wahrgenommen werden und damit mehr Kontaktoptionen entstehen. Shared business bildet eine entscheidende Erfolgsvoraussetzung für die Innenstadt. Die Steigerung der Aktivitäten lässt sich empirisch belegen. So nahm in Nürnberg, dessen

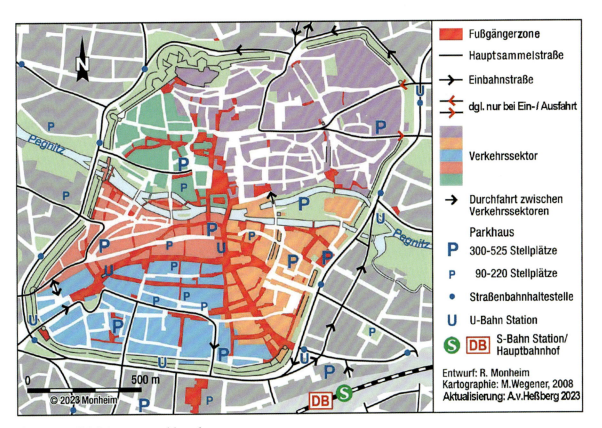

*Tätigkeitsvielfalt beim Innenstadtbesuch*

Fußgängerzone schrittweise auf weit über 10 km erweitert wurde, der Anteil der Einkäufer, die bei ihrem Aufenthalt mindestens sieben Läden aufsuchen wollten, zwischen 1988 und 2009 werktags von 16% auf 32% und samstags von 35% auf 50 % zu. Dabei waren Parkhausnutzer annähernd doppelt so aktiv wie Straßenrandparker. Befragungen in fünf Innenstadtparkhäusern ergaben durchschnittliche Gehweiten von 1,4 km am Werktag und 1,7 km am Samstag. Selbst von den Nutzern einer im Fußgängerbereich gelegenen Tiefgarage gingen drei Viertel über 500 m. Ganz allgemein motivieren attraktive Innenstädte zur ausgiebigeren Nutzung ihrer Angebote.

Dies zeigt sich bei der Frage, was während des Aufenthaltes unternommen werden soll. Hier ist es wichtig, nicht nur den Hauptbesuchszweck zu erfassen. Einkäufe werden zwar am häufigsten genannt, sie bilden aber nur selten den einzigen Besuchszweck. Ganz überwiegend werden sie mit Freizeittätigkeiten verknüpft, vor allem der Nutzung des gastronomischen Angebotes sowie dem Stadtbummel. Dieser sollte bei Befragungen als eigene Kategorie erfasst werden, da er zeigt, mit welcher Stimmung Besucher in der Stadt unterwegs sind. Die Spontaneität des Aufenthaltes wird u.a. daran erkennbar, dass vielfach etwa jeder zweite nicht zum Einkaufen Gekommene in Geschäfte gehen will. Nur etwa jeder vierte Innenstadtbesucher hat nur einen einzigen Besuchszweck.

Die Zahl der genannten Tätigkeitsarten kann man als Indikator der Nutzungsvielfalt der Innenstadt interpretieren. Hier gibt es deutliche Unterschiede. Eine besonders große Vielfalt zeigt sich in der als Weltkulturerbe ausgezeichneten Altstadt von Regensburg. Im Durchschnitt nannten die Innenstadtbesucher 3,5 verschiedene Tätigkeitsarten, darunter 89% mindestens eine Freizeittätigkeit. Dabei gaben 60 % Einkaufen an. Darüber hinaus gingen aber weitere 27% in Geschäfte, obwohl sie nicht zum Einkaufen gekommen waren. Von den außerhalb der Region Wohnenden (22%) hatten zwar nur 43% die Innenstadt zum Einkaufen aufgesucht, gingen aber weitere 42% in Läden; sie nannten durchschnittlich 4,1 Tätigkeitsarten. Unter den Freizeittätigkeiten stand die Nutzung des gastronomischen Angebotes mit 72% an der Spitze, gefolgt vom Stadtbummel (57%).

Die Regensburger Altstadt bildet einen Sonderfall, der eher italienischen Innenstädten entspricht. Dies wurde dadurch möglich, dass mit Unterstützung durch die Stadt jenseits der Donau (1,5 km von der Altstadt entfernt) das Donau-Einkaufszentrum von einem Regensburger Unternehmer errichtet wurde, um den Charakter der Altstadt zu erhalten und dennoch die oberzentrale Funktion Regensburgs zu erfüllen. Seit seiner Eröffnung 1967 wurde es mehrfach erweitert und bietet in 140 Geschäften auf 53.140 qm Verkaufsfläche das sonst in innerstädtischen Hauptgeschäftslagen anzutreffende Sortiment. Ein weiteres Einkaufszentrum wurde 2002 südlich des Hauptbahnhofs mit 74 Läden und 22.935 qm VK eröffnet, um in Altstadtnähe Betriebe mit größeren Flächenbedarf unterzubringen (ca. 40% der Besucher gehen vorher/nachher auch in die Altstadt). In der Altstadt fehlt zwar eine klassische Hauptgeschäftslage, bieten aber 447 Läden auf 62.766 qm Verkaufsfläche ein großes Angebotsspektrum. Dieses erstreckt sich über ein komplexes Netz von verkehrsberuhigten Gassen und Plätzen.

Bei den üblichen Standardbefragungen, etwa der alle zwei Jahre vom IFH organisierten und zuletzt 2022 in 110 deutschen Innenstädten durchgeführten Besucherbefragung "Vitale Innenstadt", wird die Tätigkeitsvielfalt weniger differenziert erfasst (z.B. keine Geschäftsbesuche der Nicht-Einkäufer, keine privaten Verabredungen; Mittelwert aller Städte 1,75). Hier erreichte 2022 Erfurt mit 2,44 einen Spitzenwert, in Lübeck wurden 2,35 und in Bonn 2,17 Tätigkeitsarten genannt. In Lübeck und Bonn lagen die Werte bei den Auswärtigen mit 2,49 bzw. 2,47 deutlich höher. In Erfurt geht die Tätigkeitsvielfalt einher mit einer Spitzennote für die Attraktivität der Innenstadt von 1,6, auch Lübeck und Bonn erreichen mit 2,3 bzw. 2,2 überdurchschnittliche Bewertungen. Regensburgs Attraktivität wurde 2014 mit 1,9 bewertet. In einigen Innenstädten nahm die Zahl der genannten Tätigkeitsarten in den letzten Jahren zu: zwischen 2018 und 2022 in Erfurt von 1,34 auf 2,44, in Leipzig von 1,49 auf 1,73 und in Hannover von 1,30 auf 1,79.

**Passantenaufkommen**

Als ein Erfolgskriterium von Innenstädten wird deren Passantenaufkommen angesehen. Hier erzielt das Städte-Ranking der Spitzenwerte regelmäßig Aufmerksamkeit. Gab es früher durch Maklerunternehmen Zählungen an einem Werktag und Samstag für einzelne Stunden (u.a. KEMPER`S, Engel & Völkers), so können inzwischen durch die Plattform Highstreet.com ganzjährige 24h-Echtzeitwerte für 103 Städte mit 201 Standorten im Internet abgerufen werden (Stand 11/2023). Die Stundenspitzen (15-16/16-17 Uhr) betrugen am Samstag (18.11.2023): München 17.938, Köln 13.040, Stuttgart 12.719, Hannover 12.039, Frankfurt 10.562, Hamburg 10.455 Passanten. Diese hohen Werte werden vor allem in den traditionellen „Kaufhausrennbahnen" erreicht, könnten allerdings künftig durch die Krise dieser Vertriebsform unter Druck geraten.

## Ausgedehntere Fußgängerbereiche ermöglichen ein vielseitigeres Angebot und erscheinen deswegen zukunftssicherer

Stadtstrukturell sind sie insofern problematisch, als von Passanten bei der Frage danach, was beim Innenstadtaufenthalt am wenigsten gefällt, von vielen das Gedränge moniert wird. Die Stadt Nürnberg bildet diesbezüglich ein Gegenmodell. Dort lag die Spitze bei 9.622 Passanten, folgten aber weitere Geschäftslagen mit 5.537, 5.225 und 4.698 Passanten. In Nürnberg störten am Samstag 10%, in München dagegen 36% Gedränge, Hektik und Schmutz, weitere 4% gegenüber 11% störte der Verkehr (bis zu drei Nennungen). In Nürnberg hatten 42%, in München dagegen nur 35 % nichts, was ihnen überhaupt nicht gefiel.

Stadtzentren, in denen nicht eine einzelne Straße dominiert, sondern sich das Leben und Treiben über einen größeren Bereich verteilt, erreichen generell niedrigere Spitzenwerte. Beispiele sind Bonn, Braunschweig und Regensburg (4.516, 3.376, 2.613 Passanten am Samstag 15-16 Uhr). Die ausgedehnteren Fußgängerbereichs-Netzwerke ermöglichen ein vielseitigeres Angebot und erscheinen deswegen zukunftssicherer. Allerdings muss dafür gesorgt werden, dass die Nebenlagen

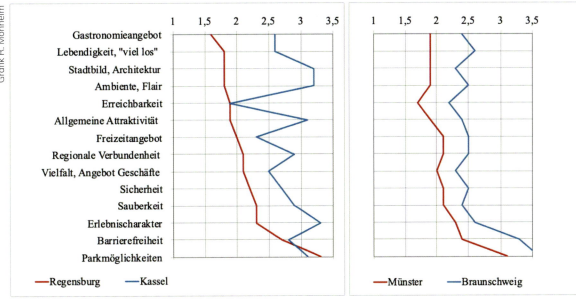

Quelle: Besucherbefragung „Vitale Innenstädte 2014", Auswertung Institut für Handelsforschung Köln. Grafik R. Monheim

nicht abgewertet werden. Die Sendlinger Straße in München ist ein Beispiel für einen erfolgreichen Aufholprozess. Ihre Umwandlung in eine Fußgängerzone wurde lange durch einige Händler verhindert. Nach der Umgestaltung erreichte sie am Samstag 43% des Münchner Maximums gegenüber 19% im Jahr 2001!

Sehr aufschlussreich ist die tageszeitliche Entwicklung der Passantenzahlen. Während die Spitze Mitte der 2000-er Jahre samstags noch 12-13 Uhr lag, hat sie sich inzwischen auf 15-16 Uhr, z.T. auch auf 16-17 Uhr verlagert. Dies resultiert daraus, dass viele Besucher den Samstag gemächlicher angehen und einen entspannteren Innenstadtaufenthalt bevorzugen, meist verbunden mit einem Stadtbummel und der Nutzung des gastronomischen Angebotes.

### Gemeinsam statt einzeln handeln

Einen Schwachpunkt bei den Bemühungen um die Transformation der Innenstadt bildet die Angewohnheit vieler Einzelhändler, einzeln zu handeln, statt sich als Team zu begreifen, so wie dies bei Shopping Centern selbstverständlich ist. Dazu trägt der hohe Anteil von Filialisten bei, deren örtliche Niederlassungen meist nur geringe Entscheidungsfreiheiten haben. Zusätzlich werden alle Initiativen dadurch erschwert, dass viele Immobilienbesitzer nicht bereit oder in der Lage sind, in die Aufwertung ihres Standortes zu investieren. Einen bisher in Deutschland kaum genutzten Ausweg kann hier die Bildung eines Business Improvement Districts (BID) bieten. Bei dieser in den USA und Großbritannien schon lange etablierten Form lokaler Selbsthilfe schließen sich die Grundeigentümer eines aufzuwertenden Teilbereichs zusammen, um gemeinsam Mittel aufzubringen, die zusätzlich zu den von der Gemeinde zu erbringenden Aufgaben für eine Attraktivitätssteigerung erforderlich sind. Dazu wird ein Geschäftsplan für drei bis fünf Jahre erstellt, der von der zuständigen Aufsichtsbehörde genehmigt werden muss. Zahlungspflichtig sind die Grundstückseigentümer. Zum Inkrafttreten müssen mindestens zwei Drittel zustimmen. Für die Umsetzung der Maßnahmen wird ein Aufgabenträger eingesetzt. Die Durchführung der BIDs wird durch Landesgesetze geregelt. Das erste trat 2005 in Hamburg in Kraft, inzwischen haben weitere 10 Bundesländer ein BID-Gesetz erlassen.

Im Vorreiter Hamburg sind aktuell (2023) in der Innenstadt acht BIDs aktiv (darunter 3 dreimal und einer fünfmal verlängert) und sind weitere in Vorbereitung. In den Bezirks-, Stadtteil- und Nahversorgungszentren gibt es weitere fünf. 2013-2023 wurden 78 Mio. € für Bau-, Service-, Reinigungs- und Marketingmaßnahmen aufge-

## Wie wahrscheinlich ist es, dass Sie diese Innenstadt Freunden oder Bekannten weiterempfehlen?

| | Kritiker (1-6) | Indifferente (7-8) | Promotoren (9-10) | NPS |
|---|---|---|---|---|
| Lübeck | 2 | 18 | 81 | 80 |
| Würzburg | 2 | 197 | 81 | 79 |
| Coburg | 2 | 20 | 78 | 76 |
| Heidelberg | 8 | 14 | 79 | 71 |
| Leipzig | 8 | 19 | 74 | 66 |
| Braunschweig | 6 | 22 | 72 | 65 |
| Trier | 12 | 20 | 68 | 56 |
| Bocholt | 8 | 33 | 59 | 51 |
| Fulda | 7 | 41 | 52 | 45 |
| Bayreuth | 23 | 27 | 51 | 28 |
| Aachen | 21 | 36 | 43 | 22 |
| Hannover | 21 | 37 | 42 | 21 |
| Kassel | 26 | 38 | 36 | 10 |
| Hof | 42 | 35 | 22 | -20 |

*Ob man eine besuchte Innenstadt weiterempfehlen würde, wurde im Rahmen einer Marktforschung abgefragt.*

rufen (für weitere Informationen s. www.hamburg.de/bid-infothek/). Nach Auskunft der dihk gibt es in den übrigen Bundesländern 14 aktive BIDs mit 36 Mio. € Geschäftsvolumen, und weitere 18 sind in Gründung. Hinzu kommen in NRW 28 BIDs auf freiwilliger Grundlage. Ein besonderes Beispiel ist Gießen, dessen Einzelhändler angesichts der Konkurrenz eines innerstädtischen Shopping Centers vier gemeinsam agierende BIDs eingerichtet haben, nachdem aufgrund ihrer Initiative das Land Hessen das entsprechende Gesetz erlassen hatte. Im Hinblick auf die anstehenden Herausforderungen erscheint ein Mentalitätswandel dringend erforderlich, der insbesondere bei den Immobilieneigentümern dazu führt, dass diese Verantwortung für die Transformation ihres Standortes übernehmen!

### Wahrnehmung und Bewertung der Innenstadt

Bei der Suche nach Leitbildern für die erforderliche Transformation bilden die Wahrnehmungen verschiedener Innenstädte Anhaltspunkte, wie sie z.B. im Rahmen der Besucherbefragungen „Vitale Innenstadt" regelmäßig für zahlreiche Städte erfasst werden. In der Grafik werden für je zwei Städte die Bewertungen einer Vielzahl von Merkmalen gegenübergestellt. Regensburg steht für eine historische Innenstadt, die den auch dort aufgetretenen Versuchungen einer Anpassung an moderne Erfordernisse nach ersten „Sündenfällen" widerstanden hat. Kassel stand nach beträchtlicher Kriegszerstörung für ein als vorbildlich gerühmtes Konzept einer modernen Innenstadt, autogerecht und mit Konzentration der Angebote für den Massenkonsum an einer durch Stadtbahnen durchfahrenen Hauptachse. Münster und Braunschweig waren beide stark kriegszerstört.

Leitlinie für den Wiederaufbau von Münster war die Orientierung an der lokalen Überlieferung auch bei Neubauten, während Braunschweig einen Spagat zwischen historischen und modern-großstädtischen Strukturen vornahm. In der Bewertung der Merkmale schneiden die historisch geprägten Innenstädte deutlich besser ab, bei Kassel mit Ausnahme der Erreichbarkeit, Barrierefreiheit und des Parkens. Besonders groß sind in Kassel die Rückstände bei Gastronomie, Lebendigkeit, Stadtbild, Flair und Erlebnischarakter. Das Parken schneidet bei allen Städten am schlechtesten ab, unabhängig von der örtlichen Situation. Hier ist bemerkenswert, dass bei einer Differenzierung nach dem für den Weg in die Innenstadt benutzten Verkehrsmittel die Autofahrer stets die besseren Noten geben. Durch ihre praktische Erfahrung wissen sie, dass die Lage nicht so schlimm ist, wie die Dauerklagen von Händlern und Medien suggerieren.

Sehr aufschlussreiche Einsichten ermöglichen Vergleiche von Wahrnehmungen der Innenstadtbesucher und der Innenstadthändler. In Regensburg fanden bei Umfragen des Verfassers anlässlich der Einführung eines kleineren Altstadtbusses 1997 von den Besuchern 57%, die Innenstadt entwickele sich zum Besseren, und nur 11% sahen eine Verschlechterung (übrige: unverändert), während das Verhältnis bei den dortigen Einzelhändlern 34% zu 40% betrug. Die Gestaltung fanden 53% der Besucher attraktiv und 2% hässlich, bei den Händlern betrug das Verhältnis 27% zu 10 %. Bei der Frage, was an der Innenstadt besonders gut gefällt (bis zu drei Angaben), sagten 10% der Besucher, aber 17% der Händler „nichts", 69% gegenüber 46% gefiel das Stadtbild besonders. Bei der Gegenfrage, was überhaupt nicht gefällt, sagten 41% der Besucher, aber nur 4% der Händler „nichts"; 9% gegenüber 59% kritisierten die Autoerreichbarkeit, 4% gegenüber 16% missfielen Atmosphäre und Publikum. (Der Anteil der Besucher, denen nichts überhaupt nicht gefiel, stieg bis 2009 auf 53%.) Ähnliche Wahrnehmungsunterschiede zeigen sich auch bei anderen Erhebungen. Daraus ergibt sich die dringende Notwendigkeit eines Binnenmarketings zur Überwindung der sprichwörtlichen Tradition: „Einzelhändler, die nicht klagen, haben ihren Beruf verfehlt".

Im Rahmen der Befragungen „Vitale Innenstadt" wurde 2020 erstmalig die Weiterempfehlung als ein in der Marktforschung übliches Maß erfasst (die Ergebnisse 2022 sind durch ein geändertes Auswertungsverfahren des IFH nicht vergleichbar). Hier ging die zehnstufige Skala von „äußerst wahrscheinlich" bis „unwahrscheinlich", dass man die besuchte Innenstadt Freunden oder Bekannten weiterempfehlen würde. Für die Auswertung wurde ein „Net-Promotor-Score" aus der Differenz zwischen den beiden höchsten Weiterempfehlungsanteilen minus den sechs geringsten Weiterempfehlungsanteilen gebildet. Der mittlere NPS betrug bei Städten mit bis zu 50.000 E. 26, bis 100.000 E. 23, bis 200.000 E. 30, bis 500.000 E. 22, über 500.000 E. 39. Diese Mittelwerte verdecken eine außerordentlich große Spannbreite zwischen den Städten, über die hier nur exemplarisch berichtet werden kann. Spitzenreiter mit NPS zwischen 71 und 80 sind (absteigend) Lübeck, Würzburg, Coburg und Heidelberg, die alle ein ausgeprägtes historisches Flair ausstrahlen. NPS zwischen 51 und 69 erreichen Bonn, Leipzig, Braunschweig, Trier und Bocholt. Bayreuth, Aachen und Hannover fallen mit 28, 22 und 21 deutlich zurück. Kassel erreicht nur 10 und Hof durch 42% Kritiker und 22% Weiterempfehler eine Negativbilanz von -10.

Auswertungen der Weiterempfehlungen nach Alter ermöglichen eine vertiefende Akzeptanzanalyse. In einigen Städten sind die Unterschiede zwischen den Altersgruppen eher gering (z.B. Coburg, Bonn, Lübeck), in Hannover sinkt der NPS mit dem Alter von 32 auf 11, häufiger empfehlen die Jüngeren die Innenstadt seltener als die übrigen Altersgruppen. Besonders auffällig ist dies in Trier (NPS bis 25 J. 26, bis 50 J. 51, Ältere 76) und Bayreuth (NPS Männer – 9 / 17, 47, Frauen 17 / 32 / 44). Diese Befunde sollten zum Anlass für gezielte Marketingaktionen genommen werden. Ebenfalls aufschlussreich sind Differenzierungen nach Wochentag und Herkunft, z.B. in Bayreuth Donnerstag 25, Samstag 40, Bayreuther 20, Umlandbewohner 40. Dies sind Indizien für jeweils unterschiedliche Wahrnehmungen der Innenstadt. Grundsätzlich müsste angestrebt werden, die eigenen Bürger und Händler zu überzeugten Botschaftern ihrer eigenen Stadt zu machen.

**Mut zu Weitsicht und Visionen**

In Hannover verabschiedete der Stadtrat am 29.09.2022 auf Betreiben seines grünen Oberbürgermeisters Belit Onay ein umfassendes Innenstadtkonzept 2035 „Mitte neu denken". Es wurde in einer breiten Beteiligung von Bürgern, Verwaltungsstellen, Interessgruppen und Experten ab Frühjahr 2021 in Anknüpfung an frühere

Beteiligungsverfahren mit folgender Zielsetzung entwickelt: „In unserer Innenstadt wollen wir die Weichen stellen in Richtung Resilienz. Sie soll gesellschaftlich, wirtschaftlich, baulich, aber auch in Bezug auf die Umwelt und den Klimaschutz richtungsweisend, zukunftsfähig, anpassbar und widerstandsfähig werden. Wir müssen die Vielfalt der Funktionen des Stadtteils Mitte als Arbeits-, Dienstleistungs-, Wohn-, Bildungs-, Kultur- und Freizeitstandort sowie als Ort der Identifikation stärken. Indem wir die Wirtschaftskraft der Innenstadt auf mehrere gut tragende Säulen stellen, reduzieren wir die Abhängigkeit vom Einzelhandel, zugleich entlasten und stützen wir diesen als weiterhin wichtige Säule der Innenstadtentwicklung." Das Leitbild der „Freiraumrevolution" lautete „Bunt, Bewegt, Balanciert": „Die Innenstadt wird in einen attraktiven, aktivierenden urbanen Raum transformiert".

Ergänzend wurde Oktober 2023 ein Verkehrsentwicklungsplan 2035+ als „Aktionsprogramm Verkehrswende" vorgelegt (Schriftenreihe „Beiträge zur regionalen Entwicklung" Nr. 166). Kern war eine Entlastung der Innenstadt vom Autoverkehr, insbesondere eine weitgehende Reduzierung des Parkens im öffentlichen Raum. Dies führte zu erheblichen Kontroversen, insbesondere vonseiten des im Handelsverband Hannover organisierten Einzelhandels, der die Autoerreichbarkeit und damit die Zukunft des Handels ungeachtet der zahlreichen Parkhäuser gefährdet sah.

Auch die oppositionelle CDU sah einen „Kulturkampf gegen das Auto" (t-online 17.11.2023). Darin zeigt sich eine auch andernorts zu beobachtende Wahrnehmungsverzerrung. Nach der Befragung „Vitale Innenstadt" kamen in Hannover 2022 nur 26 % der Besucher mit dem Auto, aber 59 % mit den hervorragend ausgebauten Öffentlichen Verkehrsmitteln. Obwohl die Parkhäuser nur wenige Stunden in der Woche voll ausgelastet sind, erhielten die Parkmöglichkeiten nur die Note 3,2 (allgemeine Innenstadtattraktivität 2,6) sowie die Autofreundlichkeit 3,1. Hier zeigte sich die auch andernorts festzustellende Verzerrung durch die öffentliche Diskussion, da die Notengebung der Autofahrer mit 2,8 deutlich besser war als die der ÖV-Nutzer. In dem 75 Seiten umfassenden Bericht wird deutlich, dass die Transformation der Innenstadt ein breites Spektrum von Themen und zu Beteiligenden betrifft. Er veranschaulicht damit an einem konkreten Beispiel die Anliegen dieses Bandes. Damit löst er eine Aufforderung des bekannten Schriftstellers Antoine de Saint-Exupéry ein: „Wenn Du ein Schiff bauen willst, dann rufe nicht die Menschen zusammen, um Holz zu sammeln, Aufgaben zu verteilen und die Arbeit einzuteilen, sondern lehre sie die Sehnsucht nach dem großen, weiten Meer." (Noah Cammann, Zitate von Saint-Exupèry).

Die Verwirklichung lebendiger Innenstädte verlangt das Vertrauen auf Visionen, um die im Gewohnten verwurzelten Bedenken(-Träger) zu überwinden.

## ZUR PERSON

**Rolf Monheim** (1941) wurde an der Universität Bonn promoviert und habilitiert und lehrte an der Universität Bayreuth 1978-2007 als Professor Angewandte Stadtgeographie und Stadtplanung. Verkehr, Einzelhandel und Freizeit, vor allem in Innenstädten, bilden seit 1972 bis heute seine Forschungsschwerpunkte und Beratungsfelder. Auftakt war seine Untersuchung über „Fußgängerbereiche und Fußgängerverkehr in deutschen Innenstädten" (1975). Seine seitherigen Forschungen bündelte er 2019 in einer umfassenden Darstellung „Innenstadtintegrierte Einkaufszentren – Chancen und Risiken für eine nachhaltige Stadtentwicklung" (Geographische Handelsforschung 27, urn:nbn:de:bvb:20-opus-180793).

# Wir machen Marken.

ad-mission.com

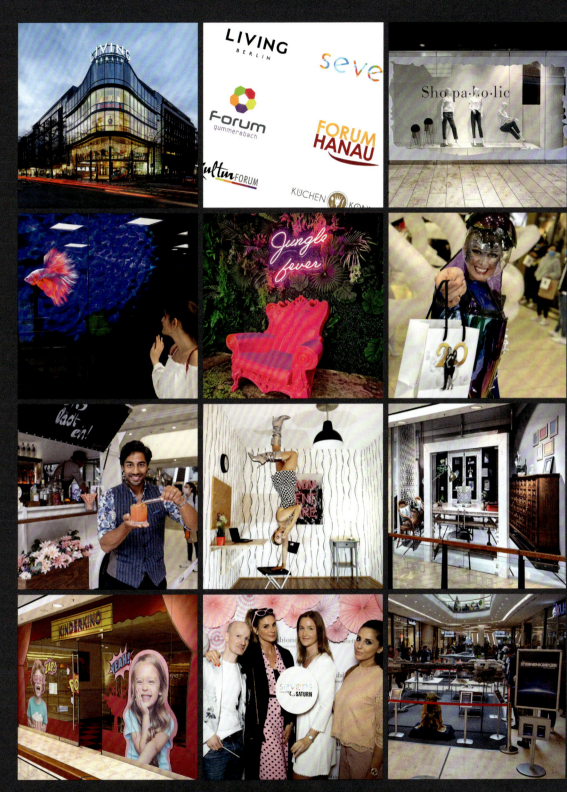

Corporate- & City-Marketing I Corporate-Design I Branding I Media I Events | Signage & Wegeleitung
Leerstand-Staging | Hologramm-Welten | Instagram-Spots | 3D-Folierung | Kinderkinos
Pop-Up-Galerien & Ausstellungen

**AD MISSION**
kreation & kommunikation

Prof. Dr. Nico Paech

# Die Zukunft der urbanen Ökonomie

*Ehrgeizige Versuche, das moderne Konsum- und Mobilitätssystem mittels technischer Innovationen von ökologischen Schäden zu entkoppeln, schlugen nicht nur fehl, sondern führten sogar zu mancher Verschlimmbesserung. Der Ausweg kann somit nur darin bestehen, das globalisierte Industriemodell so weit zurückzubauen, dass die irdische Tragekapazität erhalten bleibt und die damit zu vereinbarende Umweltbeanspruchung auf ca. acht Milliarden Menschen gleich verteilt wird. Bezogen auf den Klimawandel hieße dies, dass jedes Individuum pro Jahr durchschnittlich mit ca. einer Tonne an $CO_2$-Äquivalenten auszukommen hätte. Der mitteleuropäische Durchschnitt liegt derzeit bei ca. zwölf Tonnen.*

Hinzu tritt die Verletzlichkeit globalisierter und hochfrequenter Austauschbeziehungen, sowohl den Güter- als auch den Personenverkehr betreffend. Die aktuellen Krisen decken einen lange vernachlässigten Zielkonflikt auf, nämlich zwischen betriebswirtschaftlicher Effizienz durch entgrenzte Arbeitsteilung, einmündend in volkswirtschaftliches Wachstum, auf der einen und Resilienz auf der anderen Seite. Resilienz gilt als Fähigkeit der Gesellschaft, der Ökonomie, eines sozialen Systems oder eines Individuums, (externe) Störungen zu verarbeiten, ohne die Überlebens- und originäre Funktionsfähigkeit zu verlieren. Gefragt ist also ein Lebens- und Wirtschaftsstil, der nicht nur die ökologische, sondern auch ökonomische und damit soziale Überlebensfähigkeit wiederherstellt. Dieser umfasst eine graduelle Deglobalisierung, den Rückbau überkomplexer (technologischer) Strukturen, eine Kultur der Suffizienz und autonome Versorgungspraktiken, also all das, was seit Jahrzehnten als rückständig bekämpft und ausgemerzt wurde. Je tiefgreifender der zu meisternde Wandel ist, umso offenkundiger wird, dass Menschen als „Träger von Übungsprogrammen" nur zu leisten imstande sind, was sie durch Wiederholung zur Routine werden lassen. Diese notwendige Praxisdimension kann nicht automatisiert oder an einen „grünen" Technologie-Park abgeführt, geschweige denn an eine damit restlos überforderte Politik delegiert werden. Folglich bedarf es wegweisender Gegenentwürfe, die sich dezentral und auf lokaler Ebene ausbreiten. Vonnöten sind Handlungsräume, in denen basale Praktiken einer verlorenen Zukunftsfähigkeit wieder erlernt werden können. Derartige Experimentierfelder finden sich zumeist in Städten. Eine zukunftsbeständige Daseinsform wird absehbar darauf beruhen, die nach einem geordneten (by design) oder andernfalls krisenbedingten (by desaster) Rückbau des Verkehrs- und Produktionsvolumens verbliebene Erwerbsarbeit so zu verteilen, dass weiterhin Vollbeschäftigung herrscht, wenngleich auf Halbtagsbasis.

Die damit einhergehende Einkommensverringerung ließe sich durch ergänzende Subsistenzleistungen ausgleichen, die innerhalb der freigestellten Zeitressourcen erbracht werden; erstens durch Nutzungsdauerverlängerung, zweitens eigene Produktion und drittens Gemeinschaftsnutzung. Neben kooperativen Nachbarschaften und lokalen Netzwerken erweisen sich verdichtete Formen des gemeinschaftlichen Wohnens als geeignete Ansatzpunkte. Letztere können den oft hohen Einkommensanteil für Mieten mildern, weil sie den Bedarf an eigener Wohnfläche reduzieren. Dazu tragen auch Maßnahmen zur optimierten Wohnraumausnutzung bei. Außerdem lassen sie sich genossenschaftlich organisieren, was abermals Kosteneinsparungen bedeuten kann. Die Züricher Genossenschaft „Kalkbreite", das „Mietshäuser-Syndikat", Ökodörfer wie etwa „Schloss Tempelhof", das Oldenburger Projekt „Wohnmix" etc. sind instruktive Beispiele.

## Eine Kultur des Erhalts kann die handwerkliche Produktion und den Einzelhandel der Stadt stärken, lässt zudem die Verbraucherseite unabhängiger von globalen Versorgungsketten werden

Relevant sind dabei finanzielle Einsparungen durch die Gemeinschaftsnutzung von Räumen, Gärten, Hausgeräten, Konsumgegenständen, Werkzeugen, Fahrzeugen (nicht nur Autos, sondern vor allem Lastenfahrräder) sowie durch den Austausch von Betreuungs-, Pflege- und Sorgearbeit. Wenn kostspielige Gebrauchsgegenstände von durchschnittlich fünf Menschen genutzt werden, sinkt das notwendige Einkommen, um sie zu finanzieren. Dasselbe gilt für Praktiken der Nutzungsdauerverlängerung, etwa durch achtsame Verwendung, Instandhaltung und Reparatur von Gütern oder die Weitergabe nicht mehr benötigter Objekte und Ersatzteile (Verschenkmärkte). Nicht minder relevant ist der eigenständige Nahrungsmittelanbau in Gemeinschafts-, Haus-, Schreber-, Dach- oder Mietgärten. Auch das sog. „Foodsharing" ist eine prädestinierte Subsistenzleistung.

Kommunale Ressourcenzentren könnten dazu beitragen, ein postwachstumstaugliches Unternehmertum im Sinne einer Circular Economy und Lernorte für zukunftsfähige Lebensführungen zu verbinden. Dazu ließen sich brachgefallene Immobilien mit geringem Aufwand umfunktionieren, sodass sich dort verschiedene Versorgungsaktivitäten bündeln lassen. Hier könnten Arbeitsstationen für Handwerker und Handwerkerinnen untergebracht werden, deren professionelle Reparaturdienste dort anknüpfen, wo selbsttätige oder in Repair-Cafés organisierte Instandhaltungsmöglichkeiten enden. Zudem könnten Abfallwirtschaftsbetriebe defekte, aber noch reparatur- oder aufarbeitungsfähige Güter an speziellen Abgabestellen sammeln, um sie in Ressourcenzentren aufarbeiten zu lassen.

Ressourcenzentren könnten außerdem Ersatzteildepots beherbergen, um funktionsfähige Teile einzulagern, die demontierten Objekten entstammen. Mittels einer solchen „Bibliothek der Dinge" gelänge es, auch ältere und komplexere Gegenstände zu erhalten. In einem Produktionslabor mit 3D-Fräsen, 3D-Druckern und anderem Equipment könnten selbst designte, langlebige und reparable Produkte in Einzelfertigung („Losgröße 1") hergestellt werden. Die späteren Nutzerinnen und Nutzer ließen sich in den Entstehungsprozess einbinden, sodass sie eine Beziehung zu den individualisierten Objekten aufbauen, die sie zu deren Erhalt motiviert. Derartige Zentren böten sich zudem als Verleihstation für Werkzeuge und andere Gebrauchsgegenstände an. Es könnte als Verteilstelle für Foodsharing-Initiativen und die Solidarische Landwirtschaft fungieren.

Vor allem müsste ein Ressourcenzentrum als Lernort fungieren. Schulklassen, aber auch Erwachsene könnten hier in Kursen, Reparatur-Workshops und Weiterbildungsmodulen mit Selbstversorgungskompetenzen ausgestattet werden. Reparaturdienstleistungen könnten nicht nur handelsüblich angeboten, sondern auch im Auftrag lokaler Einzelhändler ausgeführt werden, die sich über eine jährliche Umlagefinanzierung – analog zum Prinzip der Solidarischen Landwirtschaft – beteiligen. So würden lokale Geschäfte eine höhere Kundenbindung erzielen, indem sie einen Service offerieren, den sie mangels entsprechender Kompetenzen und Ressourcen eigenständig nicht erbringen können. Verbraucherinnen und Verbraucher können Reparaturgutscheine oder -coupons erwerben oder abonnieren, die für jegliche Reparaturleistungen und für die Teilnahme an Weiterbildungs- oder Reparaturkursen verwendet, aber auch verschenkt und übertragen werden können. Die Arbeitsstationen und Werkstätten könnten so angeordnet sein, dass die beanspruchte Fläche ebenfalls für Konzerte, Theateraufführungen, Vorträge, Informationsveranstaltungen, Schulunterricht, Partys und andere Events nutzbar ist.

Eine Kultur des Erhalts kann die handwerkliche Produktion und den Einzelhandel der Stadt stärken, lässt zudem die Verbraucherseite unabhängiger von globalen Versorgungsketten werden. Kommunale Wirtschaftsstandorte erodieren gegenwärtig, insoweit Wertschöpfungsprozesse zunehmend digitalisiert werden („Industrie 4.0") und damit jede geographische Bindung verlieren. Insoweit lokale Produktion nicht konkurrenzfähig gegenüber globalisierter und standardisierter Massenfertigung sein kann, reduziert sich die städtische Ökonomie auf Gastronomie und Filialisten, die inzwischen auch den Dienstleistungsbereich durchdringen.

Und selbst diese schon prekäre Konstellation erweist sich nur als Zwischenstadium einer weiteren kommunalökonomischen Verödung, weil der innerstädtische Einzelhandel – zumal wenn er zusehends von Filialisten übernommen wird, die keine kulturelle oder persönliche Bindungskraft entfalten – dann erst recht einer übermächtigen Preiskonkurrenz durch den Internet-Handel ausgesetzt ist. Dieser Trend, durch immer neue voluminöse Großprojekte (z.B. Einkaufszentren) oder Investitionen in zusätzliche Infrastrukturen dagegen ankämpfen zu wollen, läuft nicht nur ins Leere, sondern erweist sich als nachhaltigkeitsdefizitär.

Abhilfe schafft nur die Reaktivierung und innovative Anpassung von Versorgungskonzepten, die der lokalen Wirtschaft zur Überlegenheit gegenüber der Internetkonkurrenz verhelfen. Dies sind Wertschöpfungsprozesse, die – zumindest tendenziell – erstens arbeitsintensiv sind, zweitens auf Erhalt statt Neuproduktion basieren, drittens die Logik der standardisierten Massenfertigung überwinden und viertens Konsumentinnen und Konsumenten über Lernprozesse zur Mitwirkung an Versorgungsleistungen befähigen. Zwei treibende Faktoren werden dabei entscheidend sein: (1) Eine ökologische und soziale Überlebensstrategie sollte auf Maßnahmen basieren, durch die Menschen unabhängiger von Konsum und monetären Einkünften werden, nämlich durch eine andere Kultur und Ökonomie des Umgangs mit Gütern. (2) Erstmals in der Geschichte ist ein Punkt erreicht, an dem mehr Substanzen, aus denen Güter gefertigt werden, über der Erdoberfläche lagern als darunter. Sich dieser Hinterlassenschaften eines früher oder später untergehenden Wohlstandsmodells anzunehmen, um daraus weitgehend produktionslos, nämlich durch Reparatur, Aufarbeitung, Upcycling, Umnutzung und Gemeinschaftsnutzung neue Potenziale zu schöpfen, könnte den Weg in die zukunftsbeständige Stadt weisen.

## ZUR PERSON

**Apl. Prof. Dr. Niko Paech** studierte Volkswirtschaftslehre, promovierte 1993, habilitierte sich 2005 und vertrat den Lehrstuhl für Produktion und Umwelt an der Carl von Ossietzky Universität Oldenburg von 2008 bis 2016. Derzeit forscht und lehrt er an der Universität Siegen im Masterstudiengang Plurale Ökonomik. Seine Forschungsschwerpunkte sind Postwachstumsökonomik, Klimaschutz, nachhaltiger Konsum, Sustainable Supply Chain Management, Nachhaltigkeitskommunikation und Innovationsmanagement. Er ist in diversen nachhaltigkeitsorientierten Forschungsprojekten, Netzwerken, Initiativen sowie Genossenschaften tätig.

# INDIVIDUELLER SERVICE MIT WEITBLICK

**❯ PROPERTY MANAGEMENT**
Ob umfassende Eigentümervertretung, Mietvertragsmanagement, Objekt- & Finanzbuchhaltung oder Betriebskostenmanagement – mit unseren Expert:innen haben Sie alle relevanten Themen abgedeckt.

**❯ QUARTIERS- & CENTER-MANAGEMENT**
Eine verantwortliche Quartiers- bzw. Center-Führung, regelmäßige Bestandsaufnahmen, individuelle Nutzungskonzepte, Standortmarketing sowie Öffentlichkeits- und Pressearbeit sind nur einige Beispiele unseres Dienstleistungsspektrums.

**❯ TECHNISCHES PROPERTY MANAGEMENT**
Wir kümmern uns u.a. um Instandhaltungsmaßnahmen, die Erneuerung technischer Anlagen, die Ergreifung wertverbessernder Maßnahmen, um Mängel- & Schadensmanagement und die Gewährleistungsverfolgung.

**❯ INTEGRIERTE SERVICES**
Wir bieten Ihnen weitere Leistungen wie Vermietungskoordination, Projektmanagement, Document Management Solutions oder Nachhaltigkeitsberatung an, damit Sie sich auf Ihr Kerngeschäft konzentrieren können.

www.bnppre.de/property-management

Immobilienberatung für eine Welt im Wandel

Dr. Arnold Voss

# Urbanität in der Krise – oder wie die Stadtmitte zum Zentrum des Wandels wird

*In der aktuellen Diskussion um die Zukunft der Innenstadt werden Urbanität und Zentralität häufig begrifflich in einen Topf geworfen bzw. miteinander verwechselt. Wer das tut, verliert jedoch aus dem Blick, dass wir es bezügliche der Stadtmitte in den letzten Jahrzehnten mit zwei gegensätzlichen Tendenzen zu tun hatten, die in ihrer Wechselwirkung erst zu der heutigen Situation der Innenstädte geführt haben: die in ihnen immer weiter gesteigerte und zunehmend vereinheitlichte räumliche Konzentration kommerzieller Angebote und die damit einhergehende Vernachlässigung und Marginalisierung ihrer Urbanität.*

**Urbanität, Zentralität, Produktivität und Dichte - ein Zusammenspiel, das nicht mehr funktioniert.**

Dabei war, was die öffentliche und private Angebotsvielfalt und -dichte in der Innenstadt betrifft, die über die Immobilienwirtschaft gesteuerte raumwirtschaftliche Optimierung der lokalen Ökonomie lange Zeit in ihrer Dynamik nicht nur für Investoren und Verwalter erfolgreich, sondern auch für ihre Besucher und/oder Kunden attraktiv. Sie ist jedoch in den letzten zwei Dekaden durch die internetbasierte ökonomische Dynamik in eben dieser Angebotserstellung, nicht nur was den stationären Einzelhandel betrifft, immer mehr ihrer raumökonomischen Basis beraubt worden. Die auf der einen Seite durch den Online-Handel und andere Formen digitaler Plattformökonomie ermöglichte massive Produktivitätssteigerung bei der Güter- und Dienstleistungsverteilung hat auf der anderen Seite unausweichlich die raumökonomische Produktivität der bisherigen Distributionsorte gesenkt.

Die damit verbundene Abwärtsspirale ist gerade für die Innenstädte unaufhaltsam, denn der bislang geltende und unhinterfragte stadtökonomische Vorteil der räumlichen Dichte trägt nicht mehr die mit ihr verbundenen Geschäfts- und Verwertungskonzepte, was wiederum die innerstädtische Angebotsqualität und -vielfalt senkt, was wiederum die Einkaufsattraktivität der City reduziert, was wiederum den Umsatz senkt, was wiederum die Profitabilität senkt, was wiederum die Angebotsqualität und -vielfalt senkt. Die sozialräumliche Dichte als tragendes Element urbaner Dynamik und Vielfalt läuft damit im wahrsten Sinne des Wortes ins Leere.

Das wiederum macht den selbst verursachten Verlust an urbanen Qualitäten quasi doppelt sicht- und spürbar, wird er doch nicht mehr durch die Angebotsdichte und -vielfalt kompensiert. Die Stadtmitte verliert so nicht nur ihre ökonomische Produktivität und Attraktivität. Sie kann sie – besonders was die Städte betrifft, die nicht über andere überragende Attraktoren verfügen – mit wenigen Ausnahmen auch kurz bis mittelfristig nicht durch ihre soziokulturelle Produktivität und Attraktivität ersetzen. Und genau in dieser Kombination liegt, im Gegensatz zu den bisherigen und unvermeidlichen städtischen Wandlungsprozessen, die besondere Bedrohlichkeit der aktuellen Situation: Die Innenstadt ist dabei, ihrer Existenzberechtigung als solche zu verlieren.

**Reurbanisierung und neue Produktivität – zwei Lösungswege, die nur zusammen gegangen werden können.**

Die in den aktuellen Verbesserungsvorschlägen immer wiederkehrenden Forderungen nach mehr Aufenthaltsqualität, mehr Leben, mehr Grün, mehr Kultur und weniger motorisierten Verkehr, zeitgemäß kombiniert mit mehr Nachhaltigkeit und mehr Resilienz, sind deswegen nicht nur folgerichtig sondern zugleich alte Bekannte, denn die soziale, ästhetisch-sinnliche und kulturelle Verödung der Innenstädte ist ein immer wiederkehrendes Thema der Urbanitätsdiskussion. Die damit verbundene Kritik an der Kommerzialisierung und Kapitalisierung der Stadt ist ebenso alt und wurde schon in den 70er Jahren des letzten Jahrhunderts zum ersten Mal auch ökologisch fundiert.

Sie hatte aber noch nicht die, der in den letzten zehn Jahren sich zuspitzenden Krisenentwicklung geschuldete, dauerhafte gesellschaftliche Breiten- und Tiefenwirkung. So bedrohlich die aktuelle Situation der meisten Cities auch erscheint, so liegt doch gerade in der Kombination dieses neuen Bewusstseinsschubs mit den oben aufgezeigten innenstadtökonomischen Veränderungszwängen, die einmalige Chance, die Stadtmitte so grundlegend und dauerhaft zu verändern und zu erneuern, dass ihre Urbanität den gesellschaftlichen Ansprüchen des 21. Jahrhunderts nicht nur gewachsen ist, sondern ihre Dynamik und ihre gesellschaftliche Verarbeitung als kreative Energie in sich bündelt.

Das kann jedoch nicht gelingen, wenn nicht auch eine neue ökonomische Produktivität der Innenstadt entwickelt und auf Dauer gestellt wird. Zentralität und Urbanität durch räumliche Dichte müssen dabei selbst in ein produktives, d.h. sich ergänzendes und gegenseitig förderndes Verhältnis zueinander treten. Das heißt, dass die dringend notwendige Reurbanisierung der Stadtmitte durch neue innerstädtische Geschäfts- und Verwertungsmodelle auch privatwirtschaftlich auf neue stadtökonomische und immobilienwirtschaftliche Füße gestellt werden muss, und das trotz und gerade wegen der zunehmenden Krisenanfälligkeit.

**Multiple Krisen und neue Urbanität – die Innenstadt als vermittelnde Mitte**

Nicht, dass Krisen in der Entwicklung der Stadt etwas Neues sind. Was sich in Zukunft jedoch ändert, ist ihre Häufigkeit, ihre Intensität und ihre Vernetztheit. Die Krisen kommen öfter, schneller und heftiger, und sie ergreifen alle Bereiche gleichermaßen. Es sind multiple Krisen, die sich gegenseitig aufschaukeln und im Extremfall zu dem werden können, was in der Fachsprache der Risikoforschung ein „perfekter Sturm" genannt wird. Dies gilt nicht für alle Städte, aber für die meisten und insbesondere für Großstädte und Metropolen. Im geringeren Maßstab werden aber auch kleine und mittlere Städte davon nicht verschont bleiben.

Das einzige, was eine Stadt dagegen unternehmen kann, ist nicht nur ihre Anpassungs-, sondern vor allem ihre Wandlungsfähigkeit systematisch zu steigern. Eine neue städtische Urbanität darf deswegen ihr sozialräumliches Grundprinzip der Energie durch Dichte nicht aufgeben, sondern vielmehr alle ihre sozialen, kulturellen, politischen und ökonomischen Kräfte darauf ausrichten. Die Innenstädte können dabei, wie so oft in ihrer Geschichte, erneut eine hervorgehobene Rolle spielen, weil sich dort nach wie vor diese Kräfte am wirksamsten räumlich bündeln lassen. Auch die Stadt der Zukunft braucht deswegen eine Mitte, aber eine andere als bisher.
Sie muss nicht nur grüner, lebendiger, sinnlicher und nachhaltiger werden, sondern auch mehr Diversität, mehr Konflikte und mehr Fluktuation bewältigen. Die Innenstadt gilt es deswegen nicht nur verstärkt zum sozialen und kulturellen Treffpunkt, sondern zum Ankunfts- und Willkommensort zu machen, der sowohl für Alt- als auch

für Neubürger, wo auch immer sie herkamen oder noch herkommen werden, offen und einladend ist. Die Innenstadt hat damit, über jedes konkrete Veränderungsprojekt hinaus, auch und gerade für die zukünftige Stadtgesellschaft eine überragende Integrationsfunktion.

Diese wird in Zukunft jedoch entsprechend weniger kommerzieller, städtebaulich repräsentativer und hochkultureller Natur sein. Stattdessen wird ihre soziale und ihre interkulturelle Seite, d.h. die damit verbundene symbolische und/oder kommunikative Rolle als vermittelnde Mitte mehr in den Vordergrund rücken. In ihr liegt zugleich das Potential für eine neue städtische Führungsrolle, die sich weniger beherrschend als impulsgebend versteht: die Innenstadt als räumliches und soziokulturelles Zentrum der Innovationsenergie, als Produkt und Produzentin des städtischen Wandels.

**Der dynamische Wandel von Lebens- und Arbeitsformen – die Innenstadt als neues Mischgebiet**

Deswegen kann der Wandel der Innenstadt auch nicht ohne den Wandel der gesamten Stadt gedacht und realisiert werden. Nicht nur, dass sie selbst relativ nahtlos, zumindest aber mit offenen Grenzen in diese übergeht und entsprechend auch räumlich oft nicht klar definiert ist. Es gilt, ebenso die dezentrale Zentralität und Urbanität der sonstigen Neben- und Unterzentren im Rahmen einer gesamtstädtischen Arbeitsteilung in neue Innenstadtkonzepte mit einzuschließen. Dabei ist die baulich-räumliche Dichte, die mit der Bevölkerungsdichte und -zusammensetzung eng korreliert, auf Grund der sich verändernden Arbeits-, Produktions- und Lebenswelten aktuell jedoch selbst in einem grundlegenden Wandel begriffen.

Die raumzeitliche Durchdringung von Arbeit- und Freizeit hat nicht nur durch das Homeoffice weiter zugenommen. Auch die flexiblere Organisation der Lebensarbeitszeit und die Öffnung der Familien- und Liebesstrukturen führen zu neuen Formen städtischen Zusammenlebens, die die bisherigen sozialräumlichen Funktionstrennungen tendenziell auflösen und ineinander diffundieren lassen. Selbst die tageszeitlichen Rhythmen, ja das Verhältnis von Tag und Nacht selbst, lösen sich vermittels der Digitalisierung aller Lebensbereiche in einen permanenten und sich vielfältig überlagernden virtuellen und realen Ereignisstrom auf.

Die neuen Formen der digitalisierten und emissionsreduzierten Produktion, verbunden mit einem elektrisierten und damit ebenfalls emissionsarmen Verkehr, sorgen obendrein dafür, dass selbst material- und transportintensive Arbeitsprozesse nicht mehr räumlich getrennt vom sonstigen Wohn- und Freizeitleben der Stadt stattfinden müssen. Damit wird die oben geschilderte sozial- sowie zeiträumliche Überlagerung und Durchdringung städtischen Lebens perspektivisch um die Möglichkeit einer entsprechenden baulich räumlichen Auflösung der Funktionstrennungen erweitert und ergänzt.

Alles in allem bieten diese grundlegenden Zukunftsdynamiken die Chance, nicht nur die Urbanität und Zentralität der Innenstadt neu zu definieren, sondern auch ihre soziale und bauliche Dichte neu zu gestalten. Dabei geht es nicht nur darum, Entleerungsprozesse zu stoppen, indem das Wohnen und die materiell gewerbliche Arbeit zurück in die Innenstadt geholt bzw. dort wieder ausgedehnt werden. Es besteht vielmehr die Chance, die verschiedenen Nutzungen räumlich, baulich und sozial so zu mischen, dass vermittels der Nutzer und Bewohner aus der, zwar stärker durchgrünten, aber doch unvermeidlichen Enge eine Art kreative nachbarschaftliche Reibungsdichte entsteht.

**Wandlungsfähigkeit statt Resilienz – die Innenstadt als transformativer Raum**

Wer solche Zukunftstrends im Interesse einer dringend notwendigen Innenstadterneuerung beschleunigen will, muss sich von der aktuellen Resilienz-Debatte lösen bzw. Resilienz nicht nur als nachlaufende Anpassung, sondern als proaktive Steigerung der Wandlungsfähigkeit verstehen. Nicht nur, dass bei multiplen und permanenten Krisenzyklen die Anpassung fast immer zu spät kommt und damit die Resilienz als Krisenfestigkeit gar nicht erst gelingt. Es ist erst

*Die Innenstadt der Zukunft muss sich zum Ankunfts- und Willkommensort machen.*

die Wandlungsfähigkeit bzw. ihre Steigerung als solche, die in solchen Zeiten Gestaltungsmacht bewahrt, ausbaut oder überhaupt erst wieder zurückgewinnt.

Systemisch gesehen geht es dabei um die Entdeckung, Förderung und Verstetigung des Wandlungspotentials von Funktionen, Strukturen, Elementen und Prozessen der stadträumlichen Entwicklung. Um eine Art von umfassendem räumlich-baulichen und infrastrukturellen Empowerment, das über kurz oder lang erhebliche Umbauinvestitionen im Bestand und eine andere Art des Neubaus und der Raumgestaltung erfordert, was wiederum nicht ohne geänderte Nutzungsregelungen per gesetzlicher Deregulierung gelingen kann.

Bei den Funktionen geht es dabei vorrangig um Multifunktionalität und Polyvalenz von Räumen, bei den Strukturen um die Steigerung der Pluralität und Diversität von räumlichen Zusammenhängen bei gleichzeitiger Vergrößerung ihrer Integrationsfähigkeit, bei den Elementen um die temporäre und modulare Erweiterung und Reduzierbarkeit von Bauten und Infrastrukturen und bei den Prozessen um die Beschleunigung und Flexibilisierung von Planung und Umsetzung.

So unterschiedlich dabei die Ausgangssituationen im Einzelfall sind, werden sich dabei die Umnutzung/Umbaubarkeit von Büro, Geschäfts- und Verkehrsflächen, die Polyvalenz und Multifunktionalität öffentlicher und privater Räume sowie die sozial- und baulich-räumliche Integration von Wohnen, Arbeiten und Freizeit auf engem Raum als Hauptthemen erweisen. Dabei spielt die Integrationsfähigkeit auch auf sozialräumlicher Ebene eine wichtige Rolle, weil ohne sie die mit der zunehmenden Diversität und Pluralität einhergehenden Wandlungskonflikte nicht friedlich und produktiv gelöst werden können.

**Widerstand und Remanenz - die Transformation der Innenstadt als Herausforderung**

Dass Wandel Widerstand hervorruft, ist ein auch wissenschaftlich seit langem erforschtes und allgemein anerkanntes gesellschaftliches Phänomen. Umso erstaunlicher ist, dass es bei der aktuellen Diskussion um die Erneuerung der Innenstadt kaum eine Rolle spielt. Wenn man jedoch jenseits der vielen Konferenzen mit der praktischen Umsetzung zu tun hat, rückt es unvermeidlich in den Mittelpunkt. Dabei ist zwischen bewussten und absichtlichen Widerständen im Sinne des interessengeleiteten Opponierens, Widerständen aus Unsicherheit und/oder Unwissenheit sowie strukturellen Widerständen auf Grund der Dauerhaftigkeit soziopolitischer und baulich-räumlicher Verhältnisse zu unterscheiden.

Bei Letzteren führt das dadurch gegebene Beharrungsvermögen aus der Sicht innovativer Planung zu einer relativen Unveränderbarkeit, die ich im Folgenden mit dem aus der Naturwissenschaft entlehnten Begriff der Remanenz bezeichne. Sie ist, was die Innenstadt betrifft, am größten beim gebauten Raum selbst. Hier hat er nicht nur seine größte räumliche Dichte, sondern die höchste Konzentration funktionaler, wirtschaftlicher und historisch-symbolisch relevanter Gebäude und Verkehrsknoten. Entsprechend gibt es hier auch eine Remanenz des Raumverhaltens, und das vor allem bei der Mobilität.

Es gibt aber auch eine kooperative Remanenz durch ein- bis festgefahrene lokale Entscheidungs- und Politikverhältnisse und die städtische Bürokratie, die in ihren hierarchischen Strukturen und sequentiellen Verfahren aus sich selbst heraus auf Beharrung und Besitzstandswahrung gerichtet ist. Zusammen mit einer gesetzlichen Überregulierung, die von kommunaler Seite kaum veränderbar ist, kann sie sogar zur unüberbrückbaren Blockade werden.

Alles zusammen macht die krisenbedingte Transformation der Innenstadt zur stadtgesellschaftlichen Herausforderung, die im Ernstfall auch zur Überforderung werden kann. Bei den von der Risikohaftigkeit jeder Innovation betroffenen Bürgern geschieht das aus Angst und Unsicherheit, bei ihren Machern vor allem durch die Sorge, Fehler zu machen und dafür an den öffentlichen Pranger gestellt oder sogar vor den Kadi gezerrt werden.

**Leitlinien einer kreativen Planungsmethodik und -kultur – Innovation als permanente und fokussierte Partizipation**

Dieser Transformationsstress lässt sich nur dann bewältigen, wenn sich die Planungsmethodik und -kultur auch selbst erneuert. Sie muss sich dabei einerseits beschleunigen, um auf die gesteigerte Krisenhaftigkeit der Gesellschaft adäquat zu reagieren, und darf andererseits dabei grundsätzliche demokratische Ansprüche nicht aufgeben. D.h. sie muss nicht nur bei der Analyse und bei der Umsetzung, sondern auch bei der Planungsbeteiligung effektiver werden, indem diese einerseits fokussierter und andererseits permanenter wird.

Statt einer vorbereitenden und alle gesellschaftlichen Gruppen befragenden Partizipation nach dem Gießkannenprinzip geht es bei einer krisenorientierten Planung und Gestaltung um die möglichst schnelle Motivierung der aktivierbaren und schon aktiven Bürger. Diese beginnt schon bei der Art der Datenaufnahme und Befragung und führt bei der Auswahl der Maßnahmen und Projekte zum zusätzlichen und entscheidenden Kriterium, ob diese auch zur selbstständigen und selbstorganisierten Nachahmung und kreativen Ergänzung/Erweiterung anregen.

Eine kreativere und innovativere Planung und Gestaltung muss in diesem Sinne nicht nur proaktiv, sondern auch produktiv provozierend sein. Solche, ich nenne sie in Zusammenfassung beider Adjektive, „provoaktiven" Maßnahmen, sollten deswegen nicht nur einen Lösungs-, sondern immer auch einen Impulscharakter haben. Dabei geht es nicht um Handlung um der Handlung willen, sondern um die Ermutigung, die Machbarkeit praktisch zu erproben, und das auch und gerade bei unsicherer Datenlage und begrenzter Prognosefähigkeit.

Das heißt nicht, dass eine krisenorientierte Planung und Gestaltung völlig auf abstrakte Strategien und Konzepte als Orientierungsrahmen verzichten könnte. Gebraucht werden jedoch von Anfang an konkret sicht- und anfassbare Maßnahmen, die Aufbruchsstimmung erzeugen, und das auch dann, wenn es noch keine klaren konzeptionellen und/oder strategischen Rahmen dafür gibt. Vielmehr sollten die konkreten Projekte selbst Ausgangspunkte iterativer, assoziativer und induktiver Konzept- und Strategiebildung werden.

Dabei sind Fehler nicht nur unvermeidlich. Sie sind vielmehr ein wesentlicher Teil der Problemlösung. Statt durch Nichtstun Fehler zu vermeiden, kommt es darauf an, aus Fehlern möglichst schnell zu lernen bzw. sie zu korrigieren. Dazu bedarf es nicht nur einer neuen Diskussions- sondern vor allem einer neuen Fehlerkultur. Die Leitlinie dazu gilt als Mantra des Silicon Valley und lautet kurz und knapp: „fail fast, early and forward", was bedeutet, dass auch die Debatte über die gemachten Fehler nicht schuldhaft nach hinten, sondern lösungsorientiert nach vorne geführt werden muss.

**Transformation und Best Practice - die Innenstadt als Reallabor**

Alle die hier im engen Rahmen dieses Aufsatzes nur kurz skizzierten Planungsleitlinien setzen jedoch reale Handlungsspielräume voraus oder sollten, sofern sie nicht vorhanden sind, ihre Schaffung zum allersten Schritt machen. Innerhalb der Innenstadt liegen sie jedoch in der Regel nicht in den A-, sondern in unter- oder fehlgenutzten eher peripheren B-Lagen. Sie sind in gewisser Weise schon immer das Einfallstor für innovative Nutzungen gewesen, deren Möglichkeiten im Rahmen des oben skizzierten Ansatzes jedoch systematisch erweitert werden können.

Aber auch in den A-Lagen, sofern nicht auch dort die krisenhafte Lage so weit zugespitzt ist, dass Investoren, Mieter und Nutzer von sich aus das Risiko von Nutzungsinnovationen eingehen, ist über die Experimentierklausel in der Raum- und Baugesetzgebung eine Chance für Handlungsspielräume zur Transformation gegeben. Auf Grund des dort auch in Krisenzeiten insgesamt immer noch hohen Verwertungsdruckes ist dort jedoch mit mehr und im Einzelfall auch bestens organisierten Widerständen zu rechnen.

Aber es sind genau diese Widerstände und die dahinterstehenden Beharrungs- und Bewahrungskräfte im Zusammen- und/oder Gegenspiel mit mehr oder weniger großen, erkämpften oder schon gegebenen, Innovationsspielräumen, die die Innenstadt erst zu dem machen, was planungsmethodisch am meisten gebraucht wird. Zu einem Reallabor, d.h. zu einem Ort, an dem durch permanente Partizipation aller willigen Beteiligten und Betroffenen, einschließlich der „Widerständler", eine Erprobungskultur in Echtzeit praktiziert wird, ohne die ein Übertragungs- und Nachahmfaktor gar nicht erst entstehen kann.

Dieser, wenn auch erst einmal begrenzte, Innenstadtbereich wird damit nicht nur zu einem Explorationsraum, sondern auch zum innovativen Vorreiter und Impulsgeber für die restliche Innenstadt, wenn nicht sogar für die gesamte Gemeinde und darüber hinaus. Geschieht dies in vielen Kommunen, können diese innerstädtischen Reallabore zu einer Art nationalen Best-Practice-Gemeinschaft heranwachsen, die auf Grund ihrer Breitenwirkung das stadtgesellschaftliche „Mind-Set" als Ganzes in Richtung größerer Wandlungsfähigkeit und -bereitschaft zu bewegen in der Lage ist.

## ZUR PERSON

**Dr. Arnold Voss**, Dipl. Ing. Raumplanung, Dipl. Pädagoge, hat eine Wissenschafts- und Lehrtätigkeit an der Technischen Universität Berlin, der Technischen Hochschule Aachen und der Columbia-University New York City in den Bereichen Stadtplanung, Städtebau und Architektur. Zahlreiche Veröffentlichungen u.a. zur Stadt- und Regionalentwicklung des Ruhrgebietes und des Großraumes New York City. Mitautor des Buches „Das CESA Konzept - Centren Entwicklung durch Standort Allianzen". Inhaber des Planungsbüros „Office for the Art of Planning – OfAP".
www.arnoldvoss.eu

Eckhard Brockhoff

# Neues Denken in der Vermarktung von Innenstädten

*Mit Brockhoff legte ich von Anfang an großen Wert auf die Professionalisierung und Messbarkeit unseres Berufs. Mit meinem Team konzentrierte ich mich nach Unternehmensgründung im Jahr 1987 zunächst auf die Analyse und den Aufbau des Marktes für Einzelhandelsimmobilien und veröffentlichte noch im selben Jahr erstmalig das Buch „Der Brockhoff", in dem wir alle 1a-Lagen in den Innenstädten Westdeutschlands katalogisierten.*

Es gilt bis heute als Standardnachschlagewerk in Deutschland und wird regelmäßig zur Bewertung von Einzelhandelslagen und Mietpreisen herangezogen. Nur elf Tage nach dem Mauerfall veröffentlichten wir eine Neuauflage inklusive aller ostdeutschen Städte. Sie können sich vorstellen – das Interesse an dem Werk war gigantisch. Es wurde uns quasi aus den Händen gerissen.

Denn vor über 37 Jahren herrschten in der Welt der Immobilienvermarktung oftmals Zustände wie im „Wilden Westen". Kein Wunder, damals war es einfacher, eine Maklergesellschaft zu gründen, als eine Kneipe zu eröffnen. Denn um Wirt zu werden, benötigte man zumindest ein Gesundheitszeugnis. Doch als Makler konnte sich so gut wie jeder selbstständig machen. Anstatt eines erlernten Berufs fanden viele ungelernte Quereinsteiger den Weg zum Makeln. Daher überrascht es nicht, dass in unserer Zunft das eine oder andere „schwarze Schaf" zu finden war.

Erst Anfang der 1990er Jahre begann die Professionalisierung der Branche, unter anderem durch das Engagement von Prof. Karl-Werner Schulte, der vielen als Begründer der interdisziplinären Lehre und Forschung für die Immobilienwirtschaft an Hochschulen im deutschsprachigen Raum gilt. In Hessen hielt ich selbst an der EBS Business School in Oestrich-Winkel Vorlesungen im Bereich Einzelhandelsimmobilien. Mit der Gründung der EBZ Business School – University of Applied Sciences in Bochum im Jahr 2008, bei der ich als stellv. Vorsitzender im Hochschulrat aktiv engagiert bin, wurden erstmals auch Bachelor- und Masterstudiengänge für die Immobilienwirtschaft im Ruhrgebiet angeboten.

**Online-Handel und Shopping Center markierten den Wendepunkt**

Viele Jahre war die Vermarktung von Ladenlokalen und einzelhandelsgenutzten Immobilien unser Hauptgeschäft, mit dem wir gute Umsätze erzielten. Die Wende kam maßgeblich durch den aufkommenden Online-Handel und den Bau von viel zu vielen Shopping Centern.

Zu den Shopping Centern: Systematisch überzeugten Firmen, die sich auf den Bau von Shopping Centern spezialisiert hatten, die (Ober-)Bürgermeister davon, wie großartig ihr geplantes Center sei und dass es auch Kundschaft aus den umliegenden Städten anziehen würde. Das Problem dabei: Genau dasselbe versprachen sie auch in den Nachbarstädten und bauten auch dort Center. Das führte dazu, dass viel zu viel Verkaufsfläche geschaffen wurde und die versprochene Kundschaft ausblieb. Die traditionellen Einkaufsstraßen litten als erstes unter Leerstand und Verfall. Doch nur wenige Jahre später sieht es in vielen Centern nicht besser aus. Viele deutsche Innenstädte sind schlichtweg „overshopped".

Etwa zeitgleich kamen Online-Plattformen auf den Markt, die bequeme Einkaufsmöglichkeiten mit großer Auswahl von der heimischen Couch aus ermöglichten. Die Corona-Maßnahmen verstärkten dieses neue Einkaufsverhalten zusätzlich, und Kontaktbeschränkungen erschwerten das Leben in den Innenstädten. In vielen deutschen B- und C-Städten zeichnete sich ein trauriges Bild ab.

**Verheißungsvolle Entwicklungen sind im Gange**

Doch es scheint, als hätten die Menschen genug vom Sofa-Shopping, sprich: dem Online-Handel, und dem früheren Gedränge in den Shopping Centern. In vielen Innenstädten tut sich wieder etwas. Die Bemühungen der städtischen Marketinggesellschaften zeigen erste Erfolge und führen zu einer Wiederbelebung der Innenstädte. Ich selbst berate die Städte Düsseldorf und Essen bei ihrem Vorhaben, die Innenstädte für die Zukunft neu auszurichten. Meine bisher eindringlichste Erkenntnis: Die Marketinggesellschaften dürfen nicht den Fehler machen, sich nur mit den ortsansässigen Akteuren zu beraten und mit ihnen „im eigenen Saft" zu schmoren. Mein dringender Appell lautet, Experten von außerhalb hinzuzuziehen, die einen gewissen Weitblick mitbringen. Derzeit beobachten wir vor allem drei Trends: Zum einen nutzen Filialisten den hohen Leerstand, um gezielt ihre Flächen zu optimieren und ihre Position in 1a-Lagen zu stärken. Brockhoff begleitet bekannte Filialunternehmen bei der Optimierung ihrer Flächen.

Der zweite wichtige Trend betrifft die Verweildauer in Innenstädten und Einkaufsstraßen und wird durch die Ansiedelung von Gastronomiebetrieben dominiert. Nach dem Shoppen noch etwas essen gehen oder sich zwischendurch mit einem Kaffee stärken. Vielfältige Gastroangebote sorgen dafür, dass sich die Menschen länger und entspannter in den Einkaufsstraßen aufhalten. Gleichzeitig erfüllt das Gastronomie-Angebot eine wichtige soziale Funktion, die vor allem dann relevant wird, wenn wieder mehr Menschen

*Gastronomie ist ein Anziehungspunkt in der Innenstadt: Brockhoff hat erfolgreich das Café & Bar Celona, ein bundesweit bekanntes Gastronomiekonzept, als Nachmieter für das ehemalige C&A-Geschäft in Ahaus mit einer Gesamtmietfläche von 960 qm gewonnen.*

Foto: Brockhoff

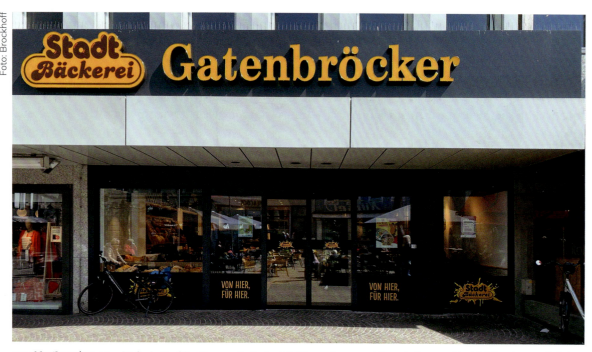

*Brockhoff RETAIL vermittelte in Recklinghausen ein Ladenlokal in 1a-Lage von Tamaris/Leos an Stadtbäckerei Gatenbröcker.*

in den Innenstädten wohnen. Dazu komme ich gleich noch.

Der dritte deutliche Trend beschreibt eine Kluft im Angebot. Denn um es knapp zu formulieren: „Es funktioniert entweder ganz billig oder ganz teuer". Ramschgeschäfte oder Luxusmarken sind die Branchen, die expandieren. Offenbar sind die Menschen bereit, sich im Regen in eine Warteschlange zu stellen, um Zutritt zu einer Boutique von einschlägigen Marken zu bekommen.

### Die Zukunft ist vielfältig – Die Innenstadt als gemischtes Quartier

Werden es die Innenstädte schaffen, zu neuem Glanz zurückzufinden? Ich bin zuversichtlich. Zumindest dann, wenn einige grundsätzliche Entwicklungen vorangetrieben werden. Dazu gehört aus meiner Sicht, dass dringend wieder mehr Wohnraum in den Innenstädten geschaffen werden muss. Die Obergeschosse vieler Geschäftshäuser bieten gut geschnittene Wohnungen, die viele Eigentümer schlichtweg verkommen ließen. Durch mehr Anwohner und mehr Gastroangebote – und hier komme ich auf das oben angesprochene Gastronomieangebot zurück – würden die Innenstädte nach Ladenschluss nicht mehr verwaist wirken. Ebenso wichtig ist es, Handwerksbetriebe, die in den letzten Jahrzehnten durch zu hohe Mieten, die nur noch von Textilern bezahlt werden konnten, verdrängt wurden, wieder in die Städte zu holen. Auch eine Tapetenhalle kann das vielfältige Angebot in den Innenstädten bereichern. In Universitätsstädten bieten ehemalige Ladenflächen von Kaufhäusern auch geeignete Räumlichkeiten, die in Hörsäle umfunktioniert werden können. Ältere Menschen schätzen es, wenn Lebensmitteleinzelhändler und Ärzte fußläufig erreichbar sind.

Mein Fazit: Die Innenstädte der Zukunft werden nicht mehr nur als reine Fashion-Meilen existieren. Die Chancen stehen gut für gemischt genutzte Quartiere, die allen Altersgruppen eine Heimat bieten können.

## ZUR PERSON

**Eckhard Brockhoff** ist Geschäftsführender Gesellschafter bei der Brockhoff GmbH.

# Wir machen mehr aus Ihrer Immobilie

*Mit der CENTIM haben Sie einen Partner an Ihrer Seite, der sich um alle Belange Ihrer Immobilie kümmert. Als erfahrene Manager im Segment Einzelhandelsimmobilien analysieren wir den Markt, spüren neue Trends auf und entwickeln erfolgsorientierte Centerkonzepte.*

**Geschäftsbereiche**

**Property Management**

**Vermietung**

**Revitalisierung**

„Wir wollen wachsen" – Flache Hierarchien im Unternehmen ermöglichen dabei einerseits kurze Reaktionszeiten in Entscheidungsprozessen vor Ort und lassen andererseits die Objektmanager mit ihren täglichen Aufgaben wachsen. Dies wiederum ist der Schlüssel zu einer hohen Motivation und aussichtsreichen Zukunftsperspektiven.

**CENTIM**

CENTIM Centermanagement- und Immobilienverwaltungsgesellschaft mbH, Taubertstraße 9, 14193 Berlin

Telefon: 030 82990336 | E-Mail: info@centim.de

www.centim.de

Dr. Marc Schumacher

# Die Innenstädte werden sich rasant verändern – und das ist gut so

*Die Online-Shopper sind für die Verödung der Innenstädte verantwortlich. Der stationäre Einzelhandel braucht dringend lebensverlängernde Maßnahmen, sonst herrscht bald Totentanz in deutschen Cities. Dieses Narrativ wird heute immer noch vielfach beschworen. Und auch im Untertitel zu dieser Publikation wird die Frage gestellt, wie „unsere lebendigen Marktplätze gerettet werden können".*

Wenn wir die geeigneten Maßnahmen zur Belebung unserer Innenstädte ergreifen wollen, sollten wir uns an dieser Stelle ehrlich machen: Sind die Shoppingmeilen der Städte wirklich so bunt und pulsierend, dass sie sich mit den traditionellen Marktplätzen vergleichen lassen, die in vergangenen Jahrhunderten das vitale Zentrum einer Stadt ausgemacht haben?

### Déjà-vu in der Fußgängerzone – eine Monokultur des Konsums

Gehen Sie gedanklich mal durch eine Fußgängerzone in Ihrer Nähe. Was sehen Sie? Eine Monokultur des Konsums. In den Fußgängerzonen Europas herrscht überall die gleiche gähnende Langeweile: Ein Déjà-vu von Stores, die mit hohem Warendruck versuchen, Menschen zum Kaufen zu bewegen, die alles längst doppelt und dreifach besitzen. Der Expansionsdrang der großen Filialketten in Kombination mit exorbitanten Mietpreisen hat in den vergangenen Jahrzehnten den Einkaufsstraßen unserer Städte jegliche Individualität geraubt.

Dann kam die Pandemie, und die Verbraucher lernten schnell, dass man weder zum Einkaufen noch für den Bürojob die Wohnung verlassen muss. Corona ist nicht die Ursache für die Krise der Innenstädte. Es hat allerdings in vielen Bereichen als Brandbeschleuniger gewirkt, vor allem in jenen, die auch zuvor schon mit strukturellen Problemen zu kämpfen hatten. Das Virus sorgte bei zahlreichen Online-Services und -Segmenten für Tipping Points, die zu einer nachhaltigen Verhaltensänderung in der gesamten Bevölkerung geführt haben.

### Bedarfsdeckung? Dafür muss keiner mehr vor die Tür

Online-Fitness, Video on Demand, Konzert-Streaming, Remote Work, Online-Shopping, Home Delivery – all diese Services haben sich mittlerweile bei vielen Menschen als neue Gewohnheiten etabliert. Weil sie Geld, Nerven und Zeit sparen, für mehr Auswahl, Transparenz und Bequemlichkeit sorgen. Das ist nicht bedauerlich oder ethisch bedenklich, sondern naheliegend und sinnvoll. Um die Leute aus den eigenen vier Wänden zu locken, damit sie zum Beispiel zum Arbeiten ins Büro kommen, in einem physischen Store einkaufen oder ins Kino gehen, muss man sich heute und in Zukunft andere Mehrwerte einfallen lassen als Funktionalität und Bedarfsdeckung.

**Raus aus der Logikblase der Algorithmen**

Wird es in 25 Jahren noch Filialen von H&M, Douglas und Zara in der Innenstadt geben? Da würde ich nicht drauf wetten. Überzeugt bin ich dagegen, dass auch in einem Vierteljahrhundert noch Menschen über den Münchner Viktualienmarkt und den Hamburger Isemarkt schlendern werden. Der Marktplatz war und ist ein Ort, an dem Menschen nicht nur eingekauft, sondern sich auch getroffen und ausgetauscht haben. Das Bedürfnis nach echten Begegnungen und Erlebnissen ist unverändert hoch. Gerade die Digital Natives lieben Orte, die sie aus der Logikblase der Algorithmen befreien und sie mit dem Unerwarteten, Zufälligen überraschen. Ich bin überzeugt: Unsere Innenstädte haben eine großartige Zukunft. Aber nur, wenn wir die Chance für einen mutigen Neuanfang nutzen, anstatt nostalgisch an ausgedienten Konzepten festzuhalten.

**Der Retail muss sich den Marktplatz zurückerobern**

Wenn heute vom Marktplatz die Rede ist, denken wir automatisch an Digitalplattformen wie Amazon oder Ebay. Der stationäre Handel muss sich diesen so emotional besetzten Begriff schnellstens wieder zurückerobern. Der Marktplatz gehört in den physischen Raum, weil er alle Sinne anspricht und einen Platz für menschliches Miteinander – auch jenseits von Konsum – bietet. Ein Alleinstellungsmerkmal, mit dem der Online-Handel nicht konkurrieren kann. Mit Retail, dem es gelingt, das Prinzip des Marktplatzes in die Gegenwart zu übersetzen, kann der Neustart glücken.

**Der Store wird zur Bühne, zum Campus, zum Club**

Dass Kunden den physischen Store als Showroom zur Inspiration nutzen und Produkte, die ihnen gefallen, später online kaufen, war in den Anfangszeiten des E-Commerce die Drohkulisse schlechthin. Heute ist Showrooming als Bestandteil einer Experience-getriebenen Customer Journey die Lösung für den Handel der Zukunft. Bei zeitgemäß konzipierten Stores hängt der Wertbeitrag in der Customer Journey nicht vom Kauf vor Ort ab. Ihre Aufgabe ist es, Marke und Produkte erlebbar zu machen, eine Community zu bilden. Crossover-Konzepte verbinden Handel mit Gastronomie-, Kultur- und Freizeitangeboten: Der Store wird zur Bühne, zum Campus, zur Galerie, zum angesagten Club.

Wie das im Idealfall funktionieren kann, zeigt Erewhon, der hippe Luxus-Lebensmittelhändler aus L.A., der als der profitabelste Supermarkt der Welt gilt. In den 1960er Jahren als bescheidener Bioladen gegründet, hat sich Erewhon nach der Übernahme durch Tony und Josephine Antoci 2011 zu einem Community Hub für Anhänger des Healthy Lifestyles – darunter zahlreiche Influencer und Celebrities – entwickelt, und die Vorstellung vom Wesen eines Supermarkts grundlegend verändert. Die Anziehungskraft der Marke, die auf langsames Wachstum setzt und aktuell neun Filialen umfasst, reicht weit über hochwertige Bio-Lebensmittel, fotogene Smoothies und gesunde Snacks hinaus. Erewhon hat es geschafft, eine magnetische Club-Atmosphäre samt Café, Bar und eigenem Merch zu etablieren und sich als luxuriöser „dritter Ort" zu positionieren, der eher beiläufig auch Lebensmittel verkauft.

**Vom Wandel der Orte: Multifunktionalität trifft Club-Atmo**

Das Prinzip Erewhon lässt sich vom Retail auch auf andere Branchen übertragen, die unsere Innenstädte attraktiv und lebendig halten: Um Menschen anzuziehen, müssen Orte ursprünglich getrennte Funktionen wie Arbeit, Wohnen, Feiern, Sport, Shoppen, Gastronomie etc. im stimmigen Rahmen eines Social Clubs zusammenbringen.

Einige konkrete Beispiele: Unternehmen, die ihre Mitarbeitenden ins Büro locken wollen, sind gut beraten, ein Ambiente zu schaffen, das konkurrenzfähig zu den Vorzügen der eigenen Wohnung und des Lieblingscafés ist. Neben Rückzugsorten fürs konzentrierte Arbeiten sollte es Open Spaces mit Wohnzimmer-Vibe geben sowie lässige

*Auf Märkten wie dem Münchner Viktualenmarkt kaufen Menschen nicht nur ein, sie treffen sich und tauschen sich aus.*

Koch- und Essbereiche statt steriler Kantinen-Atmosphäre. Sportstudios bieten seit einiger Zeit neben Saunalandschaft und Café auch Working Spaces an. So kann man zwischen zwei Remote-Meetings eine Runde Bouldern oder Boxen gehen – ein echter Mehrwert für die Work-Life-Balance. Fitnessanbieter wie die Spinning-Experten Hicycle oder Black Bike gehen einen anderen Weg, um auf Selbstoptimierung bedachte Millennials aus ihren Home Gyms in die Studios zu motivieren. Sie inszenieren Spinningklassen als Club-Events. Party Cycling oder Soul Cycling heißt der Trend, bei dem man sich bei Discolicht und mitreißenden Beats gemeinsam in Ekstase strampelt.

Auch die Hotelbranche beginnt zu verstehen, dass sie in Zeiten von AirBnB ihrer Kundschaft mehr Erlebniswert bieten muss als ein komfortables Zimmer plus Lobby und Frühstücksbüffet. Erfolgsbeispiele dafür sind die Häuser der 25hours-Kette, die unter dem Motto „Kennst du eins, kennst du keins" einen Kontrapunkt zur Uniformität typischer Business-Hotels setzen. Jeder der 25hours-Ableger, von denen es mittlerweile ein Dutzend gibt, erzählt von seiner Umgebung inspiriert eine eigene Geschichte und überrascht mit ungewöhnlichen Interior-Ideen und Experience-Formaten. So wird Kreativität skalierbar gemacht.

**Aus den Gewerbegebieten zurück in die Innenstädte**

Die Transformation der Innenstädte sorgt nicht nur für vielfältigere, flexiblere Konzepte bei den etablierten Playern, sondern ermöglicht es zudem Branchen, die vor Jahrzehnten durch die hohen Mietpreise in die Peripherie vertrieben worden sind, mit zeitgemäßen Angeboten ins Herz der Städte zurückzukehren. Wie man an vielen Orten schon erleben kann, findet das Handwerk wieder einen Platz, dort, wo zuvor Mode-Boutiquen und Schuhgeschäfte waren. Indem es Manufaktur mit Personalisierung und Nachhaltigkeit verbindet (wie z.B. der Küchenbauer oder die Schreinerei, die Möbel nach Maß anbieten), trifft es die Bedürfnisse der kaufkräftigen, urbanen Zielgruppen. Auch Baumärkte wie OBI, Toom oder Hagebau nutzen das Momentum aus Immobilienleerstand und gesellschaftlichen Trends wie DIY und Urban Gardening, um sich den Bedürfnissen der städtischen Kundschaft über Popup-Stores anzunähern. Autohäuser haben jetzt spannende Optionen, sich mit neuen Mobilitätskonzepten im urbanen Rahmen darzustellen und mit Experience-Konzepten Communities um ihre Marken herum zu aktivieren. Tesla und Mercedes waren hier Pioniere, Mitbewerber wie NIO oder Polestar ziehen nach.

**In den Cities darf wieder gewohnt werden**

Und schließlich wird es wieder mehr Wohnraum im Herzen der Stadt geben und damit auch mehr Kitas und Schulen. Die Innenstadt braucht diese neue Stammkundschaft auch dringend, da die Zahl der Menschen, die täglich ins City-Office pendeln, sich weiter reduzieren wird. Die Arbeitsgemeinschaft für zeitgemäßes Bauen schätzt, dass 40 Prozent der 14,8 Millionen Bürojobs in Deutschland langfristig zu Home-Jobs werden. 136 Millionen Quadratmeter Bürofläche werden dadurch frei.

Die Folgen des durch die Pandemie angestoßenen Homeoffice-Trends für Wirtschaft und Gesellschaft sind noch nicht gänzlich absehbar. Doch schon jetzt steht fest, dass die Fernarbeiter die Struktur der Städte stark verändern werden. Das schon seit längerem von Stadtplanern diskutierte Konzept der 15-Minuten-Stadt, entwickelt von dem Wissenschaftler Carlos Moreno, hat dadurch neue Aktualität bekommen. Anstelle von Städten mit getrennten Vierteln für Wohnen, Arbeiten und Freizeit sieht Moreno das urbane Zentrum als einen Organismus von einzelnen Quartieren, in denen sich sämtliche Grundbedürfnisse der Bewohner innerhalb von 15 Minuten zu Fuß oder per Fahrrad erfüllen lassen. Um möglichst viele Services und Aktivitäten in die Stadt zu holen, bietet sich die Mehrfachnutzung und Umwidmung von bestehender Infrastruktur an. So können Schulen nach dem Unterricht für Kultur zur Verfügung stehen, nicht mehr genutzte Gewerbeimmobilien zu Social Spaces mit Co-Working Areas, Gastronomie, Freiräumen für Sport und Erholung umfunktioniert werden.

**Fazit:** Die aktuellen disruptiven Veränderungen bieten die Chance, unsere Städte wieder zu Orten zu machen, in denen Gemeinschaft, Handel, Kultur und Innovation zusammenkommen. Gewinnen werden Metropolen mit klugem Innenstadt-Management, großer unternehmerischer Kreativität und hohem Erlebnis-Faktor.

## ZUR PERSON

Dr. Marc Schumacher ist seit 1. November 2022 CEO der AVANTGARDE Group. Die 1985 gegründete Agentur mit 11 Standorten und 650 Beschäftigten hat sich auf Brand Experiences spezialisiert. Schumacher ist in Bremerhaven geboren, hat in Stuttgart BWL studiert und in Leipzig promoviert. Er hat in Führungspositionen bei Breuninger, dem Modehersteller Tom Tailor und dem Markenerlebnis-Dienstleister Liganova gearbeitet. Als Marketing- und Einzelhandelsexperte erstellt er Kommunikationskonzepte für Firmen wie Mercedes-Benz, Adidas oder Chanel. Schumacher gilt als frühzeitiger Erkenner von Trends und provokanter Keynote-Speaker.

# 7 SCHRITTE
## zur Verbesserung des städtischen Mikroklimas

Mutter Erde befindet sich im Wandel des Klimas. Seit vielen Jahrzehnten stehen wir alle dieser Realität gegenüber und erleben ihre Auswirkungen hautnah.

In unserer Zeit sind die globale Erwärmung und Luftverschmutzung zu ernsthaften Bedrohungen für unser Wohlbefinden geworden. Diese Umweltprobleme verändern die Lebensbedingungen auf unserem Planeten und es ist unerlässlich, dass wir nicht untätig bleiben. Wir müssen informiert handeln, gut durchdachte Entscheidungen treffen und Entwicklungsprojekte vorantreiben, die sich an einem zentralen Wert orientieren:

*"Die Reduzierung der negativen Auswirkungen der globalen Erwärmung und Luftverschmutzung."*

Bei **Vision Seven** agieren wir als ein Team von Visionären, leidenschaftlichen und kompetenten Experten. Wir bündeln unsere Energien, unser Wissen und unsere Expertise in einer **visionären Entwicklungs-Taskforce**, die von dieser Philosophie angetrieben wird. Wir sind überzeugt, dass fundierte Entscheidungen für die Entwicklung und erfolgreiche Umsetzung effizienter Projekte von entscheidender Bedeutung sind.

Aus diesem Grund haben wir einen **7-Schritte-Leitfaden** zur effizienten Verbesserung des städtischen Mikroklimas entwickelt. Dieser Leitfaden besteht aus folgenden Hauptelementen:

### Schritt 1 - Status Quo-Analyse

Die *Status Quo-Analyse* bildet eine umfassende Untersuchung des Mikroklimas. In diesem ersten Schritt erstellen wir ein *digitales 3D-Modell des untersuchten Gebiets*, welches sämtliche relevanten Parameter für die Lebensqualität berücksichtigt. Diese werden in der Simulation miteinander verknüpft.

Das erstellte digitale Modell ermöglicht die Simulation des mikroklimatischen Verhaltens des *analysierten Gebiets* unter verschiedenen klimatischen und wetterbedingten Gegebenheiten sowie während verschiedener Jahreszeiten. Die Anwendung solcher Simulationen mit dem digitalen Modell erlaubt die Identifizierung von **zwei Haupttypen von Zonen** im *analysierten Gebiet*.

Einerseits existieren **kritische Zonen**, die anfällig für klimatische Unannehmlichkeiten, städtische Wärmeinseln (UHI) und gefährdete Gebiete aus mikroklimatischer Perspektive sind.

Durch die Identifikation dieser kritischen Zonen kann der Kunde *fundierte Entscheidungen* darüber treffen, welche Bereiche in das mikroklimatische Behandlungskonzept einbezogen werden sollen.

Auf der anderen Seite finden sich **vorteilhafte Zonen**, die optimale mikroklimatische Bedingungen für verschiedene Aktivitäten bieten, *sei es Spazierengehen (Promenaden), Laufen, Radfahren* oder andere Sportarten, ebenso wie für wirtschaftliche Aktivitäten im Freien, wie beispielsweise *Terrassen* und *Cafés*.

Alle diese physischen und wirtschaftlichen Aktivitäten *erlangen eine höhere Erfolgsrate und werden von der Öffentlichkeit besser geschätzt,* wenn sie an geeigneten Standorten mit den optimalen mikroklimatischen Bedingungen stattfinden. Die Identifikation **vorteilhafter Zonen** liefert wertvolle Informationen für Stadtentwicklungsplaner, um festzulegen, welche Art von physischen oder wirtschaftlichen Aktivitäten an welchen Orten in Betracht gezogen werden sollten.

### Schritt 2 - Lösungen & Tools

Unser breites Portfolio umfasst Lösungen für unterschiedliche Umgebungen und Oberflächen. Es reicht von traditioneller Begrünung und Bepflanzung bis hin zu modernen Biotechnologien zur Luftaufbereitung und Kühlung. Diese Lösungen werden ferngesteuert durch den Einsatz von IoT und spezifischen KI-Algorithmen, um wertvolle Echtzeitdaten für informierte Entscheidungsträger bereitzustellen.

### Schritt 3 - Entwurf des Behandlungskonzepts

In der *Phase des Behandlungskonzepts* kombinieren und integrieren wir die ausgewählten Einzellösungen und Werkzeuge, um die effizienteste Gesamtbehandlung zu erzielen. Dabei betrachten wir die Aspekte aus verschiedenen Perspektiven und suchen nach dem optimalen Gleichgewicht zwischen der erzielten Wirkung, der Wartung, dem Einfluss der Belastung auf die Konzeptelemente sowie der Effizienz und Haltbarkeit.

Zur besseren Veranschaulichung erstellen wir in der Entwurfsphase visuelle *3D-Modelle für die vorgeschlagenen Elemente* und Lösungen und bereiten *visuelle Simulationen* vor.

### Schritt 4 - Analyse des Behandlungskonzepts

Aus methodischer Sicht ist die *Analyse des Behandlungskonzepts* eng mit der *Analyse des Status Quo* verbunden. Unter Anwendung des gleichen Ansatzes entwickeln wir *ein neues digitales 3D-Mikroklimamodell*, das diesmal auch die Veränderungen beinhaltet, die durch die Umsetzung des *Behandlungskonzepts* entstanden sind.

### Schritt 5 - Auswertung

Sobald das digitale Modell des *Behandlungskonzepts* erstellt ist, kann es das mikroklimatische Verhalten des behandelten Bereichs unter verschiedenen Klimabedingungen simulieren. Durch die Auswahl derselben Klimabedingungen wie in der *Status-Quo-Analyse* ermöglicht dies einen *Vorher-Nachher-Vergleich*.

Die Durchführung der gleichen Art von Simulationen mit beiden digitalen Modellen erlaubt es, die Effizienz des *Behandlungskonzepts* zu bewerten und eine Vorstellung von der geschätzten Verbesserung des Mikroklimas durch dessen Umsetzung zu erhalten.

### Schritt 6 - Durchführung

Durch eine zentrale Koordination und effizientes Zeitmanagement werden die Umsetzungsphasen auf eine minimale, kostengünstige Dauer optimiert.

### Schritt 7 - Überwachung

Die Überwachung des Mikroklimas und der Luftqualität ist besonders wichtig, vor allem in Gebieten, die durch Schadstoffe oder extreme Wetterbedingungen gefährdet sind. Unser Überwachungssystem basiert auf der Implementierung eines Netzes spezieller Sensoren, die kontinuierlich Daten in eine cloudbasierte Plattform einspeisen, um die Luftqualität zu überwachen und zu analysieren.

Die Luftqualitätssensoren und die Analyse-Suite ermöglichen eine hohe Datenauflösung, um eine solide Grundlage für fundierte Entscheidungen zu schaffen. Potenzielle Probleme können unmittelbar erkannt werden, *sobald sie auftreten, und die Stadtverwaltung kann sofort reagieren, um die Situation zu lösen oder zu entschärfen.*

www.vision-seven.com

# VISION SEVEN · GREEN VIVACITY
www.vision-seven.com

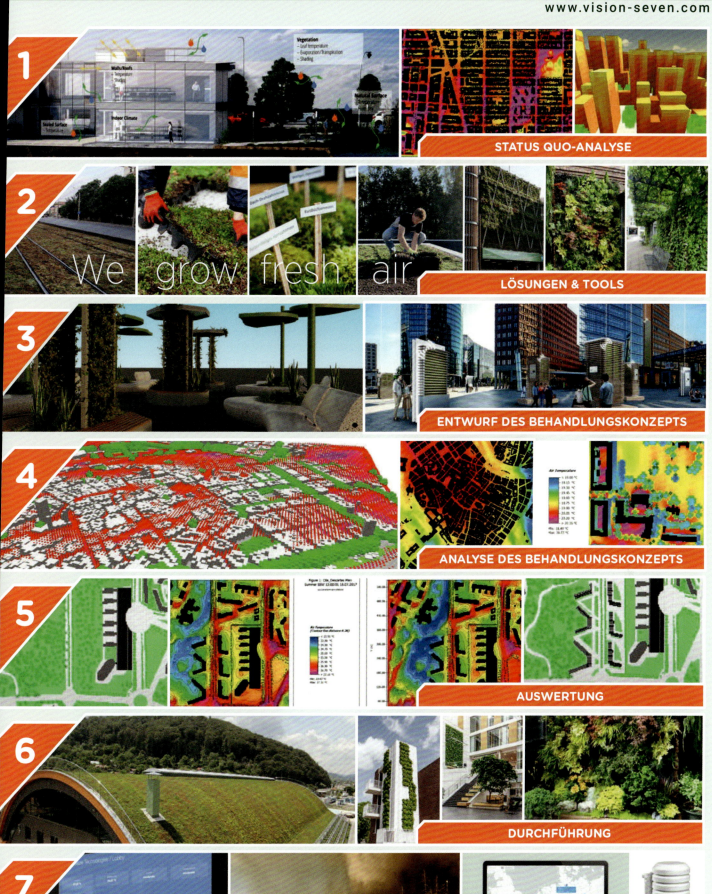

1. STATUS QUO-ANALYSE
2. LÖSUNGEN & TOOLS
3. ENTWURF DES BEHANDLUNGSKONZEPTS
4. ANALYSE DES BEHANDLUNGSKONZEPTS
5. AUSWERTUNG
6. DURCHFÜHRUNG
7. ÜBERWACHUNG

Mark Aengevelt
Dr. Wulff Aengevelt

# Von der Hauptpost zum Kulturhotspot

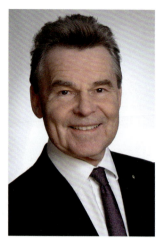

*Immer wieder kommt es vor, dass sich prominente Immobilien an 1a-Standorten, die leergezogen werden, zu Brachen und Schandflecken der Innenstädte entwickeln. Umso wichtiger ist es, solche Gebäude und Komplexe sehr zügig zu sanieren und dabei in städtebauliche Highlights zu transformieren. Dies gelingt durch Erarbeitung und Realisierung neuer Nutzungen, die im städtebaulich breiten Konsens vorangetrieben werden und die die Attraktivität des Quartiers steigern und in vielfältiger Weise zum Gemeinwohl beitragen.*

In Düsseldorf ist das jüngst mit der ehemaligen Hauptpost gelungen, die viele Jahrzehnte am Konrad-Adenauer-Platz unter der Hausnummer 1 gegenüber dem Hauptbahnhof am Tor zum japanischen Viertel entlang der Immermannstraße domizilierte. Die Post hatte ihren Komplex an ein berufsständisches Versorgungswerk im Wege langfristiger Rückmietung verkauft, aber dann einige Jahre vor Vertragsende im Zuge innerbetrieblicher Umstrukturierungen die Aufgabe ihres City-Standortes beschlossen. Das stellte den Eigentümer vor zahlreiche Fragen, u.a. der Drittverwendungsfähigkeit des bisherigen Spezialgebäudes, das u. a. auch ein massiv errichtetes Parkhaus als zentralen Umschlagplatz zur An- und Ablieferung von Paketen und Briefen umfasste. Die dazu erforderliche, sehr komplexe Statik mit breiten Rampen und Rangierflächen und Geschosshöhen von bis zu sieben Metern hätte mit einem komplizierten zeit- und kostenträchtigen Abriss und nachfolgendem Neubau den sehr prominenten, hochfrequentierten City-Standort für viele Jahre mit allen Beeinträchtigungen einer Großbaustellensituation imageschädlich und bürgerunfreundlich belastet. Aengevelt entwickelte stattdessen als Alternative Nutzungsideen für das Areal in bester Citylage, das mit Logistik und einer Druckerei ohnehin seit Jahrzehnten keine standortadäquaten Nutzungen mehr aufwies, die zur Steigerung der Attraktivität der Innenstadt beitragen.

Uns war aufgefallen, dass die Zentralbibliothek der Landeshauptstadt mit seinerzeit noch unter einer Million Besuchern pro Jahr auf der city-abgewandten Rückseite des Hauptbahnhofs angesichts über die Jahre deutlich angestiegener Nutzeransprüche schon seit längerer Zeit expansionsgehemmt nicht mehr optimal positioniert war. Also entwickelten wir das Konzept, den weitgehend leergezogenen Komplex der Hauptpost als Sanierung im Bestand anzudenken und dazu in einen kulturellen Hotspot umzunutzen. Die zukünftige Ankernutzung sollte dabei die neue, zukunftsfähig alle Nutzeranforderungen wieder erfüllende Zentralbibliothek sein, die rund 13.000 von insgesamt 30.000 qm Fläche erhalten sollte. Zur erfolgreichen Bildung des angedachten neuen kulturellen Nutzungsschwerpunktes wurden im Dialog mit der Stadt u.a. als weitere signifikante Flächenbedarfsträger auch das Forum Freies Theater sowie Abteilungen von Stadtmuseum, Theatermuseum, Heinrich-Heine-Institut, Stadtarchiv und die (von einem Außenbezirk alsdann wieder bürgerfreundlich in die City zurückkehrende) städtische Schulverwaltung im adressenadäquat „KAP1" griffig genannten neuen Kulturcenter bürgerfreundlich als Komplementärnutzer hinzugedacht und im Dialog überzeugt und für die Idee gewonnen. Ein Lebensmittelsupermarkt, Gastronomie und eine Paketstation runden das Multi-Use-Konzept ab und sorgen für weitere attraktive Besucher- und Passantenfrequenzen an sieben Wochentagen von frühmorgens bis Mitternacht. Hinzu kommt, dass weite Teile der ehemaligen Post-Logistikfläche als bequem befahrbares, öffentliches Parkhaus und (für die Bibliotheknutzer besonders attraktiv) auch für bewachte Fahrradstellplätze zur Verfügung stehen.

Das auch mit zahlreichen attraktiven ökologischen Ausstattungen umweltzuträglich optimierte Konzept hat so gut funktioniert, dass die nunmehr nach Umzug wieder ultramodern aufgestellte Düsseldorfer Zentralbibliothek im KAP1 soeben (nur zwei Jahre nach Eröffnung) vom Deutschen Bibliotheksverband als „Bibliothek des Jahres 2023" (u.a. wegen ihrer im bundesweiten wie internationalen Vergleich sehr hohen Aufenthaltsqualität und dadurch schlagartig jährlich um mehrere hunderttausend angestiegenen Nutzerbesuche) ausgezeichnet wurde. Und dafür, dass das KAP1 jetzt ein überaus populäres städtebauliches Kultur- und Mulit-use-Highlight darstellt, sorgen neben zahlreichen raffinierten architektonischen Details auch vier über das Gebäudedach auskragende goldene Rahmen der Künstlerin Barbara Wille, die den passenden Namen „Blickfang" tragen.

## ZUR PERSON

**Mark Aengevelt** und **Dr. Wulff Aengevelt** sind geschäftsführende Gesellschafter von Aengevelt Immobilien. Aengevelt ist u.a. Stiftungsgründer und Mitglied des Stiftungsrates der Universitätsstiftung für Immobilienwirtschaft IRE|BS an der Universität Regensburg.

*Das KAP1 in Düsseldorf nach Sanierung und Umnutzung*

Foto: RKW Architektur +

Prof. Dr. Winfried Schwatlo

# QUO VADIS Immobilienmarkt? QUO VADIS City?

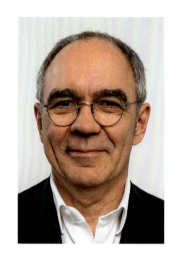

*Mein Blick in die Glaskugel der künftigen immobilienwirtschaftlichen Entwicklung beginnt mit einem mich persönlich beunruhigenden Hinweis auf gesellschaftlichen Sprengstoff und basiert dann auf einer Annäherung von zwei Seiten: Die Seite unseres gesellschaftlichen Wandels mit Novitäten wie die Arbeit mit künstlicher Intelligenz und sich schnell und intensiv verändernder Mobilität mit allen Konsequenzen für die Immobilienmärkte. Und die Annäherung von der anderen Seite könnte auch von Ludwig Erhard stammen, der gesagt haben soll, dass 50 Prozent der Wirtschaft (und damit auch der Immobilienwirtschaft) Psychologie sei.*

Zu hohe Immobilienpreise für die gesellschaftliche Mehrheit, Käufer zwickende Zinsbelastungen, die man in der Kalkulation von Projekten jahrelang schon fast verdrängt hatte und die allenfalls ältere Marktteilnehmer mit entsprechender historischer Erfahrung ruhig hinnehmen, erschwerte Kreditvergaberegeln, Heizungspsychosen etc. All das blockiert für viele unerwartet Immobilientransaktionen, wo man sich gestern noch überboten hatte, um zum Zuge zu kommen. Nicht wenige verschlucken sich auch an der Schockstarre, weil ihnen das Eigenkapital zum durchhalten fehlt. Dieser Prozess dauert noch an. Dabei könnte doch der unerwartete, wenn auch kurze Inflationsschock Rückenwind für den vermeintlich sicheren Hafen Immobilien aller Art sein. Oder? Und das betrifft Wohn- und Gewerbeimmobilien.

Das besonders Gefährliche sind große Politikfehler, die das heimische Wachstum ausbremsen. Besonders das deutsche Wachstum schmilzt unter der immer wärmer strahlenden Sonne stärker als in anderen Märkten. Und das ist fatal. Ohne Wachstumsimpulse entsteht kein nachhaltiger Wohlstand. Ohne Wohlstand entwickeln sich keine gesunden Immobilienmärkte. Wir können nach links und rechts schauen: unsere europäischen Nachbarn, die USA und das gefürchtete China machen aktuell einfach alles besser als wir ehemals selbsternannten Weltverbesserer.

Der BGH schiebt geplanten Schattenhaushalten mit explosiver Staatsverschuldung einen Riegel vor. Indirekt hilft auch das dem beschleunigten Bürokratieabbau. Ein Dank dafür vorab von der Immobilienwirtschaft. Man kann Kühe nicht fortlaufend melken, ohne ihnen saftige Wiesen zu gönnen, die sie stärken, um dann gute Milch zu geben. Die Gesellschaft muss lernen, es gut zu finden, dass die Immobilienwirtschaft nur dann, wenn sie gewinnorientiert agieren kann, auch der Gesellschaft mit neuem Wohnraum und guten Quartieren Mehrwerte generiert.

Wettbewerbsfähige Energiesicherheit erlangt man nicht durch übertuerte Einkäufe am Weltmarkt von Flüssiggas oder Atomstrom; da reiben sich internationale Konkurrenten kopfschüttelnd die Hände. Das teure LNG-Terminal-Projekt vor Rügen darf auch objektiv als schlecht für alle gewertet werden: schlecht für die Umwelt, für die Meerestiere und für den Tourismus. Es wird

scheitern. All das sind Produkte eines übereilten, unlogischen, psychologisch geprägten Aktionismus.

Wenn ein DAX-Konzern wie die Vonovia seine Bautätigkeit einstellt, dann erhöht das den Druck auf dem Kessel von fehlendem bezahlbaren Wohnraum. Und das letzte, was uns in der Zukunft hilft, ist eine noch tiefere gesellschaftliche Spaltung. Die deutsche Mittelschicht erodiert zunehmend. Das ist Fakt. Das Sozialreferat der Stadt München spricht im monetären Sinn von rund 270.000 wohnarmutsbetroffenen Menschen in der bayerischen Landeshauptstadt. Ende des Jahrzehnts wird bereits mit einem Anstieg auf 400.000 gerechnet. Ich bin fast sprachlos, wie nachrangig diese Zeitbombe von der Politik behandelt wird. Viel zu viele warme Worte statt Taten. Und das hat direkte Auswirkungen auf die Immobilienmärkte.

Und noch einen weiteren Blick auf unseren gesellschaftlich drohenden Flächenbrand halte ich für wichtig: Die reichere Hälfte in Deutschland besitzt 99,5 Prozent des Gesamtvermögens, die ärmere Hälfte besitzt 0,5 Prozent. Wenn man diesen Gedanken durch zahlreiche weitere bedrückende Fakten vertieft (https://ungleichheit.info), komme ich zu dem Schluss, dass wir – um gesellschaftlichen Frieden zu erhalten – in der Immobilienwirtschaft einen Blick von weiter oben auf unser Handeln benötigen. Wir Immobilienwirtschaftler haben eine große gesellschaftliche Verantwortung. Da tut es gut, dass Verbände wie das ICG Institut für Corporate Governance in der deutschen Immobilienwirtschaft e.V. wachsen und an Bedeutung gewinnen (https://icg-institut.de).

Ein Blick auf unsere Innenstädte: In den Insolvenzen von Benkos Größenwahn, Galeria Karstadt Kaufhof, Peek & Cloppenburg etc., sehe ich eine fast glückliche Chance, unsere Innenstädte beschleunigt umzubauen. Das betrifft nicht nur die untere Mittelklasse, wie Duisburg und Bielefeld (sorry!), sondern jede A-, B-, C- und D-Stadt, also auch Berlin und München.

Freche und doch ästhetische Architektur, Büros für Forschungsinstitute, Softwareschulen für Senioren ... all das hat nichts mit Retail zu tun, wird aber dankend auf ehemaligen (suboptimalen) City-Retailflächen eine neue Heimat finden. Der Fokus auf funktionierende Shopping Center und Konsumtempel aller Art hat seinen Höhepunkt längst überschritten. Wo jetzt der Mensch mit Wohlfühloasen aller Art und nicht die Immobilie in den Mittelpunkt rückt, platzieren sich neue Gewinner. Mixed Used und innovative Quartiere sind gängige Vokabeln geworden.

Je kleiner die Stadt, desto schneller und größer wird nun der Druck, sich zu digitalisieren. Virtuelle Parallelwelten mit immer noch realitätsnäheren 3-D-Entwicklungen werden vielerorts von fitten jungen Firmen entwickelt. Unsere zweidimensionalen Webseiten werden schon in sehr naher Zukunft Einstiegsportale für 3-D-Räume. Der junge Konsument ist mehr und mehr digital unterwegs und findet das auch normal. Das kleine edle Kitzbühel in Österreich z.B. ruht sich nicht auf dem dort zweifelsfrei funktionierenden Tourismus aus, sondern arbeitet an einem spannenden, den Stadtauftritt ergänzenden, mit dem Einzelhandel und der Tourismuswirtschaft nicht konkurrierendem, sondern bereicherndem Konzept der www.digitalstadt.at. Spannend ist das und aus meiner Sicht weitsichtig klug. Man geht mit einem selbstgewählten Avatar durch die Stadt, schaut in Schaufenster oder betritt virtuell Geschäfte. Gleiches gilt für alles, wie Restaurants, Apotheken, Hotels, was auch immer real da ist. Man kann auch neue Häuser sehen, wie sie werden, wenn sie erneuert wurden, oder tritt in eine künftig umgebaute Sparkassenfiliale schon heute ein.

Schlagworte, wie die City als Einkaufsstadt zu erleben und als Meeting-Hotspot zu nutzen, ziehen nicht mehr. Konsequente digitale Teilhabe ist der Schlüssel, der besser passt.

Das bestätigt auch die CIMA in ihrer Deutschlandstudie Innenstadt. Danach würden sich junge Kunden immer weniger mit der City als „Einkaufsstadt" identifizieren. Betrachteten 2015 noch 75 Prozent der unter 30-Jährigen Ihre City als idealen Treffpunkt zum Shoppen, sagen das heute nur noch 40 Prozent. Auch unter den Älteren verliert die Innenstadt ihren Reiz, nur etwas langsamer.

Dabei soll der digitale Zwilling unser Leben einfacher machen, aber nicht einsamer. Sich in der Stadt zu treffen und persönlichen realen Austausch zu pflegen, das bleibt die Aufgabe einer jeden City, hingegen nicht mehr, Konsumflächen-Produktivitäten zu optimieren. Dieser noch ungewohnte Weg kann gesellschaftlichen Frust reduzieren helfen. Nur wenn es möglich ist, sich auch mit wenig Geld in der City zu bewegen und wohlzufühlen und sie als persönliche Lebensbereicherung zu empfinden, nur dann ist der Cityumbau auf gutem Kurs. Der öffentliche Raum gehört allen gesellschaftlichen Gruppen und Klassen.

Wir werden neues Alltägliches lernen, digitale Parkhilfen verwenden, auch City-Apps etc., so wie früher das einfache Telefon, und eine Mobilität leben, wo Fußgänger, Fahrradfahrer, Nutzer der Öffentlichen und Autofahrer sich gleichberechtigt fühlen und erleben. Jedes Fortbewegungsmittel hat dann übrigens seine eigene Berechtigung.

Es gibt viele Beiträge zu den Themen sichere Stadt, interessante Stadt und soziale Stadt, was aber viel zu viel fehlt: die gesunde Stadt. Plätze sollen zum Verweilen, aber auch zur Bewegung motivieren. Bei der Gestaltung von öffentlichem Grün ist hier noch besonders viel Luft nach oben: Hochbeete, Urban Gardening, Freizeitvegnügen, kleine Sportmotivationen ... Das Wohlergehen der Menschen (und nicht einzelner Investoren) in den Mittelpunkt zu stellen sollte die Messlatte für alle neuen Projekte sein.

Ich persönlich halte nichts von Superprojekten wie „The Line", einem im Bau befindlichen 170 km langen Gebäude in Saudi-Arabien, das ohne Autos, Straßen und Kohlendioxidemissionen auskommen soll. Saudi-Arabiens Pläne gehen im Endausbau von 9 Millionen Bewohnern aus. Da haben wir in Europa einen Vorteil, den wir natürlich auch nutzen sollten: gewachsene Stadtstrukturen für die Zukunft fit zu machen.

## ZUR PERSON

Prof Dr. Winfried Schwatlo ist Professor für Immobilienwirtschaft mit Konfliktmanagement, GF der Schwatlo Management GmbH, München.

Zudem ist er Multipler Aufsichts- und Stiftungsrat in Berlin, Heidelberg und Augsburg, Von der Deutschen Börse wurde er wiederholt zertifiziert, zusätzlich als Financial Expert.

Er moderiert sensible Bauprojekte – auch im Zusammenhang mit Bürgerbegehren – und ist ein erfahrener Projektentwickler mit Schwerpunkt Retail und Quartiersentwicklungen.

Dieter Bullinger

# Viel Luft nach oben – Wie ich den Ort des Handels derzeit erlebe

*Mein persönlicher Erfahrungsbericht aus einer Kleinstadt nahe meiner Heimat*

Ganz offensichtlich hat sich der Trend, dass bisherige Ladengeschäfte leergezogen werden und nicht so schnell neu genutzt werden, während der Pandemie, aber auch danach verstärkt. Die Politik redet jetzt gerne vom Retten der Innenstädte und dass sich nun die Möglichkeit neuer Nutzungen in den Innenstädten ergäben. Wenn ich dann allerdings sehe, dass mitten in der Innenstadt jetzt ehemalige Ladengeschäfte von Büros der Partei-Kreisverbände von Versicherungsagenturen, von Kleintierpraxen, Tattoo- und Nagelstudios, Bestattungsunternehmen, Pizza- und Lebensmittel-Lieferdiensten oder Ausstellungsräumen von Sanitärhandwerkern genutzt werden, dann frage ich mich schon, ob das zu dem Mehr an Vielfalt, Urbanität und Lebendigkeit führt, das die Politik und die öffentliche Diskussion gerne haben möchte. Oder die Umgestaltung von ehemaligen Warenhäusern zu Museen oder Schulen, mit noch einigen Wohnungen obendrauf, weil die sich im Moment am Markt gut verkaufen lassen. Ohne jemanden in der lokalen Verwaltung, der sich intensiv um das Leerstandsmanagement kümmert und auch Geld zur Verfügung hat, um leerstehende Objekte entweder anzumieten oder kostengünstig an spannende Konzepte weiterzugeben (z.B. Pop-up-Stores als Zwischennutzer), geht es wohl nicht; das haben schon einige Beispiele aus Großstädten gezeigt. Selbst wenn es damit in größerem Umfang gelingen sollte, neue Nutzungen und mehr Nutzungsvielfalt in die Stadtzentren zu bringen, sollte aber meiner Meinung nach nicht gleich der ganze Einzelhandel in der Stadt abgeschrieben werden. Wenn meine Beobachtung nicht trügt, dann vermag es nur der Einzelhandel, über den gesamten Tag verteilt große Besucherfrequenzen in die Innenstadt zu bringen, was man ja auch an den Passantenfrequenzmessungen aus vielen Städten erkennt. Die Anziehungskraft aller anderen Nutzungen ist demgegenüber sehr viel geringer – ob das also zu der gewünschten stärkeren Belebung der Innenstädte beiträgt?

**Parkplätze im Zentrum – Erreichbarkeit mit Auto**

Ich kann verstehen, dass Menschen, die nicht (mehr) so gut zu Fuß sind, dringend das Auto brauchen, um in die Innenstadt zu kommen, und dann händeringend nach Parkplätzen unmittelbar vor den jeweiligen Läden und Praxen suchen – oder aber gleich eine knappe halbe Stunde bis in das nächstgelegene große Einkaufszentrum mit seinem breiten Branchenmix (einschließlich Ärztezentrum) und großen Parkplatzangebot fahren. Diese Diskussion haben sie jetzt in der nächstgrößeren Stadt: Dort wollen die Politiker die Haupteinkaufsstraße etwas aufhübschen und reden von mehr Aufenthaltsqualität, was aber zunächst einmal das Fällen der dort vorhandenen, zugegebenermaßen nicht sehr großen

Bäume und das Wegfallen bisheriger Parkplätze bedeutet, ohne dass es Ersatz an anderer Stelle in der Nähe gäbe. Die Folge: erboste Reaktionen der Geschäftsleute in der Straße und ebensolche Leserbriefe an die Zeitung, ob man denn jetzt angesichts der nunmehr fehlenden Parkplätze erwarte, dass auch mobilitätseingeschränkte Rentner mit dem Fahrrad fahren sollen, um die Geschäfte und Ärzte in der Stadtmitte erreichen zu können. Und wieder habe ich das Gefühl, dass es sich da nicht nur um ein echtes sachliches, sondern auch um ein kommunikatives Problem handelt. Zumindest müsste man diesen Menschen dann ja wohl eine andere Möglichkeit eröffnen, das Stadtzentrum zu erreichen, will man sie nicht als Innenstadtbesucher verlieren.

**Die 15-Minuten-Stadt als Zielvorstellung**

In Paris versucht die dortige Bürrgermeisterin die sogenannte „15-Minuten-Stadt" zu realisieren, d.h. Bürger sollen innerhalb von 15 Minuten zu Fuß oder per Fahrrad alles Wichtige erreichen können: Einkaufsmöglichkeiten, Ärzte, Kindergärten, Schulen und Behörden, Arbeitsplätze, Freizeitangebote und Ausgehmöglichkeiten. Jedes einzelne Quartier der 15-Minuten-Stadt soll sechs grundlegende soziale Funktionen erfüllen: Leben, Arbeiten, Versorgen, Sorgen, Lernen und Genießen. Natürlich ist das ein umfassendes und sicherlich auch sehr ehrgeiziges Konzept, das wirtschaftlich in einer dicht bevölkerten Innenstadt wie Paris, wo viele Leute eng aufeinander wohnen, sicher besser funktioniert als in unseren Städten, die ja doch eine eher geringe Bevölkerungsdichte aufweisen. Auch darf man das Konzept nicht einfach auf Entfernungen reduzieren. Aber wenn ich mal die nächste Mittelstadt mit ihren 35.000 Einwohnern nehme und rechne, dann ist die 15-Minuten-Stadt dort schon gegeben, allerdings nur, wenn man die 15 Minuten mit dem Fahrrad ansetzt, also mit ca. 3 km Luftlinie bzw. ca. 4 km Radweg. Für Fußgänger mit ca. 1 km Luftlinie, d.h. ca. 1,5 km Fußweg wären dort mindestens zwei weitere Zentren nötig, was wahrscheinlich mindestens 20-30 Jahre bräuchte, bis es realisiert werden kann. Aber einen Anfang zu machen wäre schon sinnvoll. Da hat die

*Immer mehr Geschäfte müssen schließen - eine neue Nutzung muss für das Ladenlokal gefunden werden.*

Stadtplanung noch einiges zu tun, und am Ende müssten ja auch die verschiedenen Privaten mitspielen, die investieren müssen oder Geschäfte betreiben – und die werden das nur tun, wenn sie damit rechnen können, dass sich ihre Arbeit auch lohnt, und das wiederum ist nicht zuletzt auch vom jeweiligen Einzugsgebiet abhängig, womit wir wieder bei der Bevölkerungsdichte sind. Vielleicht kann man also die Idee der 15-Minuten-Stadt doch nicht so einfach auf unsere Verhältnisse hier übertragen?

### Warenverfügbarkeit in den Läden

Schon seit längerem ärgere ich mich darüber, dass ich in einigen für mich wichtigen Geschäften bestimmte Artikel, die ich haben will, nicht bekomme. Dabei shoppe ich nicht in irgendwelchen Showrooms, wo mir von vornherein klar sein muss, dass ich nur ein paar Ausstellungsexemplare vorfinde und ich den mir passenden Artikel nicht gleich mitnehmen kann. Egal ob Buchhandlung oder Elektronikgeschäft, wenn die Ware nicht verfügbar ist, die ich als Kunde haben möchte, ist meine „customer experience" schon mal negativ.

Natürlich beeilt sich das Personal, mir dann zu versichern, dass man den Artikel bestellen könne und er wahrscheinlich schon am Folgetag, sicher aber einen weiteren Tag später da sei und dann abgeholt werden könne. Zur „consumer centricity" würde für mich aber gehören, dass man mir ohne weitere Nachfrage anbietet, die Ware dann auch zu mir nach Hause zu liefern. Sonst komme ich doch noch auf die Idee, mir die Sache gleich online zu bestellen und die Geschäfte am Ort links liegen zu lassen – da verursacht die Lieferung dann zwar Versandkosten, aber ich spare mir zweimal Zeit und Kosten für hin und zurück, und bequemer ist es allemal. Kann es denn so schwer sein, das als Ladeninhaber zu verstehen?

### Wertschätzung für den Kunden durch Aufmerksamkeit und Beratung

Ich verlange ja keine großartige Wareninszenierung und will auch nicht im Laden bespaßt werden, um ein „Einkaufserlebnis" zu haben, und einen Kaffee will ich auch nicht in jedem Geschäft trinken können. Aber dass ich schon mehrfach bei den Warenbestellungen meinen Namen hinterlassen musste, man mich aber trotzdem immer noch nicht mit meinem Namen anspricht, mag manchem gleichgültig sein, mir ist es das nicht. Selbst mein Friseur – so unglaublich das klingen mag – hat mich in zig Jahren noch nie nach meinem Namen gefragt und es sich immer verkniffen, mich rechtzeitig darauf aufmerksam zu machen, dass jetzt eigentlich wieder meine Haare geschnitten werden müssten.

## Zur „consumer centricity" gehört, dass man ohne Nachfrage anbietet, die Ware nach Hause zu liefern

Könnte man Haare online schneiden lassen, hätte ich solche Erinnerungen und verschiedenen Termine zur Auswahl sicher schon angeboten bekommen ... Kaufe ich irgendwo online ein Shampoo, wird mir sofort mitgeteilt, dass Kunden, die wie ich das Shampoo gekauft haben, auch noch diese und jene anderen Dinge gekauft haben, und kurz danach erhalte ich eine Nachricht, dass jetzt doch vermutlich bald wieder ein neues Shampoo nötig sei. Solches fast schon aufdringliches Marketing mag manchem unangenehm sein, führt aber offenbar bei den „Sellern" zum Erfolg.

Wir wissen inzwischen alle, dass wir im Netz unter anderem mit unseren Daten bezahlen, die wir hinterlassen, um dann persönlich angesprochen und umschmeichelt zu werden. Für viele Geschäftsinhaber in der Stadt scheint eine solche persönliche Ansprache aber völlig unwichtig zu sein und ein vergleichbares Marketing völlig unbekannt. Und das Personal, das ja eigentlich Verkaufs- und nicht Abwartepersonal heißt, hat das alles irgendwie auch nicht drauf. Da muss ich oft schon froh sein, wenn eine Verkäuferin (meistens sind es ja Frauen) mich überhaupt zur Kenntnis nimmt. In den großen Kaufhäusern und Elektronikmärkten hat ja fast jeder schon mal die Erfahrung gemacht, dass sich das Verkaufspersonal – sofern überhaupt noch vorhanden – schnell dünne macht, sobald ein Kunde erscheint. Wie ich da als Kunde „Beratungsklau" machen soll,

*Schaufenster müssen ein Hingucker sein und nicht nur einen Blick auf die Ware im Inneren des Geschäftes geben.*

über den sich viele Ladeninhaber beschweren, ist mir echt schleierhaft. Eher schon erstaunt es mich, dass ich, wenn es tatsächlich mal ein Beratungsgespräch gibt, oftmals mehr über das gesuchte Produkt weiß als mein Gegenüber – schließlich geht heute ja fast niemand mehr irgendwohin, ohne sich vorher im Internet schlau gemacht zu haben, und zwar nicht nur über den Preis. Da muss nachgearbeitet, d.h. nachgeschult werden.

**Schaufensterbummel – warum sollte man den noch machen?**

Ich weiß noch, dass in der Generation meiner Eltern oft vom Schaufensterbummel in der Stadt gesprochen wurde. Gemeint war, dass man – tagsüber, aber auch mal abends nach Ladenschluss oder am Sonntag – in die Innenstadt ging und in den Schaufenstern der Geschäfte sah, was es an Neuem und Interessantem gab, eingebunden in eine ansprechende Dekoration. Die Geschäfte haben sich oft sehr viel Mühe gegeben mit der Schaufenstergestaltung. Ich erinnere mich an einen Mitarbeiter in der Firma, in der mein Vater arbeitete, der den Beruf des Schaufenstergestalters erlernt hatte, der an zahlreichen Schaufensterwettbewerben teilnahm und durch seine interessanten, oft auf regionale und lokale Themen bezogenen Gestaltungen die Schaufenster der Firma nicht nur zur Visitenkarte des Unternehmens machte, sondern zu einem echten Anziehungspunkt im Stadtzentrum, zu einem ästhetischen Faktor im Bild der Stadt.

Wenn ich heute durch die Stadt gehe, finde ich eigentlich nur noch in einigen wenigen Geschäften, z.B. einer Buchhandlung, ein gestaltetes Schaufenster – überall sonst gibt es entweder gar nichts mehr zu sehen, oder es handelt sich um Durchblickfenster, durch die man ungehindert ins Ladeninnere sieht und da dann die Kleiderständer oder die aufgestapelten Schuhkartons mit jeweils einem ausgepackten Paar Schuhe obendrauf erblickt. Ganz schlimm finde ich die üblichen, irgendwie lieblos hingestellten zwei oder drei spindeldürren Schaufensterpuppen links und rechts des Eingangs zu Modegeschäften, denen einmal im Monat ein neues Outfit angezogen wird, falls sie nicht einfach nur ein „Sale"-Schild umgehängt haben. Was sollte mich da noch zum Schaufensterbummel in der Innenstadt verleiten, warum wird das Schaufenster als wichtiger Werbeträger der Ladengeschäfte eigentlich nur noch so wenig genutzt?

### Was kann man tun mit leerstehenden Läden?

Noch schlimmer als uninspirierte Schaufenster sind aber die Schaufenster von leerstehenden Läden, und davon sehe ich in letzter Zeit immer mehr. Das hat offenbar nicht bloß mit der Corona-Pandemie zu tun. Es ist vielmehr eine Entwicklung, die schon vorher eingesetzt hat und die vermutlich viel mit den zunehmenden Einkäufen im Internet zu tun hat. Manche sagen ja, dieser Onlinehandel bringe die Läden um und mache unseren Stadtzentren, so wie wir sie bisher gekannt haben, den Garaus.

Es ist zwar schon so, dass in den Großstädten immer wieder neue Läden aufmachen, oftmals solche von internationalen Ketten, die jetzt auch den deutschen Markt erobern wollen. In unserer Kleinstadt ist davon aber wenig bis nichts zu spüren. Wir haben zum Glück kein großes Kaufhaus, von denen ja viele in den Großstädten jetzt geschlossen worden sind und bei denen man meistens auch noch nicht so genau weiß, was denn nun passiert. Aber auch bei uns machen immer mehr Läden dicht, und es kommt nichts Neues nach. Vielleicht liegt das ja daran, dass die Mieten für die Geschäftslokale zu hoch sind – aber viele Geschäftshäuser gehören Versicherungen oder Pensionskassen, und die brauchen die Mieteinnahmen, um Versicherungssummen oder Renten auszuzahlen.

Die Hauseigentümer sind ja nicht alles nur Spekulanten, sondern oft auch Fondsgesellschaften der Banken und Sparkassen, bei denen einfache Leute ihr Erspartes für das Alter angelegt haben und dafür ein bisschen Rendite sehen möchten. Bei uns gibt es das noch nicht, aber ich habe davon gehört, dass in manchen Städten Leerstandsmanager arbeiten, die mit Geld aus der Stadtkasse leere Läden anmieten und sie neuen Geschäften, jungen Leuten, manchmal auch Künstlern und anderen Nutzern nach bestimmten Kriterien zu günstigen Konditionen auf Zeit anbieten, damit jedenfalls wieder Leben in die Geschäfte einzieht. In manchen Fällen sollen damit sogar ganze Gebäude gekauft werden. Das ist wahrscheinlich eine gute Idee.

### Aufwertung öffentlicher Räume

In der Zeitung habe ich gelesen, der Handel habe sich über die letzten Jahrzehnte die Fußgängerzonen untertan gemacht, und jetzt müsse man sich diese Räume wieder zurückholen und damit die Innenstädte retten. Es gelte, mehr Aufenthaltsqualität zu schaffen, mehr Grün und mehr Freiflächen zu gestalten und die Autos aus den Stadtzentren herauszunehmen – obwohl genau das ja der wesentliche Zweck der Einrichtung von Fußgängerzonen war, die man jetzt offenbar nicht mehr so sehr mag.

Wenn ich so durch die Stadt gehe, dann ziehen mich die heutigen Fußgängerbereiche mit ihrer Pflasterung und ihren oft rein funktional ausgerichteten „Stadtmöbeln" tatsächlich nicht so sehr an. Und wenn in den anderen Straßen dann noch dauernd Autos herumfahren und Parkplätze suchen, ist das auch nicht wirklich prickelnd. Aber da hätte man sicher seit Jahren schon mehr machen können, um die Aufenthaltsqualität und das Wohlbefinden der Menschen zu steigern. Wir haben ja hierzulande nicht immer das Wetter, das uns einen lauen Abend im Stadtzentrum ermöglicht, aber wenn es geht, sind doch schon viele Tische vor den Restaurants zu finden und alle belegt. Was es aber kaum gibt, sind intelligente Spielmöglichkeiten für Kinder und Senioren (z.B. Turngeräte) oder Erwachsene (z.B. Schachspiele), etwas Kunst (z.B. durch Skulpturen), Außen-Lounge-Bereiche, wo man sich gemütlich hinsetzen und treffen kann, ohne Geld in der Gastronomie zu lassen, usw. Da gibt's noch viel zu tun für die Städte. Mit ein paar Pflanzkübeln ist es jedenfalls nicht getan ...

## ZUR PERSON

**Dieter Bullinger** ist seit Juni 2012 Geschäftsführer der debecon GmbH Dieter Bullinger Consulting for better shopping destinations im schweizerischen Lutzenberg im Appenzellerland.

# REAL ESTATE ARENA

## Deutschlands andere Immobilienmesse

## MUTIG.
## KONTROVERS.
## NAH DRAN.

### DIE FOKUSTHEMEN

- DIGITAL REAL ESTATE
- NEW & HIDDEN POTENTIALS
- STANDORT & QUARTIER
- REAL ESTATE PERSPECTIVES
- PROJEKTENTWICKLUNG

**MEHR ERFAHREN!**

real-estate-arena.com

**05. – 06. Juni 2024**
MESSE HANNOVER

Wolf Jochen Schulte-Hillen

# The „German Angst" – Wie sollten deutsche Innenstädte reagieren?

*In meinem Beitrag geht es nicht um eine wissenschaftliche Arbeite Beitrag, sondern konstruktiv und realitätsbezogen darum, neue Wege für eine zukunftsfähige Innenstadt aufzuzeigen.*

### 1. Kommunikation mit Konsumenten in diesen Zeiten

Konsumenten in fast allen Ländern der Welt, vor allem aber die deutschen Verbraucher, fühlen sich belastet durch negative Schlagzeilen: Kriege, Inflation, Klimawandel und die damit einhergehenden politischen und ökonomischen Unsicherheiten erzeugen hierzulande große Sorge und senken die Konsumbereitschaft. Häufig wiederholte Horrorszenarien über Ladenschließungen und Insolvenzen drücken zudem die Stimmung innerhalb der Branche. Internationale Medien führen diese deutsche Negativhaltung oftmals auf ein Phänomen zurück, dass sie als German Angst bezeichnen. Ja, und vielleicht ist es auch wirklich nicht typisch Deutsch, pragmatisch zu sein, die Ärmel hochzukrempeln und mit Tatkraft und Innovationsgeist die Zukunft anzugehen. Stattdessen lamentieren wir und führen zahllose Gründe an, warum wir mit Veränderungen scheitern könnten. Tatsächlich stellt die Marktverschiebung hin zum Online- und Multichannel-Handel klassische Händler vor erhebliche Herausforderungen. Und auch die Handelsimmobilienbranche wird nicht mehr dieselben Renditen wie zuvor mit ihren während der Boomjahre entstandenen Ladenflächen erwirtschaften. Aber all dies ist kein ist kein Grund in Panik zu verfallen  sofern Handel und Handelsimmobilienbranche bereit sind, sich auf die neue Situation einzustellen.

### 2. Kuratieren von Handels-, Gastro- und Erlebnisflächen in Innenstädten

Vielerorts ist die Klage über starke Einbußen bei den Besucherfrequenzabnahme in deutschen Innenstädten groß, was unter den oben geschilderten Umständen nicht ungewöhnlich ist. Das Dilemma besteht darin, dass bei einer Neuordnung von Handelsflächen meistens versucht wird, die Leerstände mit beliebigem Handel oder Fast-Food-Ketten zu besetzen.

Hier sind nicht Flächenplaner gefordert, die beliebige Flächen durch andere beliebige Flächen zu ersetzen versuchen, welche in der Regel bei ähnlichem Warenangebot lediglich einen anderen Ladenbau und ein neues Logo aufweisen. Vielmehr bedarf es resoluter Manager, die in der Lage sind, die Läden konsequent zu schließen und anderen, neuen und sorgsam kuratierten Nutzungen zuzuführen. Dazu ist es notwendig, Handelszonen zu verdichten und große Flächen zu reduzieren oder für andere Nutzungen zu öffnen. Dabei helfen allerdings keine Schablonen und Formeln aus dem Baukasten. Stattdessen bedarf es einer sorgfältigen Analyse durch Gremien, die mit lokalen Experten und kommunalen Entscheidungsträgern besetzt sind, welche die Planungen gemeinsam mit den Eigentümern und kommunalen Behörden kompetent vorantreiben. Oft besteht das Problem darin, dass gute Ideen und Konzepte verwässern, wenn sie nicht von gleicher Hand umgesetzt werden.

**3. Wie sieht nun eine Kuratierung von neuen oder revitalisierten Entwicklungsflächen aus?**

Abgeleitet von erfolgreichen internationalen Stadtquartieren in Tokyo, Seoul, Los Angeles, New York, Paris, Mailand, London oder Berlin, über die ich schon viele Jahre aktualitätsbezogen referiere, bedarf es, um erfolgreich zu sein einer regelmäßigen Anpassung an die Ziel- oder besser Stilgruppen, die ich mir in der Innenstadt wünsche. Warum Stilgruppen? Attraktive Einzelhandelserlebnisse erziele ich nicht mit beliebigen Discounterstores in abgerocktem Innenstadtambiente. Es muss eine definierte Community gesucht, gefördert und gestärkt werden. Das gelingt nur, wenn deren Bedürfnisse und Ansprüche bekannt sind. Natürlich kann ich nicht Konzepte aus dem Baukasten von hunderten Handels-, Erlebnis- und Gastroflächen beliebig mischen. Grundsätzlich kommt es auf die spezifische demografische und soziale Mischung der Bevölkerung und der Innenstadtbesucher an. Kümmerer oder Citymanager müssen wie ein Trendscout immer auf der Höhe des aktuellen Wissens sein und zudem das Klientel vor Ort und im Einzugsgebiet exakt einschätzen können. Abgesehen davon, dass die in solchen Distrikten handelnden Akteure idealerweise, regelmäßig Inhouse-Events veranstalten und nicht nur offensiv die Ware in „bulk" auf der Fläche optimieren, sind sie auch in den sozialen Netzwerken außerordentlich aktiv. Expansion wird dort betrieben, wo die Online-Clickzahlen hoch sind und die Community nach Präsenz der Marke sucht. Die Förderung einer Community und damit die Belebung einer Innenstadt lässt sich schon durch einige wenige Pop-Up- und Lifestyle-Stores erzielen. Dort, wo dies gelingt, sieht man wie Kaufkraftstark diese Stilgruppen sind.

Zum Trend gehört auch das Durchmischen von trendigen Angeboten und Pop-Up-Stores, die als Frequenzbringer eine hohe Bedeutung haben. Die Anzahl der Pop-Ups wird zunehmen, da immer mehr Gen-Z- und Gen-Alpha-Marken online starten und dann schnell mit physischen, instragrammable Stores anfassbar werden. Innovationen müssen erlebbar gemacht werden.

Der stationäre Handel wird zunehmend über innovative Vertriebswege (zum Beispiel Omni- und Multichannel) mit dem veränderten Verbraucherverhalten konfrontiert. Der aktive Händler muss sich in einem überfüllten Markt differenzieren. Er muss mit den Verbrauchern interagieren. Er muss als Coach daran arbeiten, sein Personal zu schulen und mit den Kunden auf Augenhöhe kommunizieren. Er muss Community Building betreiben, indem er dort kommuniziert, wo sich diese gerne aufhält. Das kann ein Nike- oder Lululemon-Fitnessraum im Laden sein oder eine Gaming Station. Wer erleben möchte wie die Gen Alpha tickt, ist herzlich eingeladen, sich das Treiben in der X-Perion-Fläche des Saturn am Berliner Alexanderplatz in Berlin am frühen Nachmittag nach Schulschluss anzusehen.

Eine große Bedeutung werden in Zukunft Secondhand-Läden haben. Mit gut designten und auf die Ziel- respektive Stilgruppe ausgerichteten Sortimenten werden sowohl online als auch offline große Erfolge gefeiert. Derzeit boomen vor allem Luxusprodukte wie Designertaschen zu „Schnäppchenpreisen", „Sustainable Stores und Brands" wie es Globetrotter in Bonn zeigt oder der von 3-D-Robots erstellte Store von Ecoalf im Las Rozas Village, Madrid. Solche Ladenkonzepte eingebettet in Grünflächen und weitgehend autofrei sind die Zukunft.

## ZUR PERSON

Wolf Jochen Schulte-Hillen (WJSH) begann sein Geschäft als Student und Leichtathlet (immer noch Rekordhalter und Ehrenmitglied des HSV) mit dem Verkauf von Sportartikeln, die er zunächst testete und trug. Nach dem Studium gründete er 1972 als Student SH Selection und wurde Agent und Importer für verschiedene Sport- und Modemarken. Später war er Berater für internationale Shopping Center. Heute arbeitet er als Berater und Visionär an individuellen Projekten. Er berät Einzelhändler, Entwickler, Investoren, Städte und Organisationen zu Zukunftsstrategien für den modernen Einzelhandel in einer digitalen Welt.

Roland Wölfel

# Strategien für eine zukunftsfähige Innenstadtentwicklung

*Wandelbarkeit ist in einer immer komplexeren Welt gerade für unsere Innenstädte eine immens wichtige Fähigkeit. Schon der Biologe Charles Darwin fand heraus: „Es ist nicht die stärkste Spezies, die überlebt, auch nicht die intelligenteste, sondern diejenige, die am besten auf Veränderungen reagieren kann." So wird es auch den Innenstädten gehen.*

Schon jetzt sind die Städte und die Gemeinden die Orte, an denen sich die ökonomischen, ökologischen und sozialen Veränderungen manifestieren. 35 Jahre durften wir den Wandel der Innenstädte begleiten und gestalten. Da waren die Diskussionen um die ersten Fußgängerzonen, die ersten Kaufhäuser, Shopping Center, Fachmarktzentren, Vertikalisierung, Digitalisierung und Onlinehandel sowie die weltweite Corona-Pandemie, Inflation und Zinsanstieg als „Brandbeschleuniger".

Heute sehen wir uns mit dem fortschreitenden Klimawandel, dem Demographischen Wandel, der Verkehrswende, Migration, dem Verlust gesellschaftlichen Zusammenhalts sowie den globalen Krisen und ihren Folgen für Menschen und für die Städte konfrontiert. Multiple Krisen machen auch vor den Innenstädten nicht halt. Zugegeben, der Handlungsdruck könnte gegenwärtig nicht größer sein. Noch nie gab es so viele Herausforderungen, die gleichzeitig und schnell zu bewältigen sind!

Aber: Noch nie waren die Innenstädte so im Fokus der gesellschaftlichen Diskussion, wurde so viel experimentiert, gefördert und kurzfristig umgesetzt.

Und es sei auch festgehalten, dass die Innenstädte bereits über Jahrzehnte immer wieder eine große Resilienz und Anpassungsfähigkeit bewiesen haben. Sie sind eben nicht Betriebstyp oder Assetklasse. Ihre Attraktivität, ihr „Wert" kann also nicht auf rein quantitative Merkmale wie Zentralität, Miethöhen und Kaufkraft – kurz gesagt: die Immobilienrendite – reduziert werden. Gerade die Entwicklungen um unsere Warenhäuser machen deutlich, wie überhöhte Mieten zum Aus führen.

Wir sind auf einem guten Weg zur „Renaissance der Innenstadt" – „Stadtrendite und Gemeinwohl" rücken stärker in den Fokus. Transformation der Innenstädte fordert jetzt mutige Weichenstellungen und Entscheidungen von ihren Protagonisten.

Nichts täuscht darüber hinweg – die Zukunft der Innenstadt ist viel Arbeit. Sie braucht einen großen Anlauf. Sie braucht einen langen Atem, Mut und Veränderungsbereitschaft.
Die Innenstadtentwicklung muss noch integrierter und vernetzter angegangen werden: Mit der Vielfalt der zu betrachtenden Themen wächst auch die Zahl der einzubeziehenden Akteure und Experten und Komplexität der Prozesse.

## Neue Erwartungen an die Innenstadt – vom reinen Einkaufsort zu „unserer Mitte"

Die cima-Deutschlandstudie Innenstadt 2022 machte deutlich, welche Faktoren zukünftig auf die Attraktivität der Innenstädte einzahlen: So sind die digitale Information und Online-Sichtbarkeit das neue Eintrittstor zur City. Aspekte wie Aufenthaltsqualität und Erlebnisorientierung werden erwartet. Grün ist gefragt. Die Innenstadt rückt als Lebensort wieder verstärkt in den Fokus, und sie überzeugt als Gesamtdestination. Fest steht auch; der Handel allein wird die Zukunft der Innenstädte nicht richten. Aber ohne Handel geht es auch nicht.

Stärkere Kundenbindung statt mehr Einzugsgebiet wird die Devise lauten. In der Vergangenheit hat man nach großen Einzugsgebieten geschielt, jetzt geht es darum, die Stammkunden eng zu führen. (Bsp. Kadewe-Group: richten sich vor allem an den lokalen Markt in Deutschland und inszenieren die Häuser als „Places to be" und als Orte der Experience und des Entertainments: „Wir sind kein Department-Store mehr, sondern ein Ort der Begegnung und des Unerwarteten.")

Für diese Entwicklung muss der Investitionsstau bei öffentlichen Institutionen identifiziert werden, und es braucht Hilfe, diesen aufzulösen. Die Chance liegt darin, Immobilienentwicklung für öffentliche Einrichtungen in der City zu nutzen. Neue Geschäfts-, Finanzierungs- und Kooperationsmodelle sind hier gefordert.
Gerade Mittelzentren stehen vor der Herausforderung, bei der Neujustierung der Funktionen ihre Attraktivität konkurrenzfähig zu definieren. Potenzial liegt hier in einer strategischen, kopplungsorientierten Ansiedlungspolitik. Neue Formen und Dichte von Aufenthaltszonen und Distanzempfindlichkeit steigen. Das Denken in den Quartieren und der Mut zu neuen Nutzungsmischungen können hierbei helfen – Stichwort 15-Minuten-Stadt.

Nicht zuletzt braucht es dafür auch Innenstadtförderprogramme, Sanierungsgebiete, Sonderabschreibungen, Vorkaufsrecht und die Städtebauförderung – möglicherweise auch für Investoren und nicht nur Kommunen.

## Das Gesicht der Innenstädte muss sich deutlich verändern

Ein wesentlicher Schlüssel für die Innenstadtentwicklung sind die Immobilien – angefangen beim Sorgenkind Bestand mit Revitalisierungen und Umnutzungen über den Rück- und Umbau bestehender Gebäude bis hin zu Neubebauungen. Im Regelfall befindet sich das Gros der Immobilien in privater Hand. Gerade in den Innenstädten ist es daher wesentlich, zusammen mit privaten Eigentümern zu agieren. Exemplarisch können hier als Transformationsimmobilien die Einkaufszentren und Warenhäuser der Städte angeführt werden, wovon sich der Großteil (etwa 80 %) in den nächsten Jahren mit Repositionierung und Umwidmung auseinandersetzen muss. Auch die zum dritten Mal in drei Jahren verkündete Insolvenz von Galeria Kaufhof zeugt stellvertretend davon, welche Rolle ehemalige Kaufhausimmobilien in der Transformation der Innenstädte einnehmen könnten. Es gibt Städte, die in den strategischen Erwerb ehemaliger Kaufhäuser gehen, um mit Mixed-Use-Konzepten die Innenstadt zu bespielen. Dabei ist eine vielseitig genutzte Immobilie die Maßgabe (ein Mix aus Handel, Wohnen, Büros, Arztpraxen, Kita, Hotels, Co-Working-Spaces, Gastronomie).
Ohnehin dürfte die Frage, was aus einzelnen Immobilien an prominenten Standorten wird, in der nächsten Dekade Debatten über die Gestaltung ganzer Quartiere auslösen. Ganze Stadträume werden im Sinne einer zukunftsgerechten Stadtentwicklung qualitativ, emotional und nutzungsorientiert aufgewertet. Es werden mehr Menschen in den Städten wohnen und zur Belebung beitragen. Neue Orte der Begegnung werden entstehen.
Um das zu erreichen, dürfen die Städte meines Erachtens folgende strategische Handlungsempfehlungen/Fragestellungen nicht außer Acht lassen:

**These 1: Der Handel braucht neue Frequenzpartner – kopplungsorientierte Ansiedlungspolitik im Fokus**

Künftig werden sich andere Nutzungen etablieren. Wie kann strategische, kopplungsorientierte Ansiedlungspolitik forciert werden? Der Nutzungs- und Angebotsmix der Innenstadt muss ergänzt und verändert werden. Mit der Kopplung der Aktivitäten leisten wir nicht nur einen „Frequenzbeitrag", sondern auch einen Beitrag zur Verkehrs- und Klimawende, indem mehr Aktivitäten in eine Fahrt gebündelt werden.

**Zentrale Fragen:**

Was sind mögliche Frequenzpartner (z.B. Dienstleister), was sind gute Nachbarn (z.B. Gastronomie) des Handels?

Welche öffentlichen Nutzungen, Funktionen der Daseinsvorsorge gehören in die Innenstadt (z.B. Bildung, Gesundheit, Behörden, Kultur) oder können gezielt in die Innenstadt zurückgeholt werden?

Wie können wir „gebundene Frequenzen", z.B. durch Arbeitsplätze in der Innenstadt, schaffen, die die Grundfrequenz stabilisieren?

Wie können zusätzliche Besuchsanlässe geschaffen werden?

**These 2: Von der Innenstadt zum „Third place" – Gestaltung öffentlicher Räume mit Anziehungskraft und Verweilpotenzial**

Insbesondere junge Menschen wollen zurück in die Innenstadt. Sie bewerten diese am positivsten – ihre Wünsche und Vorstellungen sollten daher besondere Berücksichtigung finden. Dabei artikulieren sie in Bezug auf die Leitlinien der Innenstadt der Zukunft Forderungen, die allen zugutekommen, auch Familien mit kleinen Kindern, Menschen mittleren Alters sowie Seniorinnen und Senioren: Die Innenstadt der Zukunft überzeugt nicht mehr durch Monostruktur, sondern durch einen regionalen und nachhaltigen Branchenmix, hochwertige und erlebnisorientierte Angebote und vor allem durch Aufenthaltsqualität. Eben diese Aufenthaltsqualität ist an ein sauberes Umfeld gekoppelt und trägt – idealerweise – den veränderten klimatischen Verhältnissen Rechnung: Wasser und Grün sorgen für ein besseres Mikroklima, Elemente wie Bänke und öffentliche Toiletten erlauben das Verweilen jenseits von Konsumdruck.

Die Innenstadt muss sich stärker zum Dritten Ort mausern, mit soziokulturell relevanten Räumen zwischen Zuhause und Arbeit. Orte des nachbarschaftlichen Miteinanders sind damit genauso gemeint wie die Hotspots der kreativen Klasse, ansprechende Cafés, aber auch spannende Formen der Zwischennutzung, die Möglichkeitsräume aufzeigen und Debatten in der Stadtgesellschaft auslösen. Soziale Fundamente und Architekturen stecken in der DNA der Europäischen Stadt, wurden jedoch durch die monofunktionale Ausrichtung auf den stationären Handel oder durch die Priorisierung des Individualverkehrs verschüttet. Nun kehren sie zurück und erobern Stadtteilzentren und 1A-Lagen: Bauernmärkte, öffentliche Treff- und Aufenthaltsbereiche, aber auch Handwerkerhöfe und Urban Manufacturing,

erdgeschossige Dienstleistungsangebote vom Kindergarten bis zum Fitnessstudio, moderne Arbeitsformen und ihr immobilienwirtschaftlicher Ausdruck in Co-Working-Spaces. Vom „Einkaufs- zum Lebensort" lautet die Devise.

**Zentrale Fragen:**
Wie können wir unsere Innenstadtflächen zu Anziehungs- und Aufenthaltsflächen umgestalten?
Welche Flächen sind aktuell unter- oder fehlgenutzt?
Wie kann das Verweilen erleichtert und erhöht werden?

**These 3: „Know-how-Transfer macht Städte stark" - neue Allianzen für die Innenstädte**

Noch nie waren Innenstadt und Handel auf der politischen Agenda von Bund und Ländern so präsent wie heute. Und nie gab es mehr Förderinitiativen für Innenstädte, Handel und den Stadtumbau. So komplex und herausfordernd die Aufgaben an eine zukünftige Innenstadtentwicklung sind, so vielfältig sind auch die Lösungen. Innenstadtentwicklung wird zur kollektiven Gemeinschaftsaufgabe. Permanenter Wissens- und Know-how-Transfer befähigt Städte und Akteure, schneller umzusetzen, von Erfahrungen anderer gezielt zu partizipieren.

Mit dem Beirat Innenstadt auf Bundesebene und dem bundesweit einmaligen Netzwerk „Stadtimpulse" (www.unsere-Stadtimpulse.de) wurden neue, sektorenübergreifenden Strukturen und Bündnisse initiiert, die es in dieser Breite nicht gab. Mit über 100 bundesweit ausgezeichneten guten Lösungen und umgesetzten Beispielen wird deutlich, was jetzt schon möglich ist. Wir müssen schneller und mutiger agieren. Dazu helfen bewährte und geprüfte Best Practices. Es geht nicht mehr so sehr um den Wettbewerb zwischen den Städten, sondern mehr denn je um die Kooperation zwischen Städten, Verbänden und lokalen Akteuren.

**„Wer immer die Gleichen fragt, wird auch immer die gleichen Antworten bekommen."**

Multiple Herausforderungen setzen auch „multiple Bündnisse" voraus; Nur so lässt sich die Aufgabe auch in der erforderlichen Breite bewältigen. Waren die Akteursgruppen bisher stark handelsökonomisch ausgerichtet, brauchen wir mehr soziale und ökologische Kompetenz in unseren Bündnissen, Initiativen und Innenstadtforen.

Wollen wir neue Nutzungen und Angebote, ist es zwingend erforderlich, dass auch die „Gestalter" dieser Bereiche aktiv einbezogen werden. Neue Antworten erfordern neue Perspektiven und Blickwinkel.

**Zentrale Fragen:**
Welche Gruppen müssen wir einbeziehen, um auch neue Nutzungen zu initiieren (z.B. Ärzte, Ingenieure, Handwerker, Fab-Labs, Kultur, ITler, Soziale Berufe ...).
Welche guten Lösungen gibt es andernorts?

**„Strategie statt Reparatur"**
Die Zeit der sektoralen Konzepte, auf Einzelprobleme fokussierte Konzepte und Herangehensweisen ist vorbei. Erfolgversprechend sind integrierte Konzepte und Kooperationen, die nicht nur einen „Reparaturleitfaden" darstellen, sondern unsere Städte komplett neu denken und eine echte „Zukunftsstrategie" mit all ihren Facetten und Wechselwirkungen betrachten:
partizipativ und kooperativ, analog und digital, nachhaltig und effizient.

## ZUR PERSON

Roland Wölfel ist Geschäftsführender Gesellschafter der CIMA Beratung + Management GmbH – Deutschland sowie Geschäftsführer der CIMA Institut Regionalwirtschaft GmbH.

Zudem ist er Initiator der „Stadtimpulse" – Deutschlands Best Practice Datenpool Innenstadt, stellvertretender Vorstandsvorsitzender von URBANICOM e.V., Initiator und Mitbegründer der BCSD (Bundesvereinigung City- und Stadtmarketing Deutschland e.V.), Mitglied im Ausschuss für Wohnungswirtschaft und Wohnungspolitik sowie 1. Vorsitzender des ICR (Institut für City- und Regionalmanagement Deutschland e.V.).

Thorsten Kemp

# Wenn kein Warenhaus, was dann? – Herausforderung für Deutschlands Innenstädte !

*Die Krise des Vertriebskonzeptes Warenhaus spitzt sich durch die Insolvenz der Muttergesellschaft aus der SIGNA-Gruppe weiter zu. Zum inzwischen dritten Mal innerhalb von nicht einmal vier Jahren hat GALERIA im Januar 2024 einen erneuten Insolvenzantrag gestellt. Nach 50 Häuserschließungen im ersten Insolvenzverfahren (2020) werden bis Februar 2024 insgesamt 37 Filialen als Folge des zweiten Insolvenzverfahrens (Okt. 2022) geschlossen sein.*

Für die verbleibenden 92 Standorte wird nun erneut eine Fortführungsperspektive geprüft. Das nachhaltige Überleben des Warenhauskonzeptes ist abhängig davon, welches Konzept ein möglicher Kaufinteressent umsetzen will, welche und wie viele Standorte vor dem Hintergrund einer notwendigen kritischen Größe erhalten bleiben müssen (Kenner sprechen von mindestens 30 Häusern) und ob der zukünftige Eigentümer über die notwendige Investitionsstärke und -bereitschaft verfügt.

**Aufgabenstellung:**
Die Herausforderung für die Eigentümer der Warenhausflächen und für die deutschen Städte ist enorm. Allein bei den 37 Kaufhausschließungen der zweiten Insolvenz muss bei einer durchschnittlichen Verkaufsfläche je Warenhaus von ca. 18.000 qm eine Fläche von ca. 670.000 qm Leerstand neuen Nutzungen zugeführt werden. Bei einer negativen Fortführungsprognose für GALERIA kann diese Zahl leicht um zusätzliche unvorstellbare 1,6 Mio. qm steigen. Zum Vergleich: Die innerstädtische Verkaufsfläche der Einkaufsstadt Köln beträgt ca. 350.000 qm Verkaufsfläche. Alle Experten und Berater betonen das Offensichtliche: Jede Nachnutzung ist individuell und abhängig von der wirtschaftlichen Situation des jeweiligen Eigentümers und der vorherrschenden Bausubstanz (Denkmalschutz, mögliche Belichtungsverhältnisse nach einem Umbau). Hinzu kommen die unterschiedliche Attraktivität für Nachmieter aus dem Einzelhandel vor dem Hintergrund der lokalen Wettbewerbs- und Nachfragestruktur sowie die Chancen für andere Nutzungen (z.B. aus dem Hospitality-, Gesundheits-, Freizeit-, Kultur- oder Residential-Bereich). Die Städte stehen vor der Herausforderung, trotz sinkender Einzelhandelsflächen, Ihre Innenstädte belebt und attraktiv zu halten.
Die vorherrschenden wirtschaftlichen Rahmenbedingungen für den bevorstehenden Transformationsprozess sind an vielen Standorten gleich oder ähnlich herausfordernd.

**Investitionsumfeld für Eigentümer der Warenhausimmobilien:**

• erst langsame Erholung der Flächennachfrage im Retail Real Estate/aktuelle Häufung von Insolvenzen im Einzelhandel/wenig solvente, expansive Retail-Konzepte
• real leicht rückläufige Umsätze im stationären Einzelhandel zum Vorpandemie-Niveau

- Verunsicherung der Verbraucher durch Inflation, die Energiekrise und internationale Krisen (Ukraine, Israel/Palästina)
- aktuell rückläufige erzielbare Mieten im Handelsimmobilienbereich (Mietermarkt); je nach Geschossanzahl (4-5) kommen pro Kaufhaus-Standort 20-25% der gesamten Leerstandfläche zusätzlich auf den Markt für innerstädtische 1A-Lagen im Erdgeschoss
- Unsicherheit bzgl. der Nachfrage bei Büroimmobilien vor dem Hintergrund der „Home-Office-Entwicklung"
- steigende Baukosten und höhere Anforderungen an Gebäudestandards (ESG)
- gestiegene Baufinanzierungskosten/Zinsen
- aktuell geringes Investitions- und Transaktionsvolumen bei Gewerbeimmobilien
- in Ballungsräumen hohe Nachfrage nach Wohnraum mit stetig steigenden Mietpreisen

## Der WALT der betroffenen Immobilien wird sinken, ihre Risikoklasse steigen

Durch die GALERIA-Schließungen ist ein Überangebot an Mietflächen zu erwarten. Infolgedessen werden Mieten und Erträge für Gewerbeimmobilien in deutschen Innenstädten weiter sinken. Die Eigentümer der Warenhausimmobilien sehen sich zusätzlich mit beträchtlichem Investitionsbedarf bei gleichzeitigem Verlust der Erträge/Mieten Ihres Hauptmieters konfrontiert. Da die Warenhausflächen außerdem tendenziell lange Mietverträge haben und sie oft hohe Flächenanteile an der Gesamtimmobilie ausmachen (häufig sogar die einzigen Mieter sind), sind die Auswirkungen auch auf den WALT (Weighted Average Lease Term) erheblich. Der WALT der betroffenen Immobilien wird sinken, infolgedessen die Risikoklasse der betroffenen Immobilien steigen. Dies gilt selbstverständlich auch für Häuser, die aufgrund von Zugeständnissen der Vermieter bei den Mieten in der aktuellen Verhandlungsrunde weiter geöffnet bleiben. Was dies für die Wertentwicklung der betroffenen Assets und Portfolios bedeutet, können sich Brancheninsider je nach subjektiver Einschätzung des aktuellen Kapitalisierungsfaktor auf dem Transaktionsmarkt selbst ausrechnen.

Zusätzlich wächst mit dem Verlust des Warenhausmieters die Notwendigkeit zur Investition, um die nicht betriebenen Großflächen an die Erfordernisse der i.d.R. kleinteiligeren Interessenten aus dem Retail anzupassen oder in den Obergeschossen Mieter aus dem Hospitality-, Sport-/Leisure-, Gesundheits- oder Freizeitbereich anzusiedeln. Um die oft geschlossenen Fassaden der Warenhausboliden aus den 60er und 70er Jahren zur Highstreet hin zu öffnen oder vielleicht sogar Büro- oder innerstädtische Wohnungsnutzungen möglich zu machen, sind enorme Anstrengungen notwendig.

**Fazit:**

Die Rentabilität der betroffenen Assets sinkt bei gleichzeitig steigendem Investitionsaufwand und hohem Wertberichtigungsbedarf.
Für die neuen Leerstandimmobilien ist folgende Aufgabenbeschreibung für die Eigentümer abzuleiten:
- Eine 1:1 Nachbelegung der kompletten Warenhausflächen mit Einzelhandel geht am Markt vorbei. Nur im EG und 1. OG gibt es Chancen der Nachvermietung an die zurzeit noch expansiven Einzelhandelskonzepte.
- Zielführend scheint die Aufteilung nach unterschiedlichen Nutzungsformen (Mixed Use).
- Die Kommunen bieten sich aufgrund einer Vielzahl von Gründen als Mietinteressenten an (langfristiger Flächenbedarf, Interesse an intakter Innenstadt sowie gute Bonität)
- Die „Entledigung des Problems" durch einen schnellen Verkauf der Immobilie im aktuellen Marktumfeld ist für die Eigentümer eher unwahrscheinlich und/oder unattraktiv.
- Ausschlaggebend für die Umnutzung sind neben der Nachfrage potenzieller Mietinteressenten die baulichen Gegebenheiten wie Denkmalschutz und mögliche Belichtungsverhältnisse durch Fassadendurchbrüche oder durch die Schaffung eines Atriums.
- Mit Rücksicht auf die wirtschaftlichen Rahmenbedingungen scheint ein smarter Umbau einem Abriss und Neubau vorziehungswürdig.
- Die Entwicklung von Nachnutzungskonzepten, die Planung, der Umbau und die Vermarktung

*Wenn das Geschäft nach dem Sale geschlossen wird, müssen gute Nachnutzungskonzepte gefunden werden.*

von der Baustruktur nach ähnlichen Gebäuden (z.B. Gebäude mit sog. Hortenkacheln-Fassaden) kann sich für Investoren als interessante Strategie erweisen. Sie setzt eine intensive Prüfung der bestehenden Bausubstanz voraus. So handelt es sich z.B. allein bei 10 der 37 Warenhäuser aus der 2. Schließungswelle um ehemalige Hortenfilialen mit der typischen, geschlossenen „Hortenkacheln"-Fassade.
• Es sind intensive Anstrengungen bei der Akquise neuer Mieter und bei den Vertragsverhandlungen notwendig, um notwendige Umbaukosten mit den zukünftigen Erträgen ins Gleichgewicht zu bringen.
Für die Gebäudeeigentümer der in Kürze leerstehenden GALERIA-Flächen lohnt sich der Blick auf bereits erfolgreich neu positionierte Warenhausimmobilien.

**Bereits erfolgreich umgesetzte Nachnutzungskonzepte von Warenhausimmobilien**

Drei davon befinden sich im Ruhrgebiet: In Gelsenkirchen-Buer, in Herne und in Recklinghausen. Eine private Investorengruppe hat in Gelsenkirchen-Buer das alte Karstadt-Warenhaus umstrukturiert. In Recklinghausen hat die AIP-Gruppe das MarktQuartier Recklinghausen und in Herne hat Landmarken gemeinsam mit HPP-Architekten die Neuen Höfe Herne entwickelt. Alle Investoren haben die Großfläche Warenhaus erfolgreich in ein Mixed-Use-Konzept überführt. Konkret bedeutet dies für alle drei Standorte: Im Erdgeschoß konnten weiterhin Einzelhandel- und Gastronomienutzungen realisiert werden. In den Obergeschossen befinden sich Büro- und Praxisräume, Wohnungen für Senioren, einmal ergänzt durch eine Kindertagesstätte, ein anderes Mal durch eine Stadtbibliothek. Einmal wurde ein Hotel in einem Neubau realisiert, und einmal zog ein Fitnessstudio in ein Untergeschoß ein.
Bei Städten mit hohen und steigenden Wohnungsmieten sowie Gebäuden mit guten Belichtungsmöglichkeiten kann sich auch die Wohnungsnutzung generell als wettbewerbsfähig erweisen.

**Neue Projektentwicklungen aus dem öffentlichen und dem privaten Sektor**

Die Stadt Hanau ist als Vorreiter unter den Kommunen zu sehen. Die Gebrüder-Grimm-Stadt geht ins Risiko, um sich aktiv direkten Einfluss auf die Gestaltung der Innenstadt zu sichern. Die städtische Vorkaufsrecht-Satzung musste beim Erwerb des GALERIA-Gebäudes dabei nicht einmal zum Zuge kommen. Zurzeit wünscht man sich in Hanau im EG ein Markthallenkonzept. In den Obergeschossen sollen Bildungseinrichtungen (VHS) und Büros öffentlicher Gesellschaften Einzug halten. Außergewöhnlich ist das Experiment, im Basement das Nachtleben mit einem Club/einer Diskothek wieder stärker in den Innenstadtraum zu integrieren. In Hamburg-Harburg hat die Hansestadt das bestehende Vorkaufsrecht ausgeübt. Lübeck hatte bereits Anfang 2023 ein Sporthaus aus der ersten Schließungswelle gekauft und entwickelt hier einen Bildungs-Campus. In Cottbus und nun auch in Offenbach sollen große Flächen der GALERIA-Immobilie durch städtische Einrichtungen selbst genutzt werden, für die sonst eigene Gebäude gebaut oder entsprechende Miete/Mehrmiete hätte gezahlt werden müssen. Interessant aus ordnungspolitischer Sicht, aber auch für den Transaktionsmarkt dürfte die Frage sein, ob sich Kommunen als langfristige Immobilieninvestoren sehen oder die entwickelten Immobilien wieder am privaten Investmentmarkt zu veräußern gedenken.

Bei den bekannt gewordenen Projektstudien aus dem privaten Sektor spiegeln sich im Wesentlichen die Belegungskonzepte wider, wie sie auch schon bei den Ruhrgebiets-Nachnutzungen vorherrschen. In Chemnitz wurde von der Krieger-Gruppe zunächst die Warenhausfläche reduziert, ein Lebensmittelbetreiber gewonnen und Teilflächen mit Antritt im EG zum Marktplatz an Gastronomiekonzepte vermietet. Für Wilhelmshaven verkündete Pegasus Capital Partners ein Hotel in der denkmalgeschützten Immobilie zu entwickeln und in Paderborn setzt die Sahle-Gruppe im UG einen Lebensmittel-Discounter, im EG und 1. OG wieder Einzelhandel mit Schwerpunkt Bekleidung und in den darüber liegenden Geschossen Seniorenwohnungen um.

**Ausblick**
Für Eigentümer sowohl aus dem privaten als auch aus dem öffentlichen Sektor werden die Zwischennutzungen bis zu Bau und Umsetzung der langfristigen Nutzungskonzepte ebenfalls zu einem wichtigen Thema. Hier helfen die Förderprogramme auf Landes- und Bundesebene zunächst durch mögliche Verwendung der Fördermittel für Mietsubventionen, die Immobilien im Markt zu halten und innovative Konzepte (z.B. Markthallen und pop-ups) auf wirtschaftliche Überlebensfähigkeit zu testen. Gleichzeitig gilt es, die Betriebskosten in der Übergangsphase unter Kontrolle zu halten. Um bei den Nachnutzungskonzepten eine möglichst hohe Flexibilität zu gewährleisten, sollten die Stadtparlamente der betroffenen Kommunen auch das Planungsrecht in Hinblick auf die Zulässigkeit von Wohnnutzungen in den Innenstädten anpassen. Vor dem Hintergrund der schieren Anzahl, Lage und Größe der von der Warenhauskrise betroffenen Objekte dürfte es sich bei den Kommunen einerseits und opportunistischen Investoren andererseits auch zukünftig um zwei entscheidende potenzielle Käufergruppen handeln. Kaufgelegenheiten wird es durch den Liquiditätsbedarf als Folge der SIGNA-Insolvenz ebenso geben wie durch die Situation anderer notleidender Eigentümer. Bei den gleichgerichteten Interessenlagen von Stadt und privaten Investoren darf man auch auf die ersten public-private-Partnerships gespannt sein.

## ZUR PERSON

**Thorsten Kemp** ist seit 25 Jahren im Retail Real Estate tätig. Er eröffnete, erweiterte und leitete große Shopping Center wie z.B. die ALTMARKT-GALERIE in Dresden oder das SKYLINE PLAZA in Frankfurt. Anschließend folgte die überregionale Tätigkeit als Leiter Centermanagement. Der Autor hat sich als Eigentümervertreter privater und institutioneller Investoren ein ganzheitliches Verständnis komplexer Einzelhandelsimmobilien in jedem Stadium des Lebenszyklus der Immobilie erworben. Während seiner Laufbahn hat er eine Vielzahl ehrenamtlicher Funktionen im City- und Stadtmarketing ausgeübt. Aktuell ist er als freiberuflicher Berater und Interimsmanager tätig. Weitere Informationen auf stadtundstandort.de.

# Volle Parkplätze?
# Falsch- & Fremdparker?
# Unzufriedene Kunden?

Wenn Sie nur eines dieser Probleme kennen, haben Sie oder Ihr Parkdienstleister mit hoher Wahrscheinlichkeit mindestens einen der 3 Faktoren für ein positives Parkerlebnis nicht erfüllt:

**Freie Parkplätze**  **Frustfreies Parksystem**  **Faire Parkregeln**

## Lassen Sie es uns gemeinsam besser machen:

Wir sind Parken & Management, Technologiepionier beim Ticketless Parking – in der schranken- und ticketlosen Parkraumbewirtschaftung Ihrer Parkplätze, Parkhäuser und Tiefgaragen genauso wie in der Parkraumüberwachung ohne Parkscheibe oder Papierticket.

Parkraumbewirtschaftung ohne Schranken

Bereits auf 14.000+ Parkplätzen mit 9+ Millionen Ein- und Ausfahrten jährlich verschaffen wir unseren Kunden wirtschaftliche und organisatorische Vorteile – langfristig, messbar und jeden Tag aufs Neue:

- Auslastung von Parkflächen optimieren
- Parkverstöße um 80+ Prozent reduzieren
- Frequenz & Ertrag dauerhaft steigern
- Reklamationen auf 0,1 Prozent senken
- Endkundenbindung massiv steigern

### Skalieren Sie Ihren Parkraum! Jetzt unverbindlich anfragen:

+49 (0) 871 40 43 97-51
w.nuoffer@parken-und-management.de

Parkraumüberwachung ohne Parkscheiben　　　www.parken-und-management.de

Dr. Christof Glatzel

# Fünf Erfolgsfaktoren für eine erfolgreiche Innenstadt-Revitalisierung

*Innenstadt ist nicht gleich Innenstadt und doch gleichen sich die Attraktivitätsprobleme, Leerstände und sinkenden Frequenzen.*

Viele Ratschläge und Konzepte füllen seit längerem die Gazetten. Sei es das umfangreiche Positionspapier des ZIA, die Initiative der „Stadtretter" oder das 10-Punkte-Programm der „Die Stadtentwickler".
Aber was genau tun, wenn der Beirat der Innenstadt tagt, der Citymanager im Amt ist, der Projektmanager der Stadt benannt wurde und erste Ideen für einen Masterplan formuliert sind?
Räume für Kreative, Kulturschaffende und Kleinkunst zu schaffen hört sich gut an und ist „political correct"; niedliche Bäche ins Stadtbild zu integrieren, den einen oder anderen Baum zu pflanzen und einer Stadt mit einer Marketingstrategie ein neues Image zu verpassen hilft, aber alle diese Maßnahmen leisten nicht, was nur der Handel zu schaffen vermag: die Menschen in großer Zahl zu mobilisieren und die Innenstadt zu einem Treffpunkt zu machen.

Zudem: Die Patentlösung für alle - Metropolen wie Berlin, Hamburg und München, Top-10-Städte wie Frankfurt, Köln, Düsseldorf oder Stuttgart, Oberzentren, Mittelzentren oder kreisfreie kleinere Städte - gibt es nicht.
Erfahrung der Verkehrsberuhigung auf den Champs-Élysées auf eine deutsche Stadt zu übertragen, wie sich eine Stadtplanerin im GC-Magazin wünscht, ist unsinnig.
Unterschiedlich sind neben der Größe der Stadt u.a. der Tourismus, die Lage etwa an Flüssen, Meer oder Bergen, die Grenznähe, die Erreichbarkeit mit Pkw und Bahn oder der Wettbewerb benachbarter Städte untereinander besonders in NRW oder Hessen, wo man von einer Innenstadt zur anderen mit der Straßenbahn fahren kann und die kleinere Stadt unter der größeren leidet. Beispielhaft seien hier genannt: Offenbach mit Frankfurt, Ludwigshafen mit Mannheim oder Neuss/Krefeld mit Düsseldorf.

Monheim am Rhein mit seinen 44.000 Einwohnern hat eine schwierige Ausgangsposition: eine Pendlerstadt für die Großstädte Düsseldorf und Köln, eingepfercht zwischen Wuppertal, Solingen, Hilden, Langenfeld und Leverkusen.
Keine S-Bahn Anbindung und durch den Rhein auch kein westliches Einzugsgebiet.
Nachkriegshistorisch belastet durch eine gesellschaftliche Spaltung zwischen dem Berliner Hochhausviertel mit Einkommens- und Migrationsproblemen sowie einem wirtschaftlich besser situierten Bürgertum mit hochwertigen Arbeitsplätzen z.B. in der Pharmabranche.
Dennoch gibt es Chancen, wenn Politik, Verwaltung und Immobilienwirtschaft gemeinsam ein glaubwürdiges Ziel und eine Umsetzungsstrategie entwickeln.
In diesem Wissen hat Monheim im Jahr 2019 die Arbeitsgemeinschaft von „Boening Glatzel Klug" und Heine-Architekten mit der Umgestaltung der wesentlichsten Innenstadtimmobilien beauftragt.

Die folgenden 5 Erfolgsfaktoren haben Boening/Glatzel/Klug in der Praxis in Monheim identifiziert. An den jeweiligen Standort angepasst, bilden diese den Umsetzungsleitfaden für eine erfolgreiche Entwicklung des Einzelhandels.

**Die fünf Erfolgsfaktoren**

### 1. Entwicklung – Die Story

Zu Beginn einer Innenstadtentwicklung und zur Kommunikation eines Vermarktungs- und Vermietungskonzeptes ist eine glaubwürdige und authentische „Story" des Standortes zu entwickeln, die einfach erzählbar und lebhaft bebildert sein sollte.

Monheim am Rhein bietet dafür eine Reihe von Ansatzpunkten:
• Hohe Lebensqualität für die Bürger unter dem Motto „eine Stadt wie sie sein soll" und „Hauptstadt für Kinder"
• Eine Stadt auf Wachstumskurs durch Ansiedlungen von leistungsstarken Unternehmen und attraktiven Wohnquartieren
• Stärkung von Sportvereinen und Brauchtum
• Stärkung der Freizeit und Erlebnisbereiche am Naherholungsgebiet Rhein, Promenade, Spielplätze und Fahrradwege
• Kunst im öffentlichen Raum erlebbar machen
• Kostenfreies öffentliches WLAN-Netz in der Innenstadt
• Glasfaseranschluss für alle
• Eine Bürgerkarte, die Moncard, mit vielen Nutzungsmöglichkeiten
• Viele bürgernahe Lösungen wie die Vermietung städtischer Firmenwagen am Wochenende

Das Stadtentwicklungsziel muss realistisch sein und nicht unerreichbare „Wolkenkuckucksheime" enthalten. Ein Masterplan ist hilfreich, darf aber nicht rein akademisch sein oder sich nur an Umfragen der Bevölkerung ausrichten - praxisorientierte Einzelhandelsprofis müssen ein entscheidendes Wort haben.

### 2. Handels-, Gastronomie- und Freizeitkonzepte immer vom Nutzer/Mieter her denken

Findet ein städtebaulich oder architektonisch ambitioniertes Konzept keine Nutzer/Mieter, nutzt es nichts. Daher ist jeder Ansatz daraufhin zu prüfen, ob die Erfolgskriterien der Handels-,

*Kunst im öffentlichen Raum: der Monheim Cube von Mischa Kuball*

Gastronomie und Freizeitanbieter erfüllt sind, wie u.a.:
- moderne Flächen in der richtigen Größe
- gute Sichtbarkeit
- gute Erreichbarkeit mit öffentlichem und Individualverkehr
- gutes Parkplatzangebot hinsichtlich der Anzahl der Stellplätze und Preisgestaltung

Hinweis: Der USP des Handels in der Innenstadt ist gegenüber dem Online-Handel die Erreichbarkeit mit dem Pkw
- Sonnenseite für Außengastronomie
- realistisches Mietniveau und Ausbauzustand des Mietflächengebotes
- angenehme und einladende Aufenthaltsqualität
- Angebots- und Nutzungsdurchmischung für dauerhafte Belebung

### 3. Bereinigte Eigentumsverhältnisse in einer Hand

Ein Innenstadtkonzept für den Handel benötigt Ankermieter mit ausreichend großer Fläche und hoher Visibilität über möglichst nur eine Etage. Leidende Innenstädte bieten diese Flächen häufig unzureichend.

Zudem: Frequenzgeber und Frequenzabhängige können je nach Branche unterschiedliche Mieten erwirtschaften. Die Einzelinteressen der Immobilienbesitzer verhindern damit den benötigten Mix an Händlern.

Daher müssen die Immobilien möglichst „in einer Hand liegen".

Arrondierungen durch einen Privatinvestor oder besser noch der Stadt selbst oder einer Entwicklungsgesellschaft der Stadt, die mit erfahrenen Profis besetzt wird.

Die Stadt Monheim hat ihren finanzpolitischen Spielraum genutzt und die Immobilien erworben, die die Innenstadt maßgeblich ausbilden. Damit sind Branchenmix und Flächenkonfigurationen beherrschbar und aus einem Guss möglich.

### 4. Einzelhandelsfreundliche Stadtpolitik

„Alle fahren Bus oder Fahrrad" hört sich gut an, hilft dem Handel aber nicht.

Ausnahmen, aber nicht Vorbild für viele sind privilegierte Städte mit touristischen Standortvorteilen wie Freiburg, Konstanz oder Münster – selbige haben mehr Spielraum, da auch in Nebenlagen die kleinste Fläche vermietbar ist.

Viele Kunden fordern nach wie vor gute Erreichbarkeit mit dem eigenen Auto und preiswertem Parkraum.

Monheim fördert das Fahrradfahren (Fahrradwege, E-Bike-Verleih) und die öffentlichen Verkehrsmittel (kostenfrei und u.a. autonom fahrende Busse), aber vergisst darüber nicht den motorisierten Individualverkehr. Für Autofahrer stehen ab 2024 über 700 Parkplätze zur Verfügung, die einfach zu erreichen sind, mithilfe von Kameratechnologie auf Schrankenbarrieren verzichten und für die ersten 3 Stunden kostenlos sind. Eine ehemalige frequenzarme Fußgängerzone wird zur Mischverkehrsfläche umgebaut, um den Autofahrern Kurzzeitparken vor den Türen des Einzelhandels zu ermöglichen.

Händler müssen spüren, dass sich die Stadt um sie bemüht und Hilfestellung liefert. WLAN in der Innenstadt und Plattformen für Social-Media sowie Screens im öffentlichen Raum sind nur einige Beispiele, wie Monheim das umsetzt.

### 5. Kompetentes Umsetzungsteam

Stadt und Immobilienentwickler müssen Hand in Hand arbeiten.

Kurze Entscheidungswege auf Seiten der Stadt mit entscheidungsbefugten und entscheidungswilligen Mitarbeitern in der Stadtführung sind Voraussetzung.

Eine breite politische Rückendeckung ist erforderlich, damit die Verwaltung mutig voranschreiten kann.

Der Entwickler wiederum muss über viele Jahre der Erfahrung in der Einzelhandels-, Gastronomie- und innerstädtischen Immobilienentwicklung in entscheidungsrelevanter Position verfügen und ein leistungsstarkes Team zusammenstellen.

Erfolgreiche Vermietung ist Ergebnis eines iterativen Prozesses, der stetige Anpassung an den Mietermarkt und einen Blick für die wesentlichen Ziele erfordert. Entwickler, Architekt und Vermieter haben äußerst kritische Schnittstellen. Ein eingespieltes Team mit hoher Kommunikationskompetenz ist daher unabdingbar.

### Wo steht Monheim in der Umsetzung?

Ein ehemals durch das Einkaufszentrum vom hochfrequenten Busbahnhof abgeschirmter Platz mit dem Charme eines Hinterhofs wird über ei-

*Visualisierung Monheimer Tor, das im Herbst 2024 wiedereröffnet wird.*

nen Boulevard, gesäumt von Schaufenstern und Terrassen der Gastronomen, angebunden und zum neuen Treffpunkt der Stadt. Extrablatt und Noah's Place sorgen auf der Sonnenseite zusammen mit einem Wasserspiel und einem Spielplatz des dänischen Künstlers Jeppe Hein für Belebung und hohe Aufenthaltsqualität.
Apropos Kunst im öffentlichen Raum:
Der Eingang zum neuen Boulevard gestaltete der international renommierte Künstler Tony Cragg. Inmitten dieser neuen Verbindungsachse begrüßt eine leuchtende Kunstinstallation von Mischa Kubal die Besucher.

Die angrenzende Heinestraße erhält ein Facelift, shared spaces für Fahrradfahrer, Fußgänger und Pkw mit Kurzparkmöglichkeit direkt vor den Läden und Dienstleistungsbetrieben sowie ein wertigeres Angebot: anstatt Spielhalle eine Patisserie, ein wenig einladender kleiner türkischer Supermarkt weicht einem topmodernen vielfältigeren Frischeangebot auf knapp 400 qm.

Der Individualverkehr gelangt von der Autobahnausfahrt in fünf Minuten über die neu ausgebaute Zufahrtsstraße in das Parkhaus. Hell, ausreichend bemessen, ohne Schranken und für drei Stunden kostenfrei für alle. Der Autofahrer fühlt sich als Kunde willkommen – keine Selbstverständlichkeit mehr in deutschen Innenstädten. Stand heute sind die Handels- und Gastronomieflächen zu 99% vermietet.

Die Kunden von auswärts staunen über Monheims Neue Mitte. Aber sie bemängeln die fehlende Auswahl im Leitsortiment einer jeden Innenstadt: der Mode. Zu Recht. Das ist der Nachteil des Projektierens und Bauens in mehreren Abschnitten: Lärm und Schmutz der laufenden Baustelle und das eingeschränkte Angebot. Dennoch gibt es keine Alternative. „Klotzen, nicht kleckern" muss die Devise sein, will eine Stadt den erforderlichen Sprung nach vorne, den Neustart, schaffen.

Deshalb läuft der zweite Bauabschnitt auf vollen Touren. Eine Kreuzung wird zu einem Kreisverkehr umgebaut und um 50 Meter verschoben, damit ein Hotel mit 142 Zimmern Platz findet. Das bestehende Fachmarktzentrum Monheimer Tor wird mit Handels- und Freizeitflächen sowie einem Parkhaus aufgestockt, erhält komplett neue Fassaden und eine moderne Innengestaltung. Aus einer Einbahnstraßen-Mall wird eine Passage zum „Berliner Viertel", das nahezu rund um die Uhr geöffnet ist.

*Stefan Klug, Matthias Böning und Dr. Christof Glatzel (v.l.) sind die geschäftsführenden Gesellschafter der Immobilien-Entwicklungsgesellschaft „Boening Glatzel Klug".*

Die Erweiterung gibt Edeka den Raum für zusätzliche 800 qm Verkaufsfläche; das Modehaus SiNN kann sich auf 3.000 qm und über 100 m Schaufensterfront inszenieren. Im neuen 2. Obergeschoss entstehen 6 Kinosäle mit neuester Technik und einem Design, das kein Kino im Umfeld bieten kann. Bestandsmieter wie EDEKA und Deichmann sind bereit, für über ein Jahr zu pausieren, dm zieht übergangsweise in ein Zelt, und alle kommen im Sommer 2024 mit neuesten Konzepten wieder zurück.

Erneut zeigt sich, was der erste Bauabschnitt schon bewiesen hat: Der Handel und die Freizeitkomponenten goutieren die Aufbruchstimmung, das Nach-vorne-Gehen mit einem Konzept, das ihren Bedürfnissen Rechnung trägt – die 18.000 qm des zweiten Bauabschnitts sind bis auf einen 100-qm-Laden schon jetzt voll vermietet.

Wenn im Sommer 2024 der zweite Bauabschnitt eröffnet, werden viele Sortimentslücken geschlossen sein, aber nicht alle. Noch fehlt ein Unterhaltungselektroniker, ein Fachgeschäft für Sport oder für Einrichtungsgegenstände. Den Platz dafür hat Monheim am Rhein gegenüberliegend dem ersten und zweiten Bauabschnitt bereits erworben. Das Konzept für weitere 5.000 qm Handels-, Büro- und Wohnflächen, auf drei Geschäftshäuser verteilt, haben „Boening Glatzel Klug" zusammen mit Heine-Architekten zu Papier gebracht. Die Weichen im Stadtrat sollen bis Mitte diesen Jahres gestellt sein.

Der erste Magnetmieter (ein Unterhaltungselektronik-Fachmarkt) hat schon unterschrieben: drei Jahre vor der geplanten Fertigstellung!

## ZUR PERSON

**Dr. Christof Glatzel** ist Geschäftsführender Gesellschafter bei „Boening Glatzel Klug". Der promovierte Volkswirt verhandelte als Vermietungsmanager mehr als eintausend Mietverträge. In der Position des Vertriebsleiters veräußerte er Immobilien im Wert von mehr als einer Milliarde Euro an inländische und ausländische institutionelle Investoren. Anschließend leitete Dr. Christof Glatzel als Vorstand der mfi AG deren Projektentwicklung. Als COO verantwortete er die Positionierung der Center, das Marketing, das Asset Management, das Centermanagement und den Vertrieb.

# MOZARTER REAL ESTATE

## Der Mensch ist Innenstadt. Das Leben ist Innenstadt.

Warum verlieren unsere Innenstädte immer mehr Menschen, immer mehr an Leben? Sie legen Wert auf Architektur, Design, auf optimale Abläufe. Der Mensch, das Leben – und nicht zuletzt auch die Kultur – sind aber immer häufiger nur noch Randgeschehen. Dabei lieben wir im Grunde doch alle Städte wie Wien, Salzburg oder Florenz, die immer noch genau so sind, wie wir sie haben wollen.
Warum aber verlieren viele Fußgängerzonen gerade bei uns in Deutschland ihr Potential in einer so beängstigenden Geschwindigkeit? Es wäre von immenser Bedeutung, wenn sich Planungen und Umsetzungen wieder auf den Menschen, auf das Leben und die Kultur konzentrieren würden.
Denn bitte nicht vergessen: Die Innenstädte von heute sind Zeugnisse von gestern! Das Gestern ist vergangen. Die Zukunft jedoch ist das, was wir noch (vor uns) haben.

Was wir dafür brauchen, sind „empathische Gebäude", um mit diesen dann „empathische Innenstädte" gestalten zu können.
Mensch und Gebäude müssen eine Symbiose bilden. Nur so wird die Innenstadt wieder der zentrale Lebensplatz. Ihren Charakter bestimmt das Angebot.
In vielen deutschen Innenstädten treffen wir auf die gleichen Unternehmen, das gleiche Angebot, die gleichen Menschen.
Darum floriert auch der Onlinehandel, weil sich die Produkte in vielen Städten nicht unterscheiden. Sie sind nicht vergleichbar, sie sind gleich. Und wenn sie gleich sind, dann kann der Kunde sie auch gleich online bestellen.
Was fehlt, ist Individualität – etwas Neues zu entdecken, zu erleben oder zu kaufen, was es im Onlinehandel so nicht gibt.
Im Grunde sucht jeder Kunde das Besondere. Das, was ihn individualisiert, was ihn charakterisiert.
Wo er es findet? Die Antwort: in einer funktionierenden Innenstadt!

Jochen Berns, CEO

Mozarter Real Estate Ltd. & Co. KG | www.mozarter.com | immo@mozarter.com

Michael Maas

# Von der Monostruktur zur lebendigen Vielfalt

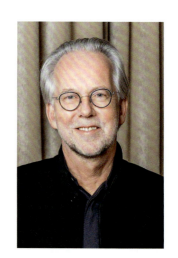

*Unsere Innenstädte haben sich in den letzten Jahrzehnten immer mehr zu monostrukturierten Handelsimmobilien entwickelt, die zu Öffnungszeiten belebt waren, in den anderen Zeiten aber eher verwaist. Spannende Gastronomiekonzepte treten dem in den letzten Jahren schon sehr positiv entgegen, gerade wenn sie verstärkt den öffentlichen Raum bespielen.*

Kultur, urbane Events und vielfältige Dienstleistungen haben noch viel Luft nach oben, gerade um diese Vielfalt zu stärken. Aber auch jede Art von Arbeitsmöglichkeiten und natürlich das Wohnen sichern eine lebendiges Leben „rund um die Uhr", 365 Tage im Jahr.

Viele Städte werden es jetzt natürlich bedauern, dass Institutionen des Handels und gerade auch die Kaufhäuser, welche in den 50ern und 60ern die Innenstädte belebt und das Umland in die Städte gezogen hat, voraussichtlich allesamt vor der Schließung stehen. Aber mal ehrlich, wer ist in den letzten 20 Jahren noch aktiv eine Stadt angefahren, weil er im Karstadt oder Kaufhof ein breites Sortiment geboten bekommt? Veraltete Handelskonzepte, langweilige Warensortimente und mittelmäßiger Service haben die einstigen Zugpferde immer unwichtiger werden lassen.

Wenn jetzt durch deren Verschwinden wichtige zentrale Punkte der Innenstädte frei werden, ist das in einer Zeit großer Veränderungen für unbewegliche Kommunen vielleicht ein schwieriges Thema. Für aktiv handelnde Städte jedoch eine riesige und womöglich einmalige Chance, in zentralen Lagen neue Impulse zu setzen, die die City in die nächste Generation führen können.

Städte, die jetzt nicht handeln, gar jahrelang diskutieren und über B-Pläne und möglicherweise sogar Veränderungssperren Entwicklungen bremsen, werden die Verlierer sein. Die dadurch akzeptierten Leerstände werden einen „Flächenbrand" von Folgeschließungen auslösen, welche die Belebung der Innenstädte weiter massiv schwächen. Bei manchen Kommunen sicherlich sogar unwiederbringlich.

Städte, die jedoch die Zeichen der Zeit erkennen und gemeinsam mit den Eigentümern und innovativen Akteuren spannende Ziel- und Zwischennutzungen entwickeln (und unkompliziert genehmigen), werden nach unserer Einschätzung schon bald eine spannendere, lebendigere Innenstadt erhalten als zu „verstaubten" Kaufhauszeiten. Hier sollten auch alle Mittel eingesetzt werden, die das Baurecht hergibt, wie zum Beispiel das Baulandmobilisierungsgesetz und weitere mögliche Befreiungen nach §31, welche diese Zielnutzungen ermöglichen.

Wir beplanen zurzeit in über 30 Städten die Nachnutzung dieser unzeitgemäßen Mononutzungen. Eines haben sie alle gemeinsam: Die Strukturen bieten im Bestand zwar herausforderndere, aber sehr gute Möglichkeiten der Veränderung. Ausreichend Treppenräume, Fluchtweglängen, Traglasten (oft vorhandene Einfeldträger, gute Möglichkeiten Innenhöfe einzuschneiden).

*Ehemaliger Kaufhof Darmstadt: Wandel in Handel, Bibliothek und 250 Wohnungen (KFW-40ee Standard).*

Durch Letzteres eröffnen sich viele Möglichkeiten von einer flächigen tageslichtarmen Struktur zu offenen Innenhöfen mit linearen Grundrissen für Wohn- und Arbeitsnutzungen zu wechseln. Durch den großflächigen Bestandserhalt, Stichwort „Graue Energie", ist jede ESG-Diskussion somit schon sehr positiv gestartet.

Eine spannende Beobachtung ist, dass wir durch die Beschäftigung mit Makro- und Micro- Einflüssen der sehr unterschiedlichen Standorte bei all diesen Projekten noch nie ein gleiches Nutzungskonzept entwickelt haben. Vieles scheint möglich: Handel, Nahversorgung, Gastronomie, Bibliotheken, Grundschulen, Kitas, Gesamtschulen, Universitäten, Sporthallen, Hotels, Bordinghäuser, Studentenwohnen, Senioren-Wohnen und Pflege, Azubi-Wohnen, Medical-Center, Kliniken, Rooftop-Bars, Gründächer bis hin zu Spielplatz und Laufbahnen auf dem Dach und und und ...

All diese Nutzungen bringen Leben und Frequenz in unsere Innenstädte, oft auch außerhalb der klassischen Ladenöffnungszeiten der City, und stärken deren Attraktivität. Alle Zwischennutzungen, bis zum eigentlichen Baubeginn, sollen das Gleiche bewirken, sind dabei finanziell natürlich eher schwer zu verwirklichen. Kultur-, Event- oder Sport-Aktivitäten können, wenn überhaupt, nur die Nebenkosten einspielen, sind aber von der Folgewirkung kaum hoch genug einzuschätzen. Genau durch diese temporäre Attraktivität der Innenstadt kann womöglich die Sogwirkung auf das Umfeld verhindert werden und ist für die Städte somit von enormer Wichtigkeit. Umso entscheidender wird es, diese temporäre Nutzung mit möglichst wenig genehmigungstechnischen Forderungen zu belasten und weitestgehend über die bisherigen Genehmigungen zu tolerieren oder als temporäre Ausstellungs- und Eventfläche zu genehmigen. Wenn hier eine klassische Nutzungsänderung mit baulichen Anforderungen an eine neue Nutzung durchgesetzt werden soll, wird es eine attraktive Zwischenlösung meist nicht geben, da vom baulich erforderlichen Aufwand der bauordnungsrechtlichen Auflagen kaum zu finanzieren.

Wie bekommen wir eine solche Umnutzung gerechnet? Eine Nutzung, die meist zu Mietflächenreduktion gegenüber der jetzigen Kaufhausnutzung führt, die oft einen MwSt-Schaden verursacht und immense Umbaukosten aufweist, da die vorhandene, oft 40 Jahre alte Technik natürlich komplett abgängig ist und oft nicht viel mehr als der vorhandene Rohbau weiterverwandt werden kann.

Um es vorwegzunehmen, es geht, wenn alle Akteure gemeinsam in eine Richtung laufen, die Probleme der Projektbeteiligten ernst nehmen und sich damit auch konstruktiv auseinandersetzten.

**Vom Energiefresser zur ESG-tauglichen Immobilie**

Energetische Fördermittel der KFW helfen städtebauliche Missstände zu beheben, besser geht es nicht! Die KFW-Förderkulisse ist hier somit der erste Weg, sowohl bei den Gewerblichen- als auch bei den Wohnnutzungen. Durch einfach tauschbare Vorhangfassaden, oft in den Städten liegend Fernwärmeversorgung, große Dachflächen für Photovoltaik und ausreichende Raumhöhen, um Technik zu verteilen, erreichen wir bei den meisten Standorten mindestens einen KFW-40ee Standard und erhalten somit günstige Darlehn und hohe Tilgungszuschüsse. Somit können aus den bisherigen Energiefressern vorzeigbare, zertifizierbare und ESG-taugliche neue Nutzungen geschaffen werden. Weitere Sanierungstöpfe, je nach Bundesland, fügen wir hinzu. Im Durchschnitt erhalten wir zwischen 30-90 Mio. Euro Fördermittel.

Da viele Entwickler eher Angst vor so einer, zugegeben sehr komplexen Aufgabe haben, kommen natürlich auch die Einstandspreise unter Druck und führen so langsam zu rechenbaren Kaufpreisen. Da durch die aktuelle Situation bei Signa sicherlich noch etliche Objekte mehr kurzfristig auf den Markt gelangen werden, wird dieser Preisdruck noch erhöht. Viele Eigentümer sind schon bei rechenbaren Zahlen angelangt, sodass wir zuversichtlich sind, viele spannende, die Innenstädte bereichernde Umbauten in den nächsten Jahren zu planen, und der festen Überzeugung, „unsere Städte dadurch besser zu machen"! Wenn alle oben genannten Punkte gut ineinandergreifen, ist eine solche Immobilie eine sehr spannende Investition außerhalb des allgemeinen Mainstreams, komplex, aber voller Chancen, viel mehr zu erreichen als mit einfachen Wohn- oder Office-Neubauten, und am Ende entsteht eine langlebige Mixed-Use-Immobilie in absoluter Top-Innenstadtlage.

**ZUR PERSON**

Dipl. Ing Architekt Michael Maas hat Architektur in Hagen und Münster studiert. 1989 gründete er das Büro „Prof. Beckmann Maas und Partner".
Seit 1996 erfolgte zusammen mit Karin Maas die Umfirmierung zum neuen Namen „MAAS & PARTNER". Parallel arbeitete er drei Jahre lang in der Geschäftsführung der Bremer Anlagen Beratung.
Seine vielfache Handelsexpertise umfasst u.a. den RuhrPark Bochum, den WeserPark Bremen, die Wilmersdorfer Arcaden, und den Havelpark Dallgow.
Michael Maas ist Mitgründer der KI-Grundstücksplattform SYTE
www.maasundpartner.com

Foto: Adobe Stock

Dr. Johannes Berentzen

Lars Jähnichen

# Die Renaissance der Markthalle

*Dr. Johannes Berentzen*     *Lars Jähnichen*

*Markthallen sind seit Jahrhunderten wichtige urbane Handelszentren – und bis heute hat sich daran nichts geändert. Sie bieten eine lebendige Alternative zur Anonymität des digitalen Shoppens und sind ein Zeugnis für Qualität, Vielfalt und Gemeinschaft. Sie vereinen ein breites, sorgsam kuratiertes Angebot, Aufenthaltsqualität, nachhaltige, regionale Konzepte, Wohlfühlatmosphäre und ganz ungezwungene Treffpunktqualitäten an einem Ort.*

Trotz ihrer wachsenden Bedeutung in der modernen Einzelhandelslandschaft fehlte es lange an systematischen Analysen. Denn nur die richtige Mischung aus Handel, Gastronomie und Event-Programm, kombiniert mit der jeweiligen Historie, Lage, Größe und Funktion, entscheidet über den Erfolg des ganz besonderen Immobilientyps Markthalle. Die jüngste Studie der BBE Handelsberatung (BBE) und der IPH Handelsimmobilien (IPH) hat damit begonnen, Licht ins Dunkel dieser sehr geschätzten, jedoch analytisch oft übersehenen Assetklasse zu bringen. Sie zeigt, dass die unterschiedlichsten Hallenkonzepte Erfolg versprechend sein können – eine gründliche Analysearbeit, Konzeption und Positionierung vorausgesetzt.

**Umfangreiche Analyse von Markthallen**

30 Markthallen in Deutschland haben BBE und IPH in ihrer Untersuchung unter die Lupe genommen. Ziel war es, die konzeptionellen Unterschiede und Schlüsselfaktoren für den Erfolg dieser Immobilienart zu identifizieren. Betrachtet wurden Markthallen in Stadtzentren, Stadtteilen und Gewerbegebieten, die Bandbreite reichte dabei von traditionellen Märkten bis hin zu modernen Event-Locations.

Die Studie zeigt zudem, dass historische Hallen von ihrer zentralen Lage, einem oft fest etablierten Kundenkreis und einer interessanten Geschichte zu ihrer beeindruckenden Architektur profitieren. Kleinere, neuere Hallen in Stadtteilzentren hingegen setzen gezielt auf Nachhaltigkeit, Frische, Regionalität und Urbanität. Beide Konzepte können erfolgreich sein, wenn verschiedene Aspekte berücksichtigt und umgesetzt werden.

**Klassisch – oder mit Gastronomieschwerpunkt?**

Die Studie teilt die untersuchten Markthallen in drei Kategorien ein: klassische, gastronomische und Lifestyle-Markthallen. Klassische Markthallen bieten ein breites Sortiment und befinden sich häufig in zentraler Lage. Gastronomische Markthallen setzen auf hochwertige Speisen und Getränke. Lifestyle-Markthallen bieten eine Kombination aus Lebensmitteln, Dienstleistungen und Kulturangeboten.

Markthallen sind Einkaufsort und sozialer Treffpunkt zugleich. Im Herzen der Gemeinschaft stehend, bieten Markthallen Raum für lokale Händler, um ihre Waren anzubieten, für Freunde, die sich auf einen Kaffee treffen, und für Kreativschaffende, die dort Inspiration finden.

Egal mit welchem Schwerpunkt: Gut konzipierte Markthallen sind dazu bestimmt, Menschen zusammenzubringen, sie durch ganz besondere Einkaufserlebnisse zu begeistern und damit einer der viel beschworenen „Third Places" in unseren Innenstädten zu sein.

**Standortfaktoren und deren Auswirkungen**

Die Analyse hat bestätigt, dass die Makro- und Mikrolage sowie die Charakteristika des Objekts selbst entscheidend für den Erfolg einer Markthalle sind. Die Makrolage, sprich der erweiterte Umkreis der Markthalle, wird durch Faktoren wie Einwohnerzahl und Wirtschaftskraft bestimmt. Die Mikrolage – der genaue Standort der Markthalle – beeinflusst ihre Funktion und Akzeptanz bei den Zielkunden.

**Markthallen sind Knotenpunkte für Nachhaltigkeit und regionalen Handel**

Markthallen entsprechen dem Trend zu bewusstem und nachhaltigem Konsum. Sie sind prädestiniert dafür, regionale Produkte anzubieten. Oft treffen lokale Produkte und kurze Lieferketten auf ökologische Standards und soziales Engagement. Auch nachhaltige Gebäudegestaltung, Reduzierung von Verpackungsmüll oder Vermeidung von Lebensmittelverschwendung können einen nachhaltigen und regionalen Fokus unterstreichen.
Fazit: Sorgfältige Analyse, strategische Positionierung und stetige Feinjustierung führen zum Erfolg.

Markthallenkonzepte können in historischen Gebäuden, in modernen Neubauten oder in umfunktionierten Räumen umgesetzt werden. Es gibt sie im Zentrum wie in Randlagen, mit Handels-, Gastronomie-, oder Event-Schwerpunkt. Ihre Flexibilität in Bezug auf den Standort und die Gestaltung macht sie zu einem attraktiven Konzept für viele Städte.
Die Entscheidung für eine Markthalle erfordert indes sorgfältige Überlegungen und vor allem eine differenzierte Herangehensweise: Positionierung und Mietermix müssen zur Lage der Halle, zum Objekt selbst sowie zum Umfeld passen. Denn: Selbst eine gut ausgestattete Markthalle führt nicht ohne Weiteres zum Erfolg. Selbst eine Halle, die mitten in der belebten Innenstadt angesiedelt ist, wird nicht zwangsläufig gut besucht, da sie möglicherweise falsch positioniert ist.
Im Vorhinein ist also eine gründliche Analyse des Objekts und des Standorts absolut notwendig. Das Ziel: die gesamten Potenziale bestmöglich nutzen. Wichtig ist hierbei, auch handels- und immobilienbezogene Faktoren zu berücksichtigen und miteinander in Einklang zu bringen.
Ebenso wichtig ist die strategische Positionierung, die auf dieser Analyse aufbaut. So können Orte für besondere Einkaufserlebnisse mit einer ganz besonderen Aufenthalts- und Erlebnisqualität entstehen – jenseits der Anonymität des Massenkonsums. Dafür muss das einmal entwickelte Konzept jedoch konsequent umgesetzt und auch immer wieder feinjustiert werden. Auch daran liegt es, ob eine Markthalle langfristig erfolgreich ist und damit zu einem wichtigen Baustein und Impulsgeber für unsere lebendigen Innenstädte wird. Nicht zuletzt gilt: Markthallen stellen eine Riesenchance dar, unsere Innenstädte mit dieser ganz besonderen Art des Einzelhandels langfristig und nachhaltig wieder zu beleben.

## ZUR PERSON

**Dr Johannes Berentzen** ist ist Geschäftsführer der BBE Handelsberatung.

**Lars Jähnichen** ist Geschäftsführer der IPH Gruppe.

## Dr. Eva Stüber

# Prozessinnovation für Leerstands- und Ansiedlungsmanagement

*Mit 14 Modellstädten, über 25 Partnern und Dienstleistern und einem diversen Beirat im Rücken haben wir eine Plattform für digitales Leerstandsmanagement und vorausschauendes Ansiedlungsmanagement entwickelt: LeAn®. Das Netzwerk der „Stadtlabore für Deutschland: Leerstand und Ansiedlung" hat Standards geschaffen, die vor Ort einen Mehrwert bieten. Dies betrifft neben der Technologie auch die Qualität des Contents rund um Leerstand in Städten sowie die Prozesse. Letztendlich müssen alle Elemente auf die individuelle Strategie der Stadt einzahlen. Blicken wir auf die Vision, den Weg und das Ergebnis.*

**Die Vision: Zur Vitalisierung der Innenstädte und Zentren beitragen**

Die Gesellschaft ist auf funktionierende und attraktive Zentren angewiesen. Innenstädte vital zu halten und lebendig zu gestalten, ist daher ein besonders relevantes Thema. Die aktuelle Zeit mit Pandemie, Energie- und Klimakrise ist herausfordernd – Verunsicherung dominiert. Eine Verödung der Innenstädte durch die absehbaren wirtschaftlichen Einbrüche muss umgangen werden. Doch die gute Nachricht: Krisen sind zu bewältigen. Nicht mit einem „Weiter so" oder einem „Wird schon", sondern durch Neudenken und Veränderung. Eine aktive Gestaltung der Innenstadt ist der Lösungsansatz. Aber was braucht es, um einen Beitrag für die Zukunftsfähigkeit zu leisten?

Besonders unsere europäischen Nachbarn machen vor, wie eine konsequente Umsetzung von Zielbildern aussehen kann. So ist Paris auf dem Weg zur 15-Minuten-Stadt, Barcelona baut Superblocks als erweitertes Wohnzimmer und Kopenhagen entwickelt sich zur grünen Stadt. Gleichzeitig existieren zahlreiche Best Practices zu Formaten und Ansätzen, die vom Stadtretter-Netzwerk seit Pandemiestart gebündelt werden. Doch wie soll eine systematische Aussteuerung funktionieren? Einzelne Kommunen haben oft keinen allumfassenden Überblick über aktuelle Mietverhältnisse oder die Leerstände in ihrer Innenstadt. Sowohl der Digitalisierungsgrad als auch die Datenlage sind unzureichend. An dieser Stelle haben wir mit LeAn® angesetzt.

**Der Weg: Gemeinsam lernen und agil entwickeln**

Wie geht man dieses Vorhaben an, eine Plattform für digitales Leerstands- und vorausschauendes Ansiedlungsmanagement zu entwickeln? Klar, die Nutzenden – sprich die Kommunen – müssen unmittelbar in die Entwicklung und Verprobung einbezogen werden. Im Projekt „Stadtlabore für Deutschland: Leerstand und Ansiedlung" fanden sich 14 Modellstädte verteilt über verschiedene Bundesländer, Ortsgrößenklassen und mit unterschiedlichen Ausgangsbedingungen bezüglich Organisation ihrer Wirtschaftsförderung bzw. verantwortlicher Stadtorganisation sowie

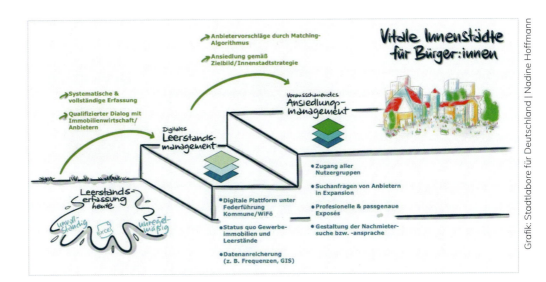

Grafik: Stadtlabore für Deutschland | Nadine Hoffmann

Leerstand in der Stadt als ideale Start-Besetzung zusammen: Bremen, Erfurt, Hanau, Karlsruhe, Köln, Langenfeld, Leipzig, Lübeck, Lüneburg, Mönchengladbach, Nürnberg, Rostock, Saarbrücken und Würzburg. Digital-First-Modus und das Commitment auf gemeinsame Werte waren Grundvoraussetzung: Mut, Vertrauen und Neugier begleiteten das Stadtlabore-Team von Beginn an. Wissen und Erfahrungen wurden verteilt generiert und mit allen geteilt – dies ermöglichte ein schnelles Vorankommen.

Während das Stadtlabore-Team zu Beginn nur aus dem IFH KÖLN und den Modellstädten bestand, wurden nach und nach weitere Partner an Bord geholt. Die hohe Geschwindigkeit der Umsetzung wurde durch klare Verantwortlichkeiten sichergestellt. Gleichzeitig hat das Vorhaben der Plattformentwicklung entscheidend davon profitiert, dass unser Softwareentwickler immovativ bereits vier Wochen nach Beauftragung mit dem Roll-out eines Prototyps in den Modellstädten gestartet ist.

Durch das agile Vorgehen konnten schnell Erfahrungen gesammelt und Anpassungen vorgenommen werden: bei der Priorisierung von Themen ebenso wie in der Programmierung. Eine neue Erfahrung für die Beteiligten in den Modellstädten, da normalerweise mit langjährig bekannter Software gearbeitet wurde. Geduld war an dieser Stelle oft gefordert, z.B. wenn gewünschte Funktionen erst für ein Release in einem halben Jahr vorgesehen waren. Evolution braucht eben Zeit, und schrittweises Vorgehen in Etappen ist für die Zielerreichung hilfreich. Doch für diese Zeit und Geduldsproben wurde wir entschädigt, denn bereits im Projektverlauf konnten wir mit Stolz auf das Ergebnis des gemeinsamen Lernens und Ausprobierens zurückblicken.

**Das Ergebnis: Mit LeAn® Innenstädte datenbasiert steuern**

Eine digitale Plattform für ein vorausschauendes Leerstands- und Ansiedlungsmanagement, die unter Federführung der Kommune alle Nutzergruppen an einen „digitalen" Tisch bringt, war schließlich der Output unseres intensiven Projektes. Die datenschutzkonforme Webanwendung erleichtert die Bestandsflächenverwaltung, liefert einen aktuellen Überblick über Immobilienbesatz und (drohende) Leerstände, enthält ein Dashboard mit umfangreichen relevanten Daten zu Umfeld und Nutzbarkeit der Immobilie und erfasst Ansiedlungsgesuche für eine stadtindividuelle Ansiedlungssteuerung.

Als Ökosystem für Akteurinnen und Akteure der Innenstadt ermöglicht LeAn®-Kommunen damit schnelle Reaktionszeiten und ein passgenaues Matching von Immobilien und Nachnutzungskonzepten: Sie profitieren von der vereinfachten Standortsuche, Immobilieneigentümerinnen und -eigentümer sowie die Vermittlungsbranche erhalten neben professionellen Objektexposés die Möglichkeit, gemeinsam mit der Kommune die Innenstadt datenbasiert aktiv zu gestalten. So liefert LeAn® die Basis für einen Dialog auf Augenhöhe aller Akteurinnen und Akteure und die Grundlage für standardisierte Prozesse, die eine zukunftsgewandte Stadtgestaltung ermöglichen.

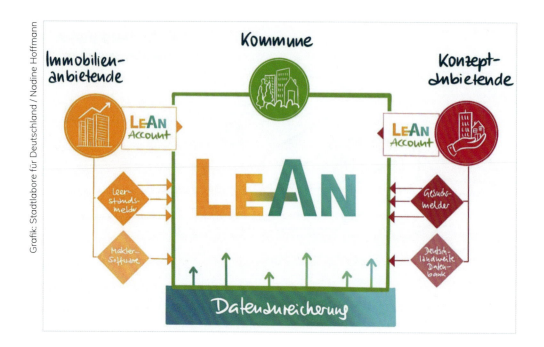

Grafik: Stadtlabore für Deutschland / Nadine Hoffmann

**Gemeinsames Anpacken und Dialog werden weiterhin gelebt**

Digitalisierung durch LeAn® und die Nutzung von Daten bilden die Grundlage für die Vitalisierung von Innenstädten, entscheidend bleibt jedoch immer der Dialog. Innerhalb der Kommune und unter den Kommunen braucht es den Austausch. Ganzheitlich gedacht sind deshalb bei LeAn® automatisch alle Stakerholder der Innenstadt eingebunden. Für ein vorausschauendes Ansiedlungsmanagement ist der Trialog zwischen Kommune, Immobilienwirtschaft und Konzeptanbietenden Pflicht. Insbesondere der Aufbau und die Professionalisierung des immobilienwirtschaftlichen Dialogs stand im Rahmen des Projekts im Fokus. Dabei ist nicht nur die Gewinnung von Daten zu den Gewerbeimmobilien entscheidend, sondern auch zur Nutzung des Ökosystems LeAn® durch die Maklerschaft.

Es ist wichtig, bei einem ganzheitlichen Vorhaben eine Einladung zum Mitmachen auszusprechen – aber nicht auf die Annahme zu warten. Die Geschwindigkeit in der Umsetzung muss hoch sein und bleiben. Wir freuen uns, wenn das Leerstands- und Ansiedlungsmanagement in weiteren Kommunen professionalisiert und gemeinsam an der Vitalisierung der Innenstädte gearbeitet wird.

Weitere Informationen zu den Nutzungsmöglichkeiten gibt es unter www.le-an.de.

## ZUR PERSON

Dr. Eva Stüber ist Mitglied der Geschäftsleitung am IFH KÖLN. Sie betreut namhafte Unternehmen aus dem Handel und der Konsumgüterindustrie bei komplexen Fragestellungen rund um kundenzentrierte Vertriebskonzepte, Digitalisierung und Innovationen. Mit Leidenschaft und einer besonderen Klarheit entwickelt sie auf Basis von ganzheitlichen 360°-Betrachtungen von Markt, Wettbewerb, Kundinnen und Kunden Zukunftsstrategien, begleitet den kulturellen Wandel und hilft Unternehmen dabei, nachhaltige Geschäftsmodelle zu entfalten. Ihre Promotion zur „Personalisierung im Internethandel" wurde ebenso wie die Projekte „Innovation Store" und „Stadtlabore für Deutschland: Leerstand und Ansiedlung" mehrfach ausgezeichnet. Eva Stüber ist regelmäßig als gefragte Speakerin und Moderatorin auf hochkarätigen Branchenevents unterwegs.

Jürgen Brunke

# BID-Modelle: Erfolgreich für Shopping Center – in der Innenstadt keine Lösung?

*Vor ca. 20 Jahren wurde das erste Business Improvement District in Hamburg ins Leben gerufen, seinerzeit als eine hervorragende Lösung zur Innenstadtbelebung stark forciert, heute fast in Vergessenheit geraten. In diesem Beitrag soll beleuchtet werden, ob die Möglichkeit BID (wieder) stärker genutzt werden sollte.*

**Was genau ist denn eigentlich ein BID?**
Ein Business Improvement District (kurz BID) hat das Ziel, dass ortsansässige Gewerbetreibende in einem klar definierten Innenstadtbereich gemeinsam, miteinander und aktiv handeln. Für einen bestimmten Zeitraum (je nach Gesetzeslage und Bundesland) werden ortsansässige Unternehmen bzw. Hauseigentümer zu einem BID-Beitrag gesetzlich verpflichtet. Ziel ist die Attraktivitätssteigerung eines Gebietes durch gezielte Maßnahmen, die sich auf einzelne Schwerpunkte (gemeinsames Marketing) oder auch Maßnahmenpakete (Bepflanzungen, Quartiersmanager, Branchenmix, Stadtteil-Homepage- und App etc.) beziehen können.

An dieser Stelle passt es gut, den Vergleich zur Shopping-Center-Branche zu ziehen, denn Innenstadt und Center wollen gleichermaßen „lebendige Marktplätze" schaffen.
Die Shopping Center haben im Gegensatz zur Innenstadt meistens folgende Vorteile: Ein gemeinsamer Reinigungs- und Winterdienst, eine gemeinsame Bewachung mit gleichen Regeln für alle – und natürlich die gemeinsamen Werbeaktivitäten, ob als e.V., GbR oder Marketingzuschuss – es gibt ein gemeinsames Budget. Die Innenstädte wiederum versuchen, den Vorteil einer Werbegemeinschaft durch Innenstadt-Zusammenschlüsse, Quartiersmanager, Werbevereine etc. zu kompensieren und auf freiwillige Mitgliedsbeiträge zu setzen.

Warum also nicht eine ähnliche Struktur in den Innenstädten umsetzen, mit der Verpflichtung BID? Dabei ist es sicher im Sinne der Grundeigentümer, denn auch hier ergibt sich der Ertrag aus den Mieten, aber ohne lebendige Innenstadt auch keine Mieter, egal ob Handelsmieter oder Dienstleister und auch Wohnungsmieter, die sich im Stadtteil wohlfühlen und nicht abwandern.

Die Stadt Hamburg hatte am 31.04.2004 das erste BID-Gesetz verabschiedet und ist Vorreiter bei Umsetzung und Anzahl an BIDs. Die Grundidee stammt aus den USA, allein in New York wurden über 40 BIDs gegründet. Die Jahre 2006 bis 2016 waren der Zeitraum des Autors als Centermanager, der bei der Gründung einiger BIDs in Hamburg mitwirken durfte. Als Musterbeispiel soll hier das „BID TIBARG" in Hamburg-Niendorf vorgestellt werden.

**Was hat dieses BID ausgezeichnet?**
Die Resonanz der Grundeigentümer war sehr hoch, nachdem man die Chancen vorgestellt und

die Beteiligten mit Fakten überzeugt hatte (je nach Bundesland gibt es eine Mindestquote der Zustimmung).

Das erste BID lief über drei Jahre, es folgten Anschluss-BIDs, die den Erfolg zeigen.

Ein Einkaufszentrum (Tibarg Center) war ebenfalls am BID beteiligt, eine besondere Situation, für die Verbindung Innenstadt/Center jedoch ein wichtiger Baustein.

Das BID bestand aus verschiedenen Bausteinen, vom gemeinsamen Quartiersmanager über einen gemeinsamen Winterdienst, ein BID-bezogenes Marketingkonzept und ein Zusammenschluss aller Beteiligten, vom Grundeigentümer über Dienstleister, Einzelhandelsmieter und Anwohner.

**Wie sieht der Tibarg den Erfolg nach zehn Jahren?**

Seit fast zehn Jahren engagieren sich die Grundeigentümer des Tibargs mit dem BID Tibarg I und dem BID Tibarg II für die Attraktivität des Niendorfer Stadtteilzentrums. Erhebliche finanzielle Mittel wurden in Brunnenanlagen, schön gestaltete und gepflegte Sitzgelegenheiten – umrahmt von bunten saisonalen Bepflanzungen –, Spielmöglichkeiten für Kinder, Hunderte Fahrradabstellmöglichkeiten und vieles mehr investiert.

Umfangreiche – ohne die BIDs nicht finanzierbare – Servicedienstleistungen wie Quartiersmanagement, Winterdienst und Tibargmeister haben die Aufenthaltsqualität auf dem Tibarg überzeugend verbessert. Diese Qualität spricht sich herum, wobei umfangreiche vom BID organisierte Werbemaßnahmen den positiven Auftritt des Tibargs ständig unterstützen und verbreiten. Kunden aus Niendorf, aber auch viele Menschen aus anderen Stadtteilen und Nachbargemeinden kommen gerne zum Einkaufen hierher und genießen die im Vergleich entspannte Atmosphäre unserer Fußgängerzone.

Der Tibarg hat sich dank der BIDs in den letzten 10 Jahren im Wettbewerb mit der Innenstadt und den Konkurrenzstandorten zweifellos hervorragend geschlagen.

Dieses Beispiel zeigt, dass nicht nur Ideen für lebendige Innenstädte gesucht werden, sondern auch Akteure und finanzielle Mittel. Es kann dabei nicht alles auf die Stadt und die Politik geschoben werden. Innenstädte sollten, wie auch die Shopping Center, eine Struktur schaffen, um gemeinsame Maßnahmen und Projekte umzusetzen.

**Erfolgsfaktoren für ein BID:**
1. BID-Beiträge können nicht umgelegt werden, die Grundeigentümer müssen überzeugt werden.
2. Es muss Initiatoren geben, die Einbindung von Profis ist angeraten.
3. Es geht nicht nur um Marketing, die Möglichkeiten sind vielfältig (vom Winterdienst bis zum Branchenmix und der Leerstandsbespielung).
4. Der Stellenwert eines BIDs gegenüber der Stadt und den Behörden darf nicht unterschätzt werden.
5. Ein BID benötigt eine Verwaltung, aber das zahlt sich aus.
6. Die örtliche IHK sollte von Beginn an fester Baustein sein.
7. Auch institutionelle Anleger können überzeugt werden.
8. Ein BID-Gesetz im Bundesland ist notwendig.
9. Ein BID ersetzt nicht die Arbeit der Stadt (Baumaßnahmen, Straßenreinigung etc.).
10. Ein BID benötigt ein absolut klares Konzept, das genau auf den Standort zugeschnitten werden muss. Jedes BID ist anders und muss andere Herausforderungen lösen – immer standortbezogen.

## ZUR PERSON

Jürgen Brunke ist seit über 25 Jahren Centermanager aus Überzeugung.

Nach beruflichen Stationen bei verschiedenen Centerbetreibern nun seit fünf Jahren bei der Völkel Real Estate tätig, ist er verantwortlich für den Kauf Park Göttingen und mit Sonderprojekten betraut. Durch die Arbeit als Centermanager in Hamburg sind die Erfahrungen im BID entstanden

Janine Streu

# „Niemand ist eine Insel" oder Zentrenentwicklung made in Kiel

*Die Transformation der Innenstadt – sie ist ohne Frage notwendig, manchmal entbehrungsreicher Kraftakt, oftmals aber auch inspirierender Innovationsmotor. Sie kommt ohne Bedienungsanleitung daher und stellt alle Beteiligten vor – nennen wir es einmal – spannende Herausforderungen.*

Da haben wir es schon: „Alle Beteiligten", wer ist das eigentlich? Investoren, Immobilieneigentümer, Gewerbetreibende, Bürger und Besucher (bestenfalls Kunden) und nicht zuletzt die Stadt mit angeschlossenen Institutionen wie Bauordnungsamt, Stadtplanung, Wirtschaftsförderung und Stadtmarketing. Die Liste ist längst nicht komplett, doch Fakt ist: in den letzten Jahrzehnten hatten die Akteure des Theaterstücks Innenstadt meistens nur punktuell miteinander zu tun. Der Fokus lag auf den eigenen Interessen, die Beziehungen waren meistens entsprechend kühl, vorurteilsbehaftet und von wenig Empathie geprägt. Ausnahmen bestätigen natürlich die Regel. Die gute Nachricht: Genau an dieser Stelle passiert gerade die aus meiner Sicht entscheidende „Transformation des Mindsets". Man redet anders miteinander, wertschätzender, erkennt, dass man den anderen braucht, und beschreibt nicht mehr ausschließlich, was man von ihm fordert. Übergeordnet sichtbar wird das, wenn man die Programme der bundesweiten Branchentreffs vergleicht. German Council of Shopping Places, Städtetag, Handelsverband, Bundesvereinigung City- und Stadtmarketing, um nur ein paar zu nennen – die Notwendigkeit der gemeinschaftlichen Revitalisierung unserer Innenstädte ist omnipräsent. Der Anfang ist gemacht. Nun gilt es, diesen Weg konsequent zu verfolgen und den Perspektivwechsel zu verstetigen. Und zwar so, dass ihn am Ende nicht nur die Verbandsspitzen, sondern auch jeder einzelne Akteur versteht und in seiner Stadt lebt.

Herzlich willkommen im Team Transformation! In Kiel ist dieses Team im Vergleich mit anderen Städten schon recht gut aufgestellt. Gemeinsam mit Stadtplanung, Wirtschaftsförderung, Eigentümern, Gewerbetreibenden und zivilgesellschaftlichen Akteuren haben wir den Quartiersprofilierungsprozess „Kiel kann Kiez" auf den Weg gebracht. Federführend ist dabei der Bereich Zentrenentwicklung im Stadtmarketing, das diese Rolle aufgrund seiner 360-Grad-Verbindungen in die Akteursgruppen so objektiv wie kaum eine andere Institution ausführen kann. Flankiert wird dieser Profilierungsprozess von umfangeichen städtebaulichen Aufwertungsmaßnahmen, für die der mehrfach preisgekrönte Holstenfleet erst der Anfang war. Weitere städtische Maßnahmen (wie die Umgestaltung der Hauptfußgängerzone hin zu mehr Grün, mehr Sitzgelegenheiten und kreativem Spielen, gepaart mit der Aufwertung angrenzender Plätze) werden ergänzt um umfangreiche private Investitionen. Diese betreffen insbesondere ein Quartier, das in den letzten Jahren am meisten unter dem Strukturwandel zu leiden hatte. Wissend um die Pläne der Stadt, erkannte der Investor das Potenzial des Umbruchs und hat sich von vornherein intensiv in den Profilierungsprozess eingebracht. Nun wiederum begleiten Stadtplanung und das im Stadtmarketing ansässige Ansiedlungsmanagement den Investor bei der Umsetzung der baulichen Maßnahmen. „Begleiten" heißt hier auch beraten – mit dem gemeinsamen Ziel, Baugenehmigungen so vorzubereiten, dass sie schnell genehmigungsfähig sind, und gleichsam Nutzungen zu finden, die eine gute Mischung aus innovativen Konzepten und renditestarken Mietern abbilden. Nicht umsonst eröffnete in einer seiner Flächen 2022 auch der erste Gewinner des Wettbewerbs „Kiezgröße gesucht", bei dem im Rahmen der Zentrenprogramme von Land und Bund innovative Zukunftskonzepte gefördert werden. Mit einem breiten Sortiment auf Nachhaltigkeit spezialisierter Produkte und einem oftmals ausgebuchten Veranstaltungsprogramm entwickelte sich „derHeimathafen" schnell zum Geheimtipp des Quartiers. Auch der Wettbewerb selbst hat sich inzwischen etabliert und weitere Kiezgrößen auf den Weg gebracht, die auf die allseits propagierten Zukunftsfelder „mehr Nachhaltigkeit, mehr Lokalkolorit, mehr Erlebnis über das Produkt hinaus" einzahlen und damit auch bundesweit aufgefallen sind (Vorstellungen bei stores+shops, Textilwirtschaft etc.). Gepaart mit identifikationsstärkenden Aktionen in den Kiezen treiben wir in Kiel Transformation auf diese Weise proaktiv und ganz konkret voran. Dabei haben wir einen weiteren wichtigen Punkt im Blick: Die Imakom-Studie von 2021 hat erfreulicherweise gezeigt, dass sich Kommunen und handelsnahe Wirtschaftsvereinigungen hinsichtlich der Definition von notwendiger Transformation bundesweit überwiegend einig sind. Wer jedoch die aktuelle Deutschlandstudie der cima liest, wird hier und da Diskrepanzen zur Einschätzung der Bürger feststellen. Diese „Lücke" ist ernstzunehmen und neben dem Mitnehmen der Vermieter (!) eine der größten Herausforderungen auf dem Weg zu einer erfolgreichen Revitalisierung unserer Innenstädte und Zentren. Denn vor allem die Treue (und Geduld) der Kunden benötigen wir, um diese Phase des Übergangs gemeinsam zu meistern.

## ZUR PERSON

Janine-Christine Streu kann auf 15 Jahre Berufserfahrung im Stadtmarketing zurückblicken und ist nach dem Aubau des Kieler Innenstadt-Managements mittlerweile quartiersübergreifend für den Bereich Zentrenentwicklung und Ansiedlung bei Kiel-Marketing e.V. verantwortlich. Im Bundesverband City- und Stadtmarketing koordiniert sie für Schleswig-Holstein den Arbeitskreis Ansiedlung und ist als Dozentin für Place Making tätig.

*Das Holstenfleet belebt die Innenstadt und ist mehrfach preisgekrönt.*

Dr. Andreas Martin

# Wie eine problematische Immobilie zum gefragten Multi-Use-Asset wird

*„Wenn Sie jetzt Dumont Carré sagen, lege ich auf", sagte mir ein Expansionsleiter, den ich für die Anmietung im damaligen Dumont Carré an der Breite Straße in Köln gewinnen wollte. Und dieses Urteil spiegelte die generelle Meinung über den genannten Einzelhandelsstandort wider. Es gab also eine Menge zu tun, damit ein für Kunden und Mieter attraktiver Standort entstehen konnte.*

Aufgrund der dargestellten Meinung über das Dumont Carré entschlossen wir uns sehr schnell, einen neuen Namen zu finden und damit ganz deutlich zu machen, dass sich hier alles von Grund auf ändern wird. In einem mehrstufigen Prozess wurde der Name Quincy entwickelt.
Das Quincy verfügt über 129 Wohnungen auf dem Dach, drei Ebenen mit Einzelhandel und Gastronomie, ca. 9.000 qm Bürofläche, ein Fitnessstudio, 650 Parkplätze und ab Herbst 2024 das medizinische Zentrum „Quincy Medical" sowie eine Hochschule mit 3.500 qm Fläche.

**Was haben wir nun getan, um aus dem hässlichen Entlein einen schönen Schwan zu machen?**

Zunächst einmal wurde ein neues Konzept im Basement umgesetzt. Aus Verkehrsflächen wurden Mietbereiche, und ein Zugang zum U-Bahnhof wurde geschlossen. Dadurch konnten ausreichend große Ladeneinheiten für Fachmärkte geschaffen werden, die überdies an einen sehr geräumigen, unterirdischen Anlieferhof angeschlossen sind. Inzwischen sind hier mit Decathlon und Smyth Toys starke Marken eingezogen. Die Rolltreppen wurden dergestalt platziert, dass der Kunde aus dem Erdgeschoss direkt in den Markt gelangt. Die Check-Outs sind aber so angeordnet, dass Besucher immer im zentralen Forum das Geschäft verlassen und so für hohe Frequenz im Innenbereich des Quincy sorgen. Durch die Umwandlung von Verkehrs- in Mietflächen ging die Rechnung auch mit fachmarkttypischen Mietansätzen auf. Insgesamt wurden auf diese Weise ca. 2.000 Quadratmeter neue vermietbare Fläche im Quincy geschaffen.
Im Erdgeschoss wurden Modegeschäfte mit geringen Zukunftschancen durch Lebensmittelanbieter ersetzt. Auch hinter diesem Vorhaben steckte von Anfang an eine eigene Idee. Direkt gegenüber vom Quincy in den Opern-Passagen befindet sich ein großer, gut sortierter REWE-Supermarkt. Daher musste ein alternatives Konzept her, das von der Kompetenz des Gesamtstandortes profitiert und nicht primär auf direkte Konkurrenz setzt. Daher wurde unter dem Slogan „feel global – eat global" ein authentischer, internationaler Geschäftsbesatz etabliert, der besonders gut zu der weltoffenen Stadt Köln passt. Einheimische Besucher ferner Länder sollen im Quincy die Möglichkeit haben, Küchen anderer Kulturen kompetent auszuprobieren. Neben der italienischen Gastronomie „Mercato Italiano" sind das ein türkischer Premium-Supermarkt der Karadag-Gruppe und

eine im Marketingbereich sehr erfolgreiche Filiale der Firma Tains aus Düsseldorf mit asiatischer Ausrichtung. Diese Lebensmittelanbieter bieten alle auch einen landestypischen Imbiss an. Der Besatz wird abgerundet durch ein City-Geschäft der Netto-Gruppe, bei der natürlich das Preisargument als Differenzierungsmerkmal im Mittelpunkt steht. Das Gesamtkonzept zeigt, dass auch bei einer bestehenden Konkurrenzsituation ein erfolgreicher Besatz etabliert werden kann, wenn dahinter eine für den Kunden thematisch nachvollziehbare Idee steht.

Überhaupt: neue innovative Konzepte werden eingebunden, und so entsteht für den Besucher ein interessanter Mix, den er weder woanders in der City noch im Onlinehandel findet. In diesem Zusammenhang ist zum Beispiel das „Haus der Manufakturen" zu nennen. Dort bieten in einem liebevoll gestalteten Geschäft kleinere Hersteller in großer Zahl individuelle Produkte an, die nachhaltig sind und so in den Geist der Zeit passen.

Überhaupt ist es für das Quincy das eindeutige Ziel, eine multifunktionale Immobilie zu sein, die perfekt in die urbanen Strukturen der Kölner Innenstadt passt. Zalando ist im vergangenen Jahr ausgezogen und wird nun durch das „Quincy Medical" ersetzt. Dort findet der Besucher verschiedene medizinische Nutzungen, die er an diesem Standort bequem in Anspruch nehmen kann. Der zukünftige Physiotherapeut kann von dem vorhandenen Premium Fitness-First profitieren und umgekehrt. Zusätzlich wird Ende 2024 eine private Hochschule ins Quincy einziehen und so für weitere Kunden der vielfältigen Gastronomie und des Einzelhandels sorgen. Natürlich wurden auch zahlreiche Maßnahmen zur Verbesserung der Einkaufsatmosphäre umgesetzt, um die Aufenthaltsqualität zu erhöhen. So erreicht das Quincy inzwischen höhere Passantenfrequenzen als vor der Corona-Krise.

Es zeigt sich, es muss einem nicht bange sein vor den Herausforderungen, die z.B. die Neubesetzung von Warenhaus-Immobilien mit sich bringen, Es geht darum, Konzepte mit ganz unterschiedlichen Nutzungen umzusetzen, die von der innerstädtischen Lage profitieren und ihrerseits für einen urbanen Mehrwert sorgen.

Und übrigens, der Expansionsleiter, der auflegen wollte, hat sich von unserem Konzept überzeugen lassen und einen großen Laden im Quincy angemietet. Sein Unternehmen hat es nicht bereut.

## ZUR PERSON

Dr. Andreas Martin ist Geschäftsführender Gesellschafter der CONCEPTA Projektentwicklung GmbH, Düsseldorf. Weitere Infos unter www.concepta.de

Dr. Philipp Hoog

# Wie der stationäre Einzelhandel Frequenz finden und binden kann

*Auch im Jahr 2024 steht der Einzelhandel vor zwei allzu bekannten, aber umso präsenteren Herausforderungen. Erstens sind die innerstädtischen Passantenfrequenzen trotz teils spürbarer Erholung immer noch nicht wieder auf dem Vor-Corona-Niveau. Vor allem kaufkräftige Touristen fehlen.*

Die Folgen zeigen sich in immer mehr Geschäftsaufgaben, und es ist realistisch, dass wir mittelfristig etwa 20 Prozent aller innerstädtischen Handelsmieter verlieren werden. Zweitens sorgt der E-Commerce vor allem bei Händlern mit breitem Warensortiment und eher vage definierter Zielgruppe für Druck – denn es entstehen fast zwangsläufig Preisvorteile zuungunsten des stationären Handels.

Was sollten Händler vor diesem Hintergrund unternehmen? Der wichtigste Aspekt einer erfolgreichen Handelsfläche ist eine klare Profilierung mit eingegrenzter Zielgruppe, sorgsam kuratiertem Warensegment und einem motivierten Personal mit hoher Beratungskompetenz.
Doch damit diese Vorteile überhaupt erst zum Tragen kommen können, muss die niedrigere Frequenz optimal ausgeschöpft werden. Oder anders gesagt: Wo es an Quantität fehlt, sollten Händler auf Qualität setzen. Es gilt also, die Passanten mit modernen Drive-to-Store-Strategien in die Läden zu locken – und Kaufimpulse zu setzen.

Die Ausgangslage dafür ist besser als gedacht: In einer Befragung, die die BBE kürzlich durchgeführt hat, stellte sich heraus, dass vor allem bei jüngeren Menschen die Innenstadt wieder beliebter wird. Rund 43 Prozent der unter 24-jährigen besuchen demnach die Innenstadt häufiger als noch fünf Jahre zuvor. Dabei wurde als meistgenanntes Motiv „Shopping" angegeben. Doch es braucht neue Mittel, um die alten Herausforderungen in den Griff zu bekommen.

**„Drive to Store" verbindet online mit offline**

Längst sind Online- und Offline-Handel in vielerlei Hinsicht zusammengewachsen. Der Kunde unterscheidet nicht zwischen den Kanälen, weshalb auch die Händler bei der Ansprache auf eine Mischung setzen sollten. Das zeigt sich sehr anschaulich bei modernen Drive-to-Store-Maßnahmen, deren Ziel die eingangs genannte Frequenzabschöpfung ist.
Dazu gehören unter anderem regional ausgespielte Newsletter, ausgewählte Rabattaktionen, für die der Kunde allerdings in den Store kommen muss, oder auch eine Google-Page mit vielen positiven Bewertungen (um die Händler ihre Kunden durchaus auch einmal bitten dürfen). Auch das inzwischen etablierte Click-and-Collect-System lockt Kunden in den Laden, wo die

Chance auf zusätzliche Impulskäufe sehr hoch ist. Augmented Reality lässt Produkte in einer virtuellen Umwelt erlebbar werden – und überzeugt zudem durch einen unbestreitbaren Coolness-Faktor. Wichtiger Nebeneffekt: All diese Maßnahmen generieren eine Unmenge an Daten, die wiederum vom Händler genutzt werden können, um die eigenen Kunden noch besser kennenzulernen. Somit können wiederum die Zielgruppen weiter geschärft und die Sortimente noch besser zusammengestellt werden.

Auch der kreative Einsatz von Social Media hat enormes Potenzial. Es geht weniger darum, regelmäßig zu posten – sondern Anreize zu schaffen. Ein Verkäufer, der das „Unboxing" der neuen Ware filmt und auf TikTok stellt, ist das beste Beispiel. Ein Instagram-Reel, das zur Modenschau im Store einlädt, verbindet moderne Online-Ansprache mit einem Event auf der Fläche, das für die Erlebnisqualität im stationären Einzelhandel steht. Wenn dann wiederum das Event gefilmt wird und später in der Timeline erscheint, ist die Synthese aus Online- und Offline-Welt perfekt. Eine weitere Variante, neue Kunden auf die Fläche zu locken, besteht darin, mit anderen lokalen Unternehmen zu kooperieren. Zum perfekten Abendoutfit gehört schließlich auch das passende Parfüm, oder?

Es ist wichtig zu betonen, dass keine dieser Maßnahmen für sich genommen eine allgemeingültige Lösung darstellt. Jeder Händler sollte seine Schwerpunkte setzen und die Umsetzung sorgfältig planen. Eine kontinuierliche Marktbeobachtung und die Fähigkeit zur Anpassung an neue Trends sind elementar. Das sind die Voraussetzungen für ein gesamtheitliches Konzept, welches die Händlermarke und das „Look and Feel" klar von der Konkurrenz abhebt. Es geht nicht nur darum, möglichst angenehm für die Kunden zu sein – jetzt kommt es mehr denn je für Händler an, unverwechselbar zu sein.

### Fazit: Mehr Erlebnis pro Quadratmeter

Flächenproduktivität gleich Umsatz je Zeiteinheit geteilt durch die reine Verkaufsfläche. Diese altbekannte Formel zur Kennzahl „Umsatz je Quadratmeter" beherrscht nach wie vor die Analysen vieler Händler. Moderner stationärer Einzelhandel lebt jedoch vom „Erlebnis je Quadratmeter". Das kann sogar so weit gehen, einzelne Bereiche im Store umzurüsten und beispielsweise ein gastronomisches Angebot zu integrieren. Für einen Sporthändler kann es hingegen sinnvoll sein, ein oder zwei Fitnessgeräte aufzustellen. Das Resultat sind zufriedene Kunden, die sich über Erlebnisse freuen und umso stärker in Kauflaune geraten.

*Es müssen Anreize geschaffen werden, die Passantenfrequenz in der Innenstadt zu erhöhen.*

## ZUR PERSON

**Dr. Philipp Hoog** ist Mitglied der Geschäftsleitung und Leiter Strategieberatung der BBE Handelsberatung GmbH.

## Dr. Katja Wolframm

# Kreative Interimsnutzung als Treiber der Transformation Innenstadt

*Einzelhandel im Erdgeschoss – Büros und Kontore in den oberen Etagen. Diese Nutzungen prägen die Straßenzüge und Promenaden in der Hamburger Innenstadt rund um Rathaus, Binnenalster und Kontorhausviertel. Kein Wunder, dass während der Pandemie die Leere im Stadtbild in keinem anderen Hamburger Stadtteil so umfassend sichtbar wurde wie hier.*

Dass wir uns mit der Transformation der Innenstädte und Quartierszentren beschäftigen müssen, war schnell politischer und gesellschaftlicher Konsens. Den Sorgen des Einzelhandels mit Mitteln zur Bewältigung der Coronakrise zu begegnen, mehr als naheliegend. Der Leerstand wurde zum unübersehbaren Zeugnis gescheiterter Geschäftsmodelle – von den hochfrequentierten Lagen bis tief hinein in die Center und Passagen.

### Für 1,50 Euro an den Neuen Wall

Das Programm Frei_Fläche: Raum für kreative Zwischennutzung setzt am Leerstand an und bietet Antworten auf gleich zwei drängende Herausforderungen: den Mangel erschwinglicher Räume für Kreativschaffende und den zunehmenden Leerstand von Einzelhandelsflächen. Im Auftrag der Stadt verwandelt die Hamburg Kreativ Gesellschaft mit dem Förderprogramm seit 2021 leerstehende Flächen in temporäre Ateliers, Werkstätten, Ausstellungsorte, Co-Working-Spaces und vieles mehr. Kreative zahlen im Rahmen des Förderprogramms einen monatlichen Beitrag von nur 1,50 Euro pro Quadratmeter. Während der Zwischennutzung verzichten Vermieterinnen und Vermieter zwar auf eine Mieteinnahme, das Programm deckt jedoch die laufenden Kosten des Leerstands, indem es alle Betriebs- und Nebenkosten übernimmt.

Die kreative Zwischennutzung sorgt für eine Belebung des Quartiers, schützt vor Vandalismus und fördert das kulturelle Leben. Kurzum: sie sorgt für die Einbindung der Immobilie in eine lebendige Infrastruktur. Der Aufwand ist gering, weil die Kreativ Gesellschaft Verträge stellt sowie passende Nutzungskonzepte vorschlägt und begleitet.

### Kreativwirtschaft durchbricht die Abwertungsspirale

Anderthalb Jahre nach dem Programmstart – und über 100 Zwischennutzungen später – zeigt sich in puncto Innenstadt eine Tendenz: Die transformativen Prozesse der Stadtentwicklung brauchen ihre Zeit, ebenso die Projektentwicklung und Neuausrichtung von Objekten in der Immobilienwirtschaft. Gleichzeitig sind die raumgreifenden Veränderungen bereits da und beschleunigen sich wechselseitig. Wie kann es also gelingen, Zeit zu gewinnen, um neue Entwicklungsszenarien für einzelne Objekte, aber auch ganze Stadtbereiche zu erarbeiten?

Zum Zeitgewinnen gehört, die destruktiven Auswirkungen von Leerstand zu vermeiden. Denn Leerstand blockiert und setzt Abwertungsspiralen in Gang. Folgerichtig wird das Programm Frei_Fläche mit Haushaltsmitteln der Stadt Hamburg fortgesetzt. Fast alle institutionellen Immobilieneigentümer in der Innenstadt – aber auch in anderen Stadtteilen – nutzen das Programm und haben darüber die Zwischennutzung als Erweiterung ihrer Handlungsmöglichkeiten schätzen gelernt. Die Motive sind dabei sehr unterschiedlich: ob Freude an der Kunstförderung, der Abgleich mit der eigenen Social Resposibility Strategie oder die Adressbildung für einen neuen Standort. Im Dezember 2023 waren 42 leerstehende Flächen mit starken kreativwirtschaftlichen Konzepten gefüllt und erlebbar. Der Kreativplanet Jupiter, direkt am Hauptbahnhof, ist eine dieser Flächen.

**Das einzige Kaufhaus, das dich reicher macht**
Den Erfolg kreativer Zwischennutzung sieht man in Hamburg im Kleinen – und im ganz Großen. In der Mönckebergstraße ist das ehemalige Karstadt-Sport-Kaufhaus zu Deutschlands größter kreativen Zwischennutzung geworden. Im Jupiter können auf sechs Etagen und rund 8.000 qm Fläche Kunstausstellungen und Ateliers, Design-Shops, Café und Bar, Festivals und Partys erlebt werden. Dieses Nebeneinander ist keine Selbstverständlichkeit: Denn das Gebäude, optimiert für die Präsentation von Sportartikeln, eignet sich im jetzigen Zustand kaum für andere Nutzungen. Dank guter Kuration (und Lernkurve) ist mit Jupiter trotzdem ein Ort entstanden, an dem ein vielfältiges Programm der Kreativwirtschaft gezeigt und getestet wird. Mitten in der Stadt erreicht die Branche Menschen, die sie andernorts gar nicht oder schwer erreichen würde. Andersherum zieht der Kreativplanet ein Publikum an, das sich bisher selten in die Innenstadt bewegt hat. Das Resultat ist eine spürbare Belebung. Werden andernorts mit viel Aufwand Erlebnisse und Anziehungspunkte konstruiert, bringt die Kultur diese ganz selbstverständlich mit – wenn auch mit anderen Einnahmen. Es bleibt also abzuwarten, welche Eigentümerinnen und Eigentümer zukünftig zu welchen Renditekorrekturen bereit sind. Das gilt auch für langfristige Räume, die den Bedarfen und finanziellen Möglichkeiten der Kreativbranche gerecht werden. Die Kreativen jedenfalls sind gern in der Innenstadt und haben Lust auf all die Brüche und Umbrüche. An Ideen, wohin sich ein Ort entwickeln könnte, fehlt es ihnen nicht. Nur den Raum bringen sie nicht mit – dafür braucht es das Engagement der Immobilienwirtschaft.

**Kreative Zwischennutzung: Auf dem Weg zum etablierten Instrument**
Mit Frei_Fläche zeigt die Hamburg Kreativ Gesellschaft das Potential von kreativer Zwischennutzung. Mit gleichen Mechanismen werden mittlerweile weitere Mietverträge mit Kreativen geschlossen – unabhängig vom städtischen Förderprogramm. Erste Anzeichen also, dass sich die Zwischennutzung in der Immobilienwirtschaft als wertvolles Instrument etabliert.

## ZUR PERSON

Dr. Katja Wolframm leitet den Bereich Immobilien und Stadtentwicklung der Hamburg Kreativ Gesellschaft, Hamburgs Wirtschaftsförderung für die Kreativbranche.
Die gebürtige Schleswig-Holsteinerin studierte Wirtschafts- und Sozialwissenschaften an der Universität Lüneburg und promovierte zum Thema „Region in der globalen Wirtschaft". Hier ging es um das Erzeugen von Wettbewerbsvorteilen in der Ansiedlung von Unternehmen sowie um Cluster und Kooperationen in der Metropolregion Hamburg.

Foto: Jan-Marius Komorek

Wolfgang Richter

# Innenstadtretter Gastronomie?

*In letzter Zeit wird oft große Hoffnung in die Gastronomie als vermeintlichen Retter der Innenstädte gesetzt. Es ist auch verlockend zu meinen, dass jene Flächen, die der Einzelhandel verloren hat und auch künftig sicher noch verlieren wird, einfach mit jenen aufzuwiegen seien, die die Gastronomie zukünftig benötigen könnte.*

Doch ganz so einfach ist die Sache nicht, und zwar aus drei Gründen: Erstens wird der stationäre Einzelhandel künftig mehr Flächen verlieren, als die Gastronomie jemals brauchen kann. Zweitens agiert die Gastronomie in einer Handelszone fast immer als Frequenznutzer und nicht als Frequenzbringer und kann somit nicht „retten", sondern ist selbst von starken Besucherströmen abhängig. Und drittens, weil auch die Gastronomie sehr spezifische Ansprüche an die Flächen, die Umgebung und die Umsatzpotenziale stellt, und die sind auch in einer funktionierenden Handelszone oft nicht passend vorhanden. Es ist daher nicht zu erwarten, dass die Gastronomie die Frequenzrückgänge und die Lücken, die der Einzelhandel in den Innenstädten hinterlassen hat, restlos ausfüllen kann. Trotzdem kann und wird die Gastronomie künftig einen ausgesprochen wichtigen Beitrag für die Vitalisierung der Innenstadtzonen leisten.

Es stimmt natürlich, dass der stationäre Einzelhandel über die Jahre an Bedeutung verliert und die Gastronomie in ähnlichem Ausmaß gewinnt. Bedingt durch den zunehmenden Onlinehandel, vor allem bei innenstadtrelevanten Warengruppen, und dem generellen Wertewandel bei wich-

*So haben sich die Verkaufsflächen im Einzelhandel in Österreich verändert.*

tigen Zielgruppen in Richtung geringerer Produktanschaffungen (Stichwort: Mehr „Sein" als „Haben"), können viele Handelsflächen schlichtweg nicht mehr rentabel bewirtschaftet werden. Daher ist zu erwarten, dass im gesamten D-A-CH-Raum jährlich etwa 1,5-2,0 % jener Handelsflächen aufgegeben werden. In Österreich beispielsweise besteht genau dieser Trend schon seit acht Jahren und wird auch in den nächsten Jahren so anhalten. In den Innenstädten ist die Situation meistens nicht ganz so gravierend – der Rückgang wird in der Regel bei durchschnittlich etwa 1,0-1,5 % pro Jahr liegen.

Die Gastronomie hingegen erlebt in Österreich und vielen anderen Ländern seit über einem Jahrzehnt einen regelrechten Aufschwung. Obwohl dieser durch Corona, Inflation oder Steuererhöhungen mehr oder weniger stark gebremst wurde, wird er durch das veränderte Kundenverhalten sicherlich in den nächsten Jahren weiter anhalten. Viele Menschen nutzen die Gastronomie verstärkt zur „analogen" Kommunikation mit Freunden und Bekannten. Sowohl die Ausgaben der Einwohner für den Verzehr außer Haus als auch die Ausgaben der Touristen steigen. In den letzten zehn Jahren haben sich die durchschnittlichen Ausgaben der Wohnbevölkerung nahezu verdoppelt, während die allgemeine Kaufkraft im gleichen Zeitraum nur um knapp 40 % gestiegen ist.

Während sich also der stationäre Einzelhandel schwach entwickelt, prosperiert die Gastronomie, mit einer allerdings dramatischen Ausnahme: Covid. Durch die Ausgangssperren, Maskenpflicht und sonstigen Einschränkungen wurde dieser Trend schlagartig unterbrochen. Seit 2022 ist die Gastronomie insgesamt wieder auf den Wachstumspfad zurückgekehrt und zeigt sich nun stärker als zuvor. Doch nicht der gesamten Branche geht es gut. Während die Nachtgastronomie und klassischen Gasthäuser (Stichwort: „Wirtshaussterben") oft große Probleme haben, entwickelt sich die Abendgastronomie, vor allem in urbanen Bereichen, günstig.

**Junge hungrig nach „experience"**

Die wichtigste Ursache für die stetig steigenden Gastronomieumsätze ist jedoch das Verhalten der jüngeren Zielgruppen, die deutlich häufiger vor

Quelle: RegioData Research GmbH

allem die Angebote der Abendgastronomie nutzen. Das Treffen mit Freunden, das gemeinsame Erleben und das Entdecken von Außergewöhnlichem ist vor allem nach der Pandemie besonders ausgeprägt. Und die Gastronomie folgt diesen Erwartungen mit kreativem Speisen- und Getränkeangebot, zielgruppenadäquater Einrichtung und verschiedenen Zusatzleistungen.

Auch im Tourismus sind bei steigenden Nächtigungszahlen die Gastronomieausgaben pro Nächtigung langfristig gesehen fast genauso stark gestiegen wie bei den Ausgaben der Wohnbevölkerung. Alles in allem also eine sehr positive Situation für die Gastronomie, doch das bedeutet nicht, dass die Gastronomie insgesamt expandiert, denn die Anzahl der Gastronomieunternehmen stagniert und ist beispielsweise in Österreich in den letzten zehn Jahren sogar um 4 % gesunken. Und nachdem die durchschnittliche Größe der Gastronomiebetriebe ebenfalls nicht signifikant gestiegen ist, entstand dadurch auch fast kein zusätzlicher Flächenbedarf. Die Rechnung, dass die vom Handel freiwerdenden Flächen mit Gastronomiebetrieben besetzt werden können, geht demnach nicht so leicht auf. Günstig für die Innenstädte ist jedoch, dass die Schließungen von Gastronomiebetrieben vorwiegend außerhalb der Stadtzentren, also in ländlichen Gebieten ohne Tourismus und in den Randbezirken der Städte, stattgefunden haben. In den zentralen Lagen ist die Situation hingegen stabil bis sogar leicht positiv.

Um zu ermitteln, welchen Beitrag die Gastronomie im Zusammenhang mit den Innenstädten leisten kann, ist es trotz vielfacher Überschneidungen und Unschärfen sinnvoll, die Unternehmen grob nach Funktion zu typisieren. Ab-

*Verschiedene gastronomische Angebote sind ein elementarer Teil des Branchenmixes in der City.*

gesehen von einer an bestimmten Standorten überwiegend touristischen Funktion und einer Art Nahversorgungsfunktion in ländlichen und vorstädtischen Gebieten, kann die Gastronomie in der Innenstadt zwei wesentliche Funktionen haben: einerseits die „Versorgung" der Besucher einer Einkaufszone und der Arbeitsbevölkerung mit schnellem und kostengünstigem Essen; andererseits die „Genussgastronomie", entweder im innerstädtischen Ausgehcluster oder als zumeist exklusivere Lokale als innerstädtische Stand-alone-Standorte.

Während die Versorgungsgastronomie zumeist eine Umsatzzeit, nämlich Mittag, hat, sind es bei der Genussgastronomie meistens Mittagstisch und Abendtisch. Wo hauptsächlich Verkaufsflächen sind, also in Einkaufslagen, wird daher eher Versorgungsgastronomie passend sein.

### Arten von Potenzialspendern:

| Wohn-bevölkerung | Arbeits-bevölkerung | Touristen | sonstige Tages-bevölkerung |

Eine funktionierende Gastronomie braucht vor allem hungrige und durstige Menschen. Daher definiert man für die Gastronomie vier Gruppen von Potenzialspendern: die Wohnbevölkerung, die Arbeitsbevölkerung, die Touristen und die sonstige Tagesbevölkerung, zu der auch die Kunden einer Einkaufszone, aber u.a. auch Studierende zählen. In den Innenstädten sind zumeist alle vier Kundengruppen, wenn auch in unterschiedlichem Ausmaß, relevant. Und ob für ein Gastrounternehmen an einem Standort schließlich genug Umsatzpotenzial besteht, kann gut errechnet werden, wenngleich der Erfolg in dieser Branche auch noch wesentlich von anderen Faktoren wie Betriebstyp, Interieur, trendiges Speisen- und Getränkeangebot, Preisniveau etc. abhängt.

### Ein Rechenbeispiel

Für Betriebstypen der sogenannten Versorgungsgastronomie in einer innerstädtischen Einkaufszone entsteht das relevante Umsatzpotenzial maßgeblich durch die Besucher der Handelszone. RegioPlan Consulting führt derartige Berechnungen für Gastronomieunternehmen, Shopping-Center-Betreiber und Städte seit mehreren Jahrzehnten durch. Für eine beispielhafte Berechnung stellen wir uns eine kleinere Stadt mit 20.000-30.000 Einwohnern vor, in der sich in einer durchschnittlich großen und funktionierenden Einkaufszone um die Mittagszeit 5.000 hungrige Menschen herumtreiben. Ungefähr die Hälfte dieser Besucher sind potenzielle Kunden der Gastronomie. Der Rest stillt den Hunger am Imbissstand, dem Lebensmittelhandel, beim Bäcker, isst unterwegs oder bleibt hungrig. Für die 2.500 Gastronomiebesucher beträgt die notwendige Fläche in typischen Restaurants etwa 3.500-4.000 qm. In dieser hypothetischen kleinen Stadt entspricht das ungefähr 6-8 % der gesamten Verkaufsfläche – und das ist bereits das obere Limit. Mehr lässt sich betriebswirtschaftlich meistens nicht darstellen, denn die Umsatzpotenziale wären zu gering. Dieser Prozentanteil ist auch jener, der für Shopping-Malls als Planungsgrundlage herangezogen wird, weil er sich in den Shopping-Malls in Mitteleuropa als erfolgreich herausgestellt hat.

Wenn also in einer Einkaufszone deutlich weniger passende Gastronomiebetriebe angesiedelt sind, besteht eine gute Chance, dass sich - bis zu diesem Limit von etwa 8 % der Handelsfläche - mehr Gastrounternehmen ansiedeln und somit einen gewissen Beitrag zur erhofften „Rettung" leisten. Die Gastronomie ist jedenfalls ein elementarer Teil des Branchenmix. Wenn das Handelsangebot und die Branchenzusammensetzung allerdings generell schon sehr schwach sind, kann mehr Gastro auch nicht helfen, denn diese ist in Einkaufszonen immer Frequenznutzer, fast nie Frequenzbringer. Was die Gastronomie leisten kann, ist also, bis zu dem oben angeführten Maß die Flächen aufzufüllen und somit den Branchenmix zu ergänzen und vervollständigen, denn zu wenig gastronomische Angebote sind auch ein Problem. Was Gastro nicht leisten kann, ist absterbende Zonen wiederzubeleben und die Abwärtsspirale umzudrehen.

Die steigenden Gastronomieausgaben in vielen Ländern Europas sind jedoch nicht auf die Versorgungsgastronomie, sondern hauptsächlich auf die positive Entwicklung der genussorientierteren Gastronomie zurückzuführen. Für diese Abendgastronomie gelten andere Standortkriterien: Der ideale Standort ist zwar auch in der Innenstadt, aber oft nicht direkt in der Handelszone. Ungünstiger Flächenzuschnitt, mangelnde Freiflächenverfügbarkeit (Gastgarten), schlechte Erreichbarkeit, zu hohes Mietniveau, fehlende technische Bedingungen, wie z.B. Lüftung, erschweren dies.

Abseits der Handelszonen im engeren Sinn kommt der Gastronomie in den Innenstädten jedoch eine besonders wichtige Funktion zu. Es ist zu konstatieren, dass es immer weniger Notwendigkeiten gibt, in eine Innenstadt zu kommen. Der Handel ist „entortet" und auch viele andere, ursprünglich städtische Funktionen sind aus den Stadtzentren verschwunden, an andere Stellen in der Stadt oder ins Internet. Das heißt, schwächelnde Frequenzen sind keineswegs nur auf den unter Dauerdruck geratenen Handel zurückzuführen, sondern auf den allgemeinen Funktionsverlust des Zentrums. Es geht also darum, dass Menschen freiwillig und gerne in die Innenstädte kommen, obwohl sie es nicht mehr müssen. Und was kann da hilfreicher sein als eine vielfältige und abwechslungsreiche Gastronomie? In dieser Situation kann die Gastronomie in einer Innenstadt viel Gutes tun: Sie kann bei der notwendigen Umorientierung der Handelszonen einen wichtigen Beitrag leisten, insbesondere, wenn sich durch den allmählichen Rückzug des Handels wieder andere, ursprünglich innerstädtische Funktionen ansiedeln: Kultur, Freizeit, Kunst, Gesundheit etc. Die Gastronomie hilft in dieser Metamorphose, denn sie stellt einen wichtigen Baustein zur Schaffung einer Community dar und erhöht damit die Aufenthaltsqualität der gesamten Innenstadt.

## ZUR PERSON

**Wolfgang Richter** ist Senior Consultant und Eigentümer der RegioPlan Consulting GmbH. Das 1987 gegründete Unternehmen mit Sitzen in Wien und München erstellt als unabhängiger Berater Markt- und Standortanalysen für Kommunen, Einzelhandel, Gastronomie und Immobilieninvestoren in ganz Europa.

Dr. Rainer Burbulla

# Green Lease: Wie nachhaltige Mietverträge die Zukunft gestalten

*„Grüne Vertragsklauseln" werden immer häufiger in gewerbliche Mietverträge einbezogen, u.a. um Zertifizierungsstandards zu erreichen bzw. zu erhalten. Von daher spielen sie letztlich auch bei der Finanzierbarkeit und der Werthaltigkeit von Immobilien eine große Rolle.*

„Grüne Mietverträge" sind aber auch mit Kosten verbunden, und zwar mit höheren Baukosten, Instandhaltungs- und Instandsetzungskosten, namentlich dann, wenn nachhaltige und ökologische Baumaterialien zu verwenden sind. Vermieter und/auch Mieter scheuen sich deshalb nicht selten, „Grüne Klauseln" ohne Weiteres zu akzeptieren. Umgekehrt ist aber auch zu beobachten, dass Mieter von sich aus bereit sind, „grüne Modernisierungen" vorzunehmen, um gewissermaßen mit ökologischen Akzenten die Zukunft zu gestalten.

Für diese Mieter stellt sich gerade in Bestandsmietverträgen die Frage, wie man Vermieter dazu bewegen kann, derartigen Modernisierungen zuzustimmen bzw. sich an den damit verbundenen Kosten zu beteiligen. Ein Ansatzpunkt hierzu bieten in der Praxis häufig anzutreffende Fehlerquellen im Zusammenhang mit Umlage- und Übertragungsvereinbarungen in Bezug auf Wartungs-, Instandhaltungs-, Instandsetzungs- und Erneuerungspflichten und den damit verbundenen Konsequenzen.

**Nachhaltigkeit im Sinne eines Grünen Mietvertrages**

Nachhaltig im Sinne eines „Grünen Mietvertrages" wird häufig an einem sogenannten „3-Säulen-Model" der nachhaltigen Entwicklung gemessen. Grundgedanke dieses Modells ist, dass nachhaltige Entwicklung nur durch (gemeinsa-

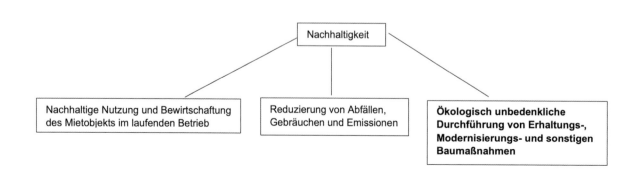

me) umweltbezogene, wirtschaftliche und soziale Ziele erreicht werden kann.

**Anknüpfungspunkt für die „Umgestaltung" in einen „grünen Mietvertrag"**

Anknüpfungspunkt des hiesigen Ansatzes ist die Durchführung von Erhaltungsmaßnahmen, also die dritte Säule. Gemäß § 535 Abs. 1 S. 2 BGB liegt die Erhaltungslast einer vermieteten Immobilie im Ausgangspunkt beim Vermieter. Das Gesetz geht mithin von dem Grundmodell einer „Inklusivmiete" aus. Soll die Erhaltungslast ganz oder zum Teil auf den Mieter übertragen werden, bedarf es dazu einer ausdrücklichen Vereinbarung im Mietvertrag. Entsprechende Übertragungsvereinbarungen sind zwar in aller Regel in Gewerberaummietverträgen enthalten, in der Praxis aber nicht selten streitanfällig. Streitigkeiten ergeben sich zum Teil schon aus den verwendeten Begrifflichkeiten „Wartung, Instandhaltung, Instandsetzung und Erneuerung". Soweit im Mietvertrag keine eigene Definition der Begriffe enthalten ist, bereitet die klare Abgrenzung der Begriffe in der Praxis mitunter erhebliche Schwierigkeiten, namentlich in Bezug auf den Begriff der Wartung. Denn insoweit fehlt es in der Rechtsprechung an einem einheitlichen und abschließenden Begriffsverständnis und an einer Legaldefinition. Neben den begrifflichen Schwierigkeiten ergeben sich in der Praxis nicht selten Streitigkeiten bei der eigentlichen Umlage- und Übertragungsvereinbarung. Ist diese unwirksam, weil es beispielsweise an Kostenobergrenzen fehlt oder die entsprechende Umlagevereinbarung unklar bzw. mehrdeutig formuliert ist, kann wiederum die gesetzliche Ausgangslage gelten, wonach den Vermieter die Pflicht trifft, den Mietgegenstand in einem zum vertragsgemäßen Gebrauch geeigneten Zustand zu erhalten (§ 535 Abs. 1 S. 2 BGB). Demnach ist im Ausgangspunkt also der Vermieter zur Durchführung der Erhaltungsmaßnahmen (Wartung, Instandhaltung, Instandsetzung und Erneuerung) auf eigene Kosten verpflichtet. Eine „ökologische" Reparatur/Erhaltung schuldet der Vermieter (derzeit) aber (noch) nicht.

Ist also beispielsweise die Rolltreppe defekt und muss erneuert werden und fehlt es an einer wirksamen Umlagevereinbarung, kann sich der Mieter auf diese gesetzliche Grundregel berufen und den Vermieter in die Pflicht nehmen bzw., was nunmehr auch vermehrt geschieht, dem Vermieter anbieten, auf eine „grüne" Rolltreppe umzustellen gegen eine gewisse Kostenbeteiligung seitens des Vermieters.

In diesem Kontext greifen die Regelungen eines Green-Leases dann spiegelbildlich zu Instanderhaltungs- und Instandsetzungsregelungen (Erhaltungslast) in Bestandsmietverträgen ein, da Green-Leases neben der Errichtung (Green-Building) auch insbesondere bei der Durchführung von Unterhaltungsmaßnahmen (Instandhaltung, Instandsetzung) und baulichen Veränderungen bzw. auch im Hinblick auf nachhaltige Modernisierungen eine Rolle spielen.

**Fazit**

Bei der Ausgestaltung eines grünen Mietvertrages ist der Phantasie der Parteien keine Grenze gesetzt. Grüne Klauseln können nahezu an sämtlichen mietvertraglichen Regelungen anknüpfen, hauptsächlich im Bereich der nachhaltigen Bewirtschaftung, der Nachhaltigkeit bei der Errichtung bzw. bei baulichen Veränderungen/Modernisierungen und der Energieoptimierung. Sind Regelungen in einem Bestandsmietvertrag zur Erhaltungslast (des Mieters) unwirksam, und greift die gesetzliche Ausgangsregelung, wonach der Vermieter für die Erhaltung der Mietsache zuständig ist, können Unwirksamkeiten/Unklarheiten hinsichtlich einer Regelung zum Anlass genommen werden, Mietflächen insgesamt an neue ökologische Anforderungen anzupassen bzw. zu optimieren. In diesem Fall können vertragliche Unstimmigkeiten im Ergebnis somit sogar zu einer „Win-Win-Situation" führen.

## KENNZAHLEN UND KONTAKTDATEN

Langguth & Burbulla mit Sitz in Düsseldorf beraten mit zwei Partnern und vier Rechtsanwälten Vermieter, Projektentwickler, Bestandshalter von Immobilien und Mieter in allen Lebenszyklen der Immobilie und in allen Bereichen des Immobilienrechts. Weitere Infos: www.langguth-burbulla.de

Markus Kratz

# Raus aus der Monokultur: Multi-Use-Konzepte als spannender Zukunftsraum

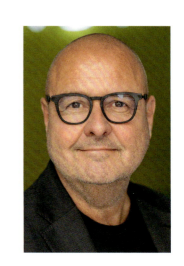

*Lebendige Innenstädte und Stadtteilzentren sind das Herzstück unserer Gemeinschaften. Die Innenstädte sind traditionell auf stationären Handel ausgerichtet und stehen damit aktuell vor großen Herausforderungen. Eine erfolgreiche Transformation wird für alle beteiligten Akteure der Stadtgesellschaft zu einer hochkomplexen Aufgabe für die kommenden Jahre. Dazu bedarf es mutiger und kreativer Denkweisen.*

Vielversprechende Multi-Use-Konzepte sind nah am Alltag und dem Bedarf von Stadtbesuchern aller Art. Entscheidend ist ein überzeugender Mix von Wohnen, Büro, Einzelhandel und Dienstleistungen – verbunden mit Anziehungspunkten wie Gastronomie und Erlebnis-Angeboten. Ausgangspunkt ist die Frage, welche genauen Nutzungen die Menschen im jeweiligen Stadtgebiet benötigen.

**Die Customer Journey beginnt und endet meist online**

Die Weiterentwicklung von Stadträumen und Handelsstandorten entlang der Customer Journey muss zukünftig nutzerzentriert und mit einem überzeugenden Storytelling auch digital stattfinden. Über den Erfolg einer zukunftsfähigen Gestaltung unserer Innenstädte wird maßgeblich entscheiden, ob es gelingt, die Bedürfnisse vor allem der jungen Generation in neuen Konzepten umzusetzen.

Eine positive Customer Experience besteht aus einer nahtlosen Interaktion. Kunden wollen gesehen werden, sich wertgeschätzt und verstanden fühlen. Dabei muss sich die Erlebnisstruktur der virtuellen Räume konsequent im ‚echten Leben' der Städte wiederfinden. Wenn es attraktiver ist, auf der Couch zu bleiben und online zu bestellen, anstatt in ein Shopping Center oder die Innenstadt zu gehen, haben wir alle etwas falsch gemacht. Die Zentren müssen zu Kommunikationsorten werden, die Mehrwert bieten.

Bei der notwendigen Transformation werden Silos aufgebrochen und neue Realitäten erschaffen. Es müssen Standorte überdacht, überzeugende Geschichten erzählt, äußere und innere Stadträume inszeniert werden, wie es so eindrucksvoll nur live geht. Kommunikation, Interior Design und Architektur dabei als Einheit zu betrachten, ist schon Teil der Lösung.

**Die Gesundheitskasse im Shopping Center**

Mitte des letzten Jahres eröffnete die AOK Rheinland/Hamburg auf 600 Quadratmetern eine hochmoderne Geschäftsstelle im Forum Mülheim: Das Novum war der Standort im Shopping Center, verbunden mit einer neuen Markeninszenierung nah an der Lebenswelt ihrer Kunden. Die Mülheimer AOK-Geschäftsstelle hat nach eigenen Angaben rund 42.000 Versicherte, von denen rund täglich 100 die Geschäftsstelle aufsuchen.

Für die Geschäftsstellen der AOK Rheinland/Hamburg entwickelte und realisiert kplus konzept ein umfassendes Remake sowie ein skalierbares Raumkonzept mit Vorbildcharakter für die Transformation in der Versicherungs- und Krankenkassen-Branche: Konsequent kunden- und beratungsorientiert, mit optimierten Prozessabläufen und unter nachhaltigen Gesichtspunkten erstellt. Klare Botschaft: Das persönliches Gesundheitsmanagement steht im Fokus und mitten im Leben.

Bis Ende 2024 werden insgesamt 70 AOK-Standorte nach dem Interior-Konzept ausgerollt. In Duisburg zog die AOK in ein ehemaliges Kaufhaus, das von der Greyfield Gruppe mit umfangreichen Neustrukturierungen zu einem Nutzungsschwerpunkt von Gesundheit und Fitness entwickelt wird. Und in der Metropole Köln fand die Gesundheitskasse auf einer ehemaligen Retailfläche am Neumarkt in der Innenstadt einen neuen Standort.

**Stadtgarten als Leitmotiv und Naturinspiration**

In der Stadt Hürth bei Köln gibt es keine klassische Innenstadt, und deshalb erfreut sich seit fast 45 Jahren der Hürth Park, ein Open-Air-Shopping Center, großer Beliebtheit. kplus konzept entwickelte ein konsistentes Gestaltungskonzept für ein umfassendes Refurbishment aller öffentlichen Bereiche der Mall, das den derzeitigen Anforderungen und dem Bedarf gerecht wird. Die Gliederung der Mall in vier Teilbereiche erzählt die Designstory und gibt den Kunden Orientierung: Der offene, großzügige ‚Marktplatz' als geselliger Treffpunkt mit Food Court; die ‚Promenade' als urbaner Boulevard mit einladender Lounge-Möblierung im Mittelbereich; der grüne ‚Stadtgarten' als Pausen-Oase inmitten umliegender Stores mit hoher Verweilqualität. Und schließlich das ‚Veedel', eine Ladenstraße mit einem Mix aus Filialisten und Fastfood-Angeboten ganz in der Nähe des Kinos.

Die Umgestaltung von Innenstädten und von Stadtgebieten zu zukunftsfähigen Räumen ist eine hochkomplexe und vielschichtige Aufgabe. Die Zentren waren schon immer Orte des Wandels. Die neue Prämisse heißt nun, konsequent nutzungsorientierte, multifunktionale Erlebnisräume für die zukünftige Generation zu schaffen.

## ZUR PERSON

Markus Kratz ist Gründer und Geschäftsführer der Düsseldorfer kplus konzept GmbH mit einer Expertise in der Transformationsgestaltung von Innenstädten. Mit über 15 Jahren Erfahrung hat die Agentur bereits bei über 90 Retailprojekten erfolgreich ihr Knowhow unter Beweis gestellt. Als kompetenter, routinierter Partner verknüpft kplus konzept Kommunikation, Interior Design und Architektur von komplexen Immobilienprojekten zu einem stimmigen Gesamtkonzept - zugeschnitten auf die jeweilige Assetklasse und Branche.

*Die AOK mit neuer Markeninszenierung auch auf ehemaligen Retailflächen*

Dr. Alexander Fils

# Belebte City durch den Kö-Bogen in Düsseldorf

*Aus einer großen Verkehrsbrache wurde ein Touristenmagnet mit Scharnier-Funktion. Eine Stadtreparatur mit Rückbesinnung auf Vorkriegsstrukturen und attraktiver moderner Architektur verbindet drei Einkaufsbereiche. Die Stadt Düsseldorf hat über Jahrzehnte auch gegen Widerstände das Großprojekt weiter entwickelt.*

Der Kö-Bogen in Düsseldorf ist heute schon ein Musterbeispiel für eine gelungene Innenstadt-Modernisierung. Auch wenn erst zwei von potentiell vier Baufeldern umgesetzt sind, handelt es sich dabei um die wichtigsten Bausteine mit einer großen Wirkung. Wenn einzelne Ladenlokale von den ursprünglichen Betreibern nicht mehr genutzt werden, stehen sie nur wenige Wochen leer, und schon sind Nachfolger da. Der Kö-Bogen 1 wurde vom Architekten Daniel Libeskind und damals von Zechbau und Die Developer auf den Weg gebracht und spielt mit den Schwüngen und historischen Vorgaben einer bogenförmigen Bebauung am Hofgarten. Kö-Bogen 2, vom Architekten Christoph Ingenhoven und Centrum-Entwicklern, mit dem Gebäude, welches als an zwei Seiten und auf dem Dach komplett begrünt ist, wird heute in fast jeder Nachrichtensendung oder jedem Zeitungsbericht über modernes, nachhaltiges und grünes Bauen gezeigt. Zur Schadowstraße hat der Hauptbaukörper eine Glasfassade mit einem riesigen digitalen Lichtband.

Für die Kö-Bogen-Gebäude wurden eine einst riesige Straßenbahnhaltestelle sowie eine zwar hoch-elegante, aber technisch nicht mehr haltbare und die Innenstadt zerschneidende Hochstraße neu gestaltet und mit einer Allee ergänzt. Am Ende der Königsallee gelegen, konnte nicht nur werbetechnisch der gute Name genutzt werden, sondern, was früher von Einzelhandelsgutachtern moniert worden war, die Trennung der Einkaufsbereiche aufgehoben werden. Denn vor dem Bau von Kö-Bogen 1 und 2 waren die drei Shopping-Magnete Kö, Schadowstraße und Altstadt getrennt. Heute sind sowohl die Geschäfte u.a. im Kö-Bogen 1 mit Breuninger und Apple als auch die Architektur eine Attraktion und stiften eine neue Identität. Beim Kö-Bogen 2, auch Ingenhoven-Tal genannt, können die Besucher sogar auf einen „Berg" hochklettern.

Wichtig für die gesamte Entwicklung war, dass Politik und Verwaltung lange Zeit und bis heute hinter dem Projekt standen und für die Idee, Ende der 90er Jahre aufgekommen, 2003 auf der MIPIM präsentiert, sogar in einer Volksabstimmung ein gegnerisches Votum abgewehrt wurde. Dann wollte der Denkmalschutz dem Abriß der Hochstraße, Tausendfüßler genannt, nicht zustimmen und musste durch einen Ministerentscheid gelöst werden. Nach einer Entscheidung des Europäischen Gerichtshofs 2005, dass Großprojekte mit über fünf Millionen Euro nicht mehr als In-House Vergabe erlaubt seien, musste ein europaweiter Wettbewerb ausgeschrieben werden, der erst im Finanz-Krisenjahr 2008 entschieden werden konnte. 2011 wurde der erste Grundstein gelegt; heute werden die Impulse sichtbar mit der Fertigstellung weiterer Gebäude in der Nachbarschaft. Mehrere Städtebau- und Architektur-Wettbewerbe waren notwendig, um die einzelnen Etappen auf den Weg zu bringen, und erst nach dem Abriß der Hochstraße wurde deutlich, welche neuen

Blickbeziehungen es nun geben konnte in Richtung der Architektur-Ikone Dreischeibenhaus, von HPP entworfen und 1960 fertig gestellt, sowie des 1970 eröffneten eleganten Schauspielhauses von Bernhard Pfau. Dementsprechend wurde ein schon entschiedener Wettbewerb, dessen Ergebnis eine Blockbebauung vorgesehen hatte, durch ein weiteres Verfahren ersetzt, und die Aufgabe war fast unlösbar: Beibehaltung der Baumasse und Öffnung der Blickbeziehungen.

Doch Ingenhoven erfand das Ei des Kolumbus, indem er durch ein Tal den Blick öffnete, die einzelne Blöcke zu einem größeren Gebäude zusammenzog, eine unterirdische Ebene auf Kosten der Stellplätze für den Handel schuf (wo Aldi und dm ihren Platz fanden) und für die nun fehlenden Stellplätze einen Tiefgaragen-Neubau unter dem Gustaf-Gründgens-Platz vorschlug. Die dafür notwendigen fünf Etagen haben nicht den Nachteil, dass man lange Rampen in die unterste Etage fahren muss. Weil als Ersatz zur Hochstraße leistungsfähige Autotunnel gebaut wurden, konnte die Einfahrt auf der dritten Tiefebene angelegt werden, sodass man entweder zwei Etagen hoch- oder herunterfährt. Dadurch, dass als Ersatz für die ehemals größte Straßenbahnhaltestelle zwei U-Bahnlinien gebaut wurden, ist die Erreichbarkeit der Kö-Bogen- Gebäude sehr gut und die Wehrhahn-U-Bahnlinie mit den hellen und von Anfang an von Künstlern gestalteten Stationen so attraktiv, dass selbst die New York Times darüber umfangreich geschrieben hat. Die Fahrradfahrer erreichen den Kö-Bogen über einen breiten Radweg in der Schadowstraße, wo es eigentlich weiter einen bescheidenen Autoverkehr geben sollte. Aber der Magnet der neuen Innenstadt hat zu einer so großen Fußgängerfrequenz geführt, dass jetzt für den Radverkehr noch neue Lösungen gesucht werden müssen. Die inzwischen fast 20 Jahre lang existierende Kö-Bogen-Kommission aus Politik und Verwaltung hat für eine regelmäßige Kostenkontrolle und Einhaltung höherer städtebaulicher Qualitätskriterien geführt.

Ein anfangs zweistelliger Millionenbetrag der Stadt Düsseldorf hat eine dreistellige Investition in den Kö-Bogen selbst ausgelöst und zu weit über einer Milliarde Euro Bauaktivitäten in der Innenstadt geführt, ein Erfolg für die Aufenthaltsqualität und die Attraktivität der Düsseldorfer Innenstadt, die so viele Menschen aus NRW

*Der Kö-Bogen stellt innerhalb der Düsseldorfer Innenstadt einen Landmark dar.*

*Positive Kö-Bogen-Effekte: Auch die jüngsten Immobilienprojekte im direkten Umfeld können sich sehen lassen.*

und den Benelux-Ländern, inzwischen auch aus Großbritannien anzieht wie nie zuvor. Und auch der Hofgarten und das benachbarte Schauspielhaus wurden saniert und für die nächsten Jahrzehnte hergerichtet. Zwei weitere Baufelder am Rande können jederzeit zusätzlich aktiviert werden und Stararchitekten sind dafür auch schon im Gespräch.

## ZUR PERSON

**Dr. Alexander Fils** studierte Raumplanung in Dortmund und Kunstgeschichte in Bochum. Im Mittelpunkt seiner Promotion standen Neugründungen von Hauptstädten. Seit 1989 ist er in der Kommunalpolitik für die CDU tätig, seit 1998 Vorsitzender vom Stadtplanungsausschuss in Düsseldorf und Mitglied des Regionalrats. Dr. Fils ist Inhaber des ältesten Kunstverlages Europas, der Art Edition-Fils.

Nikolas Müller
Dr. Kevin Meyer

# Die Renaissance und Neuerfindung der Urbanität

*Nicolas Müller*  *Dr. Kevin Meyer*

**Gesellschaftliche Transformation und neue digitale Datennutzungsstrategien für die empirisch basierte Innenstadtentwicklung**

Aktuell sind wir Zeugen des größten Transformationsprozesses deutscher Innenstädte. Die Effekte finden sich auch über Deutschland hinaus. Sie sind eine Folge städtebaulicher Entscheidungen der 50er Jahre und den sich daraus nun offenbarenden sozialen Prozessen. Die aktuellen Strukturen wurden lange vor der Digitalisierung geplant. Auch wenn es damals schon wegweisende Technologien in der Informationsverarbeitung gab, war für die Stadtplanung nicht zu antizipieren, welche Wirkmacht die Digitalisierung langfristig auf die sozialen Prozesse in einer funktionsgeteilten, auf Monostrukturen ausgerichtete Innenstadtstruktur hat. Auch haben die Konzepte der Stadtplanung von einst direkt – und durchaus über viele Jahrzehnte hinweg erfolgreich – auf die Anforderungen der Gesellschaft reagiert. Wie sehr die gebauten städtebaulichen Konzepte für die Innenstadt durch die Digitalisierungsprozesse im Einzelhandel, in der Gastronomie und im Bereich der Büroarbeit überholt wurden, zeigt sich aktuell drastischer denn je. Die Effekte des Wandels offenbaren sich inzwischen auch für die nicht immobilienwirtschaftlich ausgebildeten oder datenaffinen Besucher von Innenstädten in zunehmender Intensität durch die Insolvenzen verschiedenster Einzelhändler und Eigentümer, zuletzt die aus dem Imperium der SIGNA. Der im Zuge der Pandemie beschleunigte technologische Wandel hat Prozesse in den sozialen Wirklichkeiten Einkaufen, Arbeit und Freizeit gravierend verändert. Wir können daher zweifellos von einer sozialen, gesellschaftlichen Transformation der Städte sprechen, die zunächst die Händler, in Folge die Eigentümer traf und im Effekt die Innenstädte vor massive Herausforderungen stellt. Der Veränderungsprozess zeigt sich einzig und allein aufgrund unser aller Umgang mit der Innenstadt – und wir erleben erst den Anfang, sofern wir nicht erneut – wie einst – mit neuen Strukturen erfolgreich darauf Antworten zu vermögen. Die Politik hat nun die besondere Aufgabe, Lösungsräume zu eröffnen, in denen eine Renaissance der Innenstadt gelingen kann. Kein Strukturmusterwechsel ist ohne die rahmengebende Politik und Stadtentwicklung möglich, keiner ohne die Eigentümer, denen die Planung der Innenstadt ein maßgeblich kontextgebender Faktor für ihren Erfolg ist.

**Eine immer komplexer werdende Welt braucht neue Perspektiven der Problemlösungskompetenz und Evidenz als Entscheidungsgrundlage**

Gleichzeitig bieten gerade Digitalisierungsprozesse die Option, neue immobilienwirtschaftliche Strategien zur Datennutzung für die nachhaltige Entwicklung der Innenstadt zu entwickeln.

Stadtplanung ist wie Projektentwicklungen in High-Streets eine hoch komplexe Angelegenheit. Die für die Immobilienwirtschaft positiven Umstände der letzten Jahre haben Raum geschaffen, sich leichtfertig von den Erfolgen vieler Projektentwickler blenden zu lassen und Projekte hinsichtlich ihres Wertbeitrages für die Resilienz der Innenstadt nicht hinreichend genug in den Fokus zu stellen. Die Immobilienwirtschaft ist jedoch nicht nur reaktiver, erfolgsverwöhnter Akteur, sondern kann mit entsprechenden Leadership-Ansätzen auch einen aktiven Lösungsbeitrag leisten. In der Krise sind insbesondere langfristig orientierte Eigentümer darauf angewiesen, Veränderungen in sozialen Prozessen zu antizipieren, um mit Projektentwicklungen den langfristigen Erfolg ihrer strategischen Entscheidungen zu sichern. Die Digitalisierung hat nicht nur soziale und ökonomische Prozesse, die zum Verfall der Innenstadt beitragen, massiv verändert, sondern bietet auch bislang ungeahnte Optionen, welche die Entscheidungssituation von Eigentümern – und auch der Politik respektive der Stadtplanung gleichermaßen – verbessern.

**Neue Tools für die Validierung von alternativen Entwicklungsprozessen für die auf Resilienz ausgerichtete Innenstadt**

Die vertrauensvolle und wertebasierte Zusammenarbeit mit CBRE (Dennis Kwast), Midstad Development (Dr. Kevin Meyer, Dr. Benjamin Wagner) hat sich dem Ziel verschrieben, die Entscheidungsgrundlagen in der Innenstadtentwicklung mit neuen Datennutzungsstrategien empirisch basiert zu optimieren. Die in der Kooperation entwickelten Tools bauen maßgeblich auf der Nutzung von anonymisierten, datenschutzkonformen und weiter angereicherten Mass-Mobile-GPS-Standorten auf. Sie ermöglichen es, standardisiert und datenbasiert beispielsweise a) die räumliche wie auch die zeitliche Nutzung von Orten/Immobilien abzubilden, b) zu zeigen, wie lange sich Menschen an verschiedenen Orten aufhalten, c) von woher Menschen an bestimmte Orte in der Innenstadt kommen, d) welche Korrelationen zu anderen Immobilien(nutzungskonzepten) oder Aufenthaltsorten bestehen, e) welche Menschen kommen (Milieuzusammensetzung) und f) wo sich Menschen mit unterschiedlichen finanziellen Möglichkeiten in der Stadt aufhalten und damit auch, welche Nutzungen in besonderer Weise bestimmte Kaufkraftpotentiale anziehen (Ordnungsmuster einzelhandelsrelevanter Kaufkraft). Diese Tools ermöglichen Evidenz zum Status Quo für einen bestimmten Zeitraum abzubilden oder auch die Entwicklungen im Zeitverlauf zu analysieren. Einige dieser Tools sind erstmalig für die Immobilienwirtschaft angepasst und dort eingesetzt worden, andere von Grund auf neu entwickelt und damit weltweit einzigartig. Die Tools ermöglichen es, erstmalig sowohl die Transformation der Innenstadt zu messen als auch die Entscheidungssituation für innerstädtische Entwicklungen in bislang ungeahnten Bereichen zu optimieren.

**Evidenz zur gesellschaftlichen Transformation der Innenstadt**

Angewendet auf 20 Innenstadtstandorte in neun Großstädten – einer bislang einzigartigen Datenlage – zeigen Analysen zu dem Vergleich zwischen den Jahren 2019 und 2022 erstmalig evidenzbasiert, wie stark sich bestimmte Bereiche und Aspekte in der Innenstadt in nur drei Jahren verändert haben.

1. Nach der Covid-19-Pandemie kehren die Menschen grundsätzlich in die Innenstädte zurück. Allerdings haben die Innenstadtlagen bestimmte Besuchergruppen verloren, was zu einer sinkenden Kaufkraft im Einzelhandel führt.

2. Die räumliche Nutzung der Innenstadt hat sich standortabhängig unterschiedlich entwickelt. Trotz der genannten Schwierigkeiten bleibt der stationäre Einzelhandel ein Anziehungspunkt in den Innenstädten.

3. Die Nutzung der Einkaufsstraßen hat sich zeitlich konzentriert. In den Abendstunden und an Sonntagen ist weniger los als vor der Pandemie. In einigen Einkaufsstraßen kommen nur noch 2 % der wöchentlichen Besucher an Sonntagen, während 45 % der wöchentlichen Besucher an Freitagen und Samstagen kommen.

4. Gemischt genutzte Gebäude beleben die Umgebung über den Tagesverlauf hinweg mehr als einseitig genutzte Gebäude. Das zeigt sich beispielhaft bei der vergleichsweisen Betrachtung des Bikini Berlin.

5. Insgesamt zeigt sich, dass gut ausgebildete, finanzstärkere junge Menschen die Innenstadt deutlich weniger frequentieren als vor der Pandemie. Der Rückgang liegt zwischen 2 und 30 Prozentpunkten, abhängig vom Standort und über einen Zeitraum von drei Jahren. Es gibt auch kleinräumig zueinander große Unterschiede. Diese Gruppe hat alternative Einkaufsmöglichkeiten entdeckt. Wenn darauf nicht reagiert wird, droht langfristig ein weiterer Kaufkraftverlust, da die nächste Generation seltener das Einkaufen in der Innenstadt kennenlernt. Gleichzeitig ist diese Mileugruppe in Innenstädten auch Träger von Sozialkapital – Netzwerke, Engagement, Kreativität, Innovationen, Kulturgut, drohen nun in den zentralen Orten unseres Zusammenlebens verloren zu gehen.

6. Die Arbeit liefert erstmalig weltweit ein Ordnungsmuster der einzelhandelsrelevanten Kaufkraft in den Innenstadtlagen. Die Verwendung neuer Datennutzungsstrategien ermöglicht es, die Kaufkraft nach Herkunft der Besucher offenzulegen. Es gibt große Unterschiede auf kleinräumiger Ebene je nach Nutzungsart. Die Ergebnisse dienen als Frühindikator für gesellschaftliche und finanzielle Veränderungen vor Ort. Die Daten zeigen auch, dass die Nutzung der Gebäude spezifisch auf die Kaufkraft vor Ort wirkt.

Auffällig ist, dass die einzelhandelsrelevante Kaufkraft von Frankfurt am Main Stadt (Bevölkerung vor Ort) asynchron zu den beiden betrachteten Bereichen schrumpft: Die Goethestraße ist bezogen auf die einzelhandelsrelevante Kaufkraft ermittelt nach Herkunft der BesucherInnen mit einem Minus von 1,7 Prozentpunkten resilienter als der betrachtete Bereich auf der östlichen Zeil (-3,0 Prozentpunkte). Das Kaufkraftpotential auf der östlichen Zeil fällt im betrachteten Zeitraum damit stärker als der Index im Stadtgebiet (-2,2, MB Research). Das Beispiel der Zeil in Frankfurt zeigt sich exemplarisch als Befund, dass wir nicht von der Innenstadt sprechen können, sondern sich die Veränderungen kleinräumlich zueinander sehr unterschiedlich ausprägen können.

Die Innenstadt hat jedoch damit keinesfalls als Marktplatz, als Ort des Austausches und des Pluralismus verloren! Vielmehr offenbart die Problemanalyse neue Ansätze für die Entwicklung zukunftsfähiger Innenstädte. Aus den Analysen leiten sich folgende Handlungsempfehlungen ab:

• Heterogenität durch neue Nutzergruppen in die Innenstadt bringen. Heterogenität ist seit jeher ein Ausdruck für Urbanität und eine Determinante für Austausch, Meinungsbildung und Demokratie. Vor dem Hintergrund der schleichend einsetzenden Monotonie gilt es darum, Zielgruppen zu definieren, die einen positiven Wertbeitrag für die Gesamtgesellschaft in der Innenstadt leisten können.

• Flächen für neue Nutzungen in der Innenstadt generieren. Für eine von Nutzungsheterogenität definierte Stadtgesellschaft braucht es Flächen für (neue) Nutzungen, die bislang in dieser Form nicht in entsprechender Qualität zu finden sind.

• Den zeitlichen Fokus und die kritische Masse beachten. Erwartungsgemäß sind die in dieser Studie aufgezeigten Entwicklungen nicht von heute auf morgen zu stoppen. Vor diesem zeit-

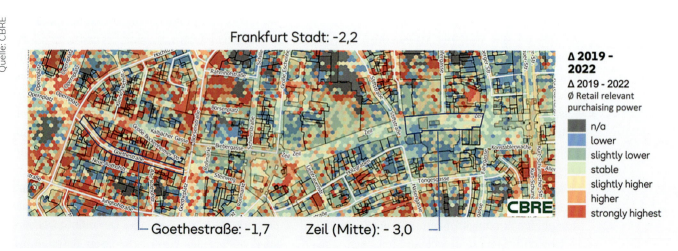

*Veränderung des urbanen Ordnungsmusters der einzelhandelsrelevanten Kaufkraft zwischen 2019 und 2022 (Angaben der Zahlen in Prozentpunkten).*

lichen Risiko sollte die Stadtöffentlichkeit insbesondere bei jeder sich zeitnah abzeichnenden Immobilienprojektentwicklung die Potenziale für die zukünftige Qualität vor Ort aus einer umfassenden, über den reinen Städtebau hinausgehenden Analyse bewerten. Dabei sollte der Blick auch auf die kritische Masse von Projektentwicklungen gelegt werden, die erforderlich ist, um die entsprechenden negativen Prozesse vor Ort umzukehren.

- Strategien vor Aktionen definieren, um den Wertbeitrag einzelner Immobilienprojektentwicklungen beziffern zu können. Den Daten nach sind bestimmte Immobilien und deren Nutzungen ein entscheidendes Moment, um auf den gesellschaftlichen Transformationsprozess zu wirken. Zu klären ist daher zunächst, für wen und mit welchem Angebot die Stadt attraktiv sein bzw. werden soll. Erst, wenn eine Strategie für die Innenstadt entwickelt und allgemein akzeptiert ist, definiert sich auch der Wertbeitrag einzelner Projekte (bspw. einer leerstehenden Kaufhausimmobilie) neu.
- Steuerungsindikatoren für Projektentwicklungen ganzheitlich überprüfen und gegebenenfalls neu verhandeln bzw. definieren. Ob die gegebene Nutzungsformen, Geschossflächenzahl oder Grundflächenzahl prinzipiell noch die richtigen Indikatoren für eine auf Erfolg ausgerichtete, strategisch nachhaltige Innenstadtentwicklung sind, steht ganz klar zur Diskussion. Sicher ist, dass die Diskussion über die erforderlichen Maßnahmen und Indikatoren zur Bemessung der Ziele Amtsübergreifend geführt werden muss. Der strategischen Wertbeitrag für die Innenstadtentwicklung und entsprechende Wechselwirkungen sollten hierbei zu keinem Zeitpunkt außer Acht gelassen werden. Hierfür gilt es strategisch und evidenzbasiert zusammenzuarbeiten und sich gegenseitig kooperativ mit dem relevanten Wissen über Abhängigkeiten für jeweils anderer Stakeholder zu versorgen.
- Beutegemeinschaften für die Stadtentwicklung generieren – denn ohne die Eigentümer geht nicht sehr viel. Projektentwicklungen sollten daher partnerschaftlich und als sinnvolle Lösungsoptionen betrachtet werden, um der Innenstadt eine gute Zukunft zu geben. Hierbei sollte nicht davor zurückgeschreckt werden, aus einer klassisch städtebaulichen Sicht untypische Nutzungen hinsichtlich möglicher Synergieeffekte zu analysieren, die sich aus den Bedürfnissen einzelner Zielgruppen ableiten. Stadtgesellschaft, Stadtpolitik und Eigentümer haben identische Interessen: Eine auf den Erfolg ausgerichtete, resiliente Innenstadt, die attraktiv und damit werterhaltend ist.

Neue Datennutzungsstrategien bieten zusammenfassend zusätzliche Optionen, um die Informationsgrundlage für strategisch relevante Entscheidungen in der nutzerspezifischen Stadtentwicklung radikal zu verbessern. Im Fokus sollte die Attraktivität stehen, vor Ort zu verweilen und auch die Wirkungsbeziehungen, um gewünschte soziale Prozesse zu evozieren. Hier zeigen die vorausgehenden Analysen lediglich einen ersten Aufschlag des machbaren. Auch, dass sich Stadt im besten Sinne modellieren lässt, wenn hierfür empirisch basierte Informationen vorliegen, so dass EntscheidungsträgerInnen sich nicht mehr auf ein Bauchgefühl verlassen müssen. Mit dem Vorgehen wurden hierfür komplett neue Standards für die Branche und angrenzende Disziplinen (Stadtplanung, Stadtentwicklung, Einzelhandel, Stadtsoziologie) geschaffen. Der Ansatz ermöglicht insbesondere den Prozess der Schaffung von Planungsrecht hinsichtlich des Wertbeitrages für die kleinräumlich direkte Umgebung und die Innenstadt als Ganzes zu revolutionieren. Gleichwohl ist ein kuratierter, evidenzbasierter und strategisch ausgerichteter Prozess entscheidend für den gemeinsamen Erfolg.

## ZUR PERSON

**Nikolas Müller** leitet das Real Estate Management Institute REMI an der EBS Universität für Wirtschaft und Recht und ist freiberuflicher Strategieberater. Der studierte Architekt und promovierte Soziologe hat eine Vorliebe für interdisziplinäre Leadership-Ansätze und neue Datennutzungsstrategien für die Immobilienwirtschaft und Stadtentwicklung.

**Dr. Kevin Meyer** ist Mitglied der Unternehmensleitung bei der Midstad Development GmbH.

# Erlebnis- und Einkaufsmetropole Köln: Wandel aktiv gestalten

Seit über 2000 Jahren ist Köln ein Zentrum für Handel im Herzen von Europa. Schildergasse und Hohe Straße waren schon zu Zeiten der Römer bedeutende Handelsstraßen, heute zählen sie mit rund 3 Millionen Passantinnen und Passanten im Monat zu den meistfrequentierten und populärsten Orten zum Shoppen und Essen gehen in Deutschland.

Zahlreiche attraktive Einkaufs-, Ausgeh-, Kultur- und Erlebnismeilen in den 86 Kölner Stadtteilen, den sogenannten Veedeln, ziehen Besucherinnen und Besucher auch abseits der Innenstadt an und machen Köln als Ganzes lebendig und vielfältig. Hinzu kommt eine überdurchschnittliche Kaufkraft in der Rheinmetropole (sie liegt höher als in Hamburg oder Berlin) und eine starke Nachfrage nach Ladenlokalen – insbesondere aus den Branchen Einzelhandel, Gastronomie, Freizeitwirtschaft und Dienstleistungen.

**Holger Leroy**
Ansprechpartner Einzelhandel
holger.leroy@koeln.business

**Thomas Schulz**
Ansprechpartner Einzelhandel
thomas.schulz@koeln.business

**Benjamin Ruchser**
Ansprechpartner Zentrenmanagement
benjamin.ruchser@koeln.business

**Tanja Liebig**
Ansprechpartnerin Zentrenmanagement
Tanja.liebig@koeln.business

**Nadine Voß**
Ansprechpartnerin Gastronomie
Nadine.voss@koeln.business

**Steffen Eggebrecht**
Prokurist der KölnBusiness Wirtschaftsförderung

Die Rahmenbedingen in Köln für Unternehmen, Investorinnen und Investoren sind somit exzellent. Damit das so bleibt, dafür setzt sich die KölnBusiness Wirtschaftsförderung ein. Als zentrale Anlaufstelle für Akteure aus der Innenstadt und den Veedeln dient bei KölnBusiness das Team Einzelhandel und Citymanagement.

**Unterstützung auf allen Ebenen**

Von der Immobiliensuche über Expansion im Filialsystem und die Digitalisierung im stationären Handel und in der Gastronomie bis hin zur Kommunikation mit der Stadtverwaltung: gemeinsam mit einer Vielzahl von Partnern entwickelt das fünfköpfige Team mutige und innovative Lösungen für eine lebendige Einzelhandelslandschaft, Gastroszene und Freizeitwirtschaft. Gezielte Fördermaßnahmen stärken zudem lokale Strukturen in den Veedeln und stärken die Attraktivität von Innenstadtlagen.

„Die Vorlieben von Kundinnen und Kunden verändern sich und so wandelt sich auch das Gesicht der Einkaufsstraßen. Deshalb braucht es heute eine Mischung aus modernen Handelskonzepten und ansprechender Gastronomie, die durch Freizeitangebote sowie Verweilmöglichkeiten ergänzt werden", sagt Steffen Eggebrecht, Prokurist von KölnBusiness. „Bei KölnBusiness beraten, fördern und vernetzen wir Gewerbetreibende deshalb gezielt, damit sie innovative Formate und Konzepte ausprobieren und den Wandel so in unserer Metropole aktiv gestalten."

Ein Beispiel dafür ist die Zusammenarbeit vom KölnDesign e.V. mit dem zentral gelegenen Einkaufszentrum QUINCY. In einem Pop-up-Store erhielten acht Designerinnen und Designer aus dem Kölner Verein die Möglichkeit, ihre Produkte einem breiten Publikum mitten in der Innenstadt zu präsentieren. Der Store vereinte dabei Elemente des klassischen Einzelhandels mit denen einer Kunstausstellung, wodurch neue Besucher ins QUINCY kamen. Entstanden war die Kooperation durch das „Matchmaking" von KölnBusiness. Im Rahmen der Initiative vernetzt die Wirtschaftsförderung regelmäßig relevante Akteure am Standort miteinander.

## INFOBOX

Die **KölnBusiness Wirtschaftsförderung** ist eine Tochtergesellschaft der Stadt Köln. Sie ist erste Ansprechpartnerin für alle Unternehmen sowie Gründer*innen in der Stadt und gibt Orientierung, wenn es um Verwaltung und Regelungen geht. KölnBusiness vernetzt, informiert und vermittelt in allen wirtschafts- und verwaltungsrelevanten Fragen. Sie interessieren sich für den Wirtschaftsstandort Köln und unsere Services? Dann erreichen Sie uns unter www.koeln.business oder 0221 995 010.

# Die Zukunft des Immobilienmanagements, heute!

Yardi ist ein innovativer Technologie-Anbieter und führend in der Immobilienbranche bei umfassenden Business-Software-Lösungen für Investment-, Asset- und Propertymanagement. Die webbasierte und mobile Software vernetzt auf einer Datenplattform, durch rollenbasierte Dashboards, Prozesse und Anwender in der Objekt-, Anlagen- und Investmentverwaltung über den gesamten Lebenszyklus der Immobilie zur performanceorientierten Zusammenarbeit von Front- und Backoffice.

**Richard Gerritsen**
Senior Director Europe

Das Unternehmen versteht die einzigartigen Bedürfnisse der verschiedenen Segmente der Branche und verfügt über die technische Expertise und Vision, um dieses Verständnis in leistungsstarke Lösungen umzusetzen, die diese Bedürfnisse erfüllen und übertreffen.

Richard Gerritsen, Senior Director Europe, erklärt das Konzept: „Unser Fokus war schon immer die Kundenorientierung. Unternehmen wählen Yardi aufgrund der Qualität unserer Produkte, der Menschen hinter diesen Produkten und der Stabilität, die ein erfahrenes und erfolgreiches Unternehmen bietet." Und weiter: „Kunden bleiben uns treu, weil wir uns weiterentwickeln und Produkte erarbeiten, die mit den Bedürfnissen der Branche und den sich ständig verändernden Technologieinnovationen Schritt halten."

## YARDI INVESTMENT LÖSUNGEN

**PERFORMANCE UND REPORTING**
Performance Benchmarking
Investmentanalysen
Portfoliozuordnung

**INVESTMENT MANAGEMENT**
Investorenbeziehungen
Kapitaltransaktionen
Investoren-Portal

**INVESTMENT-BUCHHALTUNG**
Konsolidierungen
Komplexe Allokationen
Performance Reporting

**BEWERTUNG**
Ankaufsmodellierung
Bestandsbewertung
Verwaltung von Annahmen

**DARLEHENSMANAGEMENT**
Kapitaldienste
Covenant Compliance
Nachverfolgung von Sicherheiten

---

**VERMIETUNGSMANAGEMENT**
Visualisierung des Portfolios
Qualitative Mietverträge
Maximierung der Performance

**MIETVERTRAGSVERWALTUNG**
Rechnungsstellung
Weiterbelastungen
Vertragsadministration

**MIETERMANAGEMENT**
Mieterrisiken
Mietrückstände
Kommunikation

**BUDGETIERUNG & PROGNOSE**
Umsatzprognosen
OPEX
CAPEX

## YARDI ASSET & PROPERTY LÖSUNGEN

**PROJEKTKOSTENKONTROLLE**
Projektübersicht
Angebotsmanagement
Kapitalplanung

**BESCHAFFUNG**
Fakturierung
Rechnungsbearbeitung
Einkauf

**GEBÄUDEMANAGEMENT**
Arbeitsaufträge
Präventive Instandhaltungen
Wartungspläne

**MIETERERLEBNIS**
Online-Zahlungen
Serviceanfragen
Self-Service

   Besuchen Sie uns auf yardi.de oder kontaktieren Sie uns unter kontakt@yardi.com

# Diskussion & Interviews

*Nachstehend finden Sie Interviews und eine verschriftete Talkrunde mit namhaften Vertretern aus der Handelsimmobilienwirtschaft sowie anderen Bereichen zur Transformation der Innenstädte.*

Talkrunde: Zukunft des Handels in Innenstädten

# „Innenstädte werden ihre Chance nutzen"

*Die Transformation der Innenstadt und mit ihm die des Einzelhandels standen auch im Blickpunkt eines von der Berliner PR-Beratungsagentur PB3C initiierten Panels auf der EXPO REAL in München. Unter der Moderation von HI HEUTE-Chefredakteur Thorsten Müller diskutierten Dr. Johannes Berentzen (geschäftsführender Gesellschafter BBE Handelsberatung), Lars Jähnichen (Geschäftsführer IPH Handelsimmobilien), Elisabeth Jander (Head of Real Estate Asset Management MEAG Deutschland), Marie Therese Kröger-Jahn (Citymanagerin Landeshauptstadt München) und Oliver Lehmann (Geschäftsführer des Co-Working-Anbieters Mindspace München).*

**Dr. Johannes Berentzen:** Die Innenstadt war schon immer ein Ort der Begegnung. Der häufigste Anlass dafür war Jahrzehnte lang der Besuch des Einzelhandels. Wenn dieser bisherige Anlass nun weniger wird, dann muss man sich natürlich überlegen, was sind neue Beweggründe, um diese Begegnungen zu schaffen. Umnutzung kann ein probates Mittel sein. Welche Flächen dafür in Frage kommen, kann man nur im Einzelfall entscheiden. Seit kurzem macht ein Synonym für Leerstand die Runde – „Angebotsreserven". Beinahe immer verknüpft sich damit die Frage: Wie gehe ich mit diesen um? Einige Städte interessieren sich inzwischen bereits in sehr frühen Phasen dafür, denn es geht für sie darum, ob sie Einfluss nehmen können. Es werden sogar Listen für kritische Standorte erstellt, um zu entscheiden, wen sie als nächstes ansprechen können, damit der Angebotsmix an diesem Standort auch wirklich funktioniert und Aussicht auf längerfristigen Erfolg hat. Mit Blick auf Umnutzung stellt sich zudem auch für Städte und Kommunen die Frage, ob die leergewordenen Flächen öffentlich werden sollen oder gewerblich bleiben. Meine These dazu: „Kaum eine Fläche ist öffentlicher als der Einzelhandel!"

**Lars Jähnichen:** Aus meiner Sicht ist im stationären Handel eine deutliche Polarisierung in mehrfacher Hinsicht festzustellen. Da ist zum einen der Gegensatz zwischen den sehr gut funktionierenden Top- 7-Städten (65 Prozent nennen Shopping als Hauptgrund für den Innenstadtbesuch) und den vor allem im Bereich Grundversorgung hin ausgerichteten Kleinstädten und dazwischen die eher problematischen Mittelzentren. Diese haben angebotsseitig nicht mehr die Relevanz wie in der Vergangenheit und müssen andere Besuchsanreize für ihre Innenstädte schaffen, wie z.B. Gastronomie, Kultur, Freizeit etc. Sie haben auch im Vergleich zu den Top-Städten mehr Kundinnen und Kunden an den Onlinehandel verloren. Die andere Polarisierung umfasst den Erfolg einerseits des Discount- und andererseits des Luxus-Segments. Beide Segmente sind die klaren Gewinner des Strukturwandels im Einzelhandel. Insgesamt sehen wir eine deutlich geringere Flächennachfrage im Einzelhandel. Dadurch haben sich folgerichtig die Handelslagen verkürzt. Zudem haben sich auch die Läden selbst deutlich verändert. So sehen wir in jüngster Zeit immer häufiger Showrooms, bei denen Markenerlebnis, Bekanntheit und Marken-/Kundenbindung im Vordergrund stehen.

**Marie Therese Kröger-Rahn:** Grundsätzlich kann die Stadt München, was den Einzelhandel angeht, sehr zufrieden sein. Wenn man sich die Passan-

tenfrequenzen anschaut, sieht das doch sehr erfreulich aus, obwohl wohl man daran ja auch nicht wirklich ablesen kann, wieviel die Menschen tatsächlich kaufen.

Klar ist aber auch, dass es in einer so großen Stadt auch ein paar Standorte mit Herausforderungen gibt. Die Sendlinger Straße und das Sendlinger Tor sind seit Längerem Dauerbaustellen, was sich natürlich nicht positiv auf den Handel in diesem Bereich auswirkt. Wir sind als Stadt gefordert, für den Handel eine gute Infrastruktur und Anbindung sicherzustellen. Trotz des vergleichsweise hohen Einzelhandel-Niveaus können und dürfen wir uns keinesfalls ausruhen, denn wir konkurrieren nicht nur mit deutschen Großstädten, sondern im Grunde mit allen europäischen Top-Metropolen.

**Elisabeth Jander:** Als hauseigener und treuhändischer Vermögensverwalter für Munich Re und ERGO ist für uns eine hohe Performance der uns anvertrauten Immobilien das zentrale Ziel. Bei der Betrachtung des Handels stellt sich uns die Frage, was kann der Handel für uns und was können wir für den Handel tun. So können wir für beide Seiten lukrative Lösungen entwickeln. Wir erkennen zunehmend, dass sich auch in den A-Städten die Bewertung von Flagship-Stores ändert. Den Flagship-Store allein als Aushängeschild und Visitenkarte der Marke gibt es nicht mehr, die Anforderung ist auch hier ganz klar frequenz- und umsatzorientiert. Entsprechend ist eine große Handelsimmobilie auf einer der Top-Einkaufsstraßen längst kein Selbstläufer mehr. Die straßennah gelegenen Etagen funktionieren, das gilt für die meist oberen Etagen nur eingeschränkt. Bereits frühzeitig streben wir deswegen danach, im Zusammenspiel mit Stadt und Anbietern alternative Nutzungsmöglichkeiten zu eruieren, um die Attraktivität der Handelsimmobilie und damit auch der Einkaufsstraße weiter hochzuhalten.

**Oliver Lehmann:** Unser Unternehmen Mindspace bietet moderne Co-Working-Flächen an, die immer häufiger auch in Kombination mit Einzelhandel anzutreffen sind. Aus gutem Grund. Das Arbeitsleben hat sich im Zusammenhang mit der Corona-Pandemie und dem Thema Home-Office enorm verändert. Vielen Arbeitnehmerinnen und Arbeitnehmern geht es darum, was sie im direkten Anschluss an ihre Bürotätigkeit machen können, und da suchen sie attraktive Angebote in direkter Umgebung. Wenn Einzelhandel, Gastronomie, Kindergärten, Kinos etc. direkt angeschlossen sind, ist das für sie in aller Regel perfekt. Wir haben in jüngster Zeit im Stilwerk in Düsseldorf einen idealen Standort für unsere Co-Working-Flächen gefunden. Dort ist die Umgebung wie geschaffen für Menschen, die so denken. Grundsätzlich ist uns wichtig, dass durch eine Kombination zum Beispiel mit Einzelhandel vor allem eines – nämlich Leben – in die Arbeitswelt kommt.

**Thorsten Müller: Wie sieht es mit Nutzungsalternativen für wegfallende Retailflächen aus?**

**Dr. Johannes Berentzen:** Immer wieder wird man heute gefragt, welche Nutzungsalternativen für wegfallende Retailflächen am erfolgversprechendsten sind. Klar, dass da sehr schnell die Gastronomie genannt wird. Sicher hat sich auf diesem Gebiet in den letzten Jahren enorm was getan, und eine Menge spannender Konzepte sind nicht nur in größeren Städten entstanden, doch hat auch die Corona-Pandemie ein bisschen auf die diesbezügliche Euphorie-Bremse getreten. Büro- bzw. Co-Working-Flächen findet man darüber hinaus immer häufiger ebenso wie Angebote aus dem Gesundheits- und Wellnessbereich, meist dann in den oberen Etagen. Dennoch ist die Umnutzung ein schwieriges Unterfangen. Die Vermieterseite tut sich schwer, andere Nutzungen zu akzeptieren und die Retailerseite ist nicht immer sonderlich flexibel, wenn es um Kombinationen mit andersartigen Konzepten geht. Ein beliebtes Mittel sind temporäre Shopnutzungen, die sogenannten „Pop-Ups", insgesamt sollten auf Teilen der bestehenden Retail-Flächen mehr Mixed-Use-Angebote entstehen, wie zum Beispiel Fashion gepaart mit Gastro. Dies erhöht dadurch die Attraktivität der gesamten Handelsimmobilie.

**Thorsten Müller: Wie bringt sich heute ein Eigentümer in die Umnutzungsdiskussion mit ein?**

**Elisabeth Jander:** Unser Credo als Vermieter ist, die Zufriedenheit des Mieters macht den Wert einer Immobilie aus. Deswegen ist es für uns wichtig zu wissen, was Mieter wollen, wie ihre Intentionen aussehen, um die Zukunft für eine Immobilie richtig einschätzen zu können. Wenn wir beispielsweise in einer größeren Bestandsimmobilie bei einem Mieter mit besonderen Anforderungen eine Umnutzung planen, dann geht es immer auch um die Interessen und die Rücksichtnahme der anderen Mieter im Haus.

Weiteres Beispiel: Geht es um eine vollständige Transformation der Immobilie, deren Maßnahmen von längerfristiger Dauer sind, dann spielen gute Interimslösungen für uns eine wichtige Rolle, die aber mit den anderen Mieterkonzepten verträglich sein müssen.

Gute Erfahrungen haben wir mit einer temporären Umwandlung zu Event- oder Galerieflächen gemacht, die den Vorteil haben, dass sie die Besucherfrequenz des Standorts zumindest beibehalten, wenn nicht gar erhöhen.

**Thorsten Müller: Was tut die Stadt, um Umnutzungen zu fördern?**

**Marie Therese Kröger-Rahn:** Gibt es erfolgversprechende Zwischennutzungen, werden sie auch von uns als Stadt bestmöglich unterstützt. Das Zusammenspiel von Politik, Verwaltung und Eigentümern ist dazu eine notwendige Voraussetzung. Als Citymanagerin ist es mir wichtig, immer offen zu sein, Gesprächsbereitschaft zu zeigen und klar zu kommunizieren. Schwierig wird es immer dann, wenn es um schnelle, möglichst unkomplizierte Unterstützung geht. Genehmigungsbeschleunigungen sind ein begehrtes Ziel, aber das kann nur mit hoher Transparenz erreicht werden. Für ein gutes Ergebnis ist es wichtig, schnell erkennen zu können, woran es im Einzelfall hakt.

**Elisabeth Jander:** Das kann ich aus Eigentümersicht nur bestätigen. Ungewissheit verzögert oder kann wichtige Entscheidungen sogar verhindern. Entscheidungen beispielsweise zugunsten einer finanziellen Nachbesserung können nur dann fundiert getroffen werden, wenn alle Beteiligten auch über die dazu nötigen und verlässlichen Informationen verfügen.

**Thorsten Müller: Wenn Shopping Center wegbrechende Retailflächen umnutzen müssen,**

*HI HEUTE-Chefredakteur Thorsten Müller*

*Elisabeth Jander, Head of Real Estate Asset Management MEAG Deutschland*

*Dr. Johannes Berentzen, geschäftsführender Gesellschafter BBE Handelsberatung*

kommt es immer auch auf das richtige Fingerspitzengefühl an, damit der Spagat zwischen Wirtschaftlichkeit und Centerattraktivität gelingt.

**Lars Jähnichen:** Das ist auf der Highstreet oder in den Fußgängerzonen von Innenstädten auch nicht anders. Natürlich gibt es für die notwendige Flächenkonversion keine Wunderformel. Wichtig ist, dass man vor der Entscheidung für ein neues Konzept eine tiefgehende Analyse vornimmt. Wie in einen Trichter werden dort alle Erkenntnisse zu Makrostandort, Mikrostandort, der Wettbewerbssituation, der Immobilie selbst und den relevanten Zielkunden verdichtet. Diese aufwendige Analyse ist zwingende Voraussetzung für den nachhaltigen Erfolg der Umstrukturierung einer Immobilie. Damit ist Leerstand ganz klar als Chance und viel weniger als Risiko zu begreifen.
Aber es gibt noch eine weitere, ganz elementare Prämisse für das Gelingen des Immobilien- und damit des Stadtumbaus: Wir brauchen das Triumvirat aus Stadt, Investor und Nutzer. Nur wenn alle drei an einem Strang ziehen, wird der Stadtumbau gelingen!

**Thorsten Müller: Wie oft kommt es denn vor, dass sich Stadt, Handel und Eigentümer zusammensetzen?**

**Marie Therese Kröger-Rahn:** Mit dem Handel funktioniert der Austausch sehr gut und auch regelmäßig. Hier sind auch die Verbände und Kammern sehr aktiv. Bei den Eigentümern ist es schwieriger, da sie auch gar nicht immer so leicht als solche zu identifizieren sind. Aber bei unserem jüngsten Immobilienfachgespräch zum Thema Innenstadt waren doch einige Vertreter aus diesem Bereich sehr engagiert dabei. Natürlich wird bei solchen Treffen nicht in die Details gegangen. Die Begegnungen dienen mehr der Information und dem Austausch, was aber erst einmal auch sehr wichtig ist. Inhaltlich geht es dabei beispielsweise oft um Mobilitätsthemen. Wir bemühen uns stetig darum, zu vermitteln oder die richtigen Ansprechpartner zur Verfügung zu stellen, um den unterschiedlichsten Anforderungen gerecht zu werden. Mit der von mir ausgeübten Funktion des Citymanagers bzw. der Citymanagerin ist ein wichtiger Stein von der Stadt München gelegt worden.

**Thorsten Müller: Wie sieht es denn überhaupt grundsätzlich mit der Wahrnehmung der angespannten Situation im Handel seitens der Händlerinnen und Händler aus?**

**Dr. Johannes Berentzen:** Um die Qualität des gesamten Einzelhandelsstandorts richtig beurteilen zu können, haben wir in München 800 Händlerinnen und Händler innerhalb des Altstadtrings befragt, wie zufrieden sie mit der Entwicklung des Standorts sind. Uns war besonders wichtig, auch mal die kleineren Unternehmen um Ihre Meinung zu bitten, denn gerade sie machen doch eine Stadt so lebenswert. Kernergebnis: Die Unternehmen sind sehr zufrieden mit Standort, Publikum, Frequenz und Erreichbarkeit. Doch machen Sie diese Befragung mal in Duisburg, Bayreuth oder Chemnitz ...

**Thorsten Müller:** Und wie sehen die Bedürfnisse und Wünsche der Konsumentinnen und Konsumenten aus?

**Oliver Lehmann:** Wir haben in diesem Jahr eine Studie zum Thema „Transformation des Arbeitsplatzes" gemacht, weil wir wissen wollten, was die Menschen heutzutage mit Blick auf die Themen Arbeiten und Freizeitgestaltung wirklich wollen. Wichtige Erkenntnisse waren für uns, dass es in den attraktiven Lagen deutlich zu wenig bezahlbaren Wohnraum gibt und im Bürobereich sehr oft nicht mehr zeitgemäße Räumlichkeiten anzutreffen sind. Hier wollen wir mit unseren modernen Co-Working-Angeboten in Kombination mit alltagsrelevanten und frequenzstarken Nutzungen, wie zum Beispiel Shopping und Gastronomie die daran interessierten Menschen überzeugen.

**Thorsten Müller:** Wie sehen Sie die Veränderungen im stationären Einzelhandel in den kommenden Jahren?

**Dr. Johannes Berentzen:** Eine wichtige Rolle werden vernetzte Daten spielen. Was will eigentlich wer? Wie bewegen sich die Menschen? Wie verändert sich die Rolle von Retail-Fläche?

Man sollte schon jetzt genau schauen, wo der Handel gut funktioniert, um aus solchen Beispielen lernen zu können. Diese liefern nicht nur die Metropolen, sondern auch die kleinen und mittelgroßen Städte. Dort, wo Kunden als Gäste gesehen und bedient werden. Ich bin mir sicher: Auch in 10, sogar in 100 Jahren Jahren wird stationärer Handel eine Bedeutung haben. Er wird digitaler und noch vernetzter mit dem Online-Handel werden – Kanal egal. Händlerinnen und Händler

*Oliver Lehmann, General Manager Germany des Co-Working Anbieters Mindspace*

sollten es schaffen, mehr Anlässe für Erlebnisse zu liefern, damit sich Kundin und Kunde vom Sofa erheben und auf den Weg in die City machen. Die Zeiten, in denen man nur Ware ins Regal stellen musste, gehören der Vergangenheit an. Die Menschen erwarten zurecht guten Service, dargeboten von freundlichem und gut ausgebildetem Personal – das allein kann schon für eine hohe Kundenzufriedenheit sorgen.

**Elisabeth Jander:** Wir setzen aus guten Gründen auf die Zukunft des stationären Handels! Menschen bevorzugen den persönlichen Austausch, das emotionale Erlebnis. Die gezielte Ansprache ist wichtig, denn die Menschen zieht es in spezialisierte und individualisierte Läden. Deswegen sind wir überzeugt: Gute Lagen werden auch weiter gut funktionieren. Wir als Eigentümervertreter sind auch gerne bereit, unseren Beitrag hierzu zu leisten – kooperativ, konstruktiv und mit kompetenter Beratung. Auch Büros werden ihren Stellenwert beibehalten.

Der persönliche Austausch ist für alle Beteiligten wichtig, Mobile Working at Home ist eine wichtige Ergänzung wie auch die sozialen Medien in der Kommunikation. Gleichwohl bleibt die persönliche Begegnung im Büro ein entscheidender Erfolgs- und Wohlfühlfaktor.

*Marie Therese Kröger-Rahn, Citymanagerin Landeshauptstadt München*

*Lars Jähnichen, Geschäftsführer IPH Handelsimmobilien*

**Oliver Lehmann:** Auch ich sehe den stationären Handel nicht untergehen. Menschen sind Herdentiere und soziale Wesen. Man fährt in die Stadt, weil man erwartet, dass dort was stattfindet. Dieser Erwartung muss der Handel aber natürlich auch entsprechen und sich dahingehend verändern, dass er die Voraussetzungen dafür schafft. Das funktioniert nur schwerlich, wenn große Immobilien ausschließlich für den Handel ausgelegt sind. Durchdachte Vernetzungen mit anderen Nutzungen sind ein erfolgversprechender Weg. Dabei sollte man stets bedenken: Mehr Event- und Erlebnisflächen sorgen in aller Regel für mehr Publikum. Eine große Herausforderung wird sein, dass Eigentümer bezahlbare Flächen für solche Zwecke zur Verfügung stellen.

**Marie Therese Kröger-Rahn:** Natürlich glauben auch wir an den stationären Handel. Doch der braucht die notwendigen Rahmenbedingungen. Mobilität ist hier ein großes Thema. Hier wollen wir als Stadt und insbesondere als Wirtschaftsreferat unseren Beitrag leisten. Wichtig für die Zukunft wird es sein, Anreize zu schaffen, dass Menschen weiterhin in die City kommen. Dazu müssen wir beispielsweise bei den Ladenöffnungszeiten flexibler werden, wenn es um besondere publikumsstarke Events, wie z.B. Shopping-Nächte, geht. Unser dauerhaftes Ziel ist es, den Handel zu unterstützen und die Akteure zusammenzuführen.

**Lars Jähnichen:** Ich bin bekennender Optimist. Daher ist klar, dass ich vom Überleben des stationären Einzelhandels überzeugt bin. Mehr noch: Die Menschen wünschen sich einen gut funktionierenden Einzelhandel in unseren Städten. Die Herausforderungen der heutigen Zeit sehe ich als Chancen für die Zukunft. Genau jetzt haben wir die Gelegenheit dazu. Ein Beispiel: Die Aachener Grund hat es erfolgreich geschafft, ein Theater aus der Peripherie neben einigen prominenten Handelskonzepten in ein ehemaliges Innenstadt-Warenhaus zu integrieren. Dies hat dazu beigetragen, die Immobilie und mit ihr das Umfeld noch lebendiger zu machen.

Ich denke, Einzelhandel wird mehr und mehr zum Schaufenster für die Marke und zum Erlebnisort für den Kunden. Zunehmend können wir mehr Show-Rooms verzeichnen – für Automobilmarken, aber ebenso für andere Hersteller namhafter Markenprodukte, wie z.B. den M&M's-Store in Berlin, der über mehrere Ebenen eine Erlebniswelt für die Kunden geschaffen hat. Der Handel wird künftig noch vielfältiger werden. Und: unsere Innenstädte werden diese Chance nutzen. Daher freue ich mich auf die Innenstadt 2030!

Henrike Waldburg

# Die Wertschöpfungskette neu denken

Die Umnutzung von Bestandsimmobilien ist ein wertschöpfender Ansatz, von dem sowohl der Kapitalmarkt als auch die Nutzer profitieren. Mit der ganzheitlichen Betrachtung der Wertschöpfungskette stellt Union Investment die Weichen in die richtige Richtung. Geschäftsführerin Henrike Waldburg erläutert in einem Interview die Unternehmenspositionierung und warum es sich lohnt, in die Transformation zu investieren – aus finanzieller und sozialer Sicht.

**Auf dem Immobilienmarkt vollzieht sich ein großer Paradigmenwechsel. Früher war der Neubau die Norm. Jetzt ist er die Ausnahme - Sanierung und Modernisierung stehen an erster Stelle. Sehen Sie das auch so?**

**Henrike Waldburg:** Viele Jahre lang war der Kapitalmarkt der Motor des Immobilienmarktes. Aufgrund von Änderungen in der Inflations- und Zinspolitik erleben wir nun weltweit einen Rückgang der Transaktionen und neuen Bauprojekte. Darüber hinaus waren Immobilien schon immer Teil des wirtschaftlichen Ökosystems, und die finanzielle Lage ihrer Nutzer ist ein nützlicher Indikator für die Branche. Die Nutzer werden wiederum von Rezessionen und Inflation sowie von der Immobiliennachfrage, den Anforderungen und der Ausstattung der Immobilien beeinflusst.

**Was waren die wichtigsten Veränderungen?**

**Henrike Waldburg:** Die Berufswelt hat sich durch die Digitalisierung und die Coronavirus-Pandemie stark verändert. „New Work" und „Arbeiten von zu Hause" sind zu wichtigen Themen geworden. Dies macht mitunter nutzungsbedingte Raumanpassungen notwendig. Gleichzeitig sind die Nachhaltigkeitsanforderungen an Immobilien deutlich gestiegen - nicht nur auf Investorenebene, sondern auch für unsere Vermietungspartner und die eigentlichen Nutzer der Objekte. Jetzt können wir die Frage beantworten, wie wir diese miteinander verzahnen können: Nutzerfokus und Nutzerorientierung auf der einen Seite und Nachhaltigkeit auf der anderen. Wir vereinen diese Konzepte unter dem Begriff des Transformationsprozesses.

**Das scheint eine Mammut-Aufgabe zu sein, nicht wahr?**

**Henrike Waldburg:** Die Umnutzung von Bestandsimmobilien ist ein wertschöpfender Ansatz, von dem sowohl der Kapitalmarkt als auch die Nutzer profitieren. Mit der ganzheitlichen Betrachtung der Wertschöpfungskette stellt Union Investment die Weichen in die richtige Richtung.

**Das Wort „Transformation" ist in aller Munde, aber was genau bedeutet es?**

**Henrike Waldburg:** Für die Transformation gibt es keine feste Definition. Das wird deutlich, wenn wir uns den Markt ansehen. Selbst die kleinsten Veränderungen werden als „Transformationen" bezeichnet. Es ist jedoch nicht möglich, jede Neuvermietung als Transformation zu bezeichnen. Eines ist ganz klar: Das Thema ist sehr breit gefächert. Wir führen zum Beispiel schon seit vielen Jahren immersive Transformationen durch.

*Henrike Waldburg, Geschäftsführerin bei Union Investment*

**Ist das die kleinste Form der Transformation?**

**Henrike Waldburg:** Im Wesentlichen ja. Es geht darum, den Nutzungsmix schrittweise anzupassen und neue Nutzungsarten zu integrieren. Für den Einzelhandel heißt das, den Nutzungsmix kontinuierlich zu erweitern - etwa durch die Integration von öffentlichen Funktionen. Beispiele aus dem Bürobereich wären die Integration von gastronomischen oder Konferenzangeboten. Insgesamt zielt die immersive Transformation darauf ab, die Nutzung in einer Weise zu erweitern, die die primäre Nutzungsart synergetisch ergänzt und den Nutzern einen Mehrwert bietet. All diese Aufgaben fallen unter das kontinuierliche Asset Management einer Immobilie.

**Sie haben auch von Transformationseigenschaften gesprochen. Wie definiert Union Investment, basierend auf der vorangegangenen Erklärung, diesen Begriff?**

**Henrike Waldburg:** Union Investment hat zwei Studien zu Transformationsimmobilien veröffentlicht. Dabei haben wir eng mit der bulwiengesa AG zusammengearbeitet, um eine Definition zu entwickeln. So haben wir Transformation als eine umfassende funktionale und bauliche Umgestaltung definiert, die eine Immobilie für eine - oder meist mehrere - neue Nutzungsarten zugänglich macht. Fast alle Immobilientypen können zu Transformationseigenschaften werden. Im Übrigen bestätigten fast zwei Drittel der Befragten, dass sie Umwandlungsobjekte für nachhaltiger halten als Abriss oder Neubau. Die Umwandlung ist auch wirtschaftlich rentabel. Eine höhere Energieeffizienz führt zu Kosteneinsparungen und geringeren $CO_2$-Emissionen.
Zwar müssen die möglichen Baukosteneinsparungen projektspezifisch bewertet werden. Auf direkte Nachfrage gaben jedoch etwa 60 % der Befragten an, dass durch die Umwandlung von Immobilien zahlreiche Probleme gelöst werden

*Transformation in der Praxis: Projekte von Union Investment*

könnten, die sich aus den ständig steigenden Bau- und Energiekosten sowie aus den unterbrochenen Lieferketten ergeben.

**Können Sie uns einige Beispiele für Transformationsimmobilien nennen?**

**Henrike Waldburg:** Beispiele für Transformationsimmobilien finden sich im Einzelhandel, aber auch Krankenhäuser, Hotels oder ehemalige Bürogebäude können zu Transformationsimmobilien werden. Das Gemeinsame ist die Marktanpassung durch eine mehr oder weniger grundlegende Änderung der Nutzung - häufig durch die Erweiterung des Nutzungsspektrums und die Schaffung einer gemischt genutzten Immobilie. Ein wesentlicher Bestandteil ist die Wahl einer umfassenden Sanierung - mit oder ohne Ausbau einer bestehenden Immobilie - anstelle von Abriss oder Neubau

**Was ist das Ziel von Transformationsprozessen?**

**Henrike Waldburg:** Das Ziel aller Umwandlungsprozesse ist es, durch zukunftsfähige Nutzungskonzepte die Ertragssicherheit über den gesamten Lebenszyklus zu gewährleisten. Entscheidend ist, dass die Nutzung und Umwandlung einer Bestandsimmobilie definitiv zur Ressourcenoptimierung im Primärenergiesektor beiträgt. Darüber hinaus bieten Transformationsprozesse die Chance, durch energieeffiziente Modernisierungen, ökologische Verbesserungen, verbesserte architektonische und städtebauliche Qualität, neue Mobilitätskonzepte und die Möglichkeit der Mehrfachnutzung den Herausforderungen der Nachhaltigkeit auf breiter Basis zu begegnen. Wir verbringen 90 Prozent unseres Lebens in Immobilien - wir müssen unsere Ansprüche wirklich erhöhen. Der Anzahl der Kriterien, die wir in den Katalog aufnehmen können, sind keine Grenzen gesetzt.

**Wie wollen Sie Ihre Anleger zufriedenstellen?**

**Henrike Waldburg:** Als Treuhänder sind wir dafür verantwortlich, dass diese Veränderungsprozesse und Investitionen in Bestandsimmobilien für unsere Anleger rentabel sind. Dabei geht es immer um eine aktive Wertschöpfung, die wiederum die Freilegung von Potenzialen - vor allem bei unseren eigenen Beständen - mit sich bringt. Wenn wir einen Transformationsprozess richtig durchführen, profitieren alle Beteiligten gleichermaßen davon. Wir schaffen also Mehrwert in mehreren Dimensionen, zum einen in Bezug auf die Nachhaltigkeit, zum anderen aber auch in Bezug auf den Ertrag. Auch Stadtentwicklungen profitieren von Transformationsprozessen. Einfach ausgedrückt: Wir müssen Investitionen und die Wertschöpfungskette neu überdenken.

**Lange Zeit war man der Meinung, dass sich diese Ziele gegenseitig aufheben.**

**Henrike Waldburg**: Weit gefehlt! Umnutzung oder Neugestaltung waren in der Vergangenheit nicht immer kostengünstiger als Abriss und Neubau. Die Vorteile der Nachhaltigkeit liegen auf der Hand, und die neue Gesetzgebung hat die wirtschaftliche Attraktivität im Vergleich zum Neubau deutlich erhöht. Wir sind der Meinung, dass sich die aktuelle Debatte viel zu sehr auf die Kosten konzentriert, die durch Nachhaltigkeitsinitiativen entstehen. Stattdessen konzentrieren wir uns in erster Linie auf unsere Fähigkeit, Werte zu schaffen, und damit auf den zugrunde liegenden Business Case.

**Was bedeutet das in der Praxis?**

**Henrike Waldburg:** Wir prüfen ständig, wie wir Nachhaltigkeit und Ertragspotenzial miteinander verbinden können. Dies kann auf unterschiedliche Weise geschehen. Beispiele sind die Optimierung oder Erweiterung von Flächen. Es ist aber auch möglich, Einnahmen zu erzielen, indem man die Nebenkosten senkt und damit die Nettokaltmiete erhöht.

**Wer sind die an einem Transformationsprozess beteiligten Akteure?**

**Henrike Waldburg:** Klimaschutz ist ein Mannschaftssport. Das ist der einzige Weg zum Erfolg. Es gilt, eine gemeinsame Vision aller Beteiligten zu schaffen - von den Bestandshaltern und Investoren über die Projektentwickler und die gesamte Baubranche bis hin zu den Immobilien-, Center- und Facility-Managern. Die Zusammenarbeit mit dem öffentlichen Sektor ist von entscheidender Bedeutung, um die richtigen regulatorischen und gesetzlichen Rahmenbedingungen zu gewährleisten. Ebenso wichtig ist die Einbeziehung von Nutzern und Mietern. Das Handeln dieser Parteien trägt wesentlich zu den tatsächlichen Bedingungen in den Immobilien und dem Energieverbrauch bei. Wir stehen in ständigem Austausch mit unseren Mietpartnern. Wir müssen jedoch in die einzelnen Gespräche einsteigen.

**Worüber würden Sie gerne mit denen sprechen?**

**Henrike Waldburg:** Letztlich über den bewussten Verbrauch von Ressourcen. Das geht über den bloßen Verzicht auf den Verbrauch hinaus. Wir müssen Prioritäten setzen. Müssen wir zum Beispiel ein großes Bürogebäude wirklich rund um die Uhr belüften und kühlen? Wie kann man sicherstellen, dass diese Einrichtungen nur dann zur Verfügung stehen, wenn das Gebäude tatsächlich genutzt wird? Dieses Beispiel zeigt auch, wie wichtig die Digitalisierung ist.

## Barbara Possinke

# Zupacken mit Augenmaß!

*Große Insolvenzen im Handelssegment sorgen für Schlagzeilen, die Baukosten verharren auf hohem Niveau, und dann ist da auch noch der Klimawandel, der auf Veränderungen drängt. Wie kann unter diesen Bedingungen eine Transformation unserer Innenstädte gelingen? Barbara Possinke, Senior Partnerin bei RKW Architektur +, plädiert im Interview für entschlossenes – aber gut überlegtes – Handeln.*

**Frau Possinke, Sie sind mit dem Bau von Warenhäusern quasi großgeworden. Was sehen Sie vor Ihrem inneren Auge bei den Stichwörtern „Galeria" oder „KaDeWe"?**

**Barbara Possinke:** Natürlich sehe ich weiterhin das Ende einer Ära, das nun tatsächlich auch das Premiumsegment erfasst zu haben scheint. Aber gleichzeitig sehe ich auch große Chancen. Das Wichtigste ist dabei, sehr differenziert vorzugehen und jeden Standort und jede Immobilie ganz präzise und ganz individuell zu betrachten – und das über Besucherströme und Frequentierungszahlen hinaus. Dann werden wir sehen, dass sich an manchen A-Lagen weiterhin Handel lohnen kann, an manchen vielleicht aber nicht. Hier dürfen wir keine Scheuklappen aufhaben.

**Was bedeutet das dann für die Innenstädte?**

**Barbara Possinke:** Die Entwicklungen zur „15-Minuten-Stadt" beobachten wir als Stadtplaner ja auch schon seit einiger Zeit. Das kann in den Großstädten zu einer Teil-Dezentralisierung führen, die von den klassischen „Eine-Innenstadt-Konzepten" wegführt und einzelne Quartierskerne für die tägliche Versorgung stärkt. Aber das bedeutet im Umkehrschluss nicht das Ende des Stadtzentrums!

**Warum nicht?**

**Barbara Possinke:** Ich denke, wir müssen es so sehen: weil wir dort nicht Angebot verlieren, sondern Platz gewinnen – Platz für Qualität. Wenn sich die Versorgung verlagert, können wir den Individualverkehr dort reduzieren. So können urbane Räume mit hoher Aufenthaltsqualität entstehen – mehr Grün und Freiraum, mehr Gastronomie, mehr Sehen und Gesehenwerden. Denn das sind gerade die Faktoren, die – neben hochwertigen Einkaufsmöglichkeiten – besonders gut abschneiden, wenn es in Umfragen um die Attraktivität von Innenstädten geht.

**Damit böte sich auch die räumliche Gelegenheit, die Innenstädte besser gegen den Klimawandel zu wappnen ...**

**Barbara Possinke:** Ganz richtig. Das ist das nächste große Problem, das sich heute schon auf den Hitzekarten vieler Städte in leuchtendem Rot bemerkbar macht und das dringend angegangen werden muss. Ich will hier nicht alarmistisch werden, aber es wird nicht mehr lange dauern, bis wir in den hochversiegelten, unverschatteten Betonlandschaften vieler Fußgängerzonen Sommertemperaturen von über 50° C werden messen können. Das würde die Stadtzentren unbewohnbar machen – und muss heute repariert und angepasst werden. Und mit „heute" meine ich jetzt.

**Was sollten wir tun?**

**Barbara Possinke:** Wir müssen dringend Flächen in großem Maßstab entsiegeln. Wir müssen besser mit Wasser umgehen – und das übrigens auch im Sinne von Starkregenereignissen und der vielzitierten Schwammstadt –, und wir müssen das lokale Klima managen. Das bedeutet etwa, Windschneisen klug zu planen und für viel mehr und gut passende Begrünung zu sorgen. So bleibt auch in 20 oder 30 Jahren der Aufenthalt im Stadtzentrum im Hochsommer noch angenehm.

**Was aber wird denn nun aus den Warenhäusern?**

**Barbara Possinke:** Ich möchte wie gesagt nicht pauschalisieren. Aber einen Abriss halte ich in fast jedem Fall für kontraproduktiv – aus vielerlei Gründen. Zuerst würden wir als Planer mit starkem Handels-Know-how und gleichzeitig städtebaulicher Expertise immer erst untersuchen, ob eine weitere Handelsnutzung nicht doch möglich sein kann, vielleicht mit einem anderen Konzept oder einem Nutzungsmix.
Oder eine andere Wiederbelebung: Gerade Warenhäuser mit ihren großen Spannweiten und den tragfähigen Decken lassen sich so vielfältig umnutzen. Es könnten dort Schulen, Labore oder Bibliotheken einziehen, oft braucht es nur ein paar Lichthöfe. Ich sehe aber natürlich auch die Frage der Wirtschaftlichkeit. Doch hier würde ich eine Aufgabe für die Kommunen sehen, den Gesetzgeber, die durch steuerliche Erleichterungen fördernd wirken können.

**Oder doch abreißen und neu bauen?**

**Barbara Possinke:** Nun, selbst wenn sich alles andere nicht als realistisch erweist, ist ein Abriss allein aus Ressourcensicht die schlechteste Alternative. Einerseits geht es dabei um die graue Energie, die im Gebäude gespeichert ist, andererseits aber auch um eine gesellschaftliche Nachhaltigkeit – wir müssen aus der Wachstumsspirale heraus, die uns immer mehr bauen lässt, obwohl so viel schon gebaut ist!

**Bekommen wir denn trotzdem lebenswerte Innenstädte hin – mit attraktivem Handel?**

**Barbara Possinke:** Ich halte das nicht nur für erstrebenswert, sondern auch für möglich. In meiner Vision haben wir den Platz dafür, weil wir starre automobile Infrastrukturen mit ihren versiegelten Flächen drastisch reduzieren, zu-

*Barbara Possinke, Senior-Partnerin bei RKW Architektur +*

gunsten von deutlich verbessertem ÖPNV, mehr Radwegen und Hubs für E-Mobilität. Weil wir die Städte wieder atmen lassen, mit Grünflächen und einladender Gastronomie und einem guten, vielseitigen und auf die Menschen zugeschnittenen Handelsangebot. Ob das in Warenhäusern, ehemaligen Warenhäusern oder ganz anderen Formaten stattfindet, muss von Fall zu Fall entschieden werden. Hauptsache, wir tun das mit Augenmaß.

**Und wer sollte diese Transformation voranbringen?**

**Barbara Possinke:** Das ist ein sehr wichtiger Punkt: Eine derart große Aufgabe kann niemand im Alleingang lösen. Wir brauchen dazu große Expertengruppen, die alle Layer einer Stadt mitdenken – von unter der Erde bis auf die Dächer. Oder auch: Von der U-Bahn und dem Leitungsbau über das Erdgeschossniveau mit allen Nutzungen und dem öffentlichen Raum bis in die obersten Stockwerke. Außerdem darf nicht nur vertikal gedacht werden, sondern auch horizontal über den Stadtkern hinaus, etwa indem wir Nebenlagen und Hauptlagen konsolidieren. Und ein letztes noch: Es braucht Zeit, es braucht pragmatische Lösungen ohne Scheuklappen, und es geht nur miteinander. Also, packen wir's an!

Joaquin Jimenez Zabala

# „Alle reden über Regulierung, doch viel zu wenig über konkrete Umsetzung"

*Die WISAG zählt mit rund 50.000 Mitarbeiterinnen und Mitarbeitern zu den größten deutschen Dienstleistungsunternehmen und hat gerade in jüngster Zeit auch in der Retail-Immobilienbranche beachtliche Erfolge erzielt. Im Interview erzählt Joaquin Jimenez Zabala, Geschäftsführer der WISAG Facility Management Retail GmbH & CO. KG, wie er die Entwicklung des stationären Handels in den Innenstädten sieht und über die wichtigsten Herausforderungen der Retail-Branche.*

**Wie ist es Ihnen gelungen, auf diesem Gebiet so vergleichsweise schnell erfolgreich zu werden?**

**Joaquin Jimenez Zabala:** Wir sprechen die Sprache der Center-Betreiber. Wir verstehen, worauf es ihnen ankommt, weil wir selbst Teil dieser Assetklasse sind und im regelmäßigen Austausch sowohl mit den Center-Managern als auch den Eigentümern stehen. Shopping Center und Retail-Immobilien sind hochkomplexe Immobilien, die vielfältig genutzt werden. Hierfür braucht es individuelle, bedarfsgerechte Gesamtkonzepte, die wir gemeinsam mit unseren Kunden entwickeln. Für uns ist wesentlich dabei, dass sie die steigenden Anforderungen an Nachhaltigkeit bedienen. Wer auf nachhaltige Facility Services setzt, schont das Klima, sichert Arbeitsplätze und letztlich die Zukunftsfähigkeit seiner Handelsimmobilie. Mit kreativen zukunftsfähigen Angeboten tragen wir letztlich zum Wohle der Stadtentwicklung bei. Und: Weil wir in ganz Deutschland tätig sind, können wir unsere Leistungsversprechen in Eigenleistung flächendeckend einhalten.

**Wie kann ein Dienstleistungsunternehmen wie die WISAG dazu beitragen, dass der stationäre Handel, vorsichtig formuliert, eine nennenswerte Existenz behält?**

**Joaquin Jimenez Zabala:** Der Markt braucht, ja schreit förmlich nach neuen kreativen Konzepten. Es geht darum, Menschen neugierig zu machen und ihnen ein attraktives Umfeld zu bieten. Dazu können originelle und individuelle Warenangebote beitragen, aber auch mehr Grün. Also weg von weiterer Versiegelung hin zu mehr Aufenthaltsqualität. Dazu braucht es neben den richtigen Ideen aber auch den Mut, diese umzusetzen.

**Wie sehen Sie Ihre Entwicklung in der Retail-Immobilienbranche in den nächsten drei bis**

fünf Jahren? Ist da noch viel „Luft nach oben", was die Kundengewinnung angeht, oder geht es bereits eher um Intensivierung der bestehenden Kundenverhältnisse?

**Joaquin Jimenez Zabala:** Wir wollen und werden auch in diesem Bereich national und international weiter wachsen. Zum einen haben wir mittlerweile eine Vielzahl unterschiedlicher Kunden aus dem Handelsbereich von unseren Dienstleistungen überzeugt. Diese Zusammenarbeit wollen wir in den nächsten Jahren weiter ausbauen und gemeinsam neue Konzepte und Lösungen entwickeln. Stets geht es uns um den Aufbau tieferen Vertrauens zu unseren Kunden und darum, Komplexität zu reduzieren und den nachhaltigen Betrieb der Center weiter voranzutreiben. Zum anderen gibt es nach wie vor auch großes Potenzial im Neukundengeschäft. Auch das werden wir angehen.

**ESG bestimmt aktuell auch sehr stark den Alltag der Retailkunden. Wie wollen Sie denen unter die Arme greifen bzw. sie effektiv beraten?**

**Joaquin Jimenez Zabala:** Der Beratungsbedarf ist – nicht zuletzt durch den Druck durch Vorgaben der EU - auf allen Seiten sehr hoch. Vielfach geht es ja vor allem bei größeren Handelsimmobilien um Revitalisierung im Bestand, also ums Sanieren. Da muss in den nächsten Jahren enorm viel passieren. Alle reden über Taxonomie, über Regulierung, aber viel zu wenig über die konkrete Umsetzung. Dabei lauten die entscheidenden

*Joaquin Jimenez Zabala, Geschäftsführer der WISAG Facility Management Retail GmbH & CO. KG*

Fragen doch: Was kann ich jetzt tun, was mittel- und langfristig? Hier will die WISAG Antworten geben, indem wir zum Beispiel ESG-Reportings in den Objekten erstellen. Zudem erarbeiten wir gemeinsam mit den Auftraggebern Konzepte zur energetischen Optimierung ihrer Immobilien und zur Reduzierung ihres Energieverbrauchs.

*Auf dem Weg in eine grünere Zukunft: Die WISAG berät Unternehmen bei der Umsetzung.*

# Stephan Koof

# "Den Kunden immer neue Einkaufserlebnisse bieten"

*Die REWE Group hat in jüngster Zeit mit neuen Ladenformaten und Innovationen frische Akzente gesetzt, damit aber auch Einfluss auf das Erscheinungsbild von Innenstädten genommen. Im Interview nimmt Stephan Koof, Geschäftsführer für den Bereich Immobilien / Expansion, dazu Stellung.*

**Das Jahr 2023 liegt hinter uns. Welches Fazit ziehen Sie für Ihren Tätigkeitsbereich?**

**Stephan Koof:** Der Trend aus 2022 hat sich mehr oder weniger unverändert fortgesetzt, im Guten wie im Schlechten. Viele Akteure am Immobilienmarkt sind fast wie in einer Schockstarre, wissen gerade nicht, wie oder wann sie agieren sollen, oder können es vor dem Hintergrund der veränderten Rahmenparameter schlicht einfach nicht. Da die REWE Group als Genossenschaft nicht aktionärsgetrieben und zudem gut finanziert ist, konnten wir uns jedoch im Gegensatz dazu sehr gut entwickeln.

**Supermärkte haben sich in den letzten Jahren gestalterisch massiv verändert. Worauf legt REWE bei Einrichtung, Ausstattung und Produktpräsentation den größten Stellenwert?**

**Stephan Koof:** Nachhaltigkeit ist ein elementarer Bestandteil in Strategie und Leitbild der REWE Group. Dies umfasst u.a. sehr intensive Aktivitäten zur nachhaltigeren Sortimentsgestaltung und der kontinuierlichen Verbesserung unserer Märkte. REWE versteht sich als Pionier für nachhaltiges Bauen und Betreiben von Handelsimmobilien. Das REWE Green Building-Konzept kombiniert seit 2012 Tageslichtarchitektur mit energiesparenden Bautechniken, bester Dämmung, nachhaltigen Materialien und dem Einsatz regenerativer Energien. Die dort eingesetzten Heizungs-, Lüftungs-, Beleuchtungs-, Klima- und Kälteanlagen verbrauchen deutlich weniger Energie und belasten die Umwelt nicht oder nur sehr gering mit $CO_2$-Emissionen. Insgesamt hat sich REWE vom monofunktionalen Lebensmittelmarkt zu einem multifunktionalen Dienstleister rund um Lebensmittel gewandelt. In Verbindung mit den neuen Standortfaktoren wird der Supermarkt dadurch zu einem aktiven Stadtbaustein im Quartier.

**Beim Thema Nachhaltigkeit oder neudeutsch ESG wollen Sie auch eine Vorreiterrolle bekleiden. Was ist Ihnen hier wichtig, was bereitet Ihnen vielleicht aber auch derzeit noch Schwierigkeiten?**

**Stephan Koof:** Der REWE Group ist selbstverständlich wichtig, die Energieeffizienz ihrer Märkte kontinuierlich durch entsprechende Maßnahmen zu verbessern. Diesbezüglich sind wir, wenn nicht selbst Eigentümer, mit unseren Vermietern in einem ständigen Dialog. Dabei ist es nicht einfach, den Anforderungen der Eigentümer gerecht zu werden. Bei fast 6.000 Mietobjekten mit einer sehr heterogenen Vermieter- und Gebäudestruktur können eben nicht für alle Standorte gleichermaßen maßgeschneiderte Lösungen gefunden werden. Dennoch nehmen wir das Thema sehr ernst und erarbeiten derzeit einen REWE Group-Standard, der vor allem die Herausgabe von CO2-relevanten Verbrauchsdaten sowie generellen ESG-Klauseln in unseren Verträgen regelt. Wir sind zuversichtlich, schon bald passende Antworten auf ESG-relevante Fragestellungen anbieten zu können und leisten somit einen wesentlichen Beitrag zur CO2-Neutralität.

**REWE hat in jüngster Zeit immer wieder mit Innovationen überrascht. Neue Shop-Formate sind entstanden, und die Warenlieferung geht auch neue Wege. Wie ist der neueste Stand und wie wird es in naher Zukunft auf diesem Feld weitergehen?**

**Stephan Koof:** Wir möchten unseren Kundinnen und Kunden immer neue Einkaufserlebnisse bieten und testen hierfür verschiedene technologische Innovationen, die den Lebensmitteleinkauf bequem und einfach machen sollen. Verschiedene Projekte, wie beispielsweise die rollenden Warenkörbe (sog. „REWE Lieferbots") in Hamburg, die „REWE Pick&Go"-Märkte zum autonomen Einkaufen in Köln, Berlin und München oder das ganz neue Gemeinschaftsprojekt „LieferMichel", das im hessischen Ort Michelstadt die Lieferung von Lebensmitteln via „Wingcopter"-Drohne ermöglicht, helfen uns und unseren Projektpartnern, zu lernen sowie die neuen Technologien und notwendigen Prozesse weiterzuentwickeln. Manche Innovationen schaffen es aus der Testphase in unseren Standard und werden bedarfsorientiert an passenden Standorten eingesetzt. Sie bilden dabei aber immer nur eine Ergänzung und stehen strikt in Verbindung zu unserem stationären Geschäft.

**REWE ist wie nur wenige Einzelhandelsunternehmen in nahezu allen deutschen Innenstädten mit unterschiedlichsten Formaten präsent und belebt diese auch dadurch. Was alles kann guter Lebensmitteleinzelhandel für die Innenstadtattraktivierung leisten?**

**Stephan Koof:** Eine Belebung erfolgt in erster Linie durch Frequenz. Je nach Verkaufsflächengröße wird ein Lebensmitteleinzelhandelsmarkt von vielen tausend Kunden in der Woche aufgesucht. Davon können benachbarte Einzelhändler

*Stephan Koof, Geschäftsführer Immobilien/Expansion, REWE Group.*

und Dienstleister profitieren, was wiederum zu einem positiven Agglomerationseffekt für den gesamten Standort führt. Und schließlich steigert das Angebot von Lebensmitteln, frischem Obst und Gemüse, Backwaren und der beispielsweise ständig zunehmenden Anzahl von Convenience-Artikeln auch die Attraktivität, im Umfeld zu wohnen oder zu arbeiten.

**Umgekehrt betrachtet: Was erwartet REWE von einem Standort und seinem direkten Umfeld, um sich dort niederzulassen?**

**Stephan Koof:** Genau der zuvor beschriebene Mix. Ein Supermarkt oder Discounter lebt vor allem von der Nähe zu seinen Kunden. Kunden, die im Umfeld wohnen, arbeiten oder anderen Erledigungen nachgehen. Dazu sollte der Markt zentral und sichtbar zu seinen Kunden liegen, gut erreichbar sein und im besten Fall über Parkplätze verfügen.

Dafür sollte die Verkaufsfläche entsprechend groß genug bemessen sowie praktikabel geschnitten sein. Gerade in Innenstädten darf man aber auch nicht die Anlieferbedingungen aus dem Auge verlieren. Dieser Punkt ist bei Innenstadtlagen oftmals nicht ganz so leicht zu lösen.

**Welche Mixturen bezüglich anderer Immobilien-Assetklassen und Kooperationspartner helfen Ihnen, nachhaltig erfolgreiche Neuprojekte zu realisieren?**

**Stephan Koof:** Alles das, was den Standort für den Kunden insgesamt attraktiver macht: Dienstleister sämtlicher Couleur wie Optiker, Friseure oder Apotheken sowie Ärzte, gastronomische Angebote und weitere Handelsunternehmen, insbesondere aus dem periodischen Bedarf. Ein großflächiges Möbelgeschäft braucht man dort meines Erachtens beispielsweise nicht unbedingt, aber in verkleinerter Form mit Kleinmöbeln, Wohnaccessoires und anderen Einrichtungsgegenständen kann das schon eine attraktive Ergänzung sein. Mittlerweile gibt es bereits einige Konzeptstores, die ein ähnlich gelagertes Sortiment zusammen mit Kleidung, Büchern, Lifestyleprodukten oder Technologiegadgets zu einem interessanten Mix kuratieren. Und das natürlich in einem Umfeld, das man in einer Innenstadt erwartet, also Wohnraum, Büros, Praxen, Kanzleien etc. Und warum nicht auch Kitas, Schulen oder sonstige städtische Einrichtungen/Verwaltungen. Die sieht man dort heute eher selten, und die könnten ein interessanter Bestandteil von Nachnutzungskonzepten großer leerstehender Flächen sein.

**In welchen deutschen Regionen und Innenstädten sehen Sie in naher Zukunft noch Potenzial für Ihre weitere Expansion?**

**Stephan Koof:** Das kann wirklich überall sein. Man kann zwar nicht wirklich behaupten, dass es in Deutschland für den Lebensmitteleinzelhandel noch eine Vielzahl „weißer Flecken" gibt, aber an vielen Standorten lässt sich das Angebot mit modernen und vor allem für das Vollsortiment ausreichend großen Flächen noch optimieren bzw. neu aufstellen. Das sollten, aus unserem Unternehmen heraus betrachtet, für einen REWE schon deutlich über 1.000 qm Verkaufsfläche sein. Beim Discounter Penny sehen wir dagegen, wie begeistert unsere Kunden von neuen oder vergrößerten Bestandsflächen mit 800 bis 1.000 qm und unserem sehr schönen Markthallenkonzept sind.

Neben Großstädten und Ballungszentren expandieren wir auch weiterhin in eher einwohnerschwachen Gegenden. Dort tun sich oft Versorgungslücken auf, die man an einem verkehrstechnisch zentralen Standort schließen kann, sowohl in West- als auch in Ostdeutschland. Erfreulicherweise bestätigen unsere Kunden unsere Expansionsstrategie mit entsprechend guten Umsätzen.

**Was glauben Sie, in welche Richtung sich die deutschen Innenstädte in den kommenden fünf bis sechs Jahren entwickeln werden?**

**Stephan Koof:** Das hängt sicher von der Stadtgröße und auch von der jeweils vergangenen Entwicklungsplanung ab. Ich glaube, es gibt Kommunen, die in der Vergangenheit bei einigen Entscheidungen nicht das große Ganze und die Folgewirkungen in ausreichendem Maße beleuchtet haben. Damit ist manche Entwicklung nur schwer umzukehren. Bereits heute sind schon etliche Innenstädte nicht mehr in ausreichendem Maße funktionsfähig. Damit kann und muss man sich auseinandersetzen, denn irgendeine Lösung gibt es immer! Man muss es nur wollen und mit den richtigen Akteuren weitgehende Einigkeit für gemeinsame Ansätze erzielen. Und natürlich muss man auch mal damit beginnen und es dann konsequent zu Ende bringen. Die REWE Group ist jedenfalls gerne dabei.

Um Ihre Frage abschließend zu beantworten: In Anbetracht des komplexen und langwierigen Planungs- und Genehmigungsprozesses in Deutschland wird dort, wo noch nicht und nur zögerlich gehandelt wurde, vermutlich in fünf bis sechs Jahren noch gar nicht so viel Neues in der Umsetzung zu sehen sein. Und die aktuellen Rahmenparameter für die Bau- und Entwicklerbranche sprechen momentan leider ebenfalls nicht dafür. Dennoch sollte man nichts unversucht lassen, realistische Ziele formulieren und mit engagiertem Tatendrang an die Sache gehen; dann tuen sich immer irgendwelche Chancen auf.

**MEHR KNOW-HOW.
MEHR POWER.
MEHR ERFOLG.**

# Performance Booster.
# Für erfolgreiche
# Handelsimmobilien.

Digitalisierung, Urbanisierung, Klimaschutz – Innovationsschub für Handelsimmobilien. Die MEC hat den passenden Performance Booster. Ganzheitlicher 360° Ansatz und interdisziplinäre Lösungen – das sind unsere individuellen Fitness-Strategien für Ihre erfolgreichen Retail-Immobilien im 21. Jahrhundert.

mec-cm.com

Markus Trojansky

# „Wir lieben Innenstädte!"

**Für die Drogeriemarktkette dm als Nahversorger sind Innenstädte ein fester Bestandteil ihrer Unternehmensstrategie. Dies sagt Markus Trojansky, dortiger Geschäftsführer und seit vielen Jahren verantwortlich für die Immobilien-Expansion, im Interview.**

**Welche Bedeutung haben Innenstädte für dm?**

**Markus Trojansky:** Bei dm steht der Mensch mit seinen Bedürfnissen im Mittelpunkt der optimalen Standortplanung. Kurze Wege zum Einkaufen müssen mit der Herausforderung der innerstädtischen Struktur in Einklang gebracht werden.

Als Nahversorger mit Artikeln des täglichen Bedarfs sehen wir uns in der Verantwortung, auch in Innenstädten exzellent vertreten zu sein. Wir schätzen Innenstädte als einen Ort für sozialen Austausch, Handel, Kommunikation und Freizeit. Unsere Aufgabe ist immer, nächstmöglich am Kunden zu sein. Mit unseren modernen, zukunftsgerichteten Märkten mit zahlreichen Serviceangeboten leisten wir einen wertvollen Beitrag für den Erhalt und die Steigerung der Frequenzen durch Bewohner, Kunden und touristische Besucher.

*Die modernen Märkte der Drogeriemarktkette dm sind in deutschen Innenstädten große Anziehungspunkte.*

Kurz gesagt, wir lieben Innenstädte und das damit verbundene urbane Leben.

**Welche Standortfaktoren sind für dm relevant?**

**Markus Trojansky:** Schon bei der Standortwahl unserer dm-Märkte achten wir auf eine günstige Erreichbarkeit. Dabei müssen kurze Wege zum Einkaufen mit der Herausforderung in Einklang gebracht werden, dass logistische Zulieferverkehre in Wohnbereichen auch in den frühen Morgenstunden, beispielsweise die Belieferung unserer Märkte, mehrfach in der Woche stattfinden.

Jede Stadt benötigt ein individuelles Nutzungskonzept. Eine mittelalterlich geprägte Innenstadt wie beispielsweise Marburg lässt eine andere Nutzung zu als eine Innenstadt wie Hanau, die durch den 2. Weltkrieg größtenteils zerstört wurde und dann im Charme der 50er/60er Jahre eine neue Quartiersstruktur bekommen hat. Gelingt es, für die Menschen einen Raum zu gestalten, an dem verschiedene Dinge zu erledigen sind, ist das effizient und ressourcensparend. Eine vielfältige Nutzungsmischung wird einzelne Stadträume beleben und Räume stabilisieren, da Vielfalt und Kleinteiligkeit in der Regel robuster sind als Monostrukturen. Davon leben wir, und dies prägt zugleich unser Handeln durch eine starke Verheimatung unserer Märkte im sozialen und gesellschaftlichen Umfeld.

**Wie begegnet dm der Transformation der Innenstädte?**

**Markus Trojansky:** Die Bereitschaft, Zeit für das Einkaufen zu verbringen, sinkt kontinuierlich. Daher gilt es, die Erlebnisqualität in den Filialen durch ein innovatives und nutzenbringendes Retail-Design für den Kunden attraktiv zu halten. Gemäß dem Anspruch: „Einkaufen wie es ins Leben passt", exzellente Omnichannel-Services anzubieten, Kunden mit relevanter Kommunikation auf ihren Markt abgestimmt zu inspirieren und durch ein innenstadtrelevantes Sortiment die Kundenbedürfnisse zu veredeln.

Aus unserer Sicht ist neben dem stationären Angebot in unseren Märkten die digitale Perspektive

*Markus Trojansky, Geschäftsführer der dm-drogerie markt GmbH + Co. KG*

durch Online-Bestellung mit Liefer- und Bringservice und Abholstationen unabdingbar für eine erfolgreiche Transformation von Handelskonzepten im Sinne multifunktionaler Innenstädte.

**Welchen Einfluss auf dm hat eine Umgestaltung der Innenstädte in Bezug auf ökologische Konzepte und mehr Fahrradverkehr sowie ÖPNV?**

**Markus Trojansky:** Der politische Mut nach neuen Ideen und Veränderungen ist in vielen Kommunen vorhanden. dm ist bestrebt, im Miteinander mit Stadtentwicklern und den Akteuren der Immobilienwirtschaft für die Menschen einen Raum zu gestalten, in dem Anspruch und Wirklichkeit im Handel zusammenfinden. Dies ist effizient und ressourcensparend. dm ist es wichtig, nachhaltige Kunden-Mobilität zu unterstützen. Schon bei der Standortwahl achten wir daher auf eine gute verkehrstechnische Anbindung, optimalerweise mit Fahrradparkplätzen und ÖPNV-Anschluss.

## André Stromeyer

# Der Standort-Unterschied zwischen top und nur okay

*Die Hanseatische Betreuungs- und Beteiligungsgesellschaft (HBB) ist als Projektentwickler und Centermanager gleich doppelt in die Transformation von Innenstädten involviert. In einem Interview erzählt CM-Geschäftsführer André Stromeyer, wie er Vergangenheit, Gegenwart und Zukunft mit Blick auf die diesbezüglichen Herausforderujgen einschätzt. .*

**Welches waren die problematischsten Veränderungen, die der Standort Innenstadt in der Bedeutung für Sie als Projektentwickler in letzter Zeit erfahren hat?**

**André Stromeyer:** Ein verändertes Konsumverhalten inklusive Onlineshopping führt u.a. zu vermehrten Leerständen von Ladenflächen. Leerstehende Gebäude und Ladenflächen in Innenstadtbereichen können deren Attraktivität mindern, eine Abwärtsspirale auslösen und Investitionen für Projektentwickler und Investoren unattraktiv machen.

Die bevorzugten Freizeitaktivitäten der Menschen ändern sich, was sich auf die Attraktivität traditioneller Einkaufsstraßen und Einkaufszentren auswirkt. Die Innenstadt muss sich anpassen und neue Angebote für die unterschiedlichen Freizeitinteressen schaffen. Daher ist es angebracht, mehr Gastronomie und Freizeitgestaltungsmöglichkeiten auch in den Innenstädten anzubieten/anzusiedeln.

In puncto Verkehr und Erreichbarkeit sind Stau, Parkplatzmangel, hohe Parkgebühren und Probleme im öffentlichen Nahverkehr die wichtigen Themen.

Sicherheit und Sauberkeit in den Innenstädten müssen gewährleistet sein, damit die Besuchenden gerne dorthin kommen.

Auch sind einige Innenstädte abends leer und unattraktiv, da keine Mischnutzung mit Wohnungen, Gastronomie und Freizeitmöglichkeiten vorhanden ist.

**Was macht für Sie bei einem Standort generell den Unterschied zwischen top und nur okay aus?**

**André Stromeyer:** Der Unterschied zwischen einer Innenstadt, die „top", und einer, die „okay" ist, kann von verschiedenen Faktoren abhängen, die nur zusammen eine angenehme und attraktive Umgebung für Besuchende schaffen.

Gut erhaltene Gebäude, eine ansprechende Architektur und eine attraktive Gestaltung der Straßen und Plätze können eine positive Grundatmosphäre erzeugen.

Eine Top-Innenstadt verfügt oft über eine breite Palette von Geschäften, Restaurants, Cafés, Freizeiteinrichtungen wie Kinos und Galerien sowie andere Attraktionen, die die Bedürfnisse einer Vielzahl von Menschen ansprechen.

Eine gut gestaltete Fußgängerzone, breite Bürgersteige, ausreichend Radwege und eine gute Anbindung an öffentliche Verkehrsmittel können dazu beitragen, dass Menschen gerne in die Innenstädte kommen.

Eine Top-Innenstadt bietet oft regelmäßige Veranstaltungen wie Märkte, Festivals, Konzerte oder kulturelle Aufführungen an, die das Interesse der Besuchenden wecken und eine lebendige Atmosphäre schaffen.

Sauberkeit, gepflegte öffentliche Plätze und ein Gefühl von Sicherheit sind wichtige Faktoren, die die Attraktivität einer Innenstadt beeinflussen können.

Eine Innenstadt mit einer spannenden Geschichte, kulturellen Sehenswürdigkeiten, Museen oder Denkmälern kann Besuchende auch aus entfernteren Gebieten anziehen. Initiativen zur Nachhaltigkeit und umweltfreundliche Verkehrsmittel können das Image einer Innenstadt verbessern. Eine gute Erreichbarkeit und nicht zu teure Parkgebühren sind ebenfalls wichtige Faktoren.

Die genauen Ursachen, ob Innenstädte „top" oder nur „okay" sind, können von Stadt zu Stadt ganz unterschiedlich sein. Viel hängt von Faktoren wie Stadtplanung, Wirtschaft, Kultur und allgemeinen Entwicklungen ab. Insgesamt geht es jedoch darum, eine attraktive, lebendige und lebenswerte Umgebung zu schaffen, die Menschen anzieht und zum Verweilen einlädt.

**Was würden Sie sich für die Zukunft von Innenstädten wünschen?**

**André Stromeyer:** Für die Zukunft von Innenstädten, die ich mir wünschen würde, gibt es verschiedene Aspekte, wie man sie lebendiger, nachhaltiger und attraktiver gestalten könnte:

Zum Beispiel die Schaffung von mehr Grünflächen, Parks und öffentlichen Plätzen, die als soziale Treffpunkte dienen.
Oder Verkehrskonzepte, die den Autoverkehr, Fußgänger, Fahrradfahrer und öffentliche Verkehrsmittel gleichermaßen berücksichtigen, was u.a. breitere Gehwege, Fahrradwege und eine verbesserte öffentliche Verkehrsinfrastruktur, aber auch ausreichend Parkplatzangebote umfasst.
Ebenso die Schaffung einer ausgewogenen Mischung aus Wohn- und Gewerbeimmobilien, auch um die Innenstädte in den Abendstunden attraktiv zu halten.
Auch die Förderung von Vielfalt und sozialer Integration durch kulturelle Veranstaltungen, Festivals, Kunstprojekte und Aktivitäten, die Besuchende anlocken.
Zudem eine verstärkte Fokussierung auf Nachhaltigkeit bei Energie, Umwelt und Ressourcen,

*André Stromeyer, Geschäftsführer HBB Centermanagement GmbH & Co. KG,*

wozu umweltfreundliche Gebäude, grüne Infrastruktur, erneuerbare Energiequellen und Initiativen zur Abfallvermeidung und -reduzierung gehören.

Für den Einzelhandel ist es wichtig, dass die Verantwortlichen in den Städten die Bedeutung der Branche für ihre Innenstädte (Stichwort: lebendiger Marktplatz) erkennen und entsprechend Unterstützung leisten.

**Welche Erfahrungen mit städtischen Ämtern und Einrichtungen haben Sie bei der Entwicklung großer Handelsimmobilien, wie aktuell in Bochum, gemacht?**

**André Stromeyer:** Wir haben insbesondere in Bochum sehr gute Erfahrungen mit der Politik und den Ämtern gemacht. Das gilt aber auch für viele andere Städte, in denen die HBB gebaut hat oder aktuell baut.

Unser Projekt ist ja ein wichtiger Baustein der Innenstadterneuerung und hatte damit auch eine entsprechende Priorität, aber auch Sensibilität bei den Entscheidungsträgern. Bei einem Bauvorhaben dieser Dimension sind Investor und Stadt vielleicht nicht immer einer Meinung, aber es gilt dann, eine für beide Seiten tragfähige Lösung (schnell) zu entwickeln. Das funktioniert grundsätzlich nur, wenn Städte bzw. Kommunen und der Entwickler konstruktiv Hand in Hand arbeiten. Dabei müssen beide Seiten auch Verständnis für die „Zwänge" der jeweils anderen Seite haben.

Aber natürlich wünscht man sich als Entwickler, dass manche Themen schneller vorankommen oder zu Genehmigungen führen. Bürokratieabbau wäre dafür wichtig.

**Gibt es in deutschen Innenstädten überhaupt noch Bedarf, was Shopping- oder Fachmarkt-Center angeht, oder werden nahezu ausschließlich Refurbishments oder Revitalisierungen von Interesse sein?**

**André Stromeyer:** Der Bedarf an Shopping- oder Fachmarkt-Centern in deutschen Innenstädten hat sich in den letzten Jahren verändert. Es geht nicht mehr wirklich um Flächenerweiterung, sondern um eine gezielte Anpassung und Diversifizierung des Angebots unter Berücksichtigung der Kundenbedürfnisse in den bestehenden Centern. Das zeigt auch die geringe Anzahl von Neueröffnungen in den letzten Jahren.

Für viele deutsche Innenstädte besteht die Herausforderung derzeit darin, ihre Einkaufsinfrastruktur anzupassen, um den veränderten Bedürfnissen von Kunden und Mietern gerecht zu werden. Das gilt auch für die Center.

Dabei ist der Revitalisierungsbedarf deutscher Einkaufszentren hoch. Laut verschiedenen Studien ist gut die Hälfte der rund 500 Objekte am Markt reif für einen Umbau. Geschuldet sind die notwendigen Revitalisierungen dabei nicht nur dem Alter der Immobilie, sondern auch dem beschriebenen veränderten Konsumverhalten und den damit einhergehenden Veränderungen in der Mieterstruktur.

*Das Husemann-Karree entstand in enger Kooperation mit der Bochumer Stadtverwaltung.*

Foto: Adobe Stock

Susanne Gehle

# Ein maßgeschneidertes Konzept für jede Standort-Herausforderung

*Supermärkte und SB-Warenhäuser haben in den letzten Jahren bei der Immobilienentwicklung einen starken Veränderungsprozess durchlebt und sind vielfach auch neue Wege gegangen. Kaufland zählt hier zu den Vorreitern. HI HEUTE-Chefredakteur Thorsten Müller sprach dazu mit Susanne Gehle, die bei Kaufland auch für die Immobilienentwicklung Verantwortung trägt.*

**Bevor Sie sich zur gegenwärtigen und zukünftigen Situation im Lebensmitteleinzelhandel äußern sollen, möchten wir Sie zum zurückliegenden Jahr 2023 befragen. Was waren da Ihre Schwerpunkte?**

**Susanne Gehle:** Die wesentlichen Schwerpunkte in 2023 lagen, wie auch schon im Jahr zuvor, auf dem Wachstum unseres Filialnetzes und auf der Revitalisierung unserer Bestandsimmobilien.

**Kaufland hat in den letzten Jahren mit seinen Immobilien viele neue Wege beschritten. Welche Ideen haben sich dabei vor allem durchgesetzt?**

**Susanne Gehle:** Im Zeitraum von nicht einmal zwei Jahren haben wir zuletzt beispielsweise aus über 90 ehemaligen Real-Märkten attraktive Kaufland-Filialen geschaffen. Eines unserer Highlight-Projekte im Jahr 2023 war unsere Revitalisierung des RemsParks in Waiblingen. Auf über 22.000 Quadratmetern haben wir das neue Vermietungskonzept inklusive der Kaufland Filiale inhouse entwickelt.
Nach zwölf Monaten Bauzeit feierten wir am 7. Dezember 2023 die Neueröffnung der Kaufland-Filiale im Center und die Wiedereröffnung des Centers. Auf das Ergebnis sind wir stolz. Neben unserem neuen Kaufland finden die Kunden unter anderem Fachmärkte wie Decathlon, Smyth Toys und dm-Drogeriemarkt. Ergänzt wird das Fachmarktkonzept um viele weitere Shops und Dienstleistungen. Das kulinarische Highlight bildet der neu geschaffene FoodCourt ab, der zum Genießen und Verweilen einlädt.

Wir betreiben mittlerweile über 770 Filialen in Deutschland und sind auch in Zukunft auf Wachstum ausgerichtet. Dabei setzen wir fokussiert auf die Neuentwicklung und Revitalisierung von bestehenden Handelsstandorten.

**Was wird sich in naher Zukunft noch verändern bzw. weiterentwickeln?**

**Susanne Gehle:** Der Schwerpunkt wird sich noch mehr vom Neubau auf die Neustrukturierung bestehender Handelsimmobilien verlagern, allein schon aufgrund der Vielzahl an gesetzlichen Regularien, die sowohl auf nationaler als auch auf europäischer Ebene vorhanden beziehungsweise im Gespräch sind.

Viele Shopping Center oder innerstädtische Immobilien haben zwar einen großen Revitalisierungsbedarf, die Standorte an sich sind aber etabliert. Hier liegen enorme Entwicklungschancen.

**ESG spielt bei Neurealisierungen, aber ebenso im Betrieb von Bestandsimmobilien eine immer größere Rolle, steckt aber gefühlt noch in den Kinderschuhen. Wie erleben Sie das derzeit? Was tut Kaufland auf diesem Gebiet?**

**Susanne Gehle:** Gerade im Bestand steckt ein großer Bedarf für ESG-Maßnahmen. In der Branche herrscht unseres Erachtens eine große Sensibilität für das Thema. Das engagierte Handeln bei der Realisierung von ESG-konformen Maßnahmen muss jedoch vor allem bei Immobilieneigentümern der erklärte Anspruch sein oder werden. Als Eigentümer wie als Mietpartner spielt ESG für die weitere Expansion als auch das Management unseres Bestandsportfolios eine zentrale Rolle. Als Nahversorger der Zukunft stellen wir uns ökonomischen, sozialen und geopolitischen Herausforderungen mit innovativen Ansätzen und setzen dabei auf Revitalisierung sowie einen zeitgemäßen Nutzungsmix. Als moderner Nahversorger gehen wir aktiv und unternehmensübergreifend Themen der Nachhaltigkeit, ESG und CSR an.

Ein wegweisendes Projekt ist aktuell beispielsweise die Kaufland-Filiale in Bad Tölz. Seit vergangenem Jahr waren wir dort intensiv dabei, das Gebäude, welches Anfang der 70er Jahre errichtet worden ist, mit Umbauten und Erweiterungen zu modernisieren. Wir haben mit der Revitalisierung in Bad Tölz aufgezeigt, dass es nicht immer ein Abriss und Neubau sein muss und wie trotzdem ein nachhaltiges Zukunftskonzept entstehen kann.

**Der Erhalt einer lebendigen Innenstadt ist für den stationären Einzelhandel von existentieller Bedeutung. Was kann ein Unternehmen wie Ihres dafür tun bzw. tut es bereits?**

**Susanne Gehle:** Als Frequenzbringer belegen wir alle Einzelhandelsstandorte, vom alleinstehenden Supermarkt, über Fachmarkt- und Einkaufszentren bis hin zu innerstädtischen Lagen. Davon profitieren auch lokale Dienstleister, der Handel oder die Gastronomie vor Ort. Kaufland fungiert als starker Partner vor Ort, der für jede Herausforderung am Standort eine individuelle Lösung und ein maßgeschneidertes Konzept findet. Gerade bei innerstädtischen Lagen bieten sich auch

*Susanne Gehle*

besonders bei Einkaufszentren optimale Revitalisierungschancen für uns.

**Online und Offline sind längst keine Feinde mehr. Würden Sie das unterschreiben und mit einem Beispiel aus Ihrem Hause belegen können?**

**Susanne Gehle:** In unserer Düsseldorfer Filiale am Hilde-und-Joseph-Neyses-Platz testen wir seit Juni einen offenen Showroom im Eingangsbereich mit exklusiven Produkten unseres Marktplatzes kaufland.de und bieten so ein Stück Online-Welt zum Anfassen. So bekommt der Marktplatz auf der Verkaufsfläche noch mehr Sichtbarkeit, und unsere Kunden können bequem während des Wocheneinkaufs ausgewählte Marktplatz-Produkte direkt vor Ort entdecken, statt diese ausschließlich online zu sehen. Es ist ein weiteres Beispiel, wie Filialen und Online-Plattform mehr und mehr zu einer Kaufland-Welt verschmelzen.

**Hat sich für Sie in den letzten Jahren die Wichtigkeit des Standortes „Innenstadt" gewandelt, und falls ja, auf welche Weise?**

**Susanne Gehle:** Die Innenstadt ist für uns ein zentraler Anlaufpunkt, sowohl für die Bewohner als auch für die Besucher einer Kommune. Sie hat für uns als Lebensmittelhändler eine hohe Bedeutung. An diesem Ort treffen wir auf viele potenzielle Kunden, unabhängig davon, ob sie dort wohnen, arbeiten, Besorgungen erledigen oder einfach dort verweilen möchten. Die Innenstadt ermöglicht es den Menschen, ihre Einkäufe an einem zentralen Ort zu erledigen, was für uns als Händler zahlreiche Synergien schafft.

Wir betrachten Innenstädte darüber hinaus als soziale Treffpunkte, die das Einkaufen von Lebensmitteln zu einem integrativen und angenehmen Erlebnis machen. Die Nähe zu anderen Geschäften, Restaurants und kulturellen Angeboten stärkt die Attraktivität von Innenstädten als idealen Standort für den Lebensmitteleinzelhandel. Die aktuelle Entwicklung bestehender großer Innenstadtimmobilien bietet das Potenzial, Lebensmitteleinzelhandel in zentralen Lagen weiter zu etablieren. Die Herausforderungen bestehen jedoch zum Beispiel darin, diese etablierten Handelsstandorte funktional aufzustellen bzw. umzustrukturieren sowie eine einfache und gut funktionierende Verkehrsinfrastruktur am Objekt zu entwickeln.

**Was bringt Ihr Unternehmen zur Neugestaltung von Innenstädten bzw. ihrer Optimierung und Attraktivierung mit ein?**

**Susanne Gehle:** Wir sind ein stationärer Frequenzanker. Der Einkauf von Lebensmitteln generiert automatisch eine kontinuierlich hohe Frequenz. Kaufland mit seinen großflächigen Lebensmittelmärkten sichert am Standort ein übergeordnetes Einzugsgebiet. Wir betrachten uns insofern als Garant für eine stabile Kundenfrequenz und können maßgeblich zur Einzelhandelszentralität einer Innenstadt beitragen. Unsere umfassende Nahversorgung im Einzugsgebiet macht uns zum Anziehungspunkt in der Stadt und rundet den örtlichen Branchenmix ab. Als Frequenzanker erzeugen wir zusätzlich Kopplungseffekte für andere Händler, die Gastronomie und sonstige Branchen, was wiederum den Attraktivitätsgrad von Innenstädten steigern kann.

**Wie haben sich Architektur/Design der neuen Filialen verändert?**

**Susanne Gehle:** Die Architektur und die Gestaltung unserer Immobilien in Deutschland sind immer individuell dem jeweiligen Standort angepasst. Unsere Filialen befinden sich zudem in unterschiedlichen Assetklassen, vom Standalone bis zum Shopping Center. Wir passen die Konzeption unserer bestehenden Immobilien als auch unserer Neuentwicklungen an die individuellen und lokalen Anforderungen der Standorte an, natürlich immer in enger Kooperation mit unseren Partnern sowie den jeweiligen Kommunen. Dabei fokussieren wir uns in Deutschland auch in Zukunft auf Verkaufsflächen ab 2.500 Quadratmeter.

**Was wünschen Sie sich bezüglich einer Neuausrichtung von Innenstädten besonders?**

**Susanne Gehle:** Wir beobachten eine höhere Distanz- und Zeitsensibilität bei den Kunden. Neben dem One-Stop-Shopping-Erlebnis legen sie Wert auf ein bequemes Einkaufen. Hierbei spielt die Verkehrsinfrastruktur der Kommunen eine entscheidende Rolle. Diese sollte funktional und auf die Bedürfnisse der Menschen zugeschnitten sein. Das Auto ist nach wie vor, auch in Abhängigkeit von lokalen Gegebenheiten, ein wesentliches Verkehrsmittel im Alltag der Menschen und somit auch beim Einkaufen.

Zukunftsorientierte und umweltfreundliche Verkehrsinfrastrukturkonzepte sollten sowohl die aktuellen Gegebenheiten als auch zukünftige Entwicklungen in der Mobilität berücksichtigen. Es ist daher wichtig, das immer wieder kritisierte Auto als Verkehrsmittel in ein ganzheitliches Konzept einfließen zu lassen, um langfristig eine stabile Frequenz in einer Innstadt aufrechtzuerhalten.

Alle kochen nur mit Wasser.
Das Ergebnis ist dennoch nicht gleich.

*Übergut.*

# ZEPTER&KRONE

BERATUNG   STRATEGIE   DESIGN   KAMPAGNEN   TECHNOLOGIE   MARKEN   MARKETING

Angela de Jager

# Vernetzt und vereint den Standort beleben

Wie es der innerstädtischen Neumarkt-Galerie gelingt, dem größten Kölner Platz zu neuem Leben zu verhelfen

Die Attraktivität einer Innenstadt hat auch für Shopping Center einen hohen Stellenwert. Apleona ist bei ihrem regionalen Center-Management die Vernetzung mit wichtigen Institutionen, Vereinen und Ansprechpartnern äußerst wichtig. Das zeigt das Beispiel der innerstädtischen Neumarkt-Galerie in Köln.

**Frau de Jager, Sie persönlich steuern die Neumarkt-Galerie in Köln und sind hier auch im Vorstand der Interessengesellschaft Neumarkt. Was waren die wichtigsten Gründe dafür, und womit beschäftigen Sie sich inhaltlich vor allen Dingen?**

**Angela de Jager:** Ich bin schon seit einigen Jahren dort Mitglied. Früher ging es vorwiegend um gemeinsame Events, heute lautet das wichtigste Ziel, den Neumarkt wieder zu beleben, ihn als urbanen Lebensraum zu gestalten und für Besucher und Kunden attraktiver zu machen. Es ist ja der größte Platz in ganz Köln und neben dem Hauptbahnhof der größte Verkehrsknotenpunkt mit zwischen 70.000 und 100.000 Kunden täglich. Inzwischen agieren wir hier in einem funktionierenden Arbeitskreis unterschiedliche Protagonisten, wie die Stadt Köln, das Ordnungsamt, die Polizei, die Verkehrsbetrieb und die Reinigungsgesellschaft, um nur einige zu nennen.

*Der Neumarkt ist der größte Platz in ganz Köln. Er soll wieder zum Anziehungspunkt werden. Erfrischung im Sommer ...*

Und es ist schon einiges zum Vorteil geschehen: Kameras wurden installiert, die Frequenz der Ordnungshüter erhöht und die Aufenthaltsqualität gesteigert.

**Was benötigt ein Einkaufszentrum wie Ihres in Bezug auf den Standort, um nachhaltigen Erfolg zu generieren?**

**Angela de Jager:** Die Positionierung inmitten einer Innenstadt hat sicher dabei enorme Bedeutung und ist natürlich schon im Grunde ein Garant für hohe Publikumsfrequenzen. Ganz konkret ist für uns aber auch der Schulterschluss mit der Schildergasse und anderen belebten Straßen sehr wichtig. Dabei spielen für die Besucherinnen und Besucher nicht nur interessante Shoppingangebote eine Rolle, sondern sehr stark auch eine abwechslungsreiche Gastronomie mit attraktiven Sitz- und Verweilmöglichkeiten im Freien. Der Klimawandel hat hier für höheren Bedarf gesorgt. Natürlich ist aber immer auch die gute Erreichbarkeit eine notwendige Voraussetzung, um Zufriedenheit zu erzeugen. Immer mehr ist in diesem Zusammenhang auch an ausreichend Abstellmöglichkeiten für Zweiräder zu denken. Was natürlich grundsätzlich stimmen muss, ist eine ansprechende Architektur in Kombination mit hoher Aufenthaltsqualität, die dazu führt, dass man sich hier wohlfühlt und gern mit Freunden trifft.

*Angela de Jager, Centermanagerin der Neumarkt Galerie*

Ein Vorteil für ein Center ist es zudem, wenn die Menschen hier Arbeit und Shoppen miteinander verknüpfen können. Aber es muss auch am Abend, wenn die Geschäfte schließen, noch Gründe geben, sich hier aufzuhalten. Das ist eine Aufgabe, die die Städte – aus meiner Sicht – noch unbedingt angehen sollten.

*... Aktion im Winter – so sehen es die Pläne von Prof. Stephan Braunfels vor.*

**Der Neumarkt zählt zu den bekanntesten und größten Plätzen in Köln. Gerade mit Blick auf Touristen ist er ein großer Publikumsmagnet. Wenn aber dort nicht gerade Weihnachtsmarkt ist, passiert im Grunde nicht viel. Sie wollen das gemeinsam mit der IG verändern? Was sind da Ihre Vorstellungen?**

**Angela de Jager:** Die Anrainer und Eigentümer haben sich vor einiger Zeit zusammengetan und haben den bekannten Stadtplaner Prof. Stephan Braunfels beauftragt, ein Konzept für den Neumarkt zu entwickeln. Das ist inzwischen passiert und aus unserer Sicht hervorragend gelungen. Wesentliche Verbesserungen würden demzufolge zustande kommen. Neben dauerhafter Gastronomie zum Beispiel ein attraktives Wasserspiel und Spielmöglichkeiten für Kinder. Aber auch nicht zu unterschätzende und bislang fehlende Dinge wie öffentliche Toiletten und eine sicherere Übergangsmöglichkeit und Anbindung an die Schildergasse, die aber im Zusammenhang mit der noch politisch zu klärenden Situation rund um die zukünftige Verkehrssituation (Busse und Bahnen) und eine entweder unterirdische oder oberirdische Erweiterung noch das wahrscheinlich größte Hindernis darstellt. Es liegt noch viel vor uns, weil bei bald anstehenden Wahlen niemand genau sagen kann, wie es danach weitergeht. Natürlich schauen wir da auch auf mögliche Fördermittel von Bund und EU. Wir sind jedoch zuversichtlich, dass sich das vielversprechende Braunfeld-Konzept – zumindest in weiten Teilen – auch wirklich umsetzen lässt.

**Konnten Sie denn schon erste Schritte realisieren?**

**Angela de Jager:** Es ist auf jeden Fall gelungen, wichtige Ansprechpartner an einen Tisch zu bringen und generell für kürzere Wege zu Ämtern und Streetworkern zu sorgen. Das hilft enorm. Fortschritte haben wir aber ganz konkret bereits jetzt schon mit Blick auf fehlende Sauberkeit, den Drogenhandel sowie die Obdachlosen-Situation gemacht. Corona war dafür zuletzt noch ein Booster, aber durch konsequentes Agieren der Polizei und des Reinigungsdienstes AWB ist hier wesentliche Besserung eingetreten. Auch ist inzwischen ein Container aufgestellt worden, in

*Die Neumarkt Galerie in Köln*

dem sogenannte „Kümmerer" sitzen, die unbürokratisch für kurzfristige Hilfe sorgen.

Auch an weitere konkrete Umsetzungen wie eine sehr schöne neue Weihnachtsdekoration und die Revitalisierung des historischen Brunnens können wir bereits einen Haken machen.

**Welche Chancen und Effekte für die Neumarkt-Galerie erwarten Sie, wenn das neue Platz-Konzept ein Erfolg wird?**

**Angela de Jager:** Der Platz, auf dem einst schon Napoleon zu Gast war und mal einen florierenden Pferdemarkt beherbergte, hat eine immense historische Bedeutung für die Stadt. Wenn wir es schaffen, ihn erst wieder sicher und sauber zu machen und dann die urbane Qualität zurückzugeben, wird er uns als Einkaufszentrum in Punkto Besucherfrequenz und Kundenzufriedenheit spürbaren Aufschwung geben.

Foto: Adobe Stock

# Chris Karmrodt

# „Sehen in urbaner Nachverdichtung noch großes Potenzial"

*Lidl gehört als Teil der Schwarz Gruppe zu den führenden Unternehmensgruppen im Lebensmitteleinzelhandel in Deutschland und Europa. In Deutschland sorgen rund 100.000 Mitarbeiter in über 3.250 Filialen, 39 Regionen und Verwaltungsstandorten für die Zufriedenheit der Kunden. Dynamik in der täglichen Umsetzung, Leistungsstärke im Ergebnis und Fairness im Umgang miteinander kennzeichnen das Arbeiten bei Lidl. Im Interview spricht Chris Karmrodt (Geschäftsführer Immobilien) über die Entwicklung standortindividueller Immobilienprojekte.*

Seit über fünf Jahrzehnten stehen die Unternehmen von Lidl in Deutschland auch für ein stetig wachsendes Immobiliengeschäft. Die Neugründung der Lidl Immobilien Dienstleistung GmbH & Co. KG unterstreicht dessen Bedeutung. Mithilfe der Neuausrichtung des Immobiliengeschäftes ist es möglich, sich wettbewerbsstark am Markt zu positionieren, den externen Herausforderungen der Immobilien- und Baubranche zu begegnen sowie interne Potenziale vollumfänglich auszuschöpfen.

So bedient die Lidl Immobilien Dienstleistung GmbH & Co. KG auch in Zukunft die Kundenbedürfnisse sowie die ihrer Partner bestmöglich und setzt anspruchsvolle Bauvorhaben um. Denn mit dem qualitativen und quantitativen Ausbau des Filial- und Logistiknetzes wird das nachhaltige Wachstum von Lidl in Deutschland weiter vorangetrieben. Neben dem Bau einer standardisierten Lidl-Filiale können auch andere Filialkonzepte – je nach Standort – passend sein,

**Lidl hat in den letzten Jahren in Deutschland sein Filialnetz weiter ausgebaut und ist dabei viele neue Wege gegangen. Was sind die Gründe dafür?**

**Chris Karmrodt:** Der Ausbau des Filialnetzes gehört zu den zentralen Treibern für ein nachhaltiges Wachstum von Lidl in Deutschland. Mit über 3.250 Standorten sind Lidl-Filialen in Deutschland flächendeckend zu finden. Das heißt, dass die Kunden in jedem Landkreis auf dem deutschen Festland in mindestens einer Lidl-Filiale einkaufen gehen können. Wir wollen aber auch die letzten weißen Flecken auf der Deutschlandkarte schließen und das Filialnetz so verdichten, dass der Kunde es von seinem Wohnort nicht weit zu einer Lidl-Filiale hat: Im Schnitt soll er nicht mehr als 15 Minuten bis zur nächsten Einkaufsstätte zurücklegen müssen.

Bei den Entwicklungen unserer Immobilienprojekte legen wir darauf Wert, den Kunden ein optimales Einkaufserlebnis zu ermöglichen und entwickeln demnach unsere Filialen entlang ihrer Bedürfnisse. Dabei bieten wir mit unseren flexiblen Filialkonzepten für jeden Standort maßgeschneiderte Lösungen an und bauen nicht nur einen Filialtyp. Unser Portfolio umfasst freistehende Standardfilialen mit angegliedertem Parkplatz, kompakte Innenstadtfilialen und flächensparende zweigeschossige Metropolfilialen sowie große Fachmarktzentren und Einkaufsstätten in besonderen Gebäuden, wie Bahnhöfen oder historischen Immobilien.

**Was bedeutet das für den Standort Innenstadt? Was bringt Ihr Unternehmen zur Neugestaltung von Innenstädten bzw. deren Optimierung und Attraktivierung mit ein?**

**Chris Karmrodt:** Wir sehen in der urbanen Nachverdichtung noch großes Potenzial und möchten hier weiter wachsen. Vorrangig konzentrieren wir uns derzeit auf mittelgroße Städte und Metropolen. Dabei haben wir aber nicht nur den Ausbau des Filialnetzes im Blick, sondern auch die Entwicklungen und Besonderheiten, die die verschiedenen Standorte mit sich bringen.

So stehen wir zum Beispiel in den dicht besiedelten Gebieten der Metropolen von Deutschland bereits heute und zukünftig noch verstärkter vor der Herausforderung, dass zum einen die Grundstückflächen und zum anderen auch der Wohnraum immer knapper werden. Gleichzeitig sollen die Großstädte mit ihren Innenstädten auch in Zukunft eine Einheit aus lebendigen Lebens-, Freizeit- und Arbeitsräumen bilden und eine hohe Lebensqualität für die Bürger bieten. Um dieses Zusammenspiel herzustellen, bedarf es einer Kooperation aller Beteiligten der Stadtgesellschaft, um gemeinsam die Aufgaben einer veränderten Lebenswelt angehen zu können. Daher berücksichtigen wir bereits heute bei der Umsetzung unserer Immobilienprojekte und beim Ausbau des Filialnetzes Aspekte des Klimaschutzes, legen Wert auf eine nachhaltige Filialbauweise, denken neue Mobilitätskonzepte mit und achten auf eine Flächeneffizienz in der Nachverdichtung. Aus unserer Sicht werden diese Aspekte in Zukunft noch wichtiger werden.

Vor diesem Hintergrund sind auch die Projektentwicklung und der Bau von Mixed-Use-Immobilien Teil unserer gemeinsam erarbeiteten Immobilienstrategie bei Lidl. Hierbei handelt es sich zum Beispiel um Filialen, die mit Wohnflächen, Büroflächen oder Kindertagesstätten kombiniert werden. Wir verfolgen damit das Ziel, neue Filialstandorte in hochverdichteten und bevölkerungsreichen Räumen zu erschließen, um den Kunden eine optimale Nahversorgung zu bieten, und können gleichzeitig kommunale Bedürfnisse sowie örtliche städtebauliche Gegebenheiten berücksichtigen. Ein Beispiel für ein flächensparendes Filialkonzept ist beispielsweise die zweigeschossige Metropolfiliale. Unsere Kunden erwartet mittlerweile an fünf Standorten in Deutschland die einzigartige Kombination aus einer großzügigen, ebenerdigen und tageslichtdurchfluteten Parkfläche im Erdgeschoss des Gebäudes in Kombination mit einer modernen sowie hellen Filiale im ersten Stockwerk.

*Chris Karmrodt, Leiter Immobilien bei der Lidl Immobilien Dienstleistung GmbH & Co. KG.*

**Können Sie Beispiele für Mixed-Use-Immobilien nennen?**

**Chris Karmrodt:** Das neueste Projekt entstand in Sindelfingen. Dabei handelt es sich um die erste Metropolfiliale deutschlandweit, die in Kombination mit einer Wohnbebauung errichtet wurde. Als einstöckige Filiale benötigt sie eine geringere Grundstücksfläche, denn hier stehen den Kunden auf dem Vorplatz 29 Parkplätze und im Erdgeschoss der Filiale 64 weitere Stellplätze zur Verfügung. Von der Parkfläche im Gebäude aus gelangen die Kunden über eine Rolltreppe in den ersten Stock. Im zweiten und dritten Stock des Baus entstehen 36 Wohnungen. Drei weitere Wohngebäude werden derzeit noch auf dem Gelände hinter der Filiale errichtet, sodass insgesamt 82 Wohneinheiten mit einer Mietfläche von insgesamt knapp 5.000 Quadratmetern vorhanden sein werden – zwölf davon mietpreisgebunden.

Ein weiteres Beispiel, für die erfolgreiche Umsetzung einer gemischt genutzten Immobilie befindet sich in Münster. An der Hammer Straße 149 entstand eine attraktive Quartiersentwicklung mit 40 neuen Wohneinheiten über den darunter gelegenen Handelsflächen. Der dreigeschossige Wohnriegel liegt um einen begrünten Innenhof. Der Wohnungsmix umfasst Zwei- bis Vier-Zimmer-Wohnungen mit 45 bis 102 Quadratmetern und ein Penthouse mit 140 Quadratmetern Wohnfläche. Alle Wohnungen sind barrierefrei, verfügen über Balkone oder Dachterrassen, sind hochwertig ausgestattet und bieten zum Teil eigene Parkplätze.

In Bietigheim-Bissingen stellte Lidl im Juni 2021 eine Filiale in nachhaltiger Bauweise fertig, über der eine Kindertagesstätte entstand. Auf rund 1.400 Quadratmetern finden hier vier Betreuungsgruppen mit insgesamt rund 62 Betreuungsplätzen Platz. Die KiTa bietet moderne Räumlichkeiten für die Kinderbetreuung sowie ausreichend Spielflächen und einen großzügigen Außenbereich.

**Wie wirken sich die unterschiedlichen Baukonzepte auf die Filialgestaltung aus?**

**Chris Karmrodt:** Unsere Stärken können wir ab einer Verkaufsfläche von 1.000 Quadratmetern ausspielen. Die Idealgröße bei einer Neueröffnung liegt bei 1.400 Quadratmetern, um den Kunden unser umfangreiches Sortiment mit rund 4.300 Einzelartikeln ansprechend präsentieren zu können. Auf dem Bau des Filialkonzepts mit dieser Verkaufsfläche wird auch in Zukunft beim Ausbau unseres Filialnetzes der Fokus liegen und daher wird auch weiterhin unsere meistgebaute Filiale die eingeschossige Standardfiliale mit einem vorgelagerten Parkplatz sein. Sie erfüllt unsere Kriterien, wie zum Beispiel über eine großzügige, barrierefreie und helle Verkaufsfläche mit viel Tageslicht. Die breiten Gänge und niedrigen Regale machen sie zudem übersichtlich und sorgen für eine angenehme Einkaufsatmosphäre. Insbesondere das Frischesortiment mit Obst und Gemüse, Backwaren, Frischfleisch und Molkereiprodukten erhält mehr Fläche. Auf diese Weise kann Lidl den Kunden in diesem wichtigen Sortimentsbereich eine noch größere Auswahl an frischen Qualitätsprodukten anbieten. Dieser Filialtyp entspricht ideal den Anforderungen unserer Kunden an eine moderne Einkaufsstätte und ist einfach und bequem für den Wocheneinkauf mit dem Auto zu erreichen. Auch für unsere Mitarbeiter stellen diese Filialen eine attraktive Arbeitsumgebung dar.

Bei allen Filialkonzepten achten wir auf eine moderne, helle und großzügige Anmutung unserer Einkaufsstätten. Ansprechende Materialien sorgen für eine angenehme Atmosphäre. Auch Innovationen wie verschiedene Kassenarten oder optimierte Laufwege werden kontinuierlich überprüft. Hierbei werden stets die individuellen Gegebenheiten der Filialen berücksichtigt, da sich die Anforderungen der Kunden an verschiedenen Standorten voneinander unterscheiden können.

Bei der Weiterentwicklung des Filialnetzes geht es auch darum, unseren Kunden mit den Bestandsfilialen ein modernes, frisches und nachhaltiges Einkaufserlebnis anzubieten. Das bedeutet, dass wir auch in den Bestand investieren. Dies geschieht zum Beispiel durch die fortlaufende Modernisierung unserer Objekte.

**Welche Rolle spielt das Thema Nachhaltigkeit bei der Planung und Umsetzung von Baukonzepten?**

**Chris Karmrodt:** Wir haben beim Bau unserer Immobilien schon früh auf Nachhaltigkeit gesetzt. So haben wir in den vergangenen Jahren

*Eine Standardfiliale von Lidl in Bad Driburg*

*Die Metropolfiliale von Lidl in Frankfurt-Niederrad*

*Neue Metropolfiliale mit Wohnbebauung in Sindelfingen*

*Die neue Holzbaufiliale in Wangen*

beispielsweise die Energieeffizienz unserer Gebäude immer weiter optimiert, um den unnötigen Verbrauch von Strom und Wärme zu reduzieren. Seit 2010 verzichten wir zudem bei Filialneubauten auf einen Anschluss an das Gasnetz und setzen auf eine energieeffiziente Technologie: Die Beheizung und Klimatisierung der Filiale erfolgt mit erneuerbaren Energien und hocheffizienten Wärmepumpen. Darüber hinaus wird in einem Großteil der Filialen die Abwärme der Kühlregale durch eine Wärmerückgewinnung wieder dem Heizkreislauf zugeführt. Durch moderne Lüftungsanlagen und eine optimale Wärmedämmung sparen wir weitere Energie ein. Mit einer energiesparenden LED-Beleuchtung verringern wir außerdem den Stromverbrauch einer Filiale um rund 42.000 Kilowattstunden pro Jahr im Vergleich zu herkömmlicher Beleuchtung.

Besonders hervorzuhebende Beispiele für nachhaltiges Bauen bei Lidl sind unsere Filialen in Holzbauweise, die sich durch ihre umweltfreundliche Bauweise und besondere Energieeffizienz auszeichnen. In Albstadt-Ebingen haben wir im Dezember 2021 den ersten Filialtyp dieser Art errichtet. Seit Dezember 2023 können unsere Kunden in Wangen im Allgäu in der zweiten energieeffizienten Holzbaufiliale einkaufen gehen. Bei deren Planung und Umsetzung konnten wir die Erfahrungen aus dem Pilotprojekt in Albstadt einbringen und das Konzept noch verfeinern. Erstmals haben wir hier bereits beim Rückbau der Altfiliale die Nachhaltigkeitskriterien des DGNB-Katalogs umgesetzt.

Wir sind besonders stolz darauf, dass wir bereits heute zeigen können, dass Nahversorgung und Nachhaltigkeit Hand in Hand gehen können. Darauf werden wir auch in Zukunft unseren Fokus legen und unseren Kunden weiterhin überall in Deutschland die beste Qualität zum günstigsten Preis bieten.

## Robert Sprajcar

# Behrens-Ufer Berlin: Damals Zukunftsstandort, heute Zukunftsstandort!

*Das Behrens-Ufer in der Bundeshauptstadt Berlin war lange Zeit ein schlummerndes Stück Industriegeschichte an der Spree. Jetzt soll aus dem Areal ein lebendiges Quartier in Form eines prosperierenden Wirtschafts- und Innovationsstandorts entstehen*

Die DIE Deutsche Immobilien Entwicklungs AG (DIEAG) plant auf dem zehn Hektar großen Gelände am Behrens-Ufer das BE-U, ein innovatives Modellquartier für Gewerbe, das im Berliner Boom-Korridor Südost im Dreieck von Flughafen BER, Tesla und Berlin Mitte liegt. Etwa 12.000 Menschen sollen dort künftig arbeiten, primär in den Bereichen Life-Science, Labor und Leichtindustrie. Innovative Flächen für Einzelhandel, Event und Gastronomie sind ebenfalls Teil der Planung.

Ende Oktober 2023 feierte die DIEAG, Grundstückseigentümerin und Bauherrin, im Beisein des Regierenden Bürgermeisters von Berlin, Kai Wegner, und 300 geladenen Gästen den symbolischen Spatenstich und Projektauftakt am BE-U. Im Interview mit Robert Sprajcar, CEO der DIEAG, erfahren wir Details zur Vision und Entwicklung des Berliner Leuchtturm-Projektes.

**Herr Sprajcar, Sie verantworten am Behrens-Ufer im Berliner Südosten ein Milliardenprojekt mit verschiedenartigsten Realisierungen. Wie ist die Idee dazu entstanden, und was ist die Vision dahinter?**

**Robert Sprajcar**: Die Geschichte des Standorts hat uns inspiriert. Mit dem weltweit ersten Drehstromkraftwerk sind 1895 die Grundlagen nicht nur für die Elektrifizierung Berlins, sondern auch für die Ansiedlung innovativer Produktionsbetriebe gelegt worden. Schon vor über 100 Jahren eilte der gesamte Industriegürtel Oberschöneweide im Südosten Berlins der Entwicklung voraus. Damals Zukunftsstandort, heute Zukunftsstandort. Die fortschrittlichen Gedanken zur Verschmelzung von Funktionalität und Ästhetik, von Produktivität und Sozialem, wie sie der Werkbund Anfang des 20. Jahrhunderts vertritt, spiegeln sich bis heute in der einzigartigen Industriearchitektur von Peter Behrens des Standorts wider. Wir knüpfen daran an und denken die Quartiersgestaltung von den Nutzenden, also vom Menschen her. Daraus ergeben sich zwangsläufig nutzungs- und sozial-relevante Entwicklungsrichtungen, die gewährleisten, dass das Behrens-Ufer als urbanes Technologiequartier zukunftssicher entwickelt, um- und ausgebaut wird. Unsere Vision ist es daher auch, nichts weniger als eines der weltweit nachhaltigsten Gewerbestadtquartiere zu errichten, in dem der Mensch im Mittelpunkt steht.

**Wie groß ist derzeit Ihr Team, und aus welchen Arbeitsbereichen rekrutiert es sich?**

**Robert Sprajcar:** Unser Kernteam innerhalb der DIEAG besteht aus rund 20 Personen, die allesamt aus unterschiedlichsten Fachrichtungen stammen, darunter Bauingenieurwesen, Architektur, Stadtentwicklung, Kommunikation, Politik, Energie, Vertical Farming, Kunst und Kultur sowie sozialwissenschaftliche Forschung. Die fachliche Diversität benötigen wir auch, um die Umsetzung unserer Vision garantieren zu können. Ferner haben wir natürlich versierte Partner in Planung, Bau, Projektentwicklung sowie kompetente Ansprechpartner in den Ämtern und in der Zivilgesellschaft, ohne deren konstruktiven Beitrag ein solches Projekt nicht funktionieren würde.

**Was ist aus Ihrer Sicht an diesem Projekt das Außergewöhnliche?**

**Robert Sprajcar:** Die Ganzheitlichkeit des Projektentwicklungsansatzes und unsere Vision sind das Außergewöhnliche. Die Vision basiert auf der modellhaften Verbindung verschiedenster Elemente aus Städtebau, Wirtschaft, Wissenschaft, Kunst und Kultur inklusive eines Community-Building zur partizipativen Weiterentwicklung des Quartiers, was natürlich bereits jetzt in der frühen Umsetzungsphase in die Projektentwicklung hineinwirkt. Schlussendlich ermöglicht uns zudem der schiere Maßstab des Projekts als komplette Quartiersentwicklung die synergetische Verflechtung einzelner technischer Systeme zu gesamtheitlichen Kreisläufen, z.B. in der nachhaltigen Energieversorgung, dem Kreislaufmanagement sowie der Quartierslogistik.

**Wie sieht es mit der Umsetzung der angedachten Retail- und Gastronomieflächen aus?**

**Robert Sprajcar**: Wir planen insgesamt 20.000 qm für Event-, Retail- und Gastronomienutzungen. Für den Einzelhandel sind maximal 3.000 qm Fläche vorgesehen, vor allem mit nachhaltigen Nahversorgern und Dienstleistern. Konkrete Nutzungsansätze sind vorhanden und entsprechende Mieter bereits in der Ausbauplanung. Da sich das Verbraucherverhalten durch die Corona-Pandemie und Digitalisierung gewandelt hat,

*Robert Sprajcar, CEO der DIEAG*

sind flexible Büro- und multifunktionale Einzelhandelskonzepte vorgesehen.

Für die modellhafte Vernetzung der BE-U-spezifischen Anforderungen mit innovativen Anätzen aus Wissenschaft, Wirtschaft, Politik, Verwaltung und Zivilgesellschaft haben wir ferner sogenannte „innovation LABs" als dezidierte Arbeitskreise unter Beteiligung von verschiedenen Experten und Expertinnen gegründet. Diese LABs bearbeiten dabei die vier quartiersbezogenen Schlüsselthemen, nämlich „urban development", „new energy", „food" und „arts & culture".

Das urban development LAB konzentriert sich auf die drängenden, zukunftsorientierten Themen und Trends der Stadtentwicklung, wie z.B. städtische Transformation, nachhaltige Mobilität, Lebensqualität im urbanen Raum sowie zivilgesellschaftliche Teilhabe am Projekt. Das LAB entwickelt dafür konkrete Best Practices und innovative Lösungen direkt bei uns im Quartier.

Beim new energy LAB sind Experten u.a. vom Europäischen Parlament, dem Berliner Senat und von den Unternehmen beteiligt, die für die Umsetzung des nachhaltigen Energiekonzeptes und insbesondere der innerstädtischen Tiefen-Geothermie gewonnen werden konnten. Für das food LAB arbeiten erfolgreiche Berliner Gastronomen sowie Entwickler aus dem Bereich des Vertical Farming gemeinsam an einem völlig neuen, einzigartigen Gastronomie- und Versorgungskonzept.

Last but not least gibt es noch das arts & culture LAB. Kunst und Kultur sind aus unserer Sicht Schlüsselelemente für die Entwicklung eines lebendigen und vielfältigen Standorts, und die Veranstaltungen und Konzerte des LABs am BE-U werden schon jetzt begeistert von einem vielfältigen Publikum angenommen.

**Heutzutage spielt bei solchen Bauvorhaben der Aspekt Nachhaltigkeit/ESG eine zentrale Rolle. Wie werden Sie diesem am Behrens-Ufer gerecht?**

**Robert Sprajcar:** Unser Anspruch ist es, eines der nachhaltigsten Quartiere der Welt zu schaffen. Die ESG-Prinzipien haben wir unserem Projektentwicklungsansatz von Anfang an zugrunde gelegt, gehen jedoch weit über die gängigen Standards hinaus. Die üblichen Nachhaltigkeits-Zertifizierungen sind dadurch lediglich ein Mitnahmeeffekt. Wir kombinieren nachhaltigkeitsorientierte bauphysikalische und energietechnische Ansätze mit Fragen der Nutzung sowohl im produktiven als auch im sozialen Sinne und schaffen so unter Ausnutzung der natürlichen Gegebenheiten vor Ort (Süd-Ausrichtung des Geländes, Wasserlage, quartiersbezogene Skalen- und Synergieeffekten usw.) ein Stadtquartier, was sich vollständig selbst mit Strom, Wärme und Kälte aus erneuerbaren Energiequellen versorgt und höchste Aufenthaltsqualität im gänzlich öffentlichen Außenbereich bietet. Wir bauen im Bestand und schaffen ein Modellquartier der „smarten Stadt von Morgen" mit urbaner Nutzungsmischung - allerdings ohne Wohnen - und kurzen Wegen, einer quartiersweit integrierten Kreislaufwirtschaft, Regenwassermanagement und vielem mehr.

**Wann planen Sie die Fertigstellung? Was sind auf dem Weg dorthin Ihre schwierigsten Aufgaben, die größten Herausforderungen?**

**Robert Sprajcar:** Coronabedingt werden wir voraussichtlich Anfang 2029 fertig werden. Die größten Herausforderungen bis hierher waren das städtebauliche Konzept, welches wir gemeinsam mit dem Bezirksamt Treptow-Köpenick ent-

*Die Vision: pulsierende Vielfalt eines städtischen Quartiers. Ein reichhaltiges Angebot und eine hohe Aufenthaltsqualität prägen eine lebendige Atmosphäre am Behrens-Ufer.*

*Gewaltig: Rund zehn Hektar groß wird das innovative Modellquartier für Gewerbe verschiedenster Art.*

wickelt haben, sowie das Denkmalschutzkonzept, erarbeitet mit dem Berliner Landesdenkmalamt sowie der Unteren Denkmalbehörde. Insbesondere die Integration der Neubauvorhaben in das denkmalgeschützte Bestandsumfeld war anspruchsvoll, komplex und nicht trivial.

Auch die umfassende Neuplanung der Verkehrsanbindung und Infrastruktur ist von zentraler Bedeutung: Wir planen Fährverbindungen auf der Spree, um so schneller zum Berliner S-Bahn-Netz auf der anderen Flussseite zu gelangen. Auch die Möglichkeit zum Bau einer Brücke über die Spree in Zusammenarbeit mit der Stadt Berlin wird derzeit geprüft.

Das Behrens-Ufer ist ein Großprojekt mit einer entsprechend hohen Komplexität und einer Vielzahl von Abhängigkeiten, die planerisch durchdacht werden wollen, um den Bau auf den Weg zu bringen. Ist die Baulogistik an sich schon herausfordernd genug, laufen bereits die ersten Mieterausbauten. Wir sind jedoch durch fachübergreifende Teams zu allen Planungsfragen, die von Anfang an mit eingebunden sind, gut aufgestellt und kommen planmäßig voran. Wir arbeiten daran, das BE-U zu einem lebendigen Beispiel für die erfolgreiche Transformation eines Bestands-Quartiers zu entwickeln, für eine Gesellschaft, die nach echten Werten und einer nachhaltigen Zukunft strebt.

# HANDELS IMMOBILIEN HEUTE

## SIEBEN FAKTEN ÜBER HI-HEUTE

**1.** Der Newsletter erscheint fünfmal wöchentlich.

**2.** Die Aussendung geht an ca. 13.000 Entscheider, die beruflich mit Handelsimmobilien zu tun haben.

**3.** Seit Sommer 2017 verzeichnet die Website monatlich mehr als 50.000 Visits von Branchenakteuren.

**4.** Zusätzlich zum Newsletter erscheint seit Mai 2019 auch ein monatliches PDF-Magazin auf Englisch: TOM – **Tops Of the Month** – bündelt die essentiellen Neuigkeiten der Handelsimmobilienbranche im deutschsprachigen Raum für Akteure in anderen europäischen Ländern.

**5.** HI HEUTE hat einen hochkarätig besetzten Beirat mit erfahrenen Branchenprofis aus den Bereichen Einzelhandel, Finanzen, Marktforschung und Marketing.

**6.** Zu unseren Werbepartnern zählen inzwischen mehr als 50 Marktführer aus der Handelsimmobilienbranche.

**7.** Außerdem besitzt HI HEUTE renommierte Kompetenzpartner, die sich aus wichtigen Institutionen, Verbänden und Vereinen der Branche zusammensetzen.

Redaktion: redaktion@hi-heute.de
Werbung/Anzeigen: info@hi-heute.de
Anmeldung für den kostenlosen Newsletter in Footer unserer Website.

LinkedIn  YouTube     **www.hi-heute.de**

**DAS NACHRICHTEN- UND SERVICE-PORTAL FÜR DIE HANDELSIMMOBILIENBRANCHE**

# Best Practice

*Nachstehend finden Sie beispielhafte Umsetzungen oder Umsetzungsvorhaben rund um die Belebung von Innenstadt und stationärem Einzelhandel.*

# Pulsierender Treffpunkt für Einheimische und Touristen

*Auf eine der größten und außergewöhnlichsten deutschen Quartiersentwicklungen der letzten Jahre kann die Stadt Hamburg zurückblicken: In der HafenCity realisiert Unibail-Rodamco-Westfield (URW) das Westfield Hamburg-Überseequartier und hat dieses nahezu fertiggestellt. Die Eröffnung ist für den 25. April 2024 geplant. Hier wurde ein neuer pulsierender Ort geschaffen – ein neues Stück Stadt, das alle Aspekte des Lebens, wie Wohnen, Arbeiten und Freizeit, dynamisch verbindet.*

Das Ensemble aus insgesamt 14 Gebäuden wird durch seine herausragende Architektur und einen einzigartigen Nutzungsmix das Stadtbild an der Wasserkante in den kommenden Jahren prägen. Einzelhandel, Gastronomie sowie Entertainment und Kultur werden fein abgestimmt mit 579 Wohnungen, Büros für 4.000 Arbeitsplätze, drei Hotels und einem Kreuzfahrtterminal. Das Quartier ist durch eine eigene U-Bahn-Station, Buslinien sowie diverse Mobilitätsservices optimal in die lokale Infrastruktur eingebunden. Das Mixed-Use-Projekt besteht aus einer Gesamtfläche von 419.000 Quadratmetern.

Um das Westfield Hamburg-Überseequartier so aufregend und einzigartig wie möglich zu gestalten, kamen 14 anerkannte Architektinnen und Architekten zusammen – von Düsseldorf über Amsterdam bis nach Paris –, um gemeinsam an einem der spannendsten innerstädtischen Bauprojekte Europas zu arbeiten. Als Hamburgs neues Tor zur Welt wird sich dieser pulsierende Zukunftsort kosmopolitisch, aufgeschlossen und facettenreich präsentieren und vor allem überraschend anders sein!

„Das südliche Überseequartier ist eines der bedeutendsten Projekte der gesamten Unibail-Rodamco-Westfield-Un-

*Architekten aus Barcelona sorgen auch für eine ansprechende Atmosphäre außerhalb der Gebäude.*

*Als Masterplaner verbindet HPP International die individuellen Gebäude, die das Westfield Hamburg-Überseequartier bilden, zu einer Einheit.*

ternehmensgruppe. Wir können unsere gesamte Kompetenz und internationale Erfahrung nutzen, um so einen Ort für und mit Hamburg zu schaffen, der nachhaltig Maßstäbe in der Quartiersentwicklung setzen wird", sagt Andreas Hohlmann, der Vorsitzende der Geschäftsleitung von URW Germany. „Wir haben das gesamte Know-how unseres Unternehmens gebündelt, um im Überseequartier eine Brücke zwischen Tradition und Moderne zu schlagen und zukunftsorientierte Konzepte für urbanes Zusammenleben mit dem historisch gewachsenen Selbstverständnis Hamburgs zu verbinden."

Dieser ganzheitliche Ansatz spiegelt sich an zahlreichen Stellen in den Plänen des Unternehmens wider: von der Fassadengestaltung über die konzeptionelle Einbindung des Kreuzfahrtterminals als direkten Referenzpunkt zum Hamburger Hafen bis hin zur hohen Gewichtung von Kunst und Natur. Unterstrichen wird dies auch von dem vorgesehenen Mietermix, der lokale Marken ebenso wie exklusive Top Brands umfasst.

Zielstellung von URW ist dabei, dass die sogenannten IPRs (International Premium Retailers) einen Anteil von zehn Prozent des Einzelhandelsangebots einnehmen und damit die Attraktivität des Standorts sowie ganz Hamburgs als Einkaufsmetropole steigern.

Auf Innovationen setzt URW auch im Bereich der Transport- und Mobiliätskonzepte. Besonderer Wert liegt dabei auf einer effektiven und intelligenten Verkehrsführung. Mit unabhängigen Experten und Partnern aus der städtischen Verwaltung wird geprüft, welche Konzepte zu E-Mobilität, zu autonom fahrenden Bussen und Car-Sharing-Angeboten implementiert werden können.

**Retail- Gastronomie- und Entertainment-Highlights**

Der neue Breuninger Department Store bildet das Herzstück des Westfield Hamburg-Überseequartiers. Insgesamt 14.000 qm Gesamtfläche auf drei Etagen umfasst der neue Hamburger Standort. Aber auch die renommierte spanische Textilkette Zara eröffnet hier einen ihrer international

*Blick ins Innere der Mall: Ein eindrucksvolles Design, gepaart mit außergewöhnlichen Deckenhöhen, sorgen für hohe Aufenthaltsqualität.*

größten Flagship-Stores. Außerdem werden weitere Inditex-Marken das Fashion- und Lifestyle-Profil der Hamburger Top-Destination stärken.

Unibail-Rodamco-Westfield hat zudem mit Culturespaces schon vor längerer Zeit den zentralen Partner für das Kunst-, Kultur- und Edutainment-Angebot des Mixed-Use-Quartiers an Bord geholt. Mit Port des Lumières wird Culturespaces eine Dependance seiner weltberühmten Digital-Art-Center eröffnen. Der Hamburger Standort wird sich auf einer Fläche von rund 3.100 qm erstrecken.

Ein wirkliches Highlight sind aber vor allem auch die mehr als 40 Gastronomiekonzepte. Sie werden einen vielfältigen, individuellen Mix aus diversen kulinarischen Richtungen bilden. So sind internationale und lokale Restaurants, Bars, Cafés, Bäckereien sowie weitere gastronomische Highlights geplant, die sich auf drei zentrale Cluster verteilen. Es wird ein lebendiges urbanes Nachbarschaftscluster mit nationalen und internationalen Konzepten für den gesamten Tagesverlauf geben. Dieses Cluster ist mittlerweile voll vermietet. Außerdem wird ein Cluster für authentisches lokales Streetfood, inklusive der neuesten Food & Beverage-Trends, in einer exklusiv arrangierten „Food-Hall" zusammengestellt. Darüber hinaus bietet die spektakuläre Uferpromenade erlesene À-la-carte-Restaurants, inklusive Sky-Restaurant mit 360°-Blick über die HafenCity, Stadt und Elbe. Ergänzt werden die Cluster durch kleinere Deli- oder Take-away-Angebote sowie Coffee-Shops.

Der außergewöhnliche Gastronomiemix, und darin speziell der Bereich Dining, bildet – neben dem Breuninger Department Store, dem Fashion-Cluster rund um einen der größten Zara-Flagship-Stores sowie dem umfassenden Freizeit- und Unterhaltungsangebot um Port des Lumières, LEGO® Discovery Centre und Kinopolis – innerhalb der gesamten Angebotsvielfalt des Quartiers einen weiteren Schwerpunkt und differenzierenden Akzent.

### Wertiges Wohnen speziell für Best-Ager

Der Hamburger Projektentwickler Garbe Immobilien-Projekte und der Berliner Senior-Living-Experte TERRAGON haben im Joint-Venture ein Wohngebäude im Westfield Hamburg-Überseequartier erworben.
Gemeinsam mit dem Gesamtquartiersentwickler Unibail-Rodamco-Westfield (URW) soll im Herzen der HafenCity ein Projekt für Senior-Community-Living entwickelt werden. Das außergewöhnliche Konzept gilt als innovative Antwort auf gesellschaftliche und städtebauliche Entwicklungen und Trends, indem es den zukunftsweisenden Mixed-Use-Gedanken konsequent zu Ende führt: Ein multifunktionales Wohngebäude innerhalb eines gemischt genutzten Quartiers, kombiniert mit der Mehrgenerationen-Idee des gesamten Projekts. Oberhalb der Retailflächen werden nach aktuellem Planungsstand auf einer Bruttogeschossfläche von 20.400 Quadratmetern 186 speziell für Best-Ager konzipierte Wohnungen im Premium-Bereich realisiert. Neben einem umfassenden Serviceangebot werden unter anderem ein Spa- und Fitnessbereich, ein Atelier, ein Restaurant sowie integrierte Community-Flächen Teil des Gesamtkonzeptes. Das Investitionsvolumen der Joint-Venture-Partner Garbe Immobilien-Projekte und TERRAGON liegt im niedrigen dreistelligen Euro-Millionenbereich.

### Nachhaltigkeit

Die Deutsche Gesellschaft für Nachhaltiges Bauen (DGNB) hat ein neues Zertifizierungssystem für nachhaltige Baustellen entwickelt und das Westfield Hamburg-Überseequartier im Rahmen des Tages der Bauindustrie am 10. Juni 2021 als erstes Großprojekt mit dem DGNB-Vorzertifikat für nachhaltige Baustellen ausgezeichnet.
Das Mixed-use-Quartier von Projektentwickler und Investor Unibail-Rodamco-Westfield (URW) in der Hamburger HafenCity ist damit eines der ersten vier Projekte überhaupt in ganz Deutschland, welches das neue Baustellenzertifikat als Planungs- und Managementtool erfolgreich einsetzt und sich damit schon vor Fertigstellung zu einer möglichst hohen Nachhaltigkeitsqualität verpflichtet.

Foto: Adobe Stock

# Warenhaustypologie als Katalysator zur Reaktivierung der Innenstadt

*In vielen deutschen Städten sinkt die Nachfrage nach dem traditionellen Angebot eines Warenhauses. Dass die sich meist an den prominentesten Standorten befindenden Warenhäuser als großflächige Handelsnutzung zu einem großen Teil aus dem Stadtbild der klein- und mittelgroßen deutschen Städte verschwinden werden, ist nicht mehr aufzuhalten. Onlinehandel, demographische Entwicklungen und verminderte Nachfrage führen bundesweit zur Schließung vieler Warenhäuser an zentralen Standorten – eine Entwicklung, welche ohne schnelles Handeln gravierende Auswirkungen auf den umliegenden, kleinteiligen Einzelhandel und somit die gesamte Innenstadt haben wird. Alternative Nutzungskonzepte müssen für diese Innenstadtstandorte entwickelt werden, um die Innenstadt als Gesamtes belebt und attraktiv zu erhalten.*

Architekten und Stadtplaner haben gemeinsam mit anderen Akteuren die große Aufgabe, die heutige Stadt für die Herausforderungen der Zukunft vorzubereiten und sie so zu erneuern, dass eine positive Entwicklung durch Revitalisierung und Stadtreparatur möglich ist.

Das ehemalige Althoff-Warenhaus in Recklinghausen wurde 1930 als größtes Kaufhaus im Westen Deutschlands eröffnet. Ein zentraler großzügiger Lichthof ermöglichte Tageslicht in den Verkaufsflächen und die Dachterrasse mit Restaurant bot hohe Aufenthaltsqualitäten nach modernsten Standards. Nach der Übernahme des Gebäudes durch Karstadt wurde der Lichthof jedoch zugunsten zusätzlicher Verkaufsfläche geschlossen, und das Gebäude wurde durch weitere Nachbargebäude erweitert.

**Recklinghausen: Wohnen, Leben & Arbeiten im Herzen der Stadt**

2016 schloss Karstadt in Recklinghausen, und die Auswirkungen des leerstehenden Gebäudes am Marktplatz auf die direkte Umgebung wurden schnell spürbar. Die AIP Unternehmensgruppe, welche sich seit einigen Jahren intensiv mit der Leerstandsproblematik und den erforderlichen Lösungen zur Stadtreparatur befasst, entwickelte 2018 eine Planung, welche das historische, nicht denkmalgeschützte Gebäude revitalisieren und als multifunktionale Typologie im Stadtkern neu positionieren sollte.

Nebst umfassenden baulichen Gebäudeanalysen im Rahmen eines „red flag reports" dient eine umfassende Standortanalyse der Erfassung des bereits vorhanden Nutzungsmixes, um Konkurrenznutzungen zu vermeiden und potenzielle Synergien zu spezifizieren. So kann eine langfristig erfolgreiche und wirtschaftlich umsetzbare Umnutzung frühzeitig gesichert werden. Ein bedarfsorientierter Nutzungsmix, welcher zu einer wirtschaftlich tragfähigen Umsetzung führt, ist dabei essentiell. Nebst der Standortanalyse ist der

*Perspektive Marktplatz MarktQuartier Recklinghausen*

Foto: Marcel Kusch

# BEST PRACTICE QUARTIERSENTWICKLUNG 255

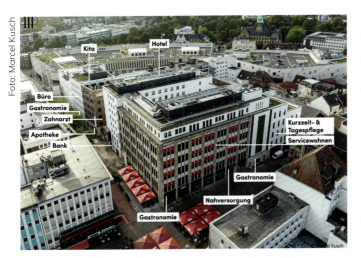

*Das MarktQuartier Recklinghausen aus der Vogelperspektive*

bauliche Zustand des Gebäudes ebenso maßgebend für die Nutzungsfindung wie Wirtschaftlichkeitsaspekte und die Frage nach Erhalt oder Neubau, welche mit entscheidenden Aspekten im Hinblick auf den Klimawandel und die ESG-Anforderungen einhergehen.

Im Rahmen der Revitalisierung konnte der ehemalige Lichthof mit wenig eingreifenden Maßnahmen rückgebaut und vergrößert werden, um tageslichtabhängige Funktion im Gebäude unterzubringen. Dieser Eingriff wurde von einem kompletten Abbruch im rückwärtigen Teilbereich des Gebäudes begleitet, um für die dort vorgesehenen Hotelnutzung bei Standardgeschosshöhen zwei zusätzliche Geschosse bei gleicher Gebäudehöhe vorsehen zu können. Das benachbarte ehemalige Bettenhaus wurde durch zwei zusätzliche Geschosse nachverdichtet.

## Multifunktion statt Monofunktion in der Praxis

Aus der Konfiguration des Gebäudeensembles entwickelten sich schließlich Nutzungsspielräume, welche Synergien mit Neuem und bereits Bestehendem schaffen: Servicewohnen mit Kurzzeit- und Tagespflege, sowie ambulantem Pflegedienst befindet sich im historischen Bestandsgebäude oberhalb des Supermarkts, diverser Gastronomien und einer Bank, mit Aussicht auf den Marktplatz. Eine Zahnarztpraxis ist neben der Apotheke angeordnet und Büroflächen schaffen Synergien mit der Kita. Das Hotel ergänzt den Nutzungsmix des MarktQuartiers.

Die synergetischen Effekte der Nutzungen werden in diesem Projekt deutlich, denn die Stadt der kurzen Wege, wie sie in der neuen Leipzig-Charta beschrieben ist, wird im MarktQuartier Recklinghausen gelebt. Deutlich ist jedoch auch: Es gibt keine Blaupause für die Transformation eines Warenhauses. Jedes Gebäude bedarf einer für seinen Standort optimierten Lösung, orientiert an den umgebenden Strukturen, der Gebäudetypologie, am städtischen Kontext und den Bedürfnissen der Stadt. Doch was sicher ist: Eine Multifunktionalität trägt zur Reaktivierung der Innenstädte bei. Die Typologie des ehemaligen Warenhauses kann dabei als Katalysator dienen.

*Ein Beitrag von Lea Scholze, Architektin und Geschäftsführerin der AIP Vision GmbH*

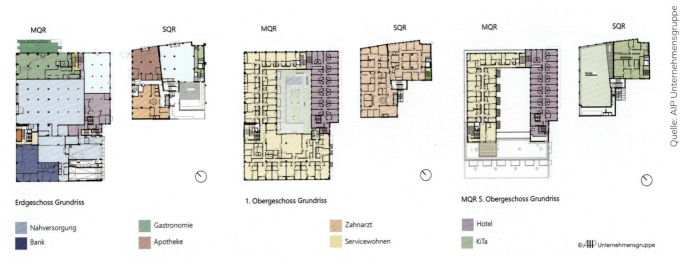

*Grundrisse Erdgeschoss, 1. Obergeschoss & 5. Obergeschoss*

# Tegel: Aus totem Flughafen entsteht lebendiger Stadtteil

*Mit der Konzentration des Berliner Flugverkehrs auf den Single-Airport Berlin Brandenburg „Willy Brandt" am Standort Schönefeld und der Schließung des zivilen Teils des Flughafens Berlin-Tegel im Jahr 2020 entstand ein außergewöhnliches städtebauliches Potenzial im Nordwesten Berlins. Mit dieser einzigartigen Chance wird sorgsam umgegangen: Nicht ein einziger Quadratmeter wurde verkauft. Die Flächen werden von den landeseigenen Gesellschaften Tegel Projekt GmbH und Grün Berlin GmbH entwickelt und verwaltet. Beim Großprojekt „Berlin TXL" entsteht praktisch ein komplett neuer Stadtteil, der zugleich ein Paradebeispiel für Nachhaltigkeit darstellen dürfte.*

Soziale, ökologische und wirtschaftliche Anforderungen werden hier zusammen in Einklang gebracht. Spannende Konzepte in den Bereichen Mobilität, Energie und Bauen gelangen in dem Modellquartier in verschiedenen Teilprojekten zur Umsetzung. Auf dem 500 Hektar großen einstigen Flughafen-Areal entstehen ein Forschungs- und Industriepark für urbane Technologien (Berlin TXL – The Urban Tech Republic) und ein neues Wohnviertel, das „Schumacher Quartier"; zudem ein Landschaftsraum, der von Grün Berlin entwickelt wird.

In der Urban Tech Republic werden bis zu 1.000 große und kleinere Unternehmen mit 20.000 Beschäftigten forschen, entwickeln und produzieren. Und mehr als 2.500 Studierende werden mit der Berliner Hochschule für Technik in das ehemalige Terminalgebäude einziehen. Insgesamt sollen rund 5.000 Studierende den Campus Berlin TXL besiedeln.

*So soll es mal werden: Schöne Sitz- und Flaniermöglichkeiten mit viel grüner Umgebung vor dem einstigen Flughafengebäude.*

*Das zukünftige „Schumacher Quartier" mit seinen begrünten Wohnhäusern ist ein Paradebeispiel für Nachhaltigkeit.*

Im Fokus von Berlin TXL steht, was die wachsenden Metropolen des 21. Jahrhunderts am Leben erhält: der effiziente Einsatz von Energie, nachhaltiges Bauen, umweltschonende Mobilität, Recycling, die vernetzte Steuerung von Systemen, sauberes Wasser und der Einsatz neuer Materialien. Berlin TXL – The Urban Tech Republic ist ein derzeit in Europa, wenn nicht weltweit, einzigartiges Vorhaben.

In der Nachbarschaft werden künftig diese neuen Entwürfe für das Leben in der Stadt der Zukunft greifbar sein: Im Schumacher Quartier entstehen über 5.000 Wohnungen für mehr als 10.000 Menschen in einem lebendigen, städtischen Quartier mit Kitas, Schulen und Einkaufsmöglichkeiten. Hier werden fortschrittliche Lösungen für die klimaneutrale Energieversorgung und hohe Energiestandards ebenso wie neue Mobilitätsmodelle aufgezeigt. Technologien, die nebenan – in der Urban Tech Republic – erforscht und entwickelt werden. Für die benachbarten Quartiere Cité Pasteur und TXL Nord sind weitere 4.000 Wohnungen geplant. Mit der Entwicklung und dem Management von Berlin TXL – The Urban Tech Republic und des Schumacher Quartiers hat das Land Berlin die Tegel Projekt GmbH beauftragt. Das landeseigene Unternehmen beschäftigt 76 Mitarbeiterinnen und Mitarbeiter. Sie befassen sich u.a. mit den Planungen für den Hochbau und die technische, energetische und verkehrliche Infrastruktur, dem Bau- und Standortmanagement sowie mit der Flächen-Vermarktung und Kommunikation des Projektes in der Öffentlichkeit.
Die Fertigstellung des 1. Bauabschnitts der Urban Tech Republic und im Schumacher Quartier ist für 2027 geplant – ebenso der Abschluss eines Großteils der Gebäudesanierungen.

Frank Wolters, seit April 2023 Geschäftsführer der Tegel Projekt GmbH: „Die Entwicklung von Berlin TXL als innovativsten Stadtteil Europas gemeinsam mit einem engagierten Team mitzugestalten, das ist Herausforderung und Ehre zugleich. Ich freue mich auf die Zusammenarbeit mit Wirtschaft, Wissenschaft und Politik, um das immense Potenzial dieses Standortes voll auszuschöpfen."

# Blau.Quartier Ulm: Vom Einkaufszentrum zum Stadtquartier

*Transformation der Innenstädte ist beileibe kein neues Thema. Stadtentwicklung ist eine permanente Herausforderung für die kommunalen Verantwortlichen und die Immobilienbranche. Allerdings sind die Anforderungen in den vergangenen Jahren noch einmal deutlich gestiegen. Es gilt nicht mehr nur, den sich verändernden Bedürfnissen der Menschen, der Wirtschaft und der Kommunen vor Ort zu folgen. Vielmehr setzen die Themen Nachhaltigkeit und Klimaschutz übergeordnete Punkte ins Pflichtenheft.*

Wie echte Transformation trotzdem funktionieren kann, zeigt auf beeindruckende Weise ein Projekt, das derzeit in Ulm zu Realisierung ansteht: Aus einem Einkaufszentrum wird ein neues, gemischt genutztes Quartier.

Mitte der 90er Jahre eröffnet, ist das Blautalcenter eines der größten Einkaufszentren im süddeutschen Raum. Bei einer Gesamtfläche von rund 44.000 qm sind etwa 37.000 qm als Verkaufsfläche ausgewiesen. Das Grundstück, auf dem das Gebäude steht, umfasst mehr als sechs Hektar. Das Einkaufszentrum galt seinerzeit mit mehr als 100 Geschäften als Einkaufsparadies und erfreute sich einer hohen Kundenfrequenz. Aber im Laufe der Jahre ließ die Attraktivität nach, Mieter zogen aus, Leerflächen waren die Folge. In den Jahren 2012 bis 2015 wurde das Blautalcenter nochmals aufwendig umgebaut und saniert, aber auch das verhinderte den schrittweisen Anstieg des Leerstands nicht. Am Ende waren rund 40 Prozent der Verkaufsfläche betroffen. Schließlich trennte sich der vormalige Eigentümer von dem Objekt. Nun kümmert sich ein Joint Venture der Berliner DLE Land Development und des in Münster beheimateten, auf großvolumige Einzelhandelsimmobilien spezialisierten Projektentwicklers HLG Real Estate um die Konversion des Shopping Centers. Die DLE Land Development ist ein Investor, der sich auf zukunftsorientierte Quartiersentwicklung fokussiert.

Die Größe des Grundstücks von mehr als 60.000 qm, die riesige Tiefgarage und die ausgezeichnete Anbindung an den ÖPNV gaben Raum für ungewöhnliche Ideen. Das Konzept „Blau.Quartier" entstand.

In einem Zeitraum von rund zehn Jahren soll nun ein neues Stadtquartier entstehen. Ein bunter Mix aus Wohnungen, Sozial- und Freizeitangeboten sowie Büros ist vorgesehen. Ein kleiner Teil des heutigen Einkaufszentrums wird den Einzelhandel zur Nahversorgung beherbergen. Vor allem aber die zukünftige Wohnnutzung ist in Zeiten des Mangels

*So soll das zukünftige „Blau.Quartier" nach Fertigstellung in rund zehn Jahren aussehen.*

*Die Größe des Grundstücks (ca. 60.000 qm), die riesige Tiefgarage und die ausgezeichnete Anbindung an den ÖPNV gaben Raum für ungewöhnliche Ideen.*

eine wesentliche Komponente. Etwa 1.000 Einheiten unterschiedlicher Größe sollen zukünftig rund 2.000 Menschen ein Zuhause geben; für die boomende Stadt Ulm, Standort einer Universität und großer Technologieunternehmen, eine willkommene Aussicht. Die unmittelbare Nähe zum Ulmer Stadtregal, ein auf einem ehemaligen Werksgelände von Magirus-Deutz entstandenes gemischt genutztes Ensemble, sorgt für die harmonische Einbettung des Blau.Quartiers ins Stadtbild.

Ein besonderes Augenmerk wird bei der Transformation auf das Thema Nachhaltigkeit gelegt, sowohl bei der Projektrealisierung selbst als auch beim späteren Betrieb. So soll bei der Umgestaltung des Areals möglichst viel von der Bestandsbebauung wiederverwendet werden. Das betrifft nicht nur den teilweisen Erhalt von Unter- und Erdgeschoss, sondern auch die Nutzung bereits vorhandenen Materials zur Erstellung neuer Gebäude und Einrichtungen. Bis zu 20 Prozent der Baumasse soll im Rahmen der Konversion zurückgeführt werden und die $CO_2$-Emissionen spürbar senken. Auch die Ausgestaltung der Freiflächen rund um die geplanten Wohneinheiten zielt auf die Themen Umweltverträglichkeit und Klimaschutz. So werden aktuell versiegelte Flächen im Rahmen der Umgestaltung entsiegelt und aktive Maßnahmen zur Speicherung und Nutzung von Regenwasser vorgesehen. Ziel ist ein selbsttragendes System, das ohne die Entnahme von Grundwasser die Bewässerung des neuen Quartiers sicherstellt. Hinzu kommt der großflächige Einsatz von Photovoltaik und Dachbegrünungen. Auch den sozialen Komponenten einer attraktiven Wohnumgebung wird mit dem Konzept Rechnung getragen. Mit einem ausgewogenen Mix quartiersbezogener Dienstleistungen – wie etwa Angeboten aus den Bereichen Gastronomie, Gesundheitsvorsorge und Bedarfe des täglichen Lebens – sollen auch eine Kindertagesstätte und ein Mobility Hub mit umfangreicher Infrastruktur für E-Mobilität für gute Lebensqualität und eine lebendige Atmosphäre sorgen. Zudem soll das Gesamtquartier auch davon profitieren, dass durch die Nutzung der enormen Tiefgaragenflächen große Teile des Individualverkehrs zukünftig unterirdisch fließen werden.

# INNENSTADT
Immobilienentwicklung als Impact Investment mit Public Value für die Stadtgemeinschaft

### Komplexität erschließen
*private Investoren befähigen*

**Bit-Galerie: Die Liegenschaften und Immobilien** in der Innenstadt gehören nur zu einem geringen Prozentsatz der Stadt. Somit kann diese keine für sie bedeutsamen Entwicklungen ohne die gleichgelagerte Motivation der sehr unterschiedlichen Eigentümerschaft umsetzen. Innerstädtische Potentiale in großem Rahmen zu transformieren, verlangt, dass privatwirtschaftliche Akteure tätig werden. Immobilieninvestoren aus der Bürgerschaft haben neben dem rein monetären Ziel vielfältige persönliche emotionale Motive. Investoren in der Projektentscheidungsphase und im Projektmanagementprozess unterstützen. Die persönliche Prozessberatung wird einen großen Betrag zur gewünschten Stadtentwicklung leisten. **Die Stadt wird zum Enabler.**

### InnenStadtMacher
*im Realen und Digitalen*

**Die Handelsflächen und die öffentlichen Räume** als Raum sind der physische Möglichkeitsraum zur Freizeitgestaltung. Der digitale Zwilling ermöglicht es, diese Gemeinschaftsaufgabe in einer offenen digitalen Stadtplattform als neue Formen der Beteiligung, Vernetzung und Stärkung der Teilhabe abzubilden. Der divergierende Nutzungsmix wird möglich, wenn bei aller Unterschiedlichkeit Schnittmengen in der Nutzungskonzeption digital miteinander abgestimmt werden. Die Innenstadt als Ort des **Erlebens entwickelt.**

Baustart 2024

### Innenstadt (er)leben
*Vielfältigkeit menschlicher Bedürfnisse*

**Räume** für die Kinder, für die Kreativen, für die Reisenden, für die Unternehmer, für die Familien, für die Sportlichen, für die Handwerker, für die Genießer, für die Musiker, für die Suchenden, für die Studenten, für die Bürger - **für die Menschen.**

# LEBENS(T)RAUM

Miteinander sprechen, Denkräume öffnen, einladen zum Gestalten, gemeinsam machen

Zusammenhänge verstehen

*ist Entwicklungsarbeit*

**StadtMacher:** Junge, Alte, Kreative, Unternehmer, Besucher jeder schaut mit seinen Wünschen und Prioritäten auf die öffentlichen Orte – mehr wird nur möglich, wenn die Bereitschaft besteht, Unterschiedliches auszuhalten. Die Stadt wird möglich durch die Bereitschaft, die Städte neu zu denken. StadtMacher öffnen **Denkräume und schaffen neue Lebensräume.**

Public Value, dynamisch

*positive Emotionen*

**Das übergeordnete Ziel** die Innenstadt als begehrten Raum zu entwickeln und zu realisieren. Architektur- und Nutzungskonzept in dem die Menschen zusammenkommen und ihren vielfältigen Freizeitinteressen nachgehen. Geschäfte, Kino, Fitness, Markthalle und vielfältige gastronomische Angebot öffnen sich über Stadtbalkone zum Markt-, Sport-, Kultur- und Event-Platz: **begegnen erleben, einkaufen, genießen.**

Dynamische & Besucherfokusiert

*fungible saisonale Nutzungskonzeptionen*

**Die flexibel gestaltbaren Räume** erhalten, in den konsumtiv touristisch dominierten Zeiten: Musik, Kunst, Sport, Innovationen und regionale Manufakturen, einen Raum. In der touristenfreien Zeit wandelt sich das Angebot, in dem die vielfältigen Interessensbereiche der Bürgerschaft eine Repräsentanz in der Innenstadt erhalten: Gemeinwohlinitiativen, Vereine, Startups, Stadtentwicklungs- und Gesundheitsthemen. Wie bei jahreszeitlichen Modewechseln wandelt sich **das besucherfokussierte Angebot der Innenstadt.**

Menschen sind und bleiben soziale Wesen!

*Menschen sind sinnliche Wesen!*

Jedes unsere Immobilienprojekte hat als Motiv mehrere Wirkungsversprechen.

# EU-Taxonomie: Wo steht die Immobilienbranche?

*Die WISAG ist einer der führenden Facility-Service-Anbieter in Deutschland und betreut seit vielen Jahren auch Kunden aus der Retail-Branche. Dazu zählt vor allem auch die nachhaltige Ausrichtung von Immobilien. 2023 hat die WISAG die Ergebnisse ihres inzwischen elften Nachhaltigkeitsradars präsentiert. Die Regularien der EU-Taxonomie und ihre Konsequenzen für Unternehmen der Immobilienbranche standen diesmal im Mittelpunkt.*

Speziell der Retail-Branche ist längst bewusst, dass es allerhöchste Zeit ist, Immobilien ESG-konform auszurichten. Zumindest auf gesetzlicher Ebene hat die Europäische Union klare Fakten geschaffen. Mit der EU-Taxonomie, der Offenlegungsverordnung (SFDR) und der CSR-Richtlinie gibt es verbindliche Vorgaben für nachhaltiges Wirtschaften. Doch die Immobilienbranche steckt dabei noch in den Kinderschuhen. Das zeigen die Ergebnisse der Onlinebefragung.

Nur knappe ein Viertel aller Studienteilnehmer – es handelte sich hierbei um Strategen und operativ tätige Akteure der Immobilienbranche – fühlte sich zum Umfragezeitpunkt ausreichend vorbereitet, um ihre Gebäude der Pflicht entsprechend nachhaltig auszurichten. Die meisten Unternehmen sind erst dabei, eine Strategie zu entwickeln, um die $CO_2$-Bilanz ihrer Immobilien zu reduzieren. Nur 15 Prozent der Teilnehmer setzen konkrete Dekarbonisierungsmaß-

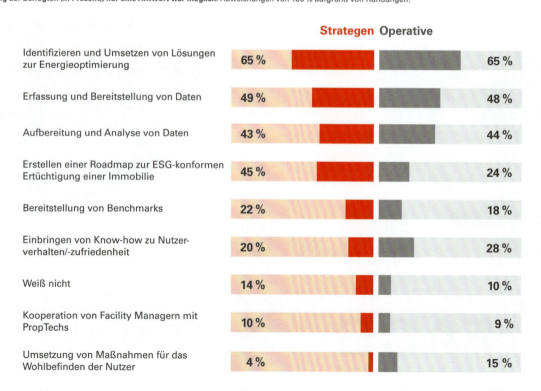

BEST PRACTICE „DIENSTLEISTUNG FÜR DEN HANDEL"  263

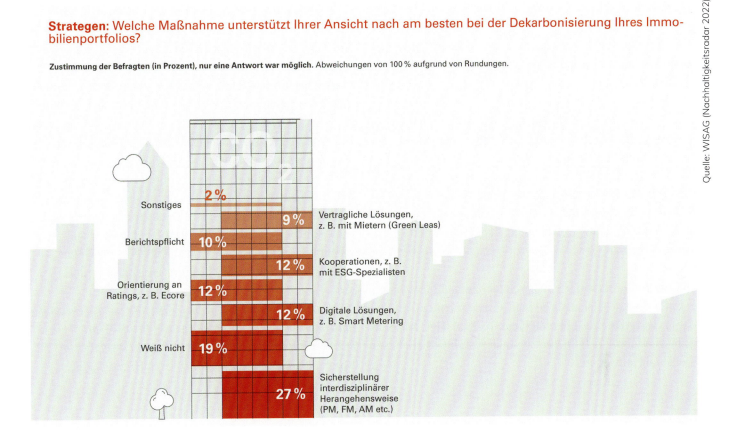

**Strategen:** Welche Maßnahme unterstützt Ihrer Ansicht nach am besten bei der Dekarbonisierung Ihres Immobilienportfolios?

Zustimmung der Befragten (in Prozent), nur eine Antwort war möglich. Abweichungen von 100 % aufgrund von Rundungen.

- Sonstiges: 2 %
- Vertragliche Lösungen, z. B. mit Mietern (Green Leas): 9 %
- Berichtspflicht: 10 %
- Kooperationen, z. B. mit ESG-Spezialisten: 12 %
- Orientierung an Ratings, z. B. Ecore: 12 %
- Digitale Lösungen, z. B. Smart Metering: 12 %
- Weiß nicht: 19 %
- Sicherstellung interdisziplinärer Herangehensweise (PM, FM, AM etc.): 27 %

Quelle: WISAG (Nachhaltigkeitsradar 2022)

nahmen um. Sowohl die Strategen als auch die Operativen sind dieser Ansicht. Bei den Operativen schafft es zudem die Sanierung der technischen Gebäudeausrüstung auf den zweiten Platz. Mit Blick auf den Bereich Facility Management wird deutlich: Die Studienteilnehmer erkennen hier vielfältige Möglichkeiten, Immobilien taxonomiekonform auszurichten.

Das größte Potenzial sehen sie dabei in der Energieoptimierung. Zu Recht, denn durch eine Optimierung des Energieverbrauchs lassen sich $CO_2$-Emissionen in vielen Fällen bereits drastisch verringern. Den zweiten Platz nehmen die Erfassung und Bereitstellung von Daten ein. Auch der nächste Schritt, die Aufbereitung und Analyse von Daten, punktet hoch. Einem Großteil der Teilnehmer ist also bewusst, dass Daten ein bedeutsamer Schlüssel für mehr Nachhaltigkeit sind. Natürlich unter der Voraussetzung, dass aus Daten sinnvolle Handlungsempfehlungen abgeleitet werden.

Erfahrungsgemäß wünschen sich die meisten Immobilieneigentümer eindeutigere Richtlinien, wenn es darum geht, Objekte ESG-konform zu gestalten. Je konkreter bzw. praxistauglicher der Gesetzgeber seine Vorgaben formuliert, am besten mitsamt Handlungsempfehlungen, desto leichter wird es den Akteuren der Immobilienbranche fallen, diese entsprechend umzusetzen.

Deshalb ist es klug, Sparringspartner zu nutzen und Erfahrungen zu möglichen und sinnvolle Maßnahmen auszutauschen. Insofern sind Partnerschaften mit Unternehmen hilfreich, die in Sachen Klimaschutz gut aufgestellt sind. Bei der Frage nach Kriterien, die bei der Auswahl eines operativen Dienstleisters am stärksten im Vordergrund stehen, zeigt das Nachhaltigkeitsradar der WISAG: Die Kompetenz, ESG-Kriterien operativ gut umzusetzen, steht aktuell immerhin schon an vierter Stelle. Noch sind die Faktoren Kosten und die bisherigen Erfahrungen mit Dienstleistern den meisten Teilnehmern am wichtigsten. ESG wird jedoch in Zukunft zwangsläufig einen viel höheren Stellenwert bei der Wahl neuer Geschäftspartner erhalten, davon kann man ausgehen.

Ein wichtiger Baustein, um sinnvolle Wege in die grüne Zukunft zu finden, ist auch die interdisziplinäre Zusammenarbeit: an einem Strang ziehen und die Runde mit Fachwissen bereichern. Ein solcher intensiver Austausch oder gar eine (temporäre) Kooperation unterstützt am besten bei der

Dekarbonisierung. Das bestätigen die Ergebnisse des Nachhaltigkeitsradars: Property-Manager, Asset-Manager, Facility-Manager etc. bringen jeweils spezifische Fachkenntnisse mit, sodass sie gemeinsam eine effektive Strategie entwickeln können.

Das WISAG Nachhaltigkeitsradar hat auch die Herausforderungen bei der taxonomiekonformen Ausrichtung des Immobilienbestands untersucht. An der Spitze steht der Fachkräftemangel. Für die Operativen ist das mit Abstand der größte Hemmschuh. Auch die Strategen haben mit dem Arbeitskräftemangel zu kämpfen, sehen diesen aber nahezu gleichrangig mit unzureichendem Budget als größte Herausforderung an.

Es überrascht, dass nur wenige Studienteilnehmer unausgereifte digitale Lösungen für ein Problem halten. Ob das daran liegt, dass die Rolle digitaler Technologien auf dem grünen Weg vielen Teilnehmern unklar ist, bleibt an dieser Stelle unbeantwortet.

Fest steht: Immobilien nachhaltig auszurichten gelingt am besten mit einem Mix aus unterschiedlichen Maßnahmen. Auch die Teilnehmer am Nachhaltigkeitsradar sehen das so. Etliche Unternehmen innerhalb und außerhalb der Handelsbranche sitzen in einem Boot. Manche Unternehmen sind mit ihren Immobilien schon weiter bzw. grüner unterwegs, andere sondieren noch. Hier wäre ein offenerer Austausch wünschenswert: zu Erfahrungen, Fragen und Problemen. Die Immobilienbranche hat das Potenzial einer interdisziplinären Herangehensweise bereits erkannt. Diese verstärkt anzugehen und sich mit Geschäftspartnern mit ESG-Kompetenz zusammenzuschließen – das könnte den Weg in die grüne Zukunft sicherlich vereinfachen und beschleunigen. Und gemeinsam können vermutlich auch die Spielräume, die die EU-Taxonomie lässt, besser identifiziert und in Chancen verwandelt werden.

*Dieser Beitrag stammt von Joaquin Jimenez Zabala, Geschäftsführer der WISAG Facility Management Retail GmbH & Co. KG. Der Text wurde in weiten Teilen auch schon im aktuellen FMZ-Report der MEC (November 2023) erstmalig veröffentlicht.*

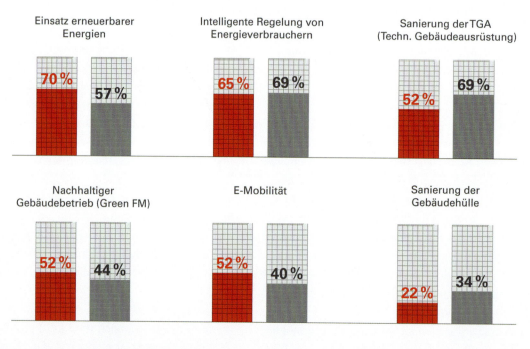

Welche Bausteine werden zur Dekarbonisierung von Immobilien gewählt?*

Zustimmung der Befragten (in Prozent), Mehrfachantworten waren möglich

Quelle: WISAG (Nachhaltigkeitsradar 2022)

*Die Frage an die Operativen lautete, welche Bausteine beauftragt werden, um die Dekarbonisierung zu erreichen; die Frage an die Strategen lautete, welche Bausteine bereits umgesetzt werden, um dieses Ziel zu erreichen.

Foto: Adobe Stock

# Begeisterung für die Stadt entfachen mit der Power von KI

*Die neuesten Technologien von SawatzkiMühlenbruch (SMG) revolutionieren die Interaktion in Städten und urbanen Quartieren: Ihre sprechenden Webseiten mit KI-Guide ermöglichen eine spannende Kommunikation aller mit allen.*

Innenstädte und Einzelhandel stehen vor der Herausforderung, den Wandel in den Bedürfnissen und Erwartungen der Verbraucher mitzugestalten. Das „Wie" liegt in der Hand engagierter Akteure, die sich für innovative Lösungen und nachhaltige Stadtentwicklung einsetzen. „Es ist jetzt an der Zeit, neue Wege zu gehen und die Innenstädte der Zukunft interaktiv zu gestalten", so fordert Dieter Sawatzki als Mitglied des bcsd (Bundesverband City- und Stadtmarketing Deutschland) zu mehr Mut und Experimentierfreudigkeit auf. In dieser dynamisierten Welt des Einzelhandels müssen sich Innenstädte neuen Konzepten öffnen, die Wohnen, Arbeiten, Shopping und Freizeit nahtlos miteinander verbinden. Das SMG-Team ist fest davon überzeugt, dass durch Vernetzung, Zusammenarbeit und bewusstes Handeln eine bahnbrechende Zukunft für Quartiere und Städte geschaffen werden kann.

**Wo gibt es das leckerste Streetfood der Stadt? Bei welchem Bäcker finde ich glutenfreie Brötchen? In welchem Shop finde ich die neuesten Sneaker?**

Diese und noch mehr Fragen können City-Lovers jetzt bei der Planung ihres Trips in die Innenstadt oder direkt während der Shopping-Experience dem von der Digitalagentur SMG entwickelten KI-Guide stellen, der mühelos auf Stadtportalen und City-Webseiten implementiert wird oder samt eigener innovativer Webseite gebucht werden kann. Ein brandneuer Service, der Stadtbewohner und -besucher gleichermaßen begeistert und die Attraktionen der Städte planbar und zugänglich macht.

„Wir nutzen dafür fortschrittliche KI-Technologie und natürliche Sprachverarbeitung, um maßgeschneiderte Informationen bereitzustellen, die aus der von uns programmierten Wissens-Cloud abgefragt werden", erläutert Geschäftsführer Dieter Sawatzki die technologische Vorgehensweise.

„In einem Chat-Fenster, das natürlich auch über die mobile Ansicht funktioniert, geben Innenstadtbesucher ihre Fragen und Anliegen ein – und gelangen ohne Stress und langes Suchen ans Ziel."

**Die Revolution des urbanen Erlebnisses: Fragen, lächeln, entdecken**

*Der persönliche KI-Guide für die Innenstadt beantwortet Fragen aus den Bereichen Shopping, Lifestyle, Dienstleistung sowie Infrastruktur – und lernt ständig dazu.*

Der vielgefragte KI-Service der Essener Experten für Retail-Kommunikation ist mehr als nur ein Auskunftssystem in natürlicher Sprache – er ist der persönliche und char-

*Seit mehr als einem Jahrzehnt gestaltet SMG mit tiefem Verständnis Kommunikation für Mixed-Use- und Shopping Center jeder Größe. Mit innovativen Konzepten initiieren sie jetzt digitale und echte Begegnungen im Stadtraum.*

mante Guide durch die Straßen und Geheimnisse einer jeden Stadt. Dank Insider-Tipps, die basierend auf vielfältigen Quellen in die Wissens-Cloud eingespeist werden, und einer gehörigen Portion Witz macht der KI-Guide Stadterkundung zum 24/7-Erlebnis. Als echter Stadtkenner beantwortet er empathisch Fragen zu Shopping, Lifestyle, Dienstleistungen und Infrastruktur. Dabei wächst er ständig mit seinen Aufgaben, um die Fragen rund um die Stadt noch besser zu verstehen und beantworten zu können.

**Interaktive Stadtentwicklung mit Technologien von SMG**

Das Team von SMG setzt den Fokus auf Technologien, die eine umfassende Kommunikation aller Beteiligten ermöglichen. Über innovativ entwickelte Community- und Stadtportale wird in urbanen Quartieren eine aktive Gemeinschaft geschaffen, die miteinander spricht, Inhalte teilt und sich vernetzt. Ob sprechende Webseiten mit persönlichem KI-Guide, nativ entwickelte Apps oder durch die attraktive Bespielung vorhandener Community-Services wie WhatsApp – das interaktive Erlebnis steht im Mittelpunkt jeder Anwendung.

Seit mehr als einem Jahrzehnt gestaltet SMG mit tiefem Verständnis Kommunikation für Mixed-Use- und Shopping Center jeder Größe. Mit innovativen Konzepten initiieren sie jetzt digitale und echte Begegnungen im Stadtraum.

*SawatzkiMühlenbruch ist Fördermitglied der Bundesvereinigung City- und Stadtmarketing Deutschland e.V. (bcsd). Diese Partnerschaft ermöglicht es der Essener Agentur, aktiv an der Entwicklung zukunftsfähiger Städte und Quartiere mitzuwirken. Weitere Infos unter https://sawatzki-muehlenbruch.de*

# Neuartiges Konzept: Fußballspaß im Center

*Mit „SOCCERBEAT" hat die erste Fußball-Erlebniswelt Deutschlands im Shopping Center MyZeil, mitten im Herzen Frankfurts, eröffnet und stellt damit einen neuartigen Beitrag zur Belebung von Innenstädten bei. 15 sogenannte „Activity-Zones" bieten den Besucherinnen und Besuchern unterschiedlichste Herausforderungen. Dabei bedarf es keiner Stollenschuhe und keines Sportdresses – SOCCERBEAT ist Entertainment und keine Sportanlage!*

Um den Innenstädten und Einkaufsstätten wie Shopping Centern neue Unterhaltungskonzepte für die Eventisierung ihrer Verkaufsstätten zu bieten, haben die Initiatoren dieses neue Entertainmentprodukt entwickelt und konzipiert. SOCCERBEAT ist eine Indoor-Fußball-Erlebniswelt und lässt sich auf Flächen von 1.000 bis 1.500 qm problemlos umsetzen.

Das Konzept besteht aus 15 bis 20 Spielstationen und einer Fußball-Lounge, kombiniert mit Live-Sport, Essen und Trinken. Das Angebot im Activity-Bereich ist hochwertig und vor allem abwechslungsreich: vom Klassiker (Tisch-Kicker) über multimediale Stationen (eSports, Interactive Wall) bis zum Torwart-Roboter (RoboKeeper). Im Mittelpunkt steht aber immer die Unterhaltung. Die Besucherinnen und Besucher benötigen nur ganz normale Freizeitkleidung, sodass es zum direkt benachbarten Shop und Restaurant keinen Dressunterschied gibt.

Ein wichtiger Baustein des Konzepts ist die Dynamik: Es gibt wechselnde Aktivitäten und Programmpunkte. So werden Turniere veranstaltet, auch finden Autogrammstunden und Produktpräsentationen statt. Dazu gibt es ganz spezielle Ferienprogramme.

Firmen und Gruppen erhalten die Möglichkeit, für einzelne Stunden oder einen kompletten Tag das gesamte Areal oder speziell abgegrenzte Bereiche (VIP Raum) für geschlossene Veranstaltungen zu buchen.

Nach dem Motto „The Best Time in Soccer" zahlen die Besucherinnen und Besucher für 90 bzw. 45 Minuten Eintritt. Dies soll zu Frequenzsteigerung und längeren Verweilzeiten der Gäste im Einkaufscenter und damit der gesamten Innenstadt führen. Zugunsten der Gesamt-Attraktivität wird die Besucherzahl so begrenzt, dass lange Wartezeiten an Spielstationen vermieden und der Spielspaß garantiert werden können.

**Die Initiatoren**

Die Entwicklung und Konzeption entstand in Kooperation der langjährigen Geschäftspartner Kick-Point Spiel-, Sport- und Freizeitgeräte GmbH, Neuenkirchen und der 4attention GmbH & Co. KG, Köln. Beide Initiatoren sind als Eventagenturen mit dem Schwerpunkt Fußball und Sport seit 1998 weltweit aktiv.

---

### SOCCERBEAT 2024 - 2030

2024 - Eröffnung des SOCCERBEAT Flagship Store – MyZeil Frankfurt 04/2024
2025 bis 2030 – Expansion SOCCERBEAT in die Metropolregionen Deutschland

Für die Umsetzung der SOCCERBEAT an weiteren Standorten sucht die SOCCERBEAT GMBH Flächen in Innenstädten und Einkaufscentern, die an sieben Tagen in der Woche bespielt werden können.

**Weitere Infos und Kontakt:**
www.soccerbeat.de

## BEST-PRACTICE ENTERTAINMENT

Über das breite Angebot an klassischen und innovativen Spielstationen werden verschiedene Zielgruppen erreicht: Kinder, Jugendliche, Familien und Erwachsene sowie Gruppen und Firmen (als Eventlocation für geschlossene Veranstaltungen).

Rezeption

In der Fußball-Lounge, die nicht zum eintrittspflichtigen Bereich gehört, werden Getränke und Speisen angeboten. Natürlich ist der Besucher bei allen Fußball- und Sport-Highlights im TV live dabei.

Blick in den gesamten Eingangsbereich

An 15-20 Spielstationen werden die Besucher zum Mitmachen eingeladen.

Der „PoolBall"-VIP-Raum, der keine Wünsche offenlässt, kann exklusiv für Gruppen bis zu zwölf Personen gebucht werden.

Wer bezwingt den Torwart? Der „Robokeeper" ist ein Highlight.

# Lichtkonzepte als Schlüssel für einzigartige Stadtinszenierungs-Entwicklung

*Lichtkonzepte spielen eine zunehmend entscheidende Rolle in der strategischen Planung von Destinationen, insbesondere im Kontext der sich verändernden Innenstadtdynamik. Die Innenstädte wandeln sich von reinen Orten der Bedarfsfunktion mit Fokussierung auf Einzelhandel zu erlebnisreichen Zentren.*

MK Illumination, der weltweite Marktführer in festlich dekorativer Beleuchtung, integriert in seinen Designkonzepten nicht nur ästhetische und historische Aspekte, sondern auch den wichtigen Aspekt der Erlebnisgestaltung. Das Ergebnis sind maßgeschneiderte Lichterlebnisse, die nicht nur die Einzigartigkeit und Geschichte jeder Stadt betonen, sondern auch dazu beitragen, die Innenstädte zu lebendigen Erlebnisorten zu transformieren.

Thomas Mark, President MK Illumination, betont: „Licht wird zu einer künstlerischen Sprache, die die Identität und Geschichte einer Stadt zum Leben erweckt. Unsere Lichtkonzepte schaffen nicht nur visuelle Attraktionen, sondern berühren die Sinne und Emotionen der Besucher."

Die Erfolgsgeschichten von Dortmund, Stuttgart und Eutin zeigen, dass Lichtkonzepte mehr als nur dekoratives Beiwerk sind, vielmehr machen sie ganze Städte zu Erlebnisfeldern für Sinne und Emotionen.

Dortmund hat mit dem Konzept „Pomp im Pott" einen integrativen Ansatz gewählt, um nicht „nur den Weihnachtsmarkt" zu vermarkten, sondern sich als Weihnachtsstadt zu positionieren. Das Konzept setzt auf authentische Licht-Erlebnisse, die die Besucher aktiv zur Interaktion einladen. Durch innovative Lichtarrangements auf öffentlichen Plätzen entsteht ein erlebnisreiches Umfeld, das nicht nur den Einzelhandel fördert, sondern auch den veränderten Konsum-Erwartungen gerecht wird. Das Lichtspektakel in Dortmund entführt Besucher auf eine faszinierende Zeitreise durch die Stadtgeschichte mit traditionellen Geschichten, witzigen Klischees, bunter Kunst und modernen Lichtinstallationen. Dieses innovative Konzept macht Dortmunds Innenstadt zu einem lebendigen Raum mit positiven Auswirkungen für Stadt und Bewohner.

Stuttgart etabliert sich mit „Glanzlichter Stuttgart" als Vorreiter in der Stadtinszenierung durch Licht. Die geschickte Kombination aus Design, Licht, Animation und Musik hebt

*Auf einem eineinhalb Kilometer langen Rundweg erstrahlten in Eutin. Schleswig-Holstein, mehr als 30 maßgefertigte Lichtskulpturen.*

*Bei „Pomp im Pott" ging es nicht nur um den Weihnachtsmarkt – Dortmund konnte sich damit auch in NRW als Weihnachtsstadt positionieren.*

die kulturellen und touristischen Höhepunkte der Stadt hervor. Das Konzept avanciert in den sozialen Medien zu einem Hit und setzt neue Standards für zukünftige Veranstaltungen.

Eutin erstrahlt im neuen Glanz mit über 30 maßgefertigten Lichtskulpturen auf einem anderthalb Kilometer langen Rundweg. Dieses herausragende, innovative Lichtkonzept wurde mit dem Stadtmarketingpreis Ausrufezeichen ausgezeichnet. Die Lichtinszenierung ließ die Geschichte Eutins und das „Leben bei Hofe" lebendig werden und zog mehr Aufmerksamkeit auf sich. Der Preis würdigte nicht nur die kreative Belebung der Innenstadt, sondern betonte auch die Bedeutung von Initiativen wie der Lichterstadt Eutin für die Stärkung von Innenstädten.

Insgesamt zeigen diese Beispiele, dass Lichtkonzepte eine zunehmend wichtige Rolle in der Stadtinszenierung spielen. Städte erkennen die Bedeutung von kreativen Lichtarrangements als ganzjähriges Instrument, um Identität zu schaffen, Besucher anzulocken und den lokalen Handel zu stärken. Licht wird nicht nur als dekorativ betrachtet, sondern als strategisches Element, das den urbanen Raum in ein Erlebnisfeld für Sinne und Emotionen verwandelt.

*Mit „Glanzlichter Stuttgart" etabliert sich die Landeshauptstadt Baden-Württembergs als Vorreiter in der illuminierten Stadtinszenierung.*

# Wie macht man einen Ort zu einem „Place to Love"?

Die FÜNF HÖFE München, im Eigentum der Union Investment, sind ein Stadtquartier par excellence. Direkt an der Theatinerstraße gelegen, sind sie ein charakteristischer Teil des ältesten Münchner Stadtviertels, mit spannender Architektur und Kunst am Bau. Mit Markenstores, Restaurants und Szenebars, mit der renommierten Kunsthalle München, Offices, Arztpraxen und Wohnungen. Kurz: ein urbaner Mikrokosmos. Doch wie vermarktet man so einen Ort, damit er nachhaltig positiv wahrgenommen und zum Teil des Stadtlebens wird?

Katja Köpf, Center Managerin im CityQuartier FÜNF HÖFE München und Sebastian Guth, Geschäftsführer der Twenty One Media GmbH, der Full-Service-Marketing-agentur der FÜNF HÖFE, verraten, welche fünf Faktoren sie als wichtige Unterstützer für funktionierenden innerstädtischen Handel sehen.

*Katja Köpf, Center Managerin der FÜNF HÖFE München im Gespräch mit Sebastian Guth, Geschäftsführer der Lead-Agentur Twenty One Media*

## Identität geben

Menschen suchen Identität und Verbindung. Genau das kann der städtische Raum bieten. „Für die FÜNF HÖFE als urbanen Einzelhandelsstandort haben wir eine klare Message entwickelt, welche die Identität der Umgebung integriert: hochwertig, kulturell, mit Stil und architektonischen Highlights", sagt Sebastian Guth.

„Es ist ein Ort mit besonderem, persönlichem Flair und Ambiente, der sich mit allen Sinnen erleben lässt. Shoppen wird zur schönsten Nebensache der Welt und sogar der Arztbesuch oder ein Termin beim Rechtsanwalt lassen sich hier mit angenehmen Dingen kombinieren" ergänzt die Center Managerin.

*Foto: Die Theatinerstraße und -kirche im Herzen Münchens*

## Verbindung schaffen durch Kooperationen

„Co-Kreation wird immer wichtiger", weiß Katja Köpf. „Durch Kooperationen mit passenden lokalen Playern aus Kunst, Kultur, Freizeit oder Münchner Großevents schaffen wir vielfältige Verbindungen zur Umgebung und sind organisches Element des Stadtlebens."

„Als solches sieht sich übrigens auch die Eigentümerin Union Investment", fügt Sebastian Guth hinzu. „Menschen mit Neuem inspirieren, den Horizont erweitern: Das kann und sollte städtischer Raum bieten – und perfekt funktioniert es, wenn sich die richtigen Partner zusammenfinden. Im Grunde machen wir nicht nur Quartiersmarketing, sondern auch Innenstadtmarketing."

*Foto: Die Hängenden Gärten als Alleinstellungsmerkmal*

## Frequenz stärken durch Innovation und Inspiration

„Wir planen Marketing- und Branding-Aktivitäten immer mit dem Fokus, etwas Besonderes zu bieten. Wir möchten überraschen und inspirieren – auf hohem Niveau. Das schaffen wir unter anderem durch regelmäßige Pop-ups, Show-Acts oder Kunstinstallationen", sagt Katja Köpf. So wird der Besuch der FÜNF HÖFE zum Ritual jedes Stadtbummels.

*Foto: Fashion-Danceshow zum Opening von HUGO BOSS an der Fassade der FÜNF HÖFE zur Theatinerstraße*

## Die lokale DNA präsentieren

„Kommunikation ist nicht alles, aber ohne Kommunikation ist alles nichts", sagte der deutsche Psychologe und Kommunikationswissenschaftler Paul Watzlawick. Die individuelle DNA eines Ortes richtig zu präsentieren, ist ein essenzielles Erfolgskriterium für jeden innerstädtischen Raum. Das Lebensgefühl, der „Spirit" eines Standorts muss bei den Menschen ankommen – ebenso wie bei interessanten Handelskonzepten.

„Wer sympathisch, mit Stil und klarer thematischer Positionierung aus der Masse heraussticht, erhöht seine Strahlkraft auch über die Stadtgrenzen hinaus", so der Agenturchef von Twenty One Media. „Und das funktioniert nur mit maßgeschneiderten, an den Standort angepassten Konzepten."

Katja Köpf ergänzt: „Wir erzählen die Geschichte unseres Ortes in all seinen Facetten und immer wieder aus verschiedenen Blickwinkeln. Der Leitgedanke, der auch unsere Identität prägt, ist dabei immer dieses ganz besondere Dolce-Vita-Feeling, das auch die Münchner lieben: die Kunst, das Leben zu genießen."

Shopping allein ist heute kein Grund mehr, in die Innenstadt zu gehen. Um Stadtzentren – auch abends – zu beleben, muss der „Konsumraum" zum (Er-)Lebensraum werden. „Raum zum Verweilen, Fühlen und Erleben, um Menschen zu treffen und eine gute Zeit zu haben … dass wir alle das fürs Wohlbefinden brauchen, wurde spätestens in den Lockdowns jedem bewusst", sagt Sebastian Guth.

„Eine vielfältige Gastronomie ist das eine. Öffentlich zugängliche Aktionen, die auch spontane Begegnungen ermöglichen – wie unsere Tango-Abende oder Open-Piano-Events – bieten dann das Extra, das die Menschen anzieht", präzisiert Katja Köpf.

## Soziale Interaktion & Spontaneität ermöglichen

Sie möchten mehr Identität, mehr Leben, mehr Erfolg auch für Ihren Standort? Unsere kreativen Köpfe finden maßgeschneiderte Möglichkeiten. Rufen Sie uns an.

# REWE: Viermal Innovation für deutsche Innenstädte

*Die Kölner Supermarktkette REWE hat im letzten Jahr zahlreiche Neuheiten und Innovationen präsentiert, die sowohl ihre Immobilien als auch Dienstleistungen betreffen. Hier möchten wir Ihnen vier Beispiele zeigen.*

### Eröffnung des ersten vollautonomen Pick&Go-Marktes in der Münchener Innenstadt

Nach zwei hybriden Testmärkten in Köln und Berlin hat REWE Pick&Go Ende 2022 den nächsten Meilenstein erreicht. Der erste vollautonome REWE-Markt öffnete in der Münchener Innenstadt.

Im neuen Markt an der Karlstraße wird Kundinnen und Kunden ein Einkauf ohne Kassenvorgang ermöglicht – zeitsparend, bequem und sicher. Dabei kommt es trotz des technologisierten Einkaufs zu keiner Einsparung von Marktpersonal. Das Sortiment im Pick&Go-Markt in der Maxvorstadt umfasst rund 4.000 Artikel auf einer Verkaufsfläche von 298 Quadratmetern. Dazu gehören frische Backwaren, Obst und Gemüse, ein umfassendes Trockensortiment, Tiefkühlprodukte, Getränke sowie Haushaltswaren.

### REWE & URW inszenieren in der HafenCity einen Gourmet-Supermarkt

Mitten im Herzen des Westfield Hamburg-Überseequartiers ist auf mehr als 3.000 Quadratmetern Verkaufsfläche einer der größten Gourmet- und Erlebnissupermärkte Hamburgs entstanden. Auf die Besucher der HafenCity wartet ein REWE-Leuchtturm-Markt der Extraklasse.

Highlights sind der Markthallenstil des neuen REWE, verschiedene Frischebereiche, etwa Fisch-Delikatessen, eine Sushi-Bar, eine Premium-Bäckerei und vieles mehr. Ein großer Fokus wurde auf die Themen Nachhaltigkeit und Regionalität gelegt. Zudem ist die REWE-Filiale, die REWE und Unibail-Rodamco-Westfield als Investor und Gesamtprojektentwickler des Mixed-Use-Quartiers in enger Zusammenarbeit über drei Jahre hinweg

*REWE hat in der Münchener Innenstadt den ersten vollautonomen Pick&Go-Markt eröffnet.*

*Genuss total im neuen REWE-Markt des Hamburger Überseequartiers von Unibail-Rodamco-Westfield*

*In Berlin-Friedrichshain steht der erste Supermarkt aus dem Hochleistungsbaustoff Infraleichtbeton.*

*Da staunten die Passanten: In Hamburg-Eimsbüttel rollten die ersten autonomen REWE-Warenkörbe.*

geplant haben, individuell an den Standort in der Hamburger HafenCity angepasst und vor allem au die lokale Community ausgerichtet worden. REWE im Westfield Hamburg-Überseequartier ist konzipiert als ein sozialer Treffpunkt mit Events, Aktionen und lokalen Kooperationen.

In Anlehnung an den Gemeinschaftsgedanken des gesamten Westfield Hamburg-Überseequartiers werden in dieser neuen, außergewöhnlichen REWE-Filiale (Eröffnung im April 2024) die Themen Gemeinschaft, lokale Einbettung und Nachbarschaft im Vordergrund stehen und allen Besuchern, speziell den Bewohnern des Quartiers, diverse Möglichkeiten zum Austausch und Verweilen sowie Erleben und Genießen angeboten.

### Premiere für Supermarkt aus Infraleichtbeton

Baulich ein Leichtgewicht, für den Kiez ein Schwergewicht: In Berlin-Friedrichshain hat im Frühjahr 2023 der bundesweit erste REWE-Markt aus dem Hochleistungsbaustoff Infraleichtbeton eröffnet. Dank der eingeschlossenen Luft im Beton ist das Material leichter als Wasser und zugleich wärmedämmend.

„Für uns ist es ein Testlauf, der Baustoff hat Potenzial. Er hat einen geringeren $CO_2$-Fußabdruck als herkömmlicher Beton, unter anderem wegen des geringeren Zementgehalts. Wir brauchen keine zusätzliche Dämmung, es ist ein Stück weit die Rückkehr zum einfachen Bauen", erklärt Dirk Heimann, Leiter Bauwesen REWE Ost. Insgesamt wurden rund 14 Millionen Euro in den Neubau investiert.

REWE ist Eigentümer des Grundstücks zwischen RAW-Gelände und Ostkreuz. „Der Vorteil für uns ist, dass wir bei den Planungen im Rahmen der gesetzlichen Vorgaben freie Hand hatten. Wir konnten nach unseren Überzeugungen die Baustoffe auswählen, das Gebäudeinnere gestalten und nachhaltige Kriterien festlegen", betont Heimann. „In Berlin-Friedrichshain testen wir nun zum ersten Mal Infraleichtbeton, er kommt bei den Außenwänden und der Brandschutzmauer zum Einsatz."

### In Hamburg gingen erste rollende Warenkörbe auf Tour

REWE hat 2023 innerhalb eines Pilotprojekts die ersten autonom fahrenden „Warenkörbe" auf Tour geschickt. In Hamburg-Eimsbüttel gab es viele erstaunte Passanten. Im Rahmen einer Kooperation mit dem TÜV Süd, der Stadt Hamburg sowie den Start-ups Cartken und LastMile gingen die sogenannten Lieferbots an den Start.

Die gewünschten Waren wurden im REWE-Markt an der Hoheluftchaussee zusammengestellt und innerhalb von zwei Stunden – gesteuert von künstlicher Intelligenz – mit dem Lieferbot auf die Reise geschickt. Der Bewegungsradius der rund 35 Kilogramm leichten Roboterfahrzeuge in der Größe eines Bierkastens beträgt drei Kilometer.

Mit unter sechs Kilometern pro Stunde manövrierten die Fahrzeuge über den Bürgersteig und brachten ausgewählte Sortimente auf Wunsch innerhalb einer Stunde nach Hause. 360-Grad-Kameras und künstliche Intelligenz sorgten dafür, dass es zu keinen Unfällen kam.

# Neuauftritt von dm in Würzburg mit spektakulärer Einkaufskulisse

*In der Würzburger Innenstadt ist es der Drogeriemarktkette dm gelungen, einen beispielhaften Neuauftritt hinzulegen. Dieser erfolgte im November 2022. Es ist der inzwischen dritte dm-Markt in der fränkischen City und mit 1.100 qm Verkaufsfläche der größte in Nordbayern bzw. fünftgrößte in ganz Deutschland. Aufgeteilt auf zwei Etagen bietet der dm-Markt Platz für die breite Sortimentsauswahl mit mehr als 12.500 Produkten in den Bereichen Kosmetik und Pflege, Haushalt, Ernährung, Gesundheit, Baby- und Kleinkind sowie Foto und Tiernahrung.*

Das Gebäude gegenüber des Juliusspitals bietet eine spektakuläre Einkaufskulisse. Eine imposante, offene Treppengalerie führt nach oben. Durch eine große Fensterfront flutet Licht durch die Räume und gestaltet ein einzigartiges Ambiente. Würzburger Motive zieren die Wände und zeigen die Verbundenheit mit der Stadt: Hier kann man nicht nur einkaufen – die Atmosphäre lädt geradezu zum Verweilen in einer der sechs Sitzecken mit Couches oder Sitzsäcken ein. Und mit den Grünpflanzen, welche diese Atmosphäre noch unterstützen, sind diese Sitzgelegenheiten für eine kleine Verschnaufpause in der Stadt nahezu perfekt.

Die Juliuspromenade ist ein zentraler Verkehrsknotenpunkt in der Innenstadt, mit sechs Straßenbahn- und mehreren Busanbindungen. Dieser ideale Standort zwischen Bahnhof und Dom ermöglicht Kundinnen und Kunden bei ihren Einkäufen noch mehr Flexibilität in der Innenstadt. Zum Beispiel bietet der Standort eine gute Möglichkeit für einen schnellen Einkauf. „Oft hat man vor oder nach der Arbeit wenig Zeit, deswegen wird es auch im neuen dm-Markt eine Abholstation geben. An dieser kann man seine online oder über die Mein dm-App bestellten Produkte ohne Wartezeit und kontaktlos abholen. Zudem stehen zwei Selbstbedienungskassen bereit. An diesen können Kundinnen und Kunden ihre Einkäufe eigenständig scannen und bezahlen", erklärte Sonja Wehr, Gebietsverantwortliche, vor der Eröffnung.

Hobbyfotografen können an der Foto-Bedientheke aus ihren Lieblingsfotos ganz persönliche Erinnerungsstücke kreieren – ob bunte Fotobücher, personalisierte Tassen, große Poster oder edle Leinwände. „Ideal für Geschenkideen für die Liebsten zu Weihnachten", so Sonja Wehr. Das Besondere daran: Die Foto-Produkte sind zum Sofortmitnehmen. „Unser besonderer Dank für die vertrauensvolle und reibungslose Zusammenarbeit gilt auf Seiten der Vermieter der Ludwig Scheer Verwaltungs-GmbH & Co.KG und dem Architekturbüro Jens Geisendörfer sowie dem Makler-Büro Singer + Werner City Immobilien aus Würzburg", betonte Sascha Garnik, Bereichsleiter Expansion bei dm-drogerie markt.

### Historie des Gebäudes

Nach vielen vorherigen Besitzerwechseln plant dm nun langfristig in diesem Gebäude zu bleiben. Bis 1999 war das Bavaria-Kino-Center noch in der Juliuspromenade 68 zu Hause. Danach wurde es abgerissen, und ein vierstöckiges Sportkaufhaus entstand. Die Sportarena als größter Sportanbieter in Würzburg wurde 2001 eröffnet. Nach 17 Jahren endete der Betrieb der Sportarena und machte 2018 Platz für eine Sportabteilung der Galeria-Kaufhof-Filiale.

Im Zuge mehrerer bundesweiter Schließungen der Galeria-Karstadt-Kaufhof-Filialen wurde 2020 auch diese Filiale geschlossen. Für kurze Zeit zog dann ein Pop-up-Store in das Gebäude. Der Shop-im-Shop-Laden bot mehreren Einzelhändlern die Chance, unter anderem Kleidung, Lebensmittel oder Schmuck zu verkaufen. Ende 2020 war dann auch für den Shop-im-Shop Schluss. Seit 2021 liefen die Bauarbeiten - Ende 2022 konnte dann endlich wieder neues Leben in die Juliuspromenade 68 einziehen.

### Aus- und Umbau

Das Gebäude wurde vollständig bis auf die Lüftungsanlage, die übernommen wurde, entkernt, die Rolltreppen komplett entfernt und durch freitragende Y-Stahltreppe, die das EG und das OG verbindet, ersetzt. Auch ist ein zweiter Ein-/

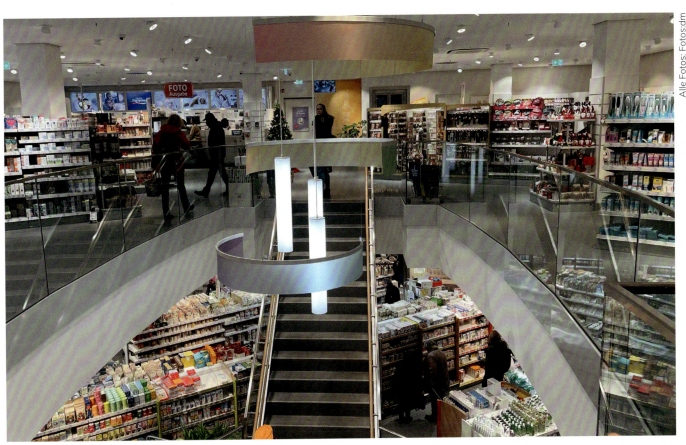

*Das Gebäude bietet eine spektakuläre Einkaufskulisse. Eine imposante, offene Treppengalerie bildet den Mittelpunkt. Durch eine große Fensterfront flutet Licht durch die Räume und gestaltet ein einzigartiges Ambiente.*

*Hier kann man nicht nur einkaufen, sondern in einer der sechs Lounge-Bereiche (mit Couches oder Sitzsäcken) gemütlich verweilen.*

*Die Juliuspromenade bot für eine eindrucksvolle Fassadengestaltung beste Voraussetzungen.*

Ausgang geschaffen worden, um dem hohen Kundenstrom gerecht zu werden. Da der Gehweg Gefälle zum Gebäude hat, konnten nur an diesen Stellen die Ein- und Ausgangsanlagen eingebaut werden. Zu dem vorhandenen Warenaufzug wurde zusätzlich noch ein Kundenaufzug eingebracht. Die Wandgestaltung erfolgte mit Sehenswürdigkeiten der Stadt Würzburg, und aufgrund der großen Fläche konnten viele Sitzmöglichkeiten geschaffen werden, um den Kunden auch mal eine Pause zum Ausruhen zu ermöglichen. Zudem sind noch Ladestationen für Handys integriert worden. In jeder Etage befindet sich eine Trinkwasseranlage. Der Außenauftritt wurde neben zwei Einzelbuchstabenanlagen über dem Ein- und Ausgang mit einer eindrucksvollen Video-Wall vervollständigt.

## Projektentwicklung Lebensmitteleinzelhandel

# Je vielfältiger der Nutzen, desto wertvoller der Standort

Der Handel folgt dem gesellschaftlichen, wirtschaftlichen und kulturellen Wandel. Für den Handelsstandort ergibt sich daraus die Notwendigkeit einer stetigen Transformation. Seine Gestaltung greift Kundenwünsche und -gewohnheiten auf und berücksichtigt ebenso kommunale Vorgaben und Ansprüche. Heute besteht die Herausforderung für das stationäre Geschäft darin, Antworten auf den demographischen Wandel, die fortschreitende Urbanisierung und den Wettbewerb mit dem Online-Handel zu finden: Was macht innerstädtische Handelsstandorte attraktiv? ALDI SÜD setzt auf eine Belebung durch zusätzliche Nutzungen. Orientiert am lokalen Bedarf entwickelt der Discounter Mixed-Use-Konzepte, die Raum schaffen für Wohnungen, Kitas und Betreuungsangebote, Gastronomie, Büros, zusätzlichen Handel oder Mobilität.

Visualisierung: lennermann krämer architekten

Foto: ALDI SÜD

Die Universitätsstadt **Landau** in der Pfalz benötigt dringend Wohnheimplätze für Studierende. Gemeinsam mit der Stadt und dem Studierendenwerk Vorderpfalz entwickelt ALDI SÜD vor Ort zwei bestehende Filialstandorte weiter und kombiniert sie mit Wohnungen. In der Maximilianstraße wurde 2021 der erste Neubau fertiggestellt – mit Filiale im Erdgeschoss sowie drei Etagen mit 32 Appartements (65 Wohnplätze) und Büros für das Studierendenwerk. In der Annweilerstraße (siehe Bild) entsteht bis 2025 über einer neuen Filiale ein weiteres Wohnheim mit 199 Plätzen (155 Einzelappartements und 10 WG).

Wie im Umfeld anderer Großstädte steht auch in **Wesseling**, einer mittelgroße Stadt an der Kölner Stadtgrenze, der Wohnungsmarkt unter Druck. In der Gotenstraße hat ALDI SÜD einen 1997 eröffneten Standort erweitert, ohne zusätzliche Fläche zu versiegeln. Auf dem großzügig angelegten Filialparkplatz entstand vis-à-vis zur bestehenden Filiale ein modernes und energieeffizientes Geschäfts- und Mehrfamilienhaus mit Kleinkinderspielplatz. Im Erdgeschoss eröffnete ein Drogeriemarkt, und in den beiden oberen Geschosse wurden acht Dreizimmer-Wohnungen sowie zwei Vierzimmer-Wohnungen kürzlich bezogen.

In **Waldbronn** bei Karlsruhe entwickelt ALDI SÜD am Rande eines großen Neubaugebiets einen bestehenden Filialstandort weiter. Ohne zusätzliche Flächenverdichtung entstehen auf insgesamt 12.000 Quadratmetern im Erdgeschoss eine ALDI SÜD Filiale und zusätzliche Handelsflächen für einen Super- und einen Drogeriemarkt. In fünf mehrgeschossigen Aufbauten werden insgesamt 115 Wohnungen eingerichtet, von denen 20 Prozent sozial gefördert sind. Das Bauprojekt stärkt den Ortskern, indem es die Nahversorgung verbessert und das Einkaufen auf kurzen Wegen erleichtert. Die Fertigstellung erfolgt 2024.

In der **Pforzheimer** Innenstadt ersetzt ALDI SÜD als Eigentümer und Bauherr ein ehemaliges Post-Gebäude durch eine Handelsimmobilie mit vielfachen Nutzungen. Im Erdgeschoss entsteht eine ALDI SÜD Filiale und darüber eine Parketage mit 64 Stellplätzen. In den oberen drei Geschossen findet eine Kita mit vier Gruppen Platz sowie 43 Appartements für Betreutes Wohnen und Räume für das Pflegepersonal. Der neue Standort verbessert die Nahversorgung vor Ort, ergänzt das Angebot für Familien mit Kindern und schafft in innerstädtischer Lage attraktiven Wohnraum für ältere Menschen. Fertigstellung voraussichtlich 2024.

In **Nürnberg** besteht bis 2025 ein jährlicher Bedarf von rund 2.000 zusätzlichen Wohnungen. Im Stadtteil St. Jobst errichtet die städtische Baugesellschaft 500 Wohnungen, und gleich nebenan entwickelt ALDI SÜD einen 1987 eröffneten Standort weiter. Nach dem Abriss entsteht an gleicher Stelle eine fünfgeschossige Immobilie. Über der Filiale im Erdgeschoss sind vier weitere Etagen geplant, in denen 56 Wohnungen Platz finden (50 bis 105 Quadratmeter Wohnfläche). Unter der Filiale bietet eine zweigeschossige Tiefgarage insgesamt 112 Stellplätze für Bewohner und Kunden. Geplante Fertigstellung: Mitte 2025.

In **Düsseldorf** ist das „KULT-Kaufhaus" ein Begriff. Der ehemalige Standort der gleichnamigen Modekette war über Jahrzehnte ein beliebter Treff- und Anziehungspunkt mitten in der Altstadt. Gemeinsam mit Partnern hat ALDI SÜD das in die Jahre gekommene Gebäude in der Flinger Straße zwölf Monate lang saniert und damit 5.000 Quadratmeter Nutzfläche revitalisiert. Das Erdgeschoss vermietet ALDI SÜD seitdem als Generalmieter an Gastronomen und Einzelhändler. Um ihnen genügend Raum zu geben, ist die ALDI SÜD Filiale in das erste Obergeschoss gezogen und per Lift sowie über eine eigene Rolltreppe erreichbar.

Projektentwicklung Centerstandorte

# RemsPark in Stuttgart ist One-Stop-Shopping-Erlebnis

In der sich ständig wandelnden Welt des Einzelhandels stehen Investoren und Eigentümer von etablierten Handelsstandorten vor großen Herausforderungen. Die Veränderung der Kundenbedürfnisse, Handelstrends und die steigenden Anforderungen im Bereich ESG erfordern innovative Ansätze. Ein Beispiel für die erfolgreiche Bewältigung dieser Herausforderungen ist die Revitalisierung des RemsParks in Waiblingen bei Stuttgart.

Der RemsPark, ein in den 70er Jahren errichteter Centerstandort, hat eine bedeutende Versorgungsfunktion mit einem Einzugsgebiet, das weit über Waiblingen hinausreicht. Nach einer letzten grundlegenden Sanierung und Erweiterung in den 90er Jahren wurde das Einkaufszentrum bis zur Schließung Anfang 2022 durch Real betrieben. Im vergangenen Jahr ergriff Kaufland die Gelegenheit, das in die Jahre gekommene Einkaufszentrum zu erwerben und durch eine umfassende Revitalisierung neu zu positionieren.

Die Herausforderung bestand darin, ein zukunftsfähiges und attraktives Vermietungskonzept auf über 22.000 Quadratmetern zu entwickeln. Die Struktur des Gebäudes erforderte eine individuelle Flächenaufteilung, und bauplanungsrechtliche Rahmenbedingungen verlangten nach kreativen Lösungen bei der Vermarktung.

Das Herzstück des neuen Vermietungskonzepts ist der zentral gelegene FoodCourt. Durch die Zusammenarbeit mit bestehenden und neuen Mietern wurde das Food- und Gastronomiekonzept erheblich aufgewertet, um den Kunden ein ansprechendes Verweilerlebnis zu bieten. Der attraktive Sitzbereich ist nicht nur ein Ort zum Essen, sondern auch ein sozialer Treffpunkt, der zum Austausch und Entspannen einlädt.

Die Verlängerung der Verweildauer im RemsPark war bei der Planung des Vermietungskonzepts

*Der zentral gelegene FoodCourt ist das Herzstück des neuen Vermietungskonzeptes.*

*Für den neuen Standort konnten zahlreiche namhafte neue Fachmarktflächen gewonnen werden.*

*Ein breit aufgestelltes Einkaufszentrum wie der RemsPark ist ein Kundenmagnet.*

von entscheidender Bedeutung, da sie ein zentraler Indikator für die Attraktivität und langfristige Erfolgsperspektive des Einkaufszentrums sein wird.

Die Umstrukturierung der Flächen erstreckte sich, neben dem ehemaligen Gastronomiebereich, vorwiegend auf Teile der damaligen Real-Fläche und auf Leerstände im Mallbereich. Namhafte neue Fachmarktflächen, darunter Decathlon, Smyth Toys und dm-Drogeriemarkt, konnten für den Standort gewonnen werden. Zudem haben sich weitere Mode- und Schuhfachmärkte im Center neu positioniert. Das Vermietungskonzept wurde um die neue Kaufland-Filiale, die auf über 6.000 Quadratmetern betrieben wird, sowie um weitere Dienstleistungen und Geschäfte ergänzt.

Dieser vielfältige Branchenmix schafft ein attraktives Einkaufserlebnis für die Kunden und bietet durch das One-Stop-Shopping-Erlebnis langfristig Wettbewerbsvorteile.

Ein breit aufgestelltes Einkaufszentrum wie der RemsPark ist ein Magnet für alle Kunden. Dies schafft nicht nur einen großen Kundenzustrom, sondern auch eine starke Kundenbindung an den Standort. Die Infrastruktur des Standortes mit ausreichend Parkplätzen trägt zusätzlich zu den Vorteilen aus Kundensicht bei.

Im Zuge der Sanierung wurden zudem umfangreiche Investitionen getätigt, darunter der Austausch des alten Lüftungskonzeptes durch energieeffiziente Anlagen, die Nutzung der Abwärme von Kühlmöbeln zur Wärmeversorgung, die Umstellung der gesamten Beleuchtung auf LED, die Sanierung des Daches mit rezyklathaltigen Dachfolienbahnen und die Installation einer Photovoltaikanlage auf dem Dach.

Anfang 2024 werden zusätzliche Aufzugsanlagen installiert, um Laufwege für die Kunden zu verkürzen und um ein barrierefreies Einkaufen zu ermöglichen.

Die umfangreichen Investitionen tragen nicht nur zur Modernisierung bei, sondern auch zur Reduzierung des ökologischen Fußabdrucks des Einkaufszentrums und stellen langfristig dadurch einen wirtschaftlichen Vorteil bei der Flächenvermarktung dar.

Mit dem Abschluss der Revitalisierung des RemsParks Ende 2023 soll an den Erfolg der vergangenen Jahre angeknüpft werden. Das Ziel ist es, den Standort als etabliertes regionales Versorgungszentrum zurückzugewinnen. Diese erfolgreiche Transformation zeigt, dass durchdachte Revitalisierungen, intelligente Vermietungskonzepte und ökologische Modernisierungen ein Einkaufszentrum nicht nur in die Moderne führen, sondern auch seine Position als lebendigen und attraktiven Handelsstandort festigen können.

# Hanau: Frische Impulse für die Innenstadt der Zukunft

*Die Stadt Hanau sieht nicht tatenlos zu, wenn es um die Entwicklung ihrer Innenstadt geht. Seit 2019 setzt das Programm „Hanau aufLADEN" frische Impulse für die City – unter anderem mit Unterstützung für Handel und Gastronomie, aber auch mit zielgerichtetem Immobilienmanagement.*

Als das Projekt „Hanau aufLADEN" ins Rollen kam, konnte niemand die Dynamik erahnen, die dieses Programm entfalten würde. Ein Laden nach dem anderen poppte in „der kleinsten Großstadt Hessens" auf, einige von ihnen sind inzwischen vom temporären in den dauerhaften Zustand gewechselt und eine feste Größe in Hanaus Einkaufs- und Erlebnisangebot geworden.

Ende 2019 ist das Stadtentwicklungsprogramm „Hanau aufLADEN" unter der Regie der Hanau Marketing GmbH gestartet. Inzwischen hat es Vorbildcharakter für aktives Innenstadt-Ansiedlungsmanagement in kommunaler Verantwortung. Es ist gelungen, Hanaus City attraktiver zu machen, dem gefürchteten Trading-Down-Effekt die Stirn zu bieten, sich von Negativtrends nicht einschüchtern zu lassen und mit ungewöhnlichen Ideen in die Zukunft zu gehen. In der Vergangenheit ist das Programm von der Initiative „Stadtimpulse", die unter anderem vom Deutschen Städtebund getragen wird, bereits „als eines der besten Beispiele zur Innenstadtentwicklung Deutschlands" ausgezeichnet worden.

### Austausch im engmaschigen Netzwerk

Im Werkzeugkasten von „Hanau aufLADEN" liegen dabei zahlreiche Instrumente. Es gibt vielfältige Förder- und Unterstützungsangebote für Einzelhandel und Gastronomie, etwa in Form von Mietkostenzuschüssen für junge Unternehmer sowie Räume für Pop-up-Stores, die Unternehmen bei der Hanau Marketing GmbH anmieten können – zu sehr risikoarmen Konditionen. Aber auch Aktionen, Veranstaltungen und der Austausch in einem engmaschigen Netzwerk.

Hanau handelt: auch aufgrund der Erkenntnis, dass die Entwicklung einer Innenstadt nicht allein dem freien Markt überlassen werden kann. Ende 2019 hat die Stadtverordnetenversammlung daher eine Satzung erlassen, die ihr ein „besonderes Vorkaufsrecht" in gewissen Bereichen von Innen- und Altstadt sichert.

Diese Maßnahme sei durchaus konstruktiv, Vertreter von Stadt und Immobilienwirtschaft seien in einen engen Dialog gekommen. In den meisten Fällen werde bei Immobilienverkäufen eine einvernehmliche Lösung gefunden, bei der sich die neuen Eigentümer auf gemeinsam abgestimmte Vorgaben zur Entwicklung der veräußerten Immobilie einlassen.

### Innenstadtentwicklung in die eigene Hand nehmen

Aber die Stadt ist auch bereit, zur „Ultima Ratio" zu greifen: Hält sie ihre städtebaulichen Ziele für gefährdet, und handelt es sich um eine Immobilie mit strategischer Bedeutung, macht sie über ihre Gesellschaften Gebrauch vom Vorkaufsrecht und erwirbt die Immobilien selbst. Dadurch kann sie an ausgesuchten Stellen die Entwicklung selbst in die eigene Hand nehmen.

Ergänzt wird das Vorkaufsrecht durch das neue Ansiedlungsmanagement-Tool „LeAn©", das im Rahmen des vom Institut für Handelsforschung initiierten und vom Bundeswirtschaftsministerium geförderten Projekts „Stadtlabore für Deutschland" entstanden ist.

Auf der digitalen Plattform werden Leerstände und Immobiliendaten erfasst und in der Logik der Dating-App „Tinder" mit den Wünschen potenzieller neuer Betreiber abgeglichen und „gematcht".

Über die Vorkaufsrechtsatzung ist der Dialog mit der Immobilienwirtschaft inzwischen so intensiv, dass Hanau nahezu alle Immobilien der Innenstadt erfasst hat und über „LeAn" somit zielgerichtet vermitteln kann – idealerweise auch schon vorausschauend, damit Leerstand gar nicht erst entsteht.

BEST-PRACTICE-BEISPIELE **283**

*An den Wochenenden gibt es in Hanau ein besonderes Programm.*

*Das Hanauer Parkhaus ist ein bunter Blickfang.*

*Elsbeth und Vubbi, zwei Hanauer Originale, berichten in YouTube-Videos über das Neueste vom Wochenmarkt.*

*Im historischen Fronhof im Herzen der Altstadt gibt es entspannte After-Work-Unterhaltung mit Neuheiten und Klassikern auf der Open-Air-Kinoleinwand.*

*Über Hanau aufLADEN hatten Junguntermehmer die Chance, sich mit ihren Pop-up-Stores in 1a-Lagen in der Hanauer Innenstadt auszuprobieren.*

# Dresden: Foodcourt-Einweihung wird zum Pop-Festival

*Das von der Apleona Real Estate GmbH gemanagte Seidnitz Center in Dresden wurde für einen Tag zu einem Hot-Spot der gesamten City. Ein ganztägiges Showprogramm mit vielen, sogar international bekannten Stars sorgte für permanente Stimmung und den größten Publikumsandrang, den das Nahversorgungszentrum im Stadtteil Seidnitz vermutlich seit der Eröffnung im Jahr 1994 gesehen hat.*

1994 war es das erste Dresdner Einkaufszentrum überhaupt. Diesmal war der Anlass die Einweihung des total neugestalteten Food Courts, der bei laufendem Centerbetrieb in modularer Bauweise fertiggestellt wurde und bei den Kundinnen und Kunden auf große Zustimmung stieß. Bis in den Abend waren alle Tische voll. Draußen auf dem Center-Vorplatz standen die Menschen dichtgedrängt vor der großen Bühne, tanzten, applaudierten oder genossen die besondere Atmosphäre an diesem Tag.

Moderator Andre Hardt führte auf der großen Showbühne durch ein enorm umfangreiches Programm mit permanenten Live-Auftritten. Aber auch im Center passierte ständig etwas. Dort gab es „Promis zum Anfassen". Neben einer Autogrammstunde mit einigen Fußballern von Dynamo Dresden und Handballern des HC Elbflorenz verkauften an diesem Tag bekannte Persönlichkeiten aus Dresden und darüber hinaus Cocktails oder bedienten an der Kasse von Einzelhändler dm – darunter Martin Grothkopp, Dorit Gäbler, Karl Heinz Bellmann, Ede Geyer, André Sarrasani, Dirk Zöllner, Philipp Richter, Peter Escher, Anja Petzold, Miriam Köfer, Silvio Zschage, Marc Huster oder Viola Klein. Dies alles geschah für einen guten Zweck. Die „Water Is Right Foundation" (WIR) stand an diesem Tag im Blickpunkt. Sie sorgt weltweit für sauberes Trinkwasser und hat nun auch einen Wasserspender im Center errichtet. Hier können sich alle Besucher mit kostenfreiem Trinkwasser versorgen und unterstützen mit jedem getrunkenen Liter zehn Liter Trinkwasser dort, wo es selten ist.

**Star-Aufgebot wie bei einem Pop-Festival**

Gründer der Stiftung ist Rolf Stahlhofen, der Mitbegründer der international bekannten Musikband Söhne Mannheims. Er, der selbst schon mit Stars wie Joe Cocker, den Simple Minds, Peter Maffay oder Udo Lindenberg auf der Bühne stand, brachte eine ganze Gruppe von bekannten Interpreten aus seinem Netzwerk mit nach Dresden. Das Highlight war der Auftritt von Pop-Star Leonie (Remedy), die mit mehreren Nummer-Eins-Hits im Gepäck in die sächsische Landeshauptstadt kam und vor allem das junge Publikum in Ekstase versetzte.

Doch auch die deutsch-amerikanische Soulsängerin Cassandra Stein, die vor einigen Jahren beim ESC an den Start ging, sorgte ebenso für Riesenstimmung wie Bürger Lars Dietrich und einige Mitglieder der einstigen Kultband Puhdys, die jetzt unter dem Namen Quaster and Friends die Massen begeistern. Darüber hinaus waren aber noch knapp zehn weitere Interpreten live zu hören.

Es ist wirklich außergewöhnlich, dass ein vergleichsweise kleines Center einen Anlass wie eine Food-Court-Einweihung zu einem derart großen Event inszeniert.
Centermanagerin Tina Schwenke: „Wir haben hier ein wirklich unglaublich engagiertes Team, das dieses Programm von Anfang an mit großer Leidenschaft geplant und vorangetrieben hat. Durch den guten Kontakt unseres Eigentümer-Vertreters Sven Mauer zu Rolf Stahlhofen, den er bei einem German-Council-Event kennengelernt hatte, konnten wir für die WIR-Foundation diese fantastische Veranstaltung möglich machen. Wir alle sind sehr stolz, dass wir Rolf Stahlhofen am Ende einen Scheck in Höhe von über 10.000 Euro für seine Stiftung überreichen konnten."

Die gesamte Aktion zeigt auch, wie viel Zuspruch das Center im Stadtteil und darüber hinaus erfährt. Umgekehrt zeigt dadurch ein Center die Wertschätzung gegenüber den Besucherinnen und Besuchern.

So gelingt es, dass sich die Menschen mit dem Center identifizieren und selbst auch ein bisschen stolz darauf sind. Gleichzeitig stärkt es die Verbindung zwischen Personal und Center. Es gibt also im Grunde nur Vorteile eines solchen Events.

*Dicht gedrängt standen Tausende auf dem Vorplatz des Dresdner Seidnitz Centers und genossen das musikalische Spitzenprogramm anlässlich der Foodcourt-Fertigstellung.*

*Der neue Food Court war von morgens bis abends bis auf den letzten Platz gefüllt.*

*Wir-Foundation-Gründer Rolf Stahlhofen weihte die Trinkwasserstation im Center ein.*

*Lange Schlangen auch im Center: Die Dynamo-Dresden-Spieler gaben eine Autogrammstunde.*

*Den ganzen Tag über gab es Programm. Der Höhepunkt war Chartbreaker Leonie, die Zuschauer waren völlig begeistert.*

# Kunst im öffentlichen Raum: „Alltagsmenschen" in Innenstädten

*Die Beton-Skulpturen von Laura und Christel Lechner locken viele Menschen in die Innenstädte. Dabei sind ihre Werke beliebte Fotomotive, die auch in der digitalen Welt eine große Resonanz erfahren.*

Sie stehen in Fußgängerzonen und auf Plätzen, scheinen mit dem Einkauf beschäftigt oder halten ein Schwätzchen. Idealisierte Schönheitsbilder sind ihnen fremd. Die „Alltagsmenschen" tragen Badeanzug oder Shorts, Karohemd oder Schirmmütze. Fast stolz zeigen sie ihre Falten und Rundungen. Und manch ein Betrachter wähnt zunächst wirkliche Menschen vor sich.

Die „Alltagsmenschen" steigern die Aufenthaltsqualität in den Innenstädten und beleben den öffentlichen Raum. Somit bilden die Inszenierungen von Laura und Christel Lechner nicht nur einen kulturellen, sondern auch einen ökonomischen Faktor. 2023 waren die „Alltagsmenschen" unter anderem in Braunschweig, Fulda und Rees zu sehen.

## „Alltagsmenschen" entwickeln sich zu Publikumsmagneten

Ganz gleich, wo die beiden Künstlerinnen ihre aus Beton erschaffenen „Alltagsmenschen" aufstellen, immer erregen sie Aufsehen und entwickeln sich zu Publikumsmagneten. Schätzungen mehrerer Städte zufolge, die ihre Fußgängerzonen in den vergangenen mehr als 20 Jahren bereits mit den Werken geschmückt haben, locken die Ausstellungen jeweils mehr als 150.000 zusätzliche Besucher.

Normalerweise sind die Ausstellungen für drei oder sechs Monate an einem Ort zu sehen. Zwischen 40 und 70 Skulpturen bevölkern in dieser Zeit die öffentlichen Räume und nehmen die Bürger und Besucher mit auf eine Entdeckungstour durch den Ausstellungsort.

## Jede Ausstellung wird gründlich vorbereitet

Bei der Vorbereitung ihrer „Alltagsmenschen"-Ausstellungen überlassen Laura und ihre Mutter Christel Lechner nichts dem Zufall. Von der ersten Kontaktaufnahme durch die Städte bis zur offiziellen Eröffnung vergehen meist ein bis drei Jahre. Mit den Städtepartnern besprechen die Künstlerinnen, ob sich die Ausstellung und die Ausstellungsorte gegenseitig ergänzen. Bei einer gemeinsamen Begehung mit den Veranstaltern lernen die Lechners dann den Ausstellungsort und seine Blickachsen kennen, sie erstellen Fotos, bestimmen Strukturen und Fokuspunkte. Erst dann beginnen sie mit der Konzeption der Ausstellung. Manchmal entstehen dabei auch ganz neue Ideen und Werke. Erst dann geht es um die praktische Umsetzung und die Detailplanung.

„Die Ausstellungen berücksichtigen immer die spezifischen Gegebenheiten und die Charakteristika eines jeden Ausstellungsortes, sodass sich die Skulpturen nahtlos in die Umgebung integrieren und sie beleben", berichten Laura und Christel Lechner.

Sind die „Alltagsmenschen" schließlich in Position, nähern sich rasch die Passanten. Die Kunstwerke laden ein, umrundet und berührt zu werden. Zugleich sind sie ein beliebtes Motiv für Selfies oder Gruppenfotos. Später landen die Aufnahmen oft in den Sozialen Netzwerken. Somit wird auch im Digitalen eine enorme Reichweite erzielt – sehr zur Freude der Verantwortlichen im Stadtmarketing.

Alle Fotos: Atelier Lechnerhof

„Bitte nehmen Sie Platz!": Besucher und Skulpturen an der „Sommertafel" in Mosbach.

Lebensecht und lebensgroß: Bei den Skulpturen der Lechners, hier das Werk „Der Einkaufsbummel" ist das Anfassen erlaubt.

# Die Transformation des Heilbronner Wollhauses

*Gemeinsam mit dem Investor Neufeld Immobilien hat das Stuttgarter Planungsbüro blocher partners ein Architekturkonzept entwickelt, um das in die Jahre gekommene Wollhaus zu transformieren.*

Das Wollhaus in Heilbronn könnte man beinahe schon als altehrwürdig bezeichnen. Dennoch kommt einem diese Definition nicht in den Mund, denn im wahrsten Sinne des Wortes ist das Wollhaus Sinnbild des Brutalismus. Noch keine 50 Jahre alt und von bester Substanz, einst gefeiert und doch heute – respektvoll ausgedrückt – meist milde belächelt. Dabei geht es hier immer noch um höchste architektonische Qualität, auf deren Wiederbelebung es sich durchaus lohnt einzulassen, wie die Architekten von blocher partners aus Stuttgart belegen.

Unbestritten ist zweierlei: Das Wollhaus in Heibronnn, ehemals Arrondierung der Innenstadt, hat spätestens seit der Schließung seines Hauptmagneten 2015, der Galeria Kaufhof, seine besten Tage hinter sich. Verschiedene Entwickler haben in den folgenden Jahren Überlegungen angestellt, was mit dem einstigen Schmuckstück getan werden kann. Im Mittelpunkt aller Ideen stand stets der Abriss. Damit verbunden ein Neubau und immer wieder steigende Kosten, die dazu führten, dass niemand die Verantwortung für das Projekt übernehmen wollte.

Das wiederum rief einen lokalen Projektentwickler auf den Plan, der gemeinsam mit den Architekten von blocher partners überzeugt ist, dass das Wollhaus versteckte Potenziale hat. Die Neufeld Immobilien GmbH ist eine lokale Größe in Heilbronn und trotz fehlender Erfahrung in der Entwicklung gemischt-genutzter Immobilien aufgrund der Verwurzelung vor Ort die wichtigste Kraft, um das Projekt mit Unterstützung der Stadt zielgerichtet nach vorne zu bringen.

Dabei hat die Neufeld Immobilien GmbH mit blocher partners einen erfahrenen Partner ausgesucht, der sich einerseits durch Projektrealisierungen in Heilbronn wie der Stadtgalerie oder des Modehauses Palm bestens mit der Innenstadt auskennt und andererseits seit 30 Jahren für die Revitalisierung der Handelsarchitektur in den deutschen Innenstädten steht und das Projekt über die Architektur hinaus auch in der Innenarchitektur und dem Branding begleiten kann.

Im ersten Schritt sieht das Konzept der Architekten einen minimalen Rückbau des Bestandsgebäudes vor, sodass ein

*Das Wollhaus bietet auch attraktive Wohnungen.*

*Größer und mit mehr Nutzungsarten – aber der Kern des Wollhauses soll erhalten bleiben.*

Oberlicht für die geplante Mallnutzung entsteht. Im nächsten Schritt werden die Stadtachsen wieder hergestellt und die Eingänge akzentuiert. Zusätzlich werden die Terrassen für die Bürger zugänglich gemacht. Die Aufstockung des Turms sorgt für eine Fernwirkung des Gebäudeteils, für den eine öffentliche Nutzung im obersten Geschoss mit Dachterrasse geplant ist. Außerdem soll das Gebäude einen Wohnriegel erhalten, der als Hochpunkt im Süden mit grünen Terrassenwohnungen wertvollen innerstädtischen Wohnraum schafft. Als markantes Gebäude ist ein viergeschossiger Zimmerriegel für ein Hotel neben der Turmgeometrie geplant. Die obersten zwei Geschosse des Bestands wird eine großflächige Begrünung schmücken.

Die Erweiterung und Neugestaltung des Gebäudes trägt zur Entstehung neuen Stadtraums bei: Mit attraktiven Fassaden im Erdgeschoss belebt die geplante Mall den Vorplatz mit Busbahnhof und verbindet diesen mit dem Platz im Osten und der Fußgängerzone in der Fleiner Straße.

Der Planung vorausgegangen ist in enger Abstimmung mit der Stadt und dem Projektentwickler zunächst die Erarbeitung eines Nutzungskonzepts, das eine Durchmischung verschiedenster, sich gegenseitig befruchtender Angebote vorsieht: Neben einem Nahversorger wird es verschiedene Ladenflächen mit Ankermietern geben sowie Wohnen, Hotel und Boarding House. Einziehen werden auch Office, Gesundheit und Fitness-Angebote, außerdem ist eine soziale Nutzung z.B. durch eine Kita denkbar. Durch die Funktionsmischung wird das gesamte Haus erlebbar; der private Raum wird aufgelöst und lässt das Gebäude so wieder zum Bestandteil der Stadt werden.

Spezialisiert auf innerstädtische Entwicklungen, ist es blocher partners seit jeher ein Anliegen, solche Projekte wie das Wollhaus im Sinne der Bürger zu gestalten. Die Gebäude dürfen nicht abgeschottet werden, sondern müssen von vielen Seiten zugänglich sein. Sie sollten nicht nur im Innenbereich attraktive Allgemeinflächen bieten, sondern möglichst auch im Außenbereich. Es ist ein Glück, dass das Gebäude in Heilbronn sehr schöne Terrassen besitzt, die für die Öffentlichkeit zugänglich gemacht werden können.

Das Stuttgarter Planungsbüro ist überzeugt, dass die Zukunft der Innenstädte zunehmend durch die Abkehr von Mono-Nutzungen geprägt sein wird. Zukunftsfähige Projekte zeichnen sich durch ihre Multifunktionalität aus und sind idealerweise mit möglichst flexiblen Strukturen geplant, die es dem Bauherrn ermöglichen, auf sich verändernde Marktanforderungen flexibel zu reagieren. Das bedeutet: Mit einer individuellen Note ist es nicht getan und ebenso wenig mit Pauschallösungen. Vielmehr sind konzeptionelle Ansätze gefragt, die den spezifischen Bedürfnissen des jeweiligen Standorts gerecht werden. Hier sei auch die Bedeutung der Verdichtung von Städten durch die intelligente Nutzung und den Erhalt solcher Immobilien unterstrichen. Denn um eine nachhaltige Stadtentwicklung zu fördern, müssen Ressourcen effizient genutzt werden.

# Gemeinsam die Stadt neu denken: Innovative Wege der CIV zu lebendigen Erlebnisräumen

*Herausgefordert durch die einfache Anziehungskraft des Online-Handels, setzt die CITY IMMOBILIEN VERWALTUNGS GmbH & Co. Betreuungs – KG (CIV) auf eine kühne Wende: Einkaufsstraßen sollen nicht länger nur Orte des Konsums sein, sondern zu lebendigen Erlebnisräumen werden, die Menschen zusammenbringen.*

**Von Einkaufsstraßen zu Erlebnisräumen**

Die Umgestaltung von Einkaufsstraßen in vielfältige Erlebnisräume verkörpert eine visionäre Antwort auf die veränderten Bedürfnisse der Stadtbewohner und Besucher. Indem traditioneller Einzelhandel mit innovativen Konzepten der Gastronomie, Kultur und Freizeitgestaltung kombiniert wird, entstehen urbane Treffpunkte, die mehr bieten als nur Shopping-Möglichkeiten.

„Innovative Konzepte wie Gourmet-Markthallen bereichern unser Angebot und laden mit einer Vielfalt an Speisen zum Verweilen ein. Wir ergänzen dieses kulinarische Erlebnis durch kulturelle Aktivitäten, die von Pop-Up-Galerien bis zu Outdoor-Events reichen und das kulturelle Leben direkt zu den Menschen bringen" fasst Albert Roelen, Geschäftsführer CIV, die bereits in einigen seiner Shopping Center gelebte Vision zusammen.

*Schloss Arkaden in Heidenheim nach erfolgreichem Umbau*

# Mehr als nur Konsum - Die Zukunft der Innenstadt

### City-Immobilien

Darüber hinaus sind multifunktionale Freizeitbereiche wie Dachgärten und kreativ gestaltete Erholungsflächen zur sozialen Interaktion und Verbesserung des Stadtklimas geplant. Diese Entwicklungen verwandeln Innenstädte in Orte der Begegnung und Kultur, steigern die Lebensqualität und fördern eine lebendige Gemeinschaft.

**Lokal, urban, interaktiv: Die neue Ausrichtung für Handelsimmobilien der CIV**

Partizipative Stadtentwicklung stellt einen Paradigmenwechsel in der Gestaltung urbaner Räume dar, indem sie die direkte Einbindung von Bürgern, lokalen Unternehmen und weiteren Stakeholdern in den Planungs- und Entwicklungsprozess betont. Durch diese inklusive Herangehensweise entstehen Räume, die den tatsächlichen Bedürfnissen der Gemeinschaft entsprechen und gleichzeitig das soziale Miteinander und die lokale Identität fördern. Die direkte Beteiligung der Bürger führt zu einer höheren Akzeptanz der Projekte und gewährleistet deren nachhaltige Nutzung und Pflege. So wird ein lebendiges Gemeinschaftsgefühl gestärkt und die städtische Umgebung nachhaltig geprägt.

**Best Practice: Schloss Arkaden Heidenheim**

Die Schloss Arkaden Heidenheim haben sich nicht nur als Einkaufsdestination etabliert, sondern auch als ein Ort des sozialen Austauschs und der kulturellen Begegnung, der die Innenstadt belebt. Die gelungene Integration des Einkaufszentrums in das städtische Gefüge demonstriert, wie Handelsflächen die urbane Vitalität steigern können, wenn sie sorgfältig geplant und mit der lokalen Gemeinschaft abgestimmt sind.

Die CIV nimmt diese Erkenntnisse als Impulse, um Innenstädte weiterhin aktiv mitzugestalten und als lebendige Zentren des urbanen Lebens zu fördern. „In der zukünftigen Entwicklung wird es entscheidend sein, Trends wie Digitalisierung, Nachhaltigkeit und die Bedeutung von Gemeinschaftsräumen anzuerkennen und in die Stadtplanung zu integrieren. Mit diesem Fokus auf Erlebnis und Interaktion ist die Zukunft der Shopping Center gesichert." folgert Albert Roelen für die nächste Generation von Handelsimmobilien.

**Werden Sie Teil unserer Community – Jetzt QR-Code scannen!**

*CIV LinkedIN*  *CIV-Website*

# Menschen anlocken durch spektakuläre Lichtshows!

*Jule Beck und Katharina Haacke von First Christmas in Hamburg designen schon seit 20 Jahren Aufsehen erregende Lichtdekorationen für Einkaufscenter, Flughäfen, Einkaufsstraßen und ganze Innenstädte. Sie haben schon Menschenmengen in Berlin, München und Hamburg, in London, Paris, Rom, Kairo und Dubai mobilisiert, die ihre hoch emotionalen Lichterlebnisse sehen wollten.*

Im Londoner Westfield waren es an den Sonntagen vor Weihnachten über 250.000 Menschen an einem einzigen Tag. In Lissabon staunten die Besucher über die größten Lichtengel der Welt, über die alle Tageszeitungen berichtet hatten, in Amsterdam brach der Verkehr am Samstag vor Weihnachten zusammen, alle wollten die Weihnachtsdekoration in einem Einkaufscenter sehen, die in einer Livesendung den Preis des holländischen Fernsehens gewonnen hatten. „Licht lockt Leute!", sagt Jule Beck, „der uralte Werbespruch stimmt immer noch, aber natürlich muss heute mehr geboten werden als früher, als Hermann Tietz 1901 die so genannten „Weißen Wochen" erfand und dazu schlicht die Fassade seines Kaufhauses am Alexanderplatz in Berlin weiß anstrahlte. Damals allerdings ein unglaublicher Erfolg! Wir verbinden heute sehr, sehr individuelle Konzepte, wirklich für jeden Kunden genau auf seinen Standort und seine Kunden abgestimmt, mit technisch nahezu unbegrenzten Möglichkeiten." Die neue Weihnachtsbeleuchtung in der Hamburger Mönkebergstrasse stammt ebenso von First Christmas wie die Ramadan Dekoration in der Innenstadt der katarischen Hauptstadt Doha, insgesamt hat die Firma weit über 1500 Projekte realisiert in mehr als 50 Ländern in Europa und in der arabischen Welt. Design wird in Hamburg, die Lichtobjekte werden überwiegend in der eigenen Produktion in Italien hergestellt. First Christmas ist stolz darauf, nicht nur das Design und die Produktion der Ware anzubieten, sondern auf Wunsch auch Auf- und Abbau, damit also eine echte Komplettleistung.

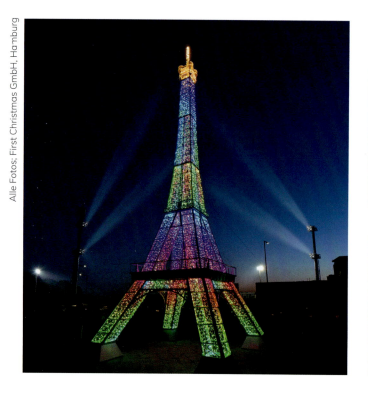

Alle Fotos: First Christmas GmbH, Hamburg

BEST-PRACTICE-BEISPIELE 293

Alle Fotos: First Christmas GmbH, Hamburg

# Zauberer treffen auf Street-Art: „Stachus-Passagen" in München

*Seit Kurzem geht es in den „Stachus-Passagen" in München so richtig magisch zu: Nachdem die IPH Gruppe Ende 2023 einen Mietvertrag mit Thalia abgeschlossen hatte, eröffnete im Frühjahr 2024 ein Pop-up-Store rund um die Fantasiewelt von Harry Potter. Das zugrunde liegende „Wizarding World Shop by Thalia"-Konzept ist vom Hauptbahnhof Hamburg in die Bayerische Landeshauptstadt umgezogen. Im Jahr 2022 eröffnete der allererste Social Pop-up - in Zusammenarbeit mit der Organisation wirhelfen.eu.*

### Street-Art im Untergrund

Ein solcher Pop-up-Store steht beispielhaft für den Marketing-Ansatz, den IPH-Centermanagement-Geschäftsführer Marcus Eggers und sein Team für das größte unterirdische Shopping Center Europas, die „Stachus-Passagen", entwickelt haben. Denn eines steht fest: Eine solche Lage ist mit ganz eigenen Herausforderungen verbunden. Die Frequenz von bis zu 200.000 Passanten täglich ist zwar stark, und die jungen Münchnerinnen und Münchner haben erwiesenermaßen Lust auf Shopping, wie eine aktuelle BBE-Umfrage ergab. Umso wichtiger ist es jedoch, dass aus den Passanten auch Kunden werden.

„In einer Zeit, in der sich der Handel immer mehr in Richtung Erlebnis entwickelt, Show-Rooms wichtiger werden und die Passanten aktiv in die Shops ‚gelockt' werden müssen, setzen wir auf maximale Sichtbarkeit und den Wow-Effekt", sagt Marcus Eggers.

*Die Stachus-Passagen in München haben mit bis zu 200.000 Passanten täglich eine starke Frequenz.*

Dass sie dabei auch ungewöhnliche Wege gehen, zeigt das Event „Underground Art", das im Mai 2023 stattfand und mit dem Immobilien-Marketing-Award prämiert wurde: Graffiti-Künstler René Turrek gestaltete eine der Flächen zu einem modernen Street-Art-Kunstwerk, unter anderem live vor Publikum und mit dazugehörigem Merchandise. „Das Event war ein voller Erfolg und hat den Wiedererkennungswert der ‚Stachus-Passagen' deutlich gesteigert", resümiert Franka Lange. Sie leitet unter anderem die Marketing-Aktivitäten der BBE Handelsberatung und IPH Gruppe. „Deshalb arbeiten wir auch gemeinsam an weiteren Formaten – wobei wir hierzu noch nichts Genaues verraten dürfen."

### Offline-Umsatz online unterstützen

Nicht alle Ansätze der Centermanager sind so „greifbar" wie das Street-Art-Kunstwerk. Ebenso wichtig ist, was sich im Internet abspielt. Im Mittelpunkt der Online-Strategie stehen Drive-to-Store-Konzepte, die nicht nur die jüngsten Kundinnen und Kunden auf dem heimischen Sofa erreichen und Anreize schaffen, in die Stores zu kommen. Ein zeitgemäßer Website- und Social-Media-Auftritt auf Instagram und Facebook gehört genauso dazu wie Gewinnspiele und online beworbene Sonderaktionen auf den Flächen. Hierbei wurde unter anderem besonders auf die Black Week rund um den Black Friday gesetzt, der üblicherweise eher mit dem E-Commerce in Verbindung gebracht wird. In diesem Fall ging es aber ganz konkret um Sonderangebote in den Shops.

Ausruhen wolle man sich allerdings nicht, sagt Eggers: „Wir haben mit unseren Maßnahmen eine gute Basis für weitere spannende Mieter gesetzt. Ich bin mir sicher, dass die ‚Stachus-Passagen' im Jahr 2025 in jeder Hinsicht noch bunter sein werden als jetzt."

# Neustart im Herzen Stuttgarts: Wie das „Gerber" zum Quartier wurde

*Im Herbst 2014 wurden in Stuttgart zwei große Einkaufszentren eröffnet: das „Milaneo" und „Das Gerber". Zusammen brachten sie fast 80.000 Quadratmeter neue Verkaufsfläche auf den Markt. Diese Menge an Verkaufsfläche war allerdings zu viel für die Stadt, die bereits eine gut laufende Highstreet aufwies, was dazu führte, dass in beiden Centern Kundenfrequenz fehlte. 2019 übernahm die IPH Centermanagement GmbH die Leitung des „Gerber", mit dem Ziel, das Einkaufszentrum von Grund auf neu zu gestalten.*

**Marktveränderungen herausfordern: Neuausrichtung als „Gerber Quartier"**

Die Schwierigkeit im „Das Gerber" bestand vor allem im ersten Obergeschoss, wo der Einzelhandel trotz innovativer Konzepte wie Pop-up-Stores nicht den erhofften Erfolg zeigte. Die Württembergische Lebensversicherung AG als Eigentümerin und die IPH Gruppe entwickelten eine Strategie zur Transformation des Einkaufszentrums in ein vielseitiges, gemischt genutztes Stadtquartier mit verschiedensten Nutzungsarten.

Wichtig war dabei für beide Seiten, die Dinge nicht einfach nach dem bisherigen Schema weiterlaufen zu lassen, sondern innovativ zu denken und den sprichwörtlichen Blick über den Tellerrand zu wagen: Während es in der Mikrolage zu viele Einzelhandelsflächen gab, existierte ein spürbarer Mangel an modernen Hotelangeboten. Mit der Hotelkette Ruby konnte deshalb ein idealer Kooperationspartner gefunden werden – zumal zwischen dem Hotelbereich und dem Center-Bereich starke Synergien entstehen konnten: Hotelgäste wurden Center-Kunden und umgekehrt. In den unteren Etagen hat die IPH Centermanagement hingegen einen neuen Mix aus regionalen und internationalen Einzelhändlern, Concept-Stores und Pop-up-Flächen realisiert. Mit einer Reduzierung von 24.000 auf 15.000 Quadratmeter ist der Handelsbereich kleiner, aber umso vielfältiger geworden.

**Das Ohr an der Baustelle**

2021 begannen die Bauarbeiten in einer intensiven Zusammenarbeit zwischen der IPH Gruppe, den Mietern und der Württembergischen Lebensversicherung. Für die Nachbarschaft war ein Hoteleinbau im laufenden Betrieb natürlich mit Unannehmlichkeiten verbunden. Eine Centermanagerin der IPH Gruppe zog daher zeitweise in eine der Wohnungen im „Gerber", um den Umbau zu begleiten und den Dialog mit den Mietern auch außerhalb der Bürozeiten zu fördern. Gemeinsam konnte diese Herausforderung jedoch bewältigt werden, sodass das Ruby und der angrenzende Co-Working-Space fristgerecht fertiggestellt werden konnten. Der Vermietung der letzten Flächen im Obergeschoss steht nun nichts mehr im Wege.

„Das Gerber" war schon immer als Stadtquartier gedacht. Doch Quartiere ändern sich – genauso wie die Bedürfnisse der Menschen, die in ihnen leben. Durch die Partnerschaft zwischen Eigentümer und Center-Manager konnte die nötige Transformation erfolgreich bewältigt werden – was auch dafür ausschlaggebend war, dass der Vertrag zwischen der Württembergischen Lebensversicherung und der IPH Gruppe langfristig verlängert wurde.

*Das Gerber wird von Grund auf neu gestaltet.*

# Die Verbindung zwischen Mensch und Center

*Einkaufszentren werden immer mehr zum Bestandteil und Impulsgeber für ihr jeweiliges Einzugsgebiet. Noch nie war es so wichtig wie heute, sich hierfür mit den Städten und Kommunen zu vernetzen und zusammenzuarbeiten.
In diesen Zusammenhang einbezogen sind u.a. auch Vereine, Initiativen und gemeinnützige Organisationen, die alle eine enge Bindung zu ihren Mitgliedern haben und daher als äußerst glaubwürdige Multiplikatoren gelten.*

Der Centermanager HBB aus Hamburg hat früh erkannt, dass ein Center nicht einfach nur ein „Verkaufsraum" ist, sondern auch unter gesellschaftlichen und sozialen Aspekten als ein wichtiger Dreh- und Angelpunkt fungiert.

### SOCIAL POP-UP – FORUM Schwanthalerhöhe
Im April 2022 fand im FORUM Schwanthalerhöhe in München ein Social-Pop-up-Event statt, das in Kooperation mit WirHelfen.eu, einer zentralen Anlaufstelle für Hilfs- und Unterstützungsangebote in Deutschland, durchgeführt wurde. Teilnehmer waren fast ausschließlich gemeinnützige Organisationen und Künstler aus dem umliegenden Westend-Viertel, die die gesamte Bandbreite der lokalen Hilfsangebote abdeckten, wie die Stadtbibliothek mit ihren Vorlesewerkstätten für Kinder, die Mobilitätskampagne „Green City" und die Stiftung Aktion Knochenmarkspende. Darüber hinaus konnte noch eine Aktion mit Herstellern von interaktiven Spielwänden und der privaten Hilfsorganisation Civil Relief Munich begleitet werden.

### „KRONENKREUZ" – Rathaus-Galerie Essen
Das Einkaufszentrum öffnete für einen längeren Zeitraum seinen Pop-up-Store für „KRONENKREUZ", eine Marke der NEUE ARBEIT der Diakonie Essen.
Unter dem Label „KRONENKREUZ" werden einzigartige aus Spendenmaterialien und Recyclinghölzern hergestellte Designstücke angeboten, die von Langzeitarbeitslosen zusammen mit einem multiprofessionellen Team von Künstlern gefertigt und verkauft werden.
Diese Zusammenarbeit ermöglicht den Menschen die Teilhabe an der Gesellschaft durch sinnvolle Beschäftigung.

### „TATKRAFT" – Forum Hanau
Der Pop-up-Store „TATKRAFT" in Hanau war eine Kooperation zwischen der Kreishandwerkerschaft, der Bundesagentur für Arbeit, der Wirtschaftsförderung Hanau und der Hanau Marketing GmbH. An verschiedenen Stationen konnten sich u.a. angehende Auszubildende über die Welt des Handwerks informieren und ihre Talente ausprobieren.

Ziel war es, Interessierte über Karrieremöglichkeiten im Handwerk zu informieren. Darüber hinaus stellte sich auch die Bundeswehr als Arbeitgeber vor. Die Veranstaltung sprach viele junge Menschen auf untypische Weise an und bot eine lockere und unterhaltsame Atmosphäre, in der ihnen mögliche berufliche Perspektiven aufgezeigt werden konnten.

### KUNST- UND SPORTFABRIK – FORUM Schwanthalerhöhe
Die „Kunst- und Sportfabrik" Westend ging Ende 2023 an den Start. Das Center engagiert sich hier aktiv, um den Menschen der Umgebung eine Plattform für Gemeinschaft, Kreativität und sportliche Aktivitäten zu bieten. In Zusammenarbeit mit lokalen Vereinen und Interessengruppen stellt das Einkaufszentrum eine passende Fläche zur Verfügung. Die Idee für die „Kunst- und Sportfabrik" Westend kam auf, weil am örtlichen Multikulturellen Jugendzentrum (MKJZ) Baumaßnahmen durchgeführt werden und den Vereinen in dieser Zeit keine geeigneten Trainingsräume zur Verfügung stehen.

Sie ist als Treffpunkt für die dortigen Bewohner konzipiert und soll ein Ort der Begegnung, des Austauschs und der Unterstützung sein.

Das FORUM Schwanthalerhöhe möchte durch dieses Projekt eine positive Veränderung im Leben der Menschen vor Ort bewirken und eine Gemeinschaft fördern, in der sich alle Beteiligten gegenseitig stärken und inspirieren.

# „Foodtopia" in Frankfurt: Mit Genuss das Profil geschärft

*Vom „Place to shop" zum „Place to eat" und damit zum „Place to be" – die Gastronomie kann zum Umsatztreiber eines Shopping Centers werden. Zu beobachten ist dies beispielsweise im „MyZeil" in Frankfurt. Dort hat sich die Gastro- und Entertainment-Etage „Foodtopia" erfolgreich zu einem beliebten City-Treffpunkt entwickelt.*

Ein abwechslungsreicher Mix hochwertiger und moderner Gastronomie-Konzepte, spektakuläre Architektur, attraktives Design, lebendige Markthallen-Atmosphäre, weitläufige Dachterrassen mit Panoramablick auf die Frankfurter Skyline und die schicke „Astor Film Lounge":
Die im April 2019 im Shopping Center „MyZeil" eröffnete Gastronomie- und Entertainment-Etage „Foodtopia" ist mehr als ein weiterer, gewöhnlicher Food-Court. Wer mit der langen Rolltreppe in die vierte Etage des Centers fährt, merkt schnell: Hier lockt ein außergewöhnliches Freizeiterlebnis.
Mit dem Konzept sollten vor allem die oberen Etagen des Anfang des Jahres 2009 eröffneten Centers belebt werden. Für die umfangreiche Neupositionierung hatte die ECE gemeinsam mit den Eigentümern des Objekts ein Gesamtinvestitionsvolumen im hohen zweistelligen Millionenbereich in die Hand genommen – und das hat sich gelohnt, wie neue Zahlen der ECE belegen. Im Jahr 2015, vor dem Start von „Foodtopia", zählten die Centerbetreiber in der vierten Etage jeden Tag 7500 Besucher, 2022 kamen täglich 12.000 Menschen in das Dachgeschoss. Während 2015 nur 17 Prozent aller „MyZeil"-Gäste das vierte Obergeschoss ansteuerten, waren es im Jahr 2022 schon 31 Prozent. Die Umsätze im vierten Obergeschoss sind im vorgenannten Vergleichszeitraum insgesamt um satte 180 Prozent gestiegen. Und der Durchschnittsbon pro Kunde, der anzeigt, wie viel Geld ein Gast pro Besuch in der Gastronomie ausgegeben hat, war 2022 um 65 Prozent höher als 2015.
Das „Foodtopia" war einer von zwei großen Bausteinen einer umfassenden Modernisierung und Neupositionierung des „MyZeil" als moderner Shopping-, Lifestyle- und Entertainment-Komplex.

*Die vierte Etage des Frankfurter MyZeil ist mehr als ein Food-Court - sie hat sich zu einem beliebten Treffpunkt in der City entwickelt.*

# Street-Art in Stuttgart: Banksy als Besuchermagnet im Shopping Center

*Eine Banksy-Ausstellung lockte 80.000 Menschen in die Königsbau-Passagen in Stuttgart. Das Einkaufszentrum in Baden-Württembergs Landeshauptstadt vertraut auf die Strahlkraft publikumsträchtiger Veranstaltungen.*

Banksy ist der wohl bekannteste Unbekannte der Kunstszene. Die wahre Identität des britischen Graffiti- und Street-Art-Künstlers ist ein großes Geheimnis, aber seine Arbeiten sorgen seit Jahren für Aufsehen. Man sieht sie an Fassaden und in Auktionshäusern. In einem Shopping Center würde man sie aber nicht unbedingt vermuten.

Doch tatsächlich war es Banksys Kunst, die ab Mai 2023 scharenweise Besucher in die Königsbau-Passagen in der Stuttgarter Innenstadt lockte. Allein in den ersten beiden Monaten verkauften die Ausstellungsmacher mehr als 30.000 Tickets. Wegen des großen Erfolgs wurde die Schau bis in den Oktober 2023 hinein immer wieder verlängert. Am Ende meldeten die Veranstalter: „80.000 Menschen haben die Ausstellung gesehen". Die Ausstellung „The Mystery of Banksy – A Genius Mind" erstreckte sich auf etwa 2000 Quadratmetern im ersten Obergeschoss der Königsbau-Passagen. Es war eine kreative Zwischennutzung. Einst wurde die Fläche, wo im Ausstellungszeitraum mehr als 150 originalgetreue Nachbildungen der Werke des Künstlers gezeigt wurden, von einem Elektronikhändler genutzt.

„Die Ausstellung ist ein absoluter Mehrgewinn für uns, aber auch eine herausragende Sache für die Stadt Stuttgart", sagte Centermanager Maximilian Schlier anlässlich der Eröffnung. „Wir von der ECE Marketplaces GmbH sehen so eine Immobilie nicht als reines Shopping Center, sondern als Treffpunkt für unsere Besucher – und da ist es wichtig, auch im Bereich Entertainment etwas zu bieten."

Die nächste Ausstellung ließ nicht lange auf sich warten. Ende Oktober startete „Körperwelten – Am Puls der Zeit" und war auch wieder ein großer Publikumserfolg.

*Die Ausstellung „The Mystery of Banksy – A Genius Mind" lockte mehr als 80.000 Menschen in die Königsbau-Passagen in Stuttgart.*

# Thier-Galerie in Dortmund: Rollerdisco im Shopping Center

*Der Handel muss handeln, um attraktiv zu bleiben. Erlebnis-Shopping ist hier ein wichtiges Stichwort. Nur wer den Kunden etwas bietet, kann sie ins Center locken. Wie dies gelingt, hat die Thier-Galerie in Dortmund unter Beweis gestellt.*

Gute Stimmung, laute Musik, jede Menge bunte Scheinwerfer und ein spiegelglatter Boden, auf dem das Rollschuhfahren eine wahre Freude ist: Anfang 2023 hatte die Dortmunder Thier-Galerie erstmals zur „Rollerdisco" geladen – und erlebte ein riesiges Interesse der Besucher. Schon mehrere Tage vor dem Start war der Auftakt-Termin ausgebucht. Viele Gäste kombinierten den Rollschuh-Spaß mit einem anschließenden Bummel durch die Geschäfte oder einer Nutzung der gastronomischen Angebote.

An zwei Wochenenden im März konnten die Rollschuh-Begeisterten auf einem breiten Umlauf unter dem Dach des Shopping Centers mehrere Stunden lang ihre Runden drehen. Die Teilnahme war kostenlos. Leih-Ausrüstung war vor Ort verfügbar, außerdem gab es Rollschuhkurse für Anfänger. „Erlebnis-Shopping mal ganz anders – vor allem aber einzigartig", beschrieben die Veranstalter das Event.
Rollschuh-Discos haben eine lange Tradition. In den 1980er Jahren war das Veranstaltungsformat sehr beliebt. Vielerorts düsten Teenager auf acht Rollen unter Discokugeln umher. Dann waren plötzlich Inline-Skates angesagt – und viele Rollschuhe landeten im Keller. Seit einiger Zeit erfährt das rollende Kult-Sportgerät eine Art Revival.

Organisiert wurde das Dortmunder Event in Kooperation mit Carsten Helmich. Der erfahrene Veranstalter ist im Ruhrgebiet bekannt als Erfinder des „Juicy Beats"-Festivals. Als es vor rund einem Vierteljahrhundert zum ersten Mal stattfand, kamen etwa 200 Leute. Inzwischen feiern jedes Jahr rund 50.000 Besucher bei dem Musikfest im Dortmunder Westfalenpark.

Auch die „Rollerdisco" in der Thier-Galerie hat sich zu einer Erfolgsgeschichte entwickelt. Nachdem im März sämtliches Equipment abgebaut war, stand für die Veranstalter schnell fest: „Wir machen weiter!". Das Comeback auf vier Rollen stand dann unter dem Motto: „X-Mas-Edition". Während des für den Einzelhandel wichtigen Weihnachtsgeschäfts sorgten DJs erneut für Disco-Stimmung im Obergeschoss des Shopping Centers – und viele begeisterte Rollschuhfahrer.

Foto: ECE

*Die Thier-Galerie hatte zur Rollerdisco geladen und erlebte ein riesiges Besucher-Interesse.*

# Wandsbek: Vitaler Platz mit Nutzungsmischung

*Im Zentrum von Wandsbek in Hamburg soll nach der Schließung der Galeria-Immobilie ein lebendiger Platz mit Einzelhandelsangeboten, Büros, Kultur- und Bildungseinrichtungen entstehen. Union Investment legt besonderen Wert auf die städtebauliche Integration und eine lebendige Nutzungsmischung.*

Das Projekt, das gemeinsam mit dem Bezirk Wandsbek entwickelt wird, konzentriert sich auf die Schaffung von Wohn-, Gastronomie- und Gewerbeflächen und unterstreicht den Charakter eines nachhaltigen, lokal vernetzten Quartiers. Dies betrifft insbesondere das gastronomische Angebot, bei dem der Fokus auf Regionalität liegt. Ein weiterer wichtiger Faktor ist die Umsetzung eines nachhaltigen Mobilitätskonzepts.

Der Fahrplan für die Umgestaltung: der Altbau der Galeria-Immobilie mit seiner denkmalgeschützten Fassade bleibt erhalten. Die Beendigung des Mietvertrages mit Galeria ermöglicht die Entwicklung eines neuen vitalen Platzes im Zentrum Wandsbeks durch Einzelhandelsangebote, Büros, Kultur- und Bildungseinrichtungen. Die gesamte Karstadt-Erweiterung aus den 1960er Jahren kann im Rohbau erhalten bleiben. Union Investment legt besonderen Wert auf die städtebauliche Integration und eine lebendige Nutzungsmischung. So ist der Bau einer Veranstaltungshalle geplant, die sich zur Wandsbeker Königsstraße hin öffnet und gleichzeitig eine Verbindung zum QUARREE Wandsbek herstellt. Anstelle des Parkhauses ist eine neue Wohnbebauung geplant. Baubeginn ist 2024, die Fertigstellung ist für Ende 2027 geplant. Union Investment wird von ihrem langjährigen Standortpartner Sierra Deutschland unterstützt. Union Investment investiert einen dreistelligen Millionen-Euro-Betrag in das Quartiersprojekt.

„Die geschlossene Galeria-Filiale wird keine Lücke in Wandsbek hinterlassen", sagt Ronald Behrendt, Projektleiter für die Stadtteilentwicklung Wandsbek Markt bei Union Investment und führt aus: „Vorausschauend haben wir die großen Chancen, die dieser Standort bietet, genutzt und frühzeitig ein Konzept zur Umgestaltung und Verdichtung entwickelt. Dabei bleibt das historische Karstadt-Gebäude erhalten - aber dahinter entsteht ein neues, lebendiges Quartier: Einzelhandel, Gastronomie, vielfältiges Wohnen, Bildung und Kultur werden sich ergänzen und zu einer nachhaltigen Aufwertung des Standortes und seiner Umgebung beitragen."

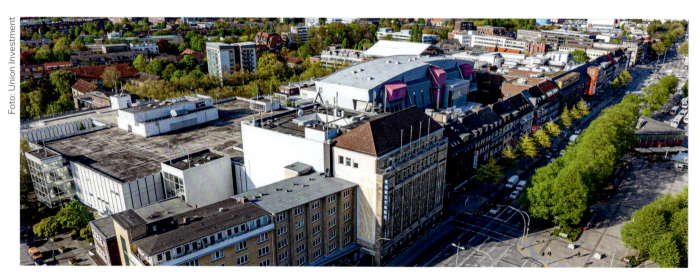

*Bis 2027 soll in Wandsbek ein lokal vernetztes Quartier mit Wohn-, Gastronomie- und Gewerbeflächen entstehen. Der Altbau der Galeria-Immobile bleibt mit seiner denkmalgeschützten Fassade erhalten.*

# „Hamburger Originale" zeigen die Vielfalt der Stadt

*In Deutschlands Norden setzt man auf Zusammenhalt. Die Mitglieder der branchenübergreifenden Initiative „Hamburger Originale" rücken die vielfältigen Seiten, Stimmen und Gesichter ihrer Heimatstadt in den Fokus.*

Eine lebendige Stadt braucht mehr als ein paar Touristen-Attraktionen und Hochglanz-Locations. Ein bunter Branchen-Mix sorgt für lebendige Quartiere. Das gilt auch in Hamburg. Um den Betreibern von Restaurants, inhabergeführten Geschäften, Cafés, Bars, Kinos sowie Unternehmen und Start-ups eine gemeinsame Stimme zu geben, sind im Sommer 2021 die „Hamburger Originale" gestartet.

Die Initiative arbeitet an Strategien und Projekten, mit denen die Vielfalt Hamburgs spürbar gemacht werden soll. Zur Zielgruppe gehören sowohl Hamburger als auch Touristen. „Der Zusammenschluss von Charakteren aus Kunst, Kultur, Wirtschaft und Gastronomie involviert alle Branchen und Kulturen gleichermaßen", heißt es bei den Machern. Bei den „Hamburger Originalen" hat sich unter dem Dach einer gemeinnützigen Gesellschaft ein lebendiges Netzwerk gebildet. Mehr als 150 Hamburger Unternehmen, die sich gemeinsam für ein modernes und authentisches Hamburg-Bild einsetzen, sind bei der Initiative aktiv. Ihr Ziel ist es, die ungenutzten Potenziale und Chancen Hamburgs zu zeigen – und mutig zu nutzen. So sollen Perspektivwechsel und neue Sichtweisen jenseits der gewohnten Komfortzonen entstehen und ein Lebensgefühl geschaffen werden, das die Hamburger mit gesundem Stolz erfüllt und Menschen weit über die Stadtgrenzen hinaus begeistert. Gelingen soll dies mit innovativen Formaten, Aktionen und Angeboten sowie Kampagnen und Events.

Große Beachtung fand beispielsweise die Ankündigung der Initiative, sich den Leerständen in der Hamburger Innenstadt anzunehmen. „Ab sofort stehen wir in den Startlöchern, um freien, langweiligen Fensterflächen neues Leben einzuhauchen", hieß es Anfang des Jahres 2023. „Wir schlagen mit der Kampagne zwei Fliegen mit einer Klappe. Die Motive können für die Vermietungsgesellschaften oder Immobilienunternehmen individualisiert werden, sodass für beide Seiten ein Nutzen entsteht: Wir sind mit unseren Botschaften präsent, und die Inhabenden der Flächen müssen keine eigenen Beklebungen entwickeln."

*Matterhorn oder Copacabana gibt es auch in Hamburg. Die „Hamburger Originale" sorgen für neue Sichtweisen.*

# Urbanes Grün in Düsseldorf: Relaxen auf dem Rasendach

*Eine innovative Attraktion in Düsseldorfs Innenstadt: Zum Geschäfts- und Bürohaus-Ensemble „KII" gehört ein 1400 Quadratmeter großes Rasendach. Die Bürgerinnen und Bürger nutzen die neue Grünfläche zum Relaxen in luftiger Höhe.*

Die Steigerung der Attraktivität der Innenstädte gelingt durch eine Steigerung der Aufenthaltsqualität. In der nordrhein-westfälischen Landeshauptstadt Düsseldorf zeigt ein vielbeachtetes Leuchtturmprojekt, wie dies in der Praxis aussehen kann: Die Planer des Geschäfts- und Bürohaus-Ensembles „KII" haben das Thema „Urbanes Grün" neu gedacht und mit einer visionären Idee zwischen der exklusiven Königsallee und der stark frequentierten Einkaufsmeile Schadowstraße eine innerstädtische Oase geschaffen.

Zum „KII" gehört ein dreieckiges, pyramidenförmig zulaufendes Nebengebäude mit leicht ansteigendem Rasendach. Die 1400 Quadratmeter große Grünfläche kann von den Bürgern betreten werden und hat sich seit ihrer Eröffnung im Herbst 2021 zu einem wahren Besuchermagneten entwickelt. Bei schönem Wetter sitzen über den Tag verteilt Hunderte Menschen auf dem Rasen und genießen die Stadtatmosphäre. Sie verbringen dort ihre Mittagspausen, nutzen das grüne Areal als Ort der Entspannung oder genießen von der zehn Meter hohen Pyramidenspitze die Aussicht auf den Hofgarten, das Düsseldorfer Schauspielhaus – und die spektakuläre Fassade des „KII".

Die Architektur des „KII"-Hauptgebäudes ist ein Hingucker: 30.000 Hainbuchenpflanzen bilden zusammen eine acht Kilometer lange Hecke. Die begrünte Fassade ist ein Hitzepuffer und funktioniert wie eine natürliche Klimaanlage. Der ökologische Nutzen entspricht dem von ausgewachsenen 80 Laubbäumen. „Diese Grünfassade ist europaweit einmalig, und sie ist ein exzellenter Beitrag zum Umwelt- und Klimaschutz sowie Ausdruck der Nachhaltigkeit des gesamten Ensembles", heißt es dazu bei der in Düsseldorf ansässigen CENTRUM-Gruppe, die das Gebäudeensemble gemeinsam mit der B&L-Gruppe aus Hamburg errichtet hat.

*Das Thema „Urbanes Grün" wurde neu gedacht und eine innerstädtische Oase in Düsseldorf geschaffen.*

# Heilbronn ist auf dem Weg zur „Schwarmstadt"

*Lockt eine Stadt junge Leute in Scharen, spricht man von einer „Schwarmstadt". In Heilbronn gibt es mit „urbanem Besen" und der „#SommerZone" tolle Ideen, wie es gelingt, diesen Status zu erreichen. Im Fokus: eine temporäre Fußgängerzone.*

Die Zukunftsfähigkeit von Städten hängt in hohem Maß mit der Entwicklung der Einwohnerzahl zusammen. Auch die 130.000-Einwohner-Stadt Heilbronn, die älteste Weinstadt Württembergs, ist im Aufbruch – und sieht sich auf dem Weg zur „Schwarmstadt".

„Schwarmstädte" haben eine hohe Anziehungskraft auf junge Menschen. Was einer „Schwarmstadt" aber ihre Sogwirkung verleiht, ist bis heute nicht vollständig erklärt. Vieles spricht für die weichen Standortfaktoren, die eine Stadt attraktiv machen. Neben attraktiven Arbeitsplätzen, bezahlbarem Wohnraum oder zukunftsorientierten Unternehmen kommt also der Kultur, der Bildung und der Lebensqualität eine hohe Bedeutung zu.

Der „Verein Zukunftsvisionen" hat viele Ideen, wie Heilbronn zur Schwarmstadt werden könnte. Neben Erlebnisangeboten und der Aufwertung der Innenstadt ist einer der wichtigsten Pläne, dass sich die Bahnhofsvorstadt als angesagter Kiez etabliert. Gelingen soll dies zum Beispiel mit einem „Urbanen Besen". Konkret gemeint ist eine Besenwirtschaft in einem Gewächshaus mit Bar und Bühne sowie wechselndem regionalen Weinausschank – mitten in der Stadt. Indes arbeitet der regionale Energieversorger ZEAG daran, in immer mehr Bereichen der Stadt ein kostenloses WLAN-Netz aufzubauen. Das Netz dient auch als Grundlage dafür, Innenstadt-Informationen verfügbar zu machen, und ist damit nicht nur Teil der „Strategie Digitale Stadt Heilbronn 2030", sondern auch eine Maßnahme des „Masterplan Innenstadt Heilbronn", mit dem die City fit für die Zukunft gemacht werden soll.

Viel Beachtung fand auch das Heilbronner Projekt „#SommerZone": 2022 wurde die Turmstraße in der nördlichen Innenstadt in den Sommermonaten erstmals zu einer temporären Fußgängerzone umgestaltet – inklusive mobilem Grün, Sitzelementen und Leselounge. Da die Bürger das Angebot gut angenommen hatten, gab es im Folgejahr eine Neuauflage.

*Heilbronn hat 2022 zum ersten Mal eine „#SommerZone" eingerichtet.*

# Wie Duisburg von gutem Stadtmarketing profitiert

*Duisburg macht's vor: Die Ruhrgebietsstadt hat die Marke „Duisburg ist echt" entwickelt. Mit ihr soll das Profil des Standorts in Zeiten des Strukturwandels geschärft werden.*

Städte müssen das Thema Eigenmarketing im Blick haben. Wie wichtig dies ist, zeigt ein Blick nach Duisburg. Lange Zeit lief in der Ruhrgebietsstadt wirtschaftlich alles rund – und um so etwas wie das Image ihrer Stadt mussten sich die Menschen im Rathaus höchstens am Rande kümmern. Dann, nach dem Ende des Bergbaus und den strukturellen Veränderungen in der Stahlindustrie, musste sich das Ruhrgebiet neu erfinden. Dabei stand Duisburg mit anderen Städten in einer Konkurrenzsituation – um die Ansiedlung von Unternehmen, um Arbeitskräfte und um junge Leute, die wegen ihres Studiums in die Stadt kommen. Image wurde wieder wichtig.

International genießt die Stadt Duisburg zwar einen hervorragenden Ruf (z.B. als Europas große Logistik-Drehscheibe). Innerhalb Deutschlands denken viele Menschen beim Stichwort „Duisburg" aber eher an Begriffe wie „Problemviertel" oder „No-go-Areas". Dass Duisburg viel besser ist als sein Ruf, soll „Duisburg ist echt" zeigen. Die Kampagne hat das Ziel, die öffentliche Wahrnehmung der Stadt positiv zu stärken und die Stadt neu zu präsentieren. Dabei geht es nicht um Schönfärberei. Gezeigt und verbreitet werden neue, authentische Bilder von Duisburg – und diese sollen einen Imagegewinn bewirken. Transportiert wird die Botschaft, dass die Stadt ein interessanter und attraktiver Standort mit vielen Möglichkeiten ist, aus denen heraus sich etwas entwickeln lässt. Inhaltlich konzentriert sich die Stadttochter Duisburg Kontor GmbH, die die Kampagne „Duisburg ist echt" gestaltet, dabei auf das, was die Stadt von anderen abhebt. Es geht um Europas größten Binnenhafen und die Logistikbranche, um Duisburg als Hochschulstandort, um riesige Bauprojekte und um die Zukunft der Stadt als wichtiger Player im Bereich des „Grünen Wasserstoffs". Auch Bereiche wie Sport, Kultur, die Start-up-Szene oder die Initiative, einen kompletten Stadtteil klimaneutral zu gestalten, sind bereits behandelt worden. Im Fokus der Kampagne – in Geschichten und Bildern – sind dabei stets die Menschen der Stadt: Sie stehen für Echtheit, für Authentizität.

Die Effekte sind vielfältig: Zum einen werden überregionale Medien auf Themen hingewiesen, die die Stadt zu bieten hat. Zum anderen sollen die Menschen mit klassischen Marketingmethoden direkt angesprochen werden, beispielsweise mit Plakatkampagnen.

*Mit „#Duisburg ist echt" soll das Profil des Standorts geschärft werden.*

# Würzburg: Schneller Als der Online-Handel

*E-Commerce boomt, für den stationären Handel wird es immer schwieriger. Damit die Innenstadt den großen Internet-Riesen einen Klick voraus ist, hat das Stadtmarketing Würzburg einen innovativen Same-day-delivery-Service gestartet.*

Würzburg macht vor, wie es geht: Mit einem nachhaltigen Same-day-delivery-Service stärkt das Stadtmarketing „Würzburg macht Spaß e.V." den lokalen Einzelhandel im Wettbewerb mit dem Online-Handel. Gestartet ist das Projekt „WüLivery" im November 2020 – und es wurde von Beginn an sehr gut angenommen.

„WüLivery" bietet den Kunden maximalen Komfort. Das Motto lautet: „Sie shoppen! Wir liefern!". Beim Besuch im Fachgeschäft wählen die Kunden zunächst ihre Waren aus, beim Check-out an der Kasse hinterlassen sie dann ihre Adress- und Kontaktdaten – und anschließend werden ihre Einkäufe im gesamten Würzburger Stadtgebiet zugestellt. Ohne schwere Einkaufstaschen durch die Gegend zu schleppen, können die Kunden ihren Stadtbummel fortsetzen. Auch City-Besucher, die mit dem Fahrrad oder dem ÖPNV in die City kommen, profitieren, ebenso wie Touristen, die nach dem Shopping-Erlebnis noch ins Restaurant oder Theater möchten.

Würzburgs Same-day-delivery-Service ist schneller als die Online-Riesen und günstiger als die üblichen Paketversender. Wird eine Lieferung vor 16 Uhr beauftragt, kommt die Ware garantiert am selben Tag bis 19 Uhr zu Hause an. Im Sommer 2023 kostete der Service 4,50 Euro. Durch die Unterstützung der Wirtschaftsförderung und der Stadt Würzburg war es bereits möglich, die Lieferung kostenlos oder für einen vergünstigten Preis anzubieten. Mehr als 80 Unternehmen machen mit bei „WüLivery".

Damit der Service funktioniert, sollte die Stadt eine gewisse Größe haben, idealerweise ab 50.000 Einwohner aufwärts; Studentenstädte seien besonders geeignet. Zudem brauche es den Willen der Entscheider aus der Stadtverwaltung, das Projekt finanziell zu unterstützen, sowie innovative Unternehmer, die zum Mitmachen bereit sind. Flankiert werden müsste das Vorhaben von einer umfassenden Werbekampagne. Sehr wichtig sei auch ein zuverlässiger Logistikpartner, der die Lieferungen übernimmt.

*„Sie shoppen, wir liefern!" ist das WüLivery-Motto – und ist damit meist schneller und günstiger als der Online-Handel.*

# E-Rikscha-Fahrten in Braunschweigs Innenstadt

*Die Öffentliche Versicherung Braunschweig hat im Herbst 2022 acht Wochen lang getestet, wie City-Besucher ein innovatives Verkehrsmittel annehmen – und ermöglichte kostengünstige Fahrten mit der E-Rikscha.*

Leise, umweltfreundlich und digital: Ab September 2022 konnten Besucher die Braunschweiger Innenstadt auf ganz neuen Wegen erreichen und dabei andere Perspektiven erleben – möglich war dies bei einer Fahrt mit der E-Rikscha.

Initiiert hatte das Projekt die Öffentliche Versicherung Braunschweig. Während einer achtwöchigen Testphase schickte sie insgesamt vier E-Rikschas auf die Straßen, jeweils von Donnerstag bis Samstag. Wer den Service nutzen wollte, brauchte eine Smartphone-App für Bestellungen und die bargeldlose Bezahlung der Fahrten. Berechnet wurde ein Euro pro Kilometer: Für weniger als fünf Euro konnten die Nutzer des E-Rikscha-Service also einmal quer durch die gesamte Innenstadt fahren und zurückfahren.

Einzig und allein die Fußgängerzone war für die mit einem Elektromotor betriebenen Fahrzeuge tabu. Ansonsten war jeder Ort innerhalb des Ringbereichs erreichbar. Die E-Rikschas durften Straßen, Radwege und Parks befahren. Dabei erreichten sie Höchstgeschwindigkeiten von bis zu 20 Stundenkilometern.

Das Projekt „City Shuttle" war für die Öffentliche Versicherung Braunschweig ein klares Bekenntnis zur Aufwertung der City. „Die Rikschas sind nicht nur eine flexible, sondern auch eine umweltfreundliche Shuttle-Möglichkeit", sagte der damalige Vorstandsvorsitzende Knud Maywald laut Pressemitteilung. „Für uns sind sie aber auch ein Testballon – auf dem Weg zu einer smarten, innovativen, aber vor allem lebenswerten und erlebbaren Innenstadt."

Lobende Worte für das Projekt kamen auch von der Stadtverwaltung. „Für neue Impulse zur Belebung der Innenstadt braucht es immer wieder neue Angebote. Das ‚City Shuttle' ist eine bequeme Möglichkeit, sich fortzubewegen und dabei entspannt die Braunschweiger Innenstadt aus einem neuen Blickwinkel zu entdecken", sagte Gerold Leppa, Geschäftsführer von Stadtmarketing und Wirtschaftsförderung.

Nach dem Ende der Testphase teilten die Initiatoren mit, das Pilotprojekt sei zufriedenstellend verlaufen. Vieles hätte schon gut funktioniert, es gebe aber noch Raum für Verbesserungen, etwa hinsichtlich der Bezahlmethode. Diese müsste noch einfacher und ohne vorherige Anmeldung möglich sein.

*Auf ganz neuen Wegen konnte ab September 2022 die Braunschweiger Innenstadt erreicht werden. Vier E-Rikschas waren bei einer Testphase im Einsatz.*

Foto: Öffentliche Versicherung Braunschweig

# München: Industriestandort wird zum Stadtviertel

*Union Investment realisiert mit dem Immobilieninvestor Hines die Transformation des Gebäudeensembles LOVT München. Rund 96.000 Quadratmeter weitgehend leerstehende Bestandsflächen werden bis 2029 in ein nachhaltiges, gemischt genutztes Gebäudeensemble mit Büro-, Gastronomie-, Kultur- und Kreativflächen umgewandelt.*

In mehreren Bauabschnitten sollen die Bestandsgebäude nachhaltig und taxonomiekonform revitalisiert werden. Die Fertigstellung ist für 2029 geplant. Die Gesamtinvestition wird voraussichtlich mehr als eine Milliarde Euro betragen. Der Prozess begann mit der Umbenennung der Gebäude von MediaWorks in LOVT München mit den Submarken LOVT VISION, LOVT VIEW und LOVT VIBE.

Ein wesentlicher Aspekt der Revitalisierung ist die umfassende ESG-Strategie, die darauf abzielt, einen Großteil der bestehenden Gebäude zu erhalten und andere Teile nachhaltig zu renovieren. Dazu gehört die Revitalisierung der Gebäude unter Beibehaltung ihrer historischen Merkmale, einschließlich einer Deckenhöhe von 4,20 m.
Darüber hinaus sollen umweltfreundliche Materialien verwendet werden. Das Konzept sieht außerdem die nachhaltige Neugestaltung der Dachgeschosse, eine einladende Fassadengestaltung sowie die Begrünung großer Teile der Dachflächen und Höfe mit ergänzenden Nutzungen vor. Unter einem der neu gestalteten Innenhöfe ist eine Tiefgarage mit ca. 470 Stellplätzen geplant.
Das Nachhaltigkeitskonzept ist darauf ausgelegt, höchste technische Standards zu gewährleisten und damit attraktive und nachhaltige Mietflächen für die zukünftigen Nutzer zu schaffen. Darüber hinaus werden das Gebäude und seine haustechnischen Komponenten so konzipiert, dass ein $CO_2$-neutraler Betrieb möglich ist.

„In enger Zusammenarbeit mit unserem Partner Hines entwickeln wir ein zu diesem Zweck erworbenes ehemaliges Industriegelände im Münchner Werksviertel", erklärt Monika Gerdes, Projektmanagerin bei Union Investment für LOVT München und führt aus: „Geplant ist, die bestehenden Gebäude so weit wie möglich zu erhalten und in Kombination mit Neu- und Erweiterungsbauten in Holzhybridbauweise umfassend zu revitalisieren. In drei Bauabschnitten entsteht ein nachhaltiges und zukunftsweisendes Quartier, in dessen Zentrum nachhaltige Büroflächen stehen, die den Anforderungen neuer Arbeitsformen an Flexibilität und Effizienz gerecht werden.
Hochwertige Architektur und Ausstattung sowie hohe Aufenthaltsqualitäten durch begrünte Höfe und Dächer mit komplementären Nutzungen wie Gastronomie, Kultur und Handel schaffen einen einzigartigen Charakter des Quartiers und damit einen entsprechenden Mehrwert für die zukünftigen Nutzer. Die Entwicklung wird die höchsten ESG-Anforderungen erfüllen und wesentlich zur Taxonomiequote des Fonds beitragen."

*Im Werksviertel in München wird aus dem MWM-Gebäude bis 2029 die Immobilie LOVT München entstehen.*

# Im „StadtLab Jena" wird Theorie zur Praxis

*Die City als Innovationsraum: In der Jenaer Innenstadt können Unternehmer testen, ob ihre Geschäftsideen erfolgversprechend sind. Unterstützt werden sie dabei von der Wirtschaftsförderung und weiteren Experten.*

Ein interessantes Beispiel für City-Optimierung kommt aus Thüringen. Im „StadtLab Jena" können die Bürger die Innenstadt der Zukunft mitgestalten: Der offene Experimentierraum bietet viele Möglichkeiten für alle, die eine neue Geschäftsidee oder ein innovatives Konzept ausprobieren möchten.

Unternehmer, die eine Geschäftsidee testen möchten, ohne dafür gleich eine Gewerbefläche anzumieten, haben dazu im „StadtLab Jena" die Gelegenheit. Sie können sich zeitlich begrenzt zu günstigen Konditionen in der Jenaer Innenstadt einmieten und ihre Ideen live testen. So wird unter realen Praxisbedingungen – aber zugleich im geschützten Raum – deutlich, wie ihre Produkte oder Dienstleistungen von den Kunden angenommen werden. Für nicht-kommerzielle Nutzungen fallen keine Gebühren an.

Unterstützt und beraten werden die Unternehmer im „StadtLab Jena" vom Team der Wirtschaftsförderung Jena sowie einem Netzwerk aus erfahrenen Innenstadt-Akteuren und Geschäftsleuten. Die Experten stellen während der Erprobungsphase der Geschäftsidee im „StadtLab Jena" den Mietern ihr Know-how zur Verfügung, damit die geplante Gründung ein Erfolg wird. Zugleich haben die Mieter des „StadtLab Jena" die Möglichkeit, an regelmäßigen Gründungswettbewerben und Gründungsworkshops teilzunehmen.

Das „StadtLab Jena" ist ein Kooperationsprojekt der Wirtschaftsförderung Jena und dem Dezernat für Stadtentwicklung und Umwelt der Stadt Jena. Das Bundesministerium für Wohnen, Stadtentwicklung und Bauwesen unterstützen das Projekt im Rahmen des Programms „Zukunftsfähige Innenstädte und Zentren" mit mehr als 1,3 Millionen Euro. Ende 2022 kam die Förderzusage.

Eine der ersten Veranstaltungen im „StadtLab Jena" war ein Hackathon mit dem Titel „Hack the Paradise!". Gemeinsam suchten Vertreter aus verschiedenen Bereichen der Gesellschaft nach innovativen Lösungen, wie die Stadt „smarter" werden kann.

„Die Innenstadt ist ein starker Innovationsraum, und wir schaffen mit dem Projekt die notwendige Infrastruktur, um neue Konzepte zu entwickeln und umzusetzen", sagte der Stadtentwicklungsdezernent Christian Gerlitz bei der Eröffnung des „StadtLab Jena". Ein solches Engagement sei notwendig – schließlich sei die City „die Visitenkarte unserer Stadt."

*Ob ein Konzept Erfolg haben wird, können Unternehmer im „Stadtlab Jena" testen.*

Foto: JenaWirtschaft/ Elisabeth Langer

# In Erfurt wurden die Schaufenster lebendig

*In Thüringen mag man es offenbar, Besucherinnen und Besucher zu verblüffen. Echte Menschen statt Puppen – im Sommer 2023 begeisterten Schauspieler die Passanten in der Erfurter Innenstadt. Das „Theater im Fenster" war ein großer Erfolg.*

Besondere Erlebnisse schaffen – und damit die Innenstadt stärken. Wie das gelingen kann, zeigt ein Beispiel aus Thüringens Landeshauptstadt: In Erfurt sind im Sommer 2023 die Schaufenster mehrerer Geschäfte zur Bühne für eine außergewöhnliche Kunst-Aktion geworden.

„Theater im Fenster" hieß die Aktion des Citymanagements, bei der Schaufensterpuppen fortgeräumt und durch Schauspielerinnen und Schauspieler ersetzt wurden. Die Künstler begeisterten die Passanten mit pantomimischen Darbietungen. Das Motto lautete „Verliebt in die Erfurter Innenstadt". Passend dazu ließen sich die Schauspieler etwas einfallen zum Thema Liebe. Um auch die Räume zwischen den Spielorten einzubeziehen, gab es in der Innenstadt einen „Walking Act": Fünf bunt gekleidete Schauspielerinnen und Schauspieler zeigten, wie es gelingen kann, die Innenstadt mit Kultur zu beleben. Bei einer früheren Ausgabe der Aktion drehte sich alles um das Thema Sport. Unterstützt wurden die Aktionen von Künstlern der „Sommerkomödie Erfurt", von „Gnadenlos schick" aus Weimar und der „Blauen Bühne Erfurt". „Wir wollten die Erfurter Innenstadt zu einem Erlebnis machen, die Menschen sollen gerne kommen und begeistert werden. Nur wer sich mit seiner Stadt identifiziert, der bleibt auch hier", sagte Citymanagerin Patricia Stepputtis gegenüber der „Thüringischen Landeszeitung". Nach der erfolgreichen Premiere habe schnell festgestanden, dass künftig ähnliche Aktionen folgen sollen.

*Keine Puppen, sondern Schauspieler: Das „Theater im Fenster" war ein großer Erfolg in Erfurt.*

# Zehntausende Besucher bei „Recklinghausen leuchtet"

*Jede Menge illuminierte Gebäude und Plätze, Zehntausende Besucher: In Recklinghausen hat sich ein Veranstaltungsformat etabliert, das nicht nur Bestnoten in Sachen Stadtmarketing verdient, sondern auch für ein Umsatzplus bei Händlern und Gastronomen sorgt.*

Vor der ersten Ausgabe von „Recklinghausen leuchtet" mussten die Veranstalter noch die sprichwörtlichen Klinken putzen, um Unterstützer für ihre Idee zu gewinnen. Doch seit seiner Premiere im Jahr 2006 entwickelte sich das große Lichtkunst-Spektakel rasant zu einem Selbstläufer – Einzelhändler, Gastronomen und vor allem viele Hauseigentümer aus der Innenstadt erkannten das Potenzial des Events und wollten unbedingt dabei sein.

Weit mehr als 100 Gebäude und Plätze werden während der 14-tägigen Veranstaltung „Recklinghausen leuchtet" in den Abendstunden mit Scheinwerfern bunt angestrahlt. Jahr für Jahr locken die raumgreifenden Illuminationen Zehntausende Besucher in die Altstadt. Neben der Lichtkunst erleben sie ein vielfältiges Rahmenprogramm, dazu gehören etwa Drohnen-Shows, mehrsprachige Stadtführungen zu verschiedenen Themen, Live-Musik, ein Foto-Wettbewerb und ein verkaufsoffener Sonntag.

Ein Grund dafür, dass es „Recklinghausen leuchtet" geschafft hat, eine Anziehungskraft zu entwickeln, die weit über die Grenzen der Ruhrgebietsstadt und Region hinausstrahlt, ist, dass sich das Lichter-Event jedes Jahr weiterentwickelt, ohne dass alles neu erfunden werden muss. Die Struktur ist längst etabliert, doch es gibt immer wieder genügend Raum für Innovation. So ist „Recklinghausen leuchtet" seit dem Jahr 2022 klimaneutral: Die Veranstalter haben eine Photovoltaik-Anlage installiert, die im Jahresverlauf in etwa so viel Energie produziert, wie das Lichtkunst-Festival benötigt. Angesichts der Energiekrise war es obendrein gelungen, den Stromverbrauch um 25 Prozent gegenüber den Vorjahren zu verringern.

„Recklinghausen leuchtet" ist eine Veranstaltung der Stadt Recklinghausen, durchgeführt wird sie von der ARENA Recklinghausen GmbH.

Gelobt wird „Recklinghausen leuchtet" auch für seinen niederschwelligen Ansatz. Jeder Bürger kann am kulturellen Leben in der Stadt teilhaben: 14 Tage lang kann er jeden Abend in die Stadt kommen, die Eindrücke genießen – ohne einen Cent dafür zu bezahlen.

*Recklinghausen leuchtet bereits seit 2006, und jedes Jahr können sich die Besucher auf Innovationen freuen.*

# Hannover macht die Innenstadt zum Freizeitort

*Skatepark, Beachvolleyball, Tischtennis und vieles mehr: In den Sommermonaten verwandelt sich die Innenstadt von Niedersachsens Landeshauptstadt in einen attraktiven und lebendigen Ort für Bewegung, Spiel und Sport.*

Jahrzehntelang wurden Innenstädte zu Einkaufsorten geformt. Inzwischen wird landauf, landab daran gearbeitet, die City-Lagen dahingehend umzugestalten, dass sie mit einem bunten Branchen-Mix locken. Auch der Steigerung der Aufenthaltsqualität kommt dabei eine große Bedeutung zu. In Hannover zeigt sich, wie dies gelingt: In den Sommermonaten locken zahlreiche Sport-Angebote in die Innenstadt.

Das Projekt „Bewegungs(T)räume Innenstadt" ist im Jahr 2022 gestartet. Initiiert hatte es der städtische Fachbereich „Sport, Bäder und Eventmanagement". Es richtet sich zuvorderst an Familien, Kinder, Jugendliche und junge Erwachsene. Das Angebot wurde von den Innenstadtbesuchern so gut angenommen, dass es im Jahr darauf fortgesetzt wurde.

Von Juni bis Oktober gibt es an verschiedenen Orten in der City verschiedene Bewegungs-, Spiel- und Sportmöglichkeiten, die von allen Innenstadtbesuchern kostenfrei genutzt werden können. Zusätzliche Sitzgelegenheiten für Passanten und Begrünungselemente tragen zu einer weiteren Steigerung der Aufenthaltsqualität bei.

Während des Veranstaltungszeitraums gibt es in der Innenstadt beispielsweise ein Beachvolleyball-Feld, Boulder-Möglichkeiten, Tischtennis-Platten, einen Basketball-Court und diverse Parcours-Elemente. Auf dem Oberdeck eines Parkhauses ist zudem ein Skatepark aufgebaut. Wird Sport-Equipment benötigt, etwa Bälle oder Tischtennisschläger, kann dieses bei Kooperationspartnern ausgeliehen werden. Die Veranstalter haben dazu zwei lokale Betriebe mit ins Boot geholt.

Neben der Möglichkeit der freien Nutzung finden auf den Aktionsflächen – unter dem Motto „Sport im Park goes City" – diverse angeleitete Sport- und Bewegungsworkshops statt. An anderer Stelle wird eine Ausstellung gezeigt; das 2023er-Motto lautete: „Bewegung, Spiel und Sport im Wandel der Zeit".

*In den Sommermonaten sind Spiel, Sport und Bewegung mitten in der Innenstadt von Hannover angesagt.*

Foto: Landeshauptstadt Hannover

# In Coburg die Gesichter der Innenstadt entdecken

*In Coburg kümmert sich ein interdisziplinäres Team um die Innenstadtentwicklung. Mit einer Foto-Kampagne porträtieren die „Stadtmacher" diverse City-Akteure – und stärken so das Zusammengehörigkeitsgefühl in der Stadt.*

Die Innenstadt von Coburg hat es zunehmend schwer. Um auf Herausforderungen wie den demografischen Wandel oder die zunehmende Online-Konkurrenz zu reagieren, hat die fränkische Stadt die Projektgruppe „Integriertes Innenstadtmanagement" gegründet. Unter dem Motto „Stadtmacher – Coburgs Innenstadt NEU denken" kümmert sich seit Anfang des Jahres 2021 ein Team aus Vertretern von Stadtentwicklung, Citymanagement und Wirtschaftsförderung darum, einen lebendigen Innenstadt-Mix aus Wohnen und Leben, Arbeiten und Einkaufen sowie Freizeit und Gastronomie zu schaffen. „Alle Kräfte müssen gebündelt werden – damit die Innenstadt mehr bietet als nur Einkaufen", heißt es dazu bei den Stadtmachern.

Unter dem Titel „Gesichter deiner Innenstadt" haben die „Stadtmacher" eine Imagekampagne für die Coburger Innenstadt konzipiert – ausschließlich für inhabergeführte Geschäfte. Die Idee zu der Kampagne entstand im Citymanagement bereits in Corona-Zeiten. Nach erfolgter Förderzusage durch den Bund mit Hilfe des Programms „Zukunftsfähige Innenstädte und Zentren" wurde sie im Juni 2023 umgesetzt.

Die Stadtmacher hatten 130 inhabergeführte Geschäfte und 110 inhabergeführte Restaurants, Cafés und Bars in der Coburger Innenstadt kontaktiert. 50 Plätze konnten aufgrund des Förderumfangs vergeben werden. 39 Gesichter der Coburger Innenstadtakteure repräsentierten dann in der Kampagne mit schwarz-weißen Portraitfotos die Innenstadt. Das Konzept sah konkret diese Art der Fotografie vor, damit ein stimmiges Gesamtbild entsteht, das den Zusammenhalt und die Zusammengehörigkeit der Innenstadtakteure widerspiegelt. „All diese Akteure sind einzigartig, kreativ und einmalig – wie Coburg selbst", hieß es dazu.

Präsentiert wurden die Fotografien im Rahmen einer Ausstellung in einem Pop-up-Café in der Innenstadt. Um die Reichweite der Aktion zu steigern, wurden die Bilder für eine Marketingkampagne genutzt. Mehrere Wochen lang waren sie auf Großflächenplakaten sowie in Print- und Digitalmedien zu sehen. In den Sozialen Medien wurden die beteiligten Akteure und ihre Geschäfte nach und nach vorgestellt.

„Adressaten der Kampagne sind die Bürger und Bürgerinnen der Stadt Coburg. Hauptziel der Kampagne ‚Gesichter deiner Innenstadt' ist es, eine persönliche Bindung zwischen den Innenstadtakteuren und der Coburger Bevölkerung herzustellen mit dem Tenor: ‚Besuchen Sie doch mal diese Models persönlich in ihren Geschäften und Betrieben'", erklärte das Citymanagement die Hintergründe der Aktion.

*Ausschließlich für inhabergeführte Geschäfte wurde die Initiative „Gesichter deiner Innenstadt" gegründet. 39 Gesichter präsentieren auf schwarz-weißen Portraitfotos die Innenstadt, um eine persönliche Bindung zwischen den Innenstadtakteuren und der Bevölkerung herzustellen.*

# „Pocket Parks" steigern Aufenthaltsqualität

*Immer mehr Städte setzen auf Grünanlagen im Westentaschenformat: „Pocket Parks" erfreuen Bürger und Besucher. Sie zu errichten ist vergleichsweise günstig und verschlingt keine Flächen im XXL-Format.*

Mehr Grün in die Stadt bringen, so lautet das erklärte Ziel der neuen „Pocket Parks". Die kleinen Mini-Anlagen sollen zur Steigerung der Aufenthaltsqualität im urbanen Raum beitragen. In mehreren Regionen Deutschlands sind solche „Westentaschen-Parks" bereits entstanden. Und aufgrund ihrer vergleichsweise einfachen Umsetzbarkeit dienen sie anderen Städten und Kommunen als Blaupause.

**Beispiel Bayreuth:** In der Stadt in Oberfranken hat das Amt für Städtebauförderung im Jahr 2020 rund 300.000 Euro in die Hand genommen und einen „Pocket Park" geschaffen. Bezuschusst wurde die Maßnahme durch das Förderprogramm „Aktive Zentren". Entstanden ist der Bayreuther Mini-Park auf einer Fläche an der Dammallee, die zuvor in einem ungepflegten Zustand war und ausschließlich zum Parken genutzt wurde. Zunächst gab es Tiefbau- und Pflasterarbeiten, dann erstellten Bauarbeiter eine neue Entwässerung, verlegten Beton- und Natursteinpflaster und stellten neue Bänke auf. Dann haben Gärtner das Areal begrünt. Fertig war der kleine Stadtpark im urbanen Raum!

Um dem Vorwurf entgegenzuwirken, durch den „Pocket Park" seien Pkw-Parkflächen weggefallen, hatten die Planer auf städtischem Grund ergänzend eine neu gestaltete Aufenthaltsfläche mit integrierten Stellplätzen realisiert.

**Beispiel Bochum:** In der Ruhrgebietsstadt wird daran gearbeitet, Brachflächen, Baulücken oder bislang versiegelte Bereiche nach und nach in kleine Grünanlagen zu verwandeln. „Pocket Parks" werden in Bochum als „wichtiger Baustein" der ökologischen Stadtentwicklung wahrgenommen. Zunächst sollten sechs „Pocket-Parks" errichtet werden, bis zu zwölf Anlagen könnten es werden. Im Sommer 2023 waren bereits drei Anlagen fertig. Bei der Planung wurden die Bürger intensiv mit einbezogen. Sie konnten geeignete Standorte vorschlagen und Gestaltungswünsche vorbringen.

So wurde zum Beispiel im Stadtteil Grumme berücksichtigt, dass auf dem 240 Quadratmeter großen „Pocket Park"-Areal genügend Platz fürs Fußballspielen bleibt. Auch die von den Bürgern gewünschten robusten Picknickmöbel sind nun ebenso Teil des Parks wie Sträucher und Stauden.

**Beispiel Schwandorf:** Die bayerische Stadt hat im Jahr 2023 gleich fünf „Pocket Parks" an zentralen Orten eingeweiht, um die Innenstadt aufzuwerten. Die Kosten beliefen sich dabei auf insgesamt 1,1 Millionen Euro. Bürger und Besucher freuen sich nun über neue Grünflächen, die teilweise um Wasserelemente ergänzt sind, etwa Springbrunnen und künstliche Bachläufe.

*Zahlreiche Brachflächen und Baulücken in Bochum wurden für die Pocket Parks an zentralen Orten in Grünanlagen verwandelt.*

# Baden-Württemberg lädt zu Strandurlaub in der City ein

*Jede Menge Sand auf den Marktplätzen: In den Sommermonaten holen Schorndorf und Winnenden das Urlaubsgefühl in die Innenstadt. Das sorgt für Belebung und begeistert alle Altersgruppen.*

In Baden-Württemberg können sie alles ... außer Hochdeutsch. Und einen Zugang zum Meer gibt es auch nicht. Aber da lässt sich nachhelfen. Um Bürger und Besucher in die Innenstädte zu locken, haben sich die Citymanager in Schorndorf und im 20 Kilometer entfernten Winnenden etwas einfallen lassen: Um die Aufenthaltsqualität der City-Lagen zu steigern, verwandelten sie in den Sommermonaten 2023 zentrale Orte ihrer Städte in künstliche Strände.

In der 40.000-Einwohner-Kommune Schorndorf bedeckten 90 Tonnen Sand eine 150 qm große Fläche auf dem Marktplatz. Vor der hübschen Fachwerkfassade der Altstadt gab es eine Tanzfläche, dazu Samba-Rhythmen, Liegestühle und Sitzsäcke. Kinder bauten Sandburgen, Erwachsene belagerten die Theke der Beach-Bar. Mindestens zwei Mal pro Woche lockten Veranstaltungen, etwa Tanz-Workshops oder Weinproben. Wenn das Wetter mitspielte, war hier richtig was los. Der Plan, Besucher in die Stadt zu locken, ist aufgegangen. Die Mitarbeiter des städtischen Eigenbetriebs Tourismus und Citymanagement, die für die Aktion verantwortlich waren, waren zufrieden. Die Belebungsoffensive ließ sich die Rathaustochter fast 50.000 Euro kosten. Dabei kamen 60 Prozent des Gelds aus einem Fördertopf des Landeswirtschaftsministeriums. Im nahegelegenen Winnenden gab es im Sommer 2023 eine ähnliche Attraktion: der „Statt-Strand", ein Spielplatz für Jung und Alt. Auf dem Viehmarktplatz, wo sonst Autos parken, erlebten die Besucher eine riesige Sandfläche mit Spielgeräten und Liegestühlen. Von Anfang an wurde das Angebot gut angenommen. Die Fokuszielgruppen waren Familien, Kinder und Jugendliche – und genau die waren zuhauf am „Statt-Strand" anzutreffen. Die örtliche Wirtschaftsförderung hat bereits in Aussicht gestellt, dass die Aktion wiederholt werden könnte. Möglicherweise werde dann jedoch ein anderer Ort bespielt, da manche kritisierten, dass während des „Statt-Strand"-Zeitraums die rund 20 Parkplätze des Viehmarktplatzes nicht nutzbar waren.

*Keine Urlaubsinsel, sondern der Stadtstrand inmitten der City von Schorndorf.*

# Shopping-Samstage sorgen in Magdeburg für Erlebnisse

*Mehr als ein gewöhnlicher Wochenmarkt-Besuch: „Themen-Monate" locken an den Sommer-Samstagen in die City der Landeshauptstadt von Sachsen-Anhalt. Eltern freut es, dass die Veranstalter auch ans Thema Kinderbetreuung gedacht haben.*

Ein Marktbesuch ist immer ein Erlebnis. Doch auch die Wochenmärkte haben es in Zeiten steigender Preise nicht leicht. Die Veranstalter müssen sich etwas einfallen lassen, wenn sie ihre Kundschaft nicht verlieren möchten. Ein Beispiel, wie es erfolgreich gelingt, Menschen in die Innenstadt zu locken, ist die Aktion „Magdeburg erleben": Im Sommer 2023 gab es „Themen-Monate" auf dem zentral gelegenen Marktplatz der Landeshauptstadt von Sachsen-Anhalt – und den Besuchern wurde einiges geboten.

„Die Themenmonate sind ein wichtiger Teil unserer Initiative zur Belebung der Innenstadt. Ich freue mich, dass wir ein attraktives und vielfältiges Programm in Verbindung mit dem Wochenmarkt ins Leben rufen konnten", sagte Sandra Yvonne Stieger, Beigeordnete für Wirtschaft, Tourismus und regionale Zusammenarbeit, bei der Vorstellung der Aktion. So wurde zunächst der Juni zum französischen Monat ausgerufen: Auf dem Marktplatz herrschte ein buntes Markttreiben mit Aktionen und Köstlichkeiten unter der Tricolore. Im Juli standen die Markttage unter dem Motto „Kulturen, Mythen und Magie".

Der Fokus lag dabei auf Spezialitäten der orientalischen Küche, zudem gab es ein Rahmenprogramm mit kulturellen Angeboten. Im August hieß es dann „Ab in den Urlaub", flankiert wurde dies mit Leckereien und Reiseangeboten aus aller Welt. Und im September lockten schließlich das Erntedank- und ein Kürbisfest in die City.

Zeitgleich mit dem ersten Themen-Monat startete in der Magdeburger Innenstadt auch der „City-Kindergarten" – ein neues Angebot, das Eltern an den Samstagen einen entspannten Einkaufsbummel ermöglicht. Während ihre Kinder für einen geringen Unkostenbeitrag bis zu zwei Stunden von qualifiziertem Personal im städtischen Familieninformationsbüro betreut werden, haben die Eltern die Möglichkeit zum stressfreien Einkaufen in der Innenstadt.

*Verschiedene Themenmonate sollen im Sommer in die City von Magdeburg locken.*

Foto: Andreas Lander

# Bremen: Schaufenster als digitale Kunstgalerie

*Win-win: Ein pfiffiges Ausstellungskonzept stößt auf das Interesse der Passanten in der Innenstadt von Bremen – und Künstler haben eine Fläche, um ihre Arbeiten der Öffentlichkeit prominent zu präsentieren.*

Neue, kreative Ideen können zur Belebung einer Innenstadt beitragen. Dabei entfalten unter Umständen selbst kleinste Projekte eine große Wirkung – das zeigt nicht zuletzt ein Beispiel aus Bremen.

Als Vertreter der Freien Bildenden Kunstszene in Kooperation mit dem Bremer Kulturressort und der Wirtschaftsförderung den Plan vorstellten, ein Schaufenster in der zentral gelegenen Knochenhauerstraße in eine digitale Kunstgalerie zu verwandeln, wurde dies sogleich von vielen Akteuren als Win-win-Situation für die City und für die Kunstszene gewertet. Dafür gab es zwei Gründe: Zum einen war der Handlungsbedarf zur Umnutzung leerstehender Ladenlokale in Bremen immer größer geworden, zum anderen fehlte Künstlern der Raum, um ihre Arbeiten öffentlich präsentieren zu können.

Wer während der Aktionszeiträume im Jahr 2023 am Schaufenster des FAEX Concept Stores vorbeischlenderte, den erwartete nicht nur ein Blick in das Geschäft. Ein Teil des Fensters wurde über mehrere Monate zu einer digitalen Leinwand, auf der verschiedene Künstler ihre Arbeiten der Öffentlichkeit präsentieren konnten.

Das Kunstschaufenster kam gut an. Passanten blieben stehen und genossen das innovative Aufführungsformat im innerstädtischen Raum.

Gezeigt wurden Videos und Fotoserien aus den Bereichen Malerei, Zeichnung, Objekt/Skulptur sowie Schriftarbeiten. Das Kunstschaufenster war täglich von vormittags an bis in die Abendstunden lang zu bestaunen. Die teilnehmenden Künstler stellten ihre Arbeiten unter dem Titel „alabaster und von horizonten" in immer wieder wechselnden „Sets" von etwa 30 Minuten Länge vor, zwischen den einzelnen Beiträgen erschien jeweils der Name der Künstlerin oder des Künstlers.

Foto: Norman Neumann

*Ein Teil des Fensters wurde über mehrere Monate hinweg zu einer digitalen Leinwand, vor der die Passanten gerne stehen blieben.*

# Dessau: In der Innenstadt Gartenträume genießen

*Best-Practice aus Sachsen-Anhalt: Mit der „Gartenträume"-Lounge samt Veranstaltungsbühne hat das Stadtmarketing das Welterbe Gartenreich in die Innenstadt von Dessau gebracht. Mit dem Konzept ist es gelungen, die City zu beleben.*

Die Zerbster Straße in Dessau war viele Jahre ein trister Innenstadtplatz mit geringer Aufenthaltsqualität – kein Grün, keine Aktionen. Diskussionen um eine Gestaltung des 7000 Quadratmeter großen Areals führten zu keinem Ergebnis. Mit der Corona-Krise drehte sich die Abwärtsspirale immer schneller. Die Stadtmarketinggesellschaft Dessau-Roßlau mbH wollte nicht tatenlos zusehen, holte eine lokale Tischlerei und einen lokalen Gartenbaubetrieb mit an Bord – und erarbeitete mit ihnen gemeinsam das Konzept für die „Gartenträume-Lounge".

Fest stand: Die „Gartenträume-Lounge" sollte das Thema Welterbe Gartenreich aus den landschaftlichen Bereichen Dessaus direkt ins Zentrum der Stadt bringen. Von der Projektidee bis zur Realisierung hatten die Akteure nur wenig Zeit. Keine aufwendigen Planungsverfahren und Antragsformalitäten mussten realisiert werden. Die Kooperation zwischen allen Ämtern der Stadtverwaltung und dem Stadtmarketing verlief schnell, unkompliziert, reibungslos und erfolgreich.

Also fertigte der Tischler innovative Gartenmöbel aus Holz, die neben einer Sitz- auch eine Pflanzfunktion erfüllten. Diese hat der Gartenbauer dann mit Gräsern, Blühblumen, kleineren Bäumen sowie essbaren Kräuter- und Gemüsesorten bepflanzt. Im Juni 2020 wurde die „Gartenträume-Lounge" eröffnet. Fortan gestalteten und strukturierten 20 neue Pflanz- und Sitzelemente die leere Fläche an der Zerbster Straße.

Zunächst wurde die neue Aufenthaltsmöglichkeit vom Orchester des Anhaltischen Theaters genutzt, um trotz des Lockdowns vor Publikum musizieren zu können. Durch den Erfolg dieser Aktion wurde Ende Juli die Idee für die sogenannte „Open Stage" geboren: Eine kleine Bühne inmitten der Stadtmöbel sollte zur Bühne für regionale Künstler aller Couleur werden.

*Dessau hat sich Gartenträume in die Innenstadt geholt mit Pflanzen, Sitz- und Sonnenmöbeln und einer Bühne.*

# Einbeck: „Sch(l)aufenster" als Antwort auf Leerstände

*In Südniedersachsen engagieren sich die Mitglieder einer Bürgerinitiative für die Belebung ihrer Innenstadt. Im Fokus sind die Fenster leerstehender Ladenlokale. Mit einfachen Mitteln werden diese neu gestaltet und optisch aufgewertet.*

„Die ersten Folgen des demografischen Wandels machen auch vor der Stadt Einbeck mit knapp 34.000 Einwohnern nicht halt", schreiben die Initiatoren der Bürgerinitiative „Sch(l)aufenster" auf ihrer Website. Ferner weisen sie darauf hin, dass die Innenstadt Einbecks an vielen Stellen vom Leerstand geprägt sei, was sich wiederum negativ auf das Stadtbild auswirke. Das Problem der teils schmutzigen und heruntergekommenen Schaufenster ziehe sich durch die ganze Innenstadt. Insbesondere in den Nebenlagen werde das Ausmaß der leerstehenden Geschäfte deutlich.

Das Phänomen, das die Einbecker Bürgerinitiative hier beschreibt, ist in vielen deutschen Städten zu beobachten. Der Blick nach Südniedersachsen zeigt jedoch einen kreativen Weg, wie mit diesem Problem umgegangen werden kann.

Seit 2014 kümmern sich die Mitglieder der Bürgerinitiative „Sch(l)aufenster" aktiv darum, leere und ungepflegte Schaufenster durch eine ansprechende Beleuchtung und Gestaltung optisch aufzuwerten. Unterstützung erhalten sie dabei von der Einbeck Marketing Gesellschaft für Stadt- und Standortentwicklung mbH. Unter dem Motto „Sch(l)aufenster statt Graufenster" nehmen die Mitglieder Kontakt zu den Eigentümern der leerstehenden Ladenlokale auf und informieren sie über die Arbeit der Bürgerinitiative. Sofern der Immobilienbesitzer „Grünes Licht" gibt, nehmen die Mitglieder der Bürgerinitiative die Gestaltung der leeren Schaufenster in Angriff. Dies geschieht in Zusammenarbeit mit örtlichen Institutionen und Vereinen.

So werden die Bürger der Stadt kurzfristig mit eingebunden und die Aufmerksamkeit der Menschen wird sowohl auf die Leerstände als auch auf die Arbeit der gemeinnützig aktiven Gruppen mit ihren lokalen oder regionalen Themen gelenkt. Das langfristige Ziel der Bürgerinitiative lautet: „Neue Mieter für die leerstehenden Ladenlokale finden und dadurch einen wichtigen Beitrag zur Belebung der Innenstadt leisten". Im Laufe der Jahre haben sich durch das „Sch(l)aufenster"-Engagement der Bürgerinitiative schon viele Wiedervermietungen oder Umnutzungen ergeben. Zudem sind die Mitglieder der Initiative in der Stadt mit Verwaltung und weiteren Beteiligten so gut vernetzt, dass Hauseigentümer und Kaufinteressierte sie zur Beratung und als Mittlerin nutzen. Seit Mitte 2022 sind an den „Sch(l)aufenstern" auch QR-Codes angebracht.

*Vom Weggucker zum Hingucker: Das Ladenlokal ist zwar noch nicht neu vermietet, sieht aber einladend aus.*